서양의 붓다: 헤라클레이토스 강론

The Hidden Harmony

Copyright © 2004 by Osho International Foundation, Switzerland. www.osho.com
OSHO is a registered trademark of Osho International Foundation,
used under license.
Korea Translation Copyright © 2013 by Sodam&Taeil Publishing Co., Ltd.
This Korean edition was published by arrangement with Osho International Foundation,
Switzerland through Best Literary & Rights Agency, Korea.
All rights reserved.

이 책의 한국어 저작권은 베스트 에이전시를 통한
원저작자와 독점 계약으로 (주)태일소담에서 소유합니다.
신저작권법에 의하여 한국 내에서 보호를 받는 저작물이므로 무단전재와 무단복제를 금합니다.

서양의 붓다: 헤라클레이토스 강론
The Hidden Harmony

오쇼 강의 | 손민규 옮김

태일출판사

옮긴이 손민규(Swami Prem Yojan, 쁘렘 요잔)

오쇼의 제자로 입문한 후 20여 년 동안 인도를 오가며 여러 스승들을 만나 교류했다. 영혼의 테러리스트로 알려진 유지 크리슈나무르티를 만나 큰 감화를 받았고, 오쇼의 법맥을 이은 끼란지와 12년 동안 친교를 나누며 깊은 가르침을 받았다. 명상 서적 전문 번역가로 일하면서 50여 종의 책을 한국에 번역, 소개했다. 현재 오쇼와 끼란지의 가르침에 대해 공부하는 오쇼코리아(oshokorea.com)를 이끌고 있다.

21세기를 사는 지혜의 서 22

서양의 붓다: 헤라클레이토스 강론
The Hidden Harmony

펴낸날 | 2013년 7월 10일 중판 1쇄

지은이 | 오쇼
옮긴이 | 손민규
펴낸이 | 이태권
펴낸곳 | (주)태일소담
　　　　서울시 성북구 성북동 178-2 (우)136-020
　　　　전화 | 745-8566~7 팩스 | 747-3238
　　　　e-mail | sodam@dreamsodam.co.kr
　　　　등록번호 | 제2-42호(1979년 11월 14일)
　　　　홈페이지 | www.dreamsodam.co.kr

ISBN 978-89-8151-195-1 04150
　　　978-89-8151-170-8(세트)

● 책값은 뒤표지에 있습니다.
● 잘못된 책은 구입하신 곳에서 교환해드립니다.

많은 학식도 이해를 가르쳐주지는 못하네.
모든 길을 여행해보아도,
영혼의 한계를 발견할 수는 없으리니,
그 의미는 너무나 깊고 깊어라.

옮긴이의 말

플로티누스, 에크하르트, 그리고 헤라클레이토스…….

내 영혼의 뜨락에 꽃을 심고 무지개를 드리운 자들은 왜 모두 비주류이고 이단인가? 젊어서 철학을 공부하던 시절에 이것은 떠나지 않는 의문이며 불만이었다.

울보 철학자, 만물을 불로 본 철학자……. 철학은 고대의 붓다들에 대해 언제나 그렇듯이 헤라클레이토스를 원시적인 그리스 시대의 기인 정도로 치부해버렸고, 헤라클레이토스가 심어놓은 것이 분명한 내 뜨락의 꽃들은 젊은 열정으로 무장한 항거의 몸짓을 보여주고 있었다.

그 후로 강산이 두 번 변할 만큼 세월이 흐른 뒤 역자는 오쇼를 통해 다시 헤라클레이토스를 만났고, 왜 젊은 철학도의 뜨락에 피어난 꽃들이 그토록 격렬한 항거의 춤을 추고 있었는지 알게 되었다.

그렇다, 헤라클레이토스는 철학으로 포착되지 않는 인물이다. 그를 그리스 시대라는 시공의 틀에 한정 짓고, 철학자라는 불명예를 뒤집어씌운 근엄한 사상가와 철학자들은 이제 그 무모한 시도를 포기해야 한다. 그의 머리 위에 씌워놓은 철학의 가시 면류관을 벗겨내야 한다.

여기, 오쇼는 헤라클레이토스의 이름에 붓다의 향기를 불어넣는다. 이 향기는 우주 전체로 퍼져나간다. 이제 젊은 철학도는 사라지고 그 자리에는 헤라클레이토스가 심어놓은 꽃들만 만발한다. 향기에 취할 자도 남아 있지 않다.

손민규

차례

옮긴이의 말 · 6

하나, 숨은 조화 · 8
둘, 잠들어 있는 사람들 · 46
셋, 지혜는 하나다 · 84
넷, 신은 낮인 동시에 밤이어라 · 120
다섯, 그 의미는 너무나 깊고 깊어라 · 146
여섯, 여기에도 신은 있다 · 178
일곱, 지혜로운 영혼은… · 214
여덟, 사물의 도리를 아는가? · 242
아홉, 태양은 날마다 새롭다 · 278
열, 본질은 숨기를 좋아한다 · 316
열하나, 만물은 변화한다 · 346

하나,
숨은 조화

드러난 것보다 숨은 조화가 훨씬 낫다.

대립은 화합을 가져오고
불화에서 가장 아름다운 조화가 생겨난다.

만물은 변화 속에서 안식을 발견하나니
자신과 불화를 이루는 것이
어떻게 자신과 일치되는지 사람들은 이해하지 못한다.

수금(竪琴)과 활의 경우처럼
구부러진 등에도 조화는 있다.

활의 이름은 삶이지만
그 일은 죽음이다.

The hidden harmony
— 숨은 조화

나는 여러 생에 걸쳐 헤라클레이토스를 사랑해 왔다. 사실, 헤라클레이토스는 내가 사랑하는 유일한 그리스인이다. 물론, 묵타(Mukta), 시마(Seema), 니타(Neeta)는 논외로 하고 하는 말이다(세 명 모두 오쇼의 그리스인 제자다).

헤라클레이토스는 참으로 아름다운 사람이다. 만일 인도 또는 동양에서 태어났다면 그는 붓다로 알려졌을 것이다. 그러나 그리스의 역사, 그리스의 철학사에서 그는 이방인이고 아웃사이더(outsider)였다. 그리스에서 그는 깨달은 사람으로 알려진 것이 아니라 '모호한 사람' '어둠의 인간' '수수께끼를 내는 사람'으로 알려졌다. 그리스 철학과 서양 사상의 아버지인 아리스토텔레스는 그를 철학자로 여기지 않았다. 아리스토텔레스는 말하기를 "기껏해야 그는 시인에 지나지 않는다"고 했다. 그러나 아리스토텔레스는 이것마저 용인하기 어려웠던지 나중에 다른 저서에서 이렇게 말했다.

"헤라클레이토스는 인격적으로 결점이 있음에 틀림없다. 생물학적으로 무엇인가 잘못된 사람이다. 그가 그토록 모호하고 역설적인 방식으

로 말하는 것은 그 때문이다."

아리스토텔레스는 헤라클레이토스를 괴벽스러운 사람, 약간 돈 사람으로 여겼으며, 이런 생각을 가졌던 아리스토텔레스가 서양 전체를 지배한다. 만약 헤라클레이토스를 받아들였다면 서양의 역사는 완전히 달라졌을 것이다. 그러나 아무도 헤라클레이토스를 이해하지 못했으며, 그는 서양 사상의 주된 흐름에서 동떨어진 인물이 되었다.

헤라클레이토스는 고탐 붓다, 노자, 또는 바쇼(Basho, 1644-1694. 파초(芭蕉). 일본 겐로쿠(元祿) 시대의 시인이며 선객. 두보(杜甫)의 영향을 받은 자연주의 시를 남겼다) 같은 사람이었다. 그리스는 그에게 어울리는 토양이 아니었다. 만일 동양에서 태어났다면 그는 거대한 나무가 되었을 것이다. 그를 통해 많은 사람들이 혜택을 입고 길을 찾았을 것이다. 그러나 그리스에서 헤라클레이토스는 기이하고 괴벽스러운 사람, 외국인 또는 외계인처럼 별난 사람에 불과했다. 그는 그리스에 속하는 사람이 아니었다. 그래서 그의 이름은 역사의 어두운 뒤안길에 묻혀 서서히 잊혀졌다.

헤라클레이토스가 태어나던 당시 인류는 절정을 맞고 있었다. 커다란 변형의 시대였다. 한 개인에게 변형이 일어나듯이 인류 전체가 변화를 맞게 되는 시점이 있다. 인간의 육체는 7년을 주기로 변화한다. 칠십 년을 산다고 가정하면 그대의 생물학적 체계는 열 번의 변화를 겪는다. 육체가 변화하는 시점의 시간적 틈을 잘 이용하면 명상으로 들어가는 것이 아주 쉬워진다.

예를 들어, 열네 살이 되면 성(性)이 중요한 요소로 부각된다. 육체가 생화학적 변화를 맞는다. 이 기간에 명상의 차원으로 들어가도록 인도받으면 일이 아주 쉬워진다. 육체가 고정되어 있지 않기 때문이다. 낡은 패턴이 가고 새로운 틀이 아직 형성되지 않았다. 거기에 틈이 있다. 스물한 살 때 다시 큰 변화가 일어난다. 육체는 7년마다 완전히 새롭게 탈바꿈한다. 낡은 세포 전체가 죽고 새로운 세포가 태어난다. 서른다섯 살

The Hidden Harmony

때 다시 이런 일이 일어난다. 이런 식으로 육체는 7년마다 낡은 것이 가고 새로운 것이 태어나는 시점을 맞는다. 이 변형의 시점에서는 모든 것이 유동적이다. 새로운 삶의 차원으로 들어가기를 원한다면 이때가 아주 중요한 시점이다.

마찬가지로 이런 일이 인류 전체에게도 일어난다. 2천5백 년마다 절정이 온다. 이때를 이용하면 쉽게 깨달음을 얻을 수 있다. 다른 때에는 이렇게 쉽지 않다. 그러나 최정상에 도달한 순간에는 강물처럼 자연스러운 흐름이 형성된다. 모든 것이 유동적이다. 아무것도 고정되어 있지 않다.

2천5백 년 전 인도에서는 고탐 붓다와 마하비라(B.C.448-376, 자이나교의 개조(開祖))가 있었다. 중국에는 노자와 장자, 이란에는 짜라투스트라, 그리고 그리스에는 헤라클레이토스가 있었다. 그들은 최정상에 달한 인물들이었다. 이전에는 아무도 그런 정상에 오른 적이 없었다. 설령 정상에 오른 인물이 있었다 해도 그들은 역사의 일부가 아니다. 역사는 예수로부터 시작되기 때문이다.

그대는 2천5백 년 전에 무슨 일이 있었는지 모른다. 다시 절정의 순간이 오고 있다. 다시 우리는 유동적인 시대를 맞고 있다. 낡은 것이 무의미해졌다. 이제 과거는 아무런 중요성도 없고 미래는 불확실하다. 여기에 틈이 있다. 헤라클레이토스의 시대와 마찬가지로 인류는 다시 정상에 도달할 것이다. 조금만 주의 깊게 깨어 있으면 이 시기를 잘 이용할 수 있다. 삶의 수레바퀴에서 간단하게 빠져 나오는 것이 가능하다. 모든 것이 고정되어 있을 때에는 변형이 어렵다. 그러나 모든 것이 유동적인 상황에서는 쉽게 변형이 일어난다.

이렇게 모든 것이 유동적인 시대에 태어난 우리는 행운아다. 아무것도 확실하지 않다. 기존의 규범과 계율은 무용해졌고, 새로운 틀은 아직 형성되지 않았다. 곧 새로운 패턴이 형성될 것이다. 인간은 영원히 불안

정한 상태로 머물 수 없다. 인간은 안정이 없는 상태의 불안을 견디지 못한다. 그러므로 다시 모든 것이 자리잡을 것이다. 이 시기가 영원히 지속되지는 않을 것이다. 고작해야 몇 년뿐이다.

이 시기를 잘 이용하면 다른 어느 때보다도 쉽게 정상에 오를 수 있다. 다른 시대에는 아주 어렵다. 이 시기를 놓치면 다시 2천5백 년을 기다려야 한다.

삶은 원을 그리며 움직인다는 것을 명심하라. 모든 것이 순환한다. 아이가 태어나 젊은이가 되고, 노인이 되고, 결국은 죽음을 맞는다. 이것은 계절이 변하는 것과 같다. 여름이 오고, 우기가 오고, 그 다음에는 겨울이 온다. 의식의 차원에도 똑같은 현상이 일어난다. 2천 5백 년마다 하나의 원이 완성된다. 새로운 원이 시작되기 전에 어떤 틈이 있다. 이 틈을 이용하면 맴도는 수레바퀴에서 탈출할 수 있다. 몇 년 동안 문이 열린다.

헤라클레이토스는 진정으로 보기 드문 꽃이다. 그는 가장 심오한 영혼이며, 히말라야의 가장 높은 봉우리인 에베레스트다. 그를 이해하는 것은 어렵다. 그래서 '모호한 이'라고 불리는 것이다. 그러나 그는 모호하지 않다. 그를 이해하는 것은 어렵다. 그를 이해하기 위해서는 다른 질(質)의 존재가 필요하다. 이것이 문제다. 그래서 사람들은 그를 모호한 이로 단정하고 잊어버리는 것이 더 쉽다고 생각한다.

세상에는 두 종류의 사람들이 있다. 아리스토텔레스를 이해하고자 한다면 그대는 존재의 변화가 필요 없다. 그저 약간의 정보만 있으면 된다. 학교는 논리와 철학에 관한 정보를 준다. 그대는 지적인 정보를 수집하여 아리스토텔레스를 이해할 수 있다. 그를 이해하기 위해 그대가 변화되어야 할 필요가 없다. 그저 조금 더 많은 지식이 필요할 뿐이다. 그대의 존재가 변형될 필요는 없다. 그대는 똑같은 상태로 남는다. 다른 차원의 의식이 필요치 않다. 아리스토텔레스를 이해하는 데 이런 조건

The Hidden Harmony

은 필요 없다. 아리스토텔레스는 명확하다. 약간의 노력만 있으면 충분히 그를 이해할 수 있다. 평균적인 지성을 갖춘 사람은 누구든지 그를 이해할 수 있다. 그러나 헤라클레이토스를 이해하는 것은 거칠고 험난한 길이 될 것이다. 그대가 지식으로 긁어모은 것은 별로 도움이 되지 않는다. 아무리 우수한 머리도 도움이 안 된다. 전혀 다른 존재의 질이 필요하다. 이것이 어려움이다. 헤라클레이토스를 이해하려면 그대의 변형이 필요하다. 헤라클레이토스가 모호하다고 불리는 이유가 여기에 있다.

그러나 그는 모호하지 않다! 다만 그대가 그를 이해할 만한 존재의 차원에 도달하지 못한 것이다. 그 존재의 차원에 이르렀을 때, 그를 둘러싸고 있던 어둠이 순식간에 사라진다. 그는 가장 빛나는 존재 중의 하나다. 그는 모호하지도 어둡지도 않다. 다만 그대의 눈이 멀었을 뿐이다. 이것을 항상 명심하라. 그대는 "그는 어둠의 베일에 가려져 있다"고 말하면서 그에게 책임을 전가한다. 그리고 그를 대면했을 때 일어날 수 있는 변형을 회피하려고 한다. 그를 어둡다고 말하지 말라. "우리의 눈이 멀었다" 또는 "우리가 눈을 감고 있다"고 말하라.

태양이 환히 빛나고 있다. 그런데 그대는 눈을 감고 서서 태양이 어둡다고 말한다. 때로는 태양 앞에 눈을 뜨고 서 있는데도 빛이 너무 강해서 일시적으로 눈이 멀어 버리는 수가 있다. 빛을 견디기 힘들다. 이때 갑자기 어둠이 밀려온다. 눈이 열려 있고 태양이 저기 있어도 빛이 너무 강렬해서 어둠을 느끼는 것이다. 이것이 헤라클레이토스의 경우에 해당된다. 실제로 그는 어두운 존재가 아니다. 다만 그대가 장님이거나 눈을 감고 있는 것이다. 또는 제 삼의 가능성도 있다. 헤라클레이토스가 너무 빛나는 존재이기 때문에 그대의 눈이 멀어 버리는 것이다. 그를 쳐다보는 것이 힘들다. 빛이 너무 강하다. 그대는 이렇게 강렬한 빛에 익숙하지 못하다. 그러므로 헤라클레이토스를 이해하기 위해서는 약간의

Discourses On The Fragments Of Heraclitus

준비가 필요하다. 그의 말은 수수께끼처럼 들린다. 마치 수수께끼를 내는 사람 같다. 그는 역설(paradox)을 통해 말한다.

진리를 아는 사람들은 항상 역설을 통해 말한다. 여기엔 이유가 있다. 그들은 수수께끼를 내는 것이 아니다. 그들은 매우 단순하다. 하지만 그들이 어쩔 수 있겠는가? 삶 자체가 역설적인데 그들이 달리 무엇을 하겠는가? 역설을 피하기 위해 그대는 논리 정연하고 분명한 이론을 만들어 낼 수 있다. 그러나 그 이론은 허구가 될 것이다. 삶에 들어맞지 않을 것이다. 아리스토텔레스는 아주 논리 정연하고 명확하다. 그는 깔끔하게 다듬어 놓은 정원과 같다. 반면 헤라클레이토스는 자연 그대로의 숲이다. 그래서 수수께끼처럼 보인다.

아리스토텔레스를 이해하는 것은 아무 문제도 없다. 그는 역설을 배격하고 분명한 이론을 만들어 냈다. 이것이 설득력을 갖는다. 그러나 헤라클레이토스를 만날 때 그대는 두려움을 느낄 것이다. 그가 역설적인 삶의 문을 열어 주기 때문이다. 붓다와 노자는 역설적이다. 진리를 아는 사람들 모두가 역설적일 수밖에 없다. 그들이 어쩔 수 있겠는가? 삶 자체가 역설적이므로 그들 또한 역설적일 수밖에 없다.

삶은 논리적이지 않다. 삶은 로직(logic)이 아니라 로고스(logos)다. 삶은 카오스(chaos)가 아니라 코스모스(cosmos)다. 이 '로고스'라는 단어를 이해해야 한다. 헤라클레이토스는 이 단어를 사용한다. 로고스와 로직의 차이점 또한 이해해야 한다. 논리는 진리에 관한 이론이고, 로고스는 진리 자체다. 로고스가 실존적이라면 논리는 비실존적이다. 논리는 지적이고 이론적이다. 이것을 이해하라. 삶을 깊이 들여다보면 거기에 죽음이 함께 있다. 어떻게 죽음을 피하겠는가? 삶은 죽음을 내포한다. 삶의 매순간이 또한 죽음의 순간이기도 하다. 이 둘을 분리시키는 것은 불가능하다. 그래서 이것은 수수께끼처럼 보인다.

삶과 죽음은 두 개의 독립된 현상이 아니다. 그 둘은 동전의 양면과 같

The Hidden Harmony

다. 깊이 들여다보면, 삶이 죽음이고 죽음이 삶이다. 그대는 태어나는 순간 이미 죽기 시작했다. 이런 식이라면 그대는 죽을 때 다시 살기 시작할 것이다. 삶이 죽음을 함축하고 있다면 죽음은 삶을 함축하고 있을 것이다. 그들은 서로에게 귀속된다. 그들은 상호 보완적이다.

삶과 죽음은 두 날개와 같다. 한쪽 날개로 날 수는 없다. 삶에서 그대는 우익이나 좌익이 될 수 없다. 양쪽 모두가 되어야 한다. 이론에 관한 한 그대는 우익이 될 수도 있고 좌익이 될 수도 있다. 그러나 이론은 결코 삶과 들어맞지 않는다. 그럴 수가 없다. 이론은 논리 정연하고 명쾌해야 하는데 삶은 그렇지 못하기 때문이다.

삶은 광대하다. 최고의 시인 중 한 명인 휘트먼(Walt Whitman, 1819-1892. 미국의 시인으로, 노예 제도를 반대하고 낙관적 인간론을 자유롭게 노래했다. 대표적인 시집에 ≪풀잎≫이 있다) 은 어디선가 이렇게 말했다.

"나는 너무나 광대하기 때문에 스스로 모순된다."

논리를 통해 얻을 수 있는 것은 협소한 마음뿐이다. 논리를 통해서는 광대해질 수가 없다. 만약 모순을 두려워한다면 그대는 광대해질 수 없다. 이때 그대는 선택하고 억눌러야 할 것이다. 모순을 피하고 그것을 감추어야 할 것이다. 그러나 감춘다고 해서 그것이 사라지겠는가? 죽음을 외면한다고 해서 그대가 죽지 않겠는가?

그대는 죽음을 회피한다. 등을 돌리고 서서 외면하고 완전히 잊어버리려고 한다. 이것이 우리가 죽음에 대해 말하지 않는 이유다. 이것은 좋은 태도가 아니다. 우리는 죽음에 대해 이야기하기를 꺼린다. 죽음은 날마다 일어난다. 도처에서 일어나는 현상이다. 그런데 우리는 애써 외면하려고 한다. 어떤 사람이 죽으면 우리는 서둘러서 그를 치워 버린다. 우리는 도시 밖 외딴 곳에 무덤을 만든다. 대리석으로 멋있는 무덤을 만들고 아름다운 비문을 새겨 놓는다. 그리고 가끔씩 꽃을 갖다 놓는다. 우리는 무엇을 하는 것일까? 우리는 죽음마저 장식하려고 한다.

Discourses On The Fragments Of Heraclitus

　서양에서는 죽음을 감추는 일이 하나의 직업이 되었다. 시신을 마치 살아 있는 사람처럼 아름답게 분장시키는 직업이 있다. 이것이 죽음을 회피하는 데 도움을 준다. 이게 도대체 무슨 일인가? 이것이 무슨 도움이 된단 말인가? 죽음은 엄연히 존재한다. 그대는 무덤을 향해 달려가고 있다. 무덤을 어디에 만들건 달라지는 것은 없다. 어쨌든 그대는 무덤으로 갈 것이다. 그대는 이미 무덤으로 가는 중이다. 사람들은 줄을 서서 무덤으로 가고 있으며, 그대 또한 그 줄에 서서 자신의 차례를 기다리고 있다. 그대가 죽음에서 도망쳐 어디로 가겠는가?

　논리는 명백한 것을 추구한다. 그리고 명백해지기 위해 논리는 진실을 회피한다. 논리는 "삶은 삶이고 죽음은 죽음이다"라고 말한다. 논리는 삶과 죽음이 별개라고 말한다. 아리스토텔레스는 "A는 A이지 결코 B가 아니다"라고 말한다. 이런 논리가 서양 사상의 주춧돌을 이루었다. 그들은 모순을 피한다. 그들에게 있어서 사랑은 사랑이고, 미움은 미움일 뿐이다. 사랑은 결코 미움이 아니다. 그러나 이것은 어리석은 생각이다. 왜냐하면 모든 사랑은 그 안에 미움을 내포하고 있기 때문이다. 그럴 수밖에 없다. 이것이 자연의 방식이다. 그대는 어떤 사람을 사랑하는 동시에 미워한다. 그럴 수밖에 없다. 이것은 피할 수 없는 일이다. 이런 일을 피하고자 하면 모든 것이 허구가 될 것이다. 그대의 사랑이 허구로 전락한 까닭이 여기에 있다. 그대의 사랑은 진실하지 않다. 그것은 진정한 사랑이 아니다. 허울에 불과하다.

　왜 그것은 허울인가? 그대가 모순되는 것을 피하려고 하기 때문이다. 그대는 이렇게 말한다.

　"당신은 나의 친구이며, 친구는 적이 될 수 없다. 당신은 나의 적이기 때문에 내 친구가 될 수 없다."

　그러나 이것은 동전의 양면일 뿐이다. 적은 잠재적인 친구이며, 친구는 잠재적인 적이다. 다른 면이 잠재해 있다. 어찌 되었건 다른 면이 엄

The Hidden Harmony

연히 거기에 있다. 그러나 그대는 이것을 감당하지 못한다. 양면을 다 보는 것은 견디기 힘들다. 만약 친구 안에서 적을 본다면 그대는 그를 사랑할 수 없을 것이다. 마찬가지로 적 안에서 친구를 본다면 그를 미워할 수 없을 것이다. 삶 전체가 수수께끼가 될 것이다.

헤라클레이토스는 '수수께끼를 내는 사람'으로 불린다. 그러나 그렇지 않다. 그는 삶에 진실할 뿐이다. 이 삶이 무엇이든간에 그는 있는 그대로 말한다. 그에게는 삶에 대한 이론이 없다. 그는 이론적인 체계를 세우지 않는다. 그는 거울과 같다. 삶이 무엇이든간에 그는 있는 그대로 비춘다. 그대의 얼굴이 변하면 거울이 그 얼굴을 비춘다. 그대가 사랑으로 충만하건 미움으로 들끓건 거울은 그대로 비춘다. 거울은 숨기고 회피하지 않는다. 거울은 진실하다.

그러나 아리스토텔레스는 거울 같은 사람이 아니다. 그는 고정된 사진과 같다. 사진은 변하지 않는다. 사진은 삶과 보조를 맞추지 않는다. 아리스토텔레스가 헤라클레이토스에 어떤 결점이 있다고, 그의 인격 자체에 결함이 있다고 말한 이유가 여기에 있다. 아리스토텔레스에게는 모든 것이 분명하고 체계적이고 합리적이어야 한다. 논리를 삶의 목표로 삼아야지 상반되는 것들을 마구 뒤섞어서는 안 된다. 그러나 누가 그것들을 뒤섞는다는 말인가? 헤라클레이토스는 아무것도 뒤섞지 않았다. 삶 자체가 뒤섞여 있을 뿐이다. 헤라클레이토스에게는 아무 책임도 없다. 삶 자체가 뒤섞여 있는데 어떻게 그것을 분리시킬 수 있겠는가? 물론, 책 속에서는 그렇게 할 수 있다. 하지만 그 책은 거짓이 될 것이다. 논리적인 진술은 본질적으로 허구가 될 수밖에 없다. 그것은 삶에 대한 진술이 아니다. 삶에 대한 진술은 비논리적일 수밖에 없다. 삶 자체가 모순을 통해 존재하기 때문이다.

삶을 관찰해 보라. 도처에 모순이 존재한다. 그러니 이 모순에는 아무 문제도 없다. 다만 그대의 논리적인 마음이 이 모순을 견뎌 내지 못하는

Discourses On The Fragments Of Heraclitus

것이다. 신비적인 통찰력을 얻은 사람에게 이 모순은 참으로 아름답게 보인다. 아름다움은 모순 없이는 존재할 수 없다. 사랑하는 사람을 미워할 수 없다면 그 사랑에는 긴장이 없을 것이고, 그 사랑은 죽은 사랑이 될 것이다. 다양성이 사라지고 모든 것이 정체될 것이다. 무슨 일이 일어난 것일까? 그대는 어떤 사람을 사랑한다. 그런데 아침에는 물밀듯이 솟아나던 사랑이 저녁때는 미움이 된다. 왜 그런가? 왜 이런 일이 일어나는 것일까? 왜 삶은 이런 식으로 전개되는 것일까? 미워할 때에는 두 사람이 분리된다. 처음 만났을 때와 같은 거리감이 생겨난다. 사랑에 빠지기 전에 두 사람은 별개의 개인이었다. 그런데 사랑에 빠짐으로써 그들은 하나가 되었다. 그들은 공동체가 되었다.

이 '공동체(community)' 라는 단어를 이해해야 한다. 이것은 아름다운 말이다. 'community' 란 단일한 개체(common unity)를 뜻한다. 두 사람은 공동체가 됨으로써 단일한 개체가 되었다. 얼마 동안은 이 공동체가 아름답게 보인다. 그러나 곧 노예가 된 것 같은 느낌이 온다. 하나의 단위로 통합되는 것은 얼마 동안 아름답게 느껴진다. 정상에 오른 것 같은 느낌이다. 그러나 그 정상에 영원히 살 수는 없다. 모두가 정상에 산다면 계곡에는 누가 살겠는가? 봉우리가 아름다운 것은 계곡이 있기 때문이다. 계곡으로 다시 내려올 수 없다면 그대의 정상은 아무 가치도 없다. 그것은 이미 정상이 아니다. 봉우리에 집을 짓고 산다면 그대는 그곳이 봉우리라는 것을 잊어버릴 것이다. 사랑이라는 봉우리의 아름다움이 사라진다.

아침에 사랑으로 충만하던 그대가 오후가 되면 미움으로 가득 찬다. 이제 그대는 계곡으로 이동했다. 사랑에 빠지기 전의 상태로 돌아갔다. 이제 두 사람은 다시 별개의 개인이 되었다. 개인이 되는 것은 아름답다. 거기엔 자유가 있다. 계곡에 사는 것 또한 아름답다. 그곳에는 휴식이 있다. 어두운 골짜기에는 편안한 휴식이 있다. 그것이 다시 균형을

The Hidden Harmony

회복하는 데 도움을 준다. 미움의 순간이 지나고 다시 사랑에 빠졌을 때 새로운 허니문(honeymoon)이 시작된다.

　아무런 변화도 없다면 삶은 고여 있는 연못과 같다. 그대가 반대극으로 움직일 수 없다면 모든 것이 진부하고 지루해진다. 지나치게 세련되고 개화된 사람들이 지루하게 느껴지는 이유가 여기에 있다. 그들은 항상 웃는다. 결코 화내는 법이 없다. 그들은 모욕을 당해도 웃고, 칭찬을 해도 웃고, 비난을 해도 웃는다. 이런 그들의 모습은 역겹다. 그들의 웃음은 위험하다. 거기엔 깊이가 없다. 다만 입술 위에 머무는 표정, 작위적인 표정이 있을 뿐이다. 실제로 그들은 웃는 것이 아니다. 규범과 형식을 따를 뿐이다. 그들의 웃음은 추하다.

　항상 사랑하면서 미움을 모르는 사람들, 화내지 않는 사람들, 이런 사람들은 매우 표피적이다. 반대극으로 움직이지 않는다면 어디에서 깊이를 얻겠는가? 깊이는 반대극으로의 이동을 통해서 온다. 사랑은 미움이다. 사실, 사랑과 미움이라는 단어를 따로 써서는 안 된다. 우리는 '사랑미움' 이라는 한 단어를 써야 한다. 사랑의 관계는 곧 사랑미움의 관계이다. 이것은 아름다운 현상이다.

　미움에 잘못된 것은 아무것도 없다. 우리는 미움을 통해 사랑을 얻는다. 화를 내는 것은 아무 잘못도 없다. 우리는 분노를 통해 고요한 평화에 도달한다.

　이것을 관찰해 보았는가? 이곳에는 아침마다 비행기가 큰소리를 내면서 지나간다. 비행기가 지나간 다음에는 깊은 침묵이 뒤따른다. 비행기가 오기 전에는 그렇게 고요하지 않았다. 그런데 비행기가 지나간 다음에는 더 고요해진다. 어두운 밤거리를 걷는데 갑자기 차 한 대가 전속력으로 달려온다고 하자. 그 차가 지나갈 때 그대는 불빛 때문에 눈이 부시다. 그리고 차가 지나간 다음에는 전보다 더 어두워진다.

　대립을 통해, 반대되는 것과의 긴장을 통해 모든 것이 생생하게 살아

난다. 더 깊어진다. 멀리 달아나면 더 가까이 올 수 있다. 반대쪽으로 움직이면 다시 이쪽으로 더 가까이 올 수 있다.

사랑은 계속되는 허니문의 관계를 말한다. 허니문이 끝나고 모든 것이 안정되면 그것은 이미 죽은 사랑이다. 안정된 모든 것은 죽은 것이다. 삶은 안정이 없는 움직임을 통해 유지된다. 안전한 것은 이미 무덤 속에 묻힌 것과 같다. 예금 통장이 그대의 무덤이다. 예금 통장 안에서 그대는 이미 죽어 있다. 만약 그대가 철저하게 안전한 위치에 있다면 그대는 더 이상 살아 있는 게 아니다. 살아 있다는 것은 기본적으로 대립되는 것들 사이에서 이동하는 것을 뜻한다.

질병은 나쁘지 않다. 그대는 질병을 통해 다시 건강을 회복한다. 모든 것이 조화를 이루고 있다. 이것이 헤라클레이토스가 '수수께끼를 내는 사람'이라고 불린 까닭이다. 노자는 그를 깊이 이해했을 것이다. 그러나 아리스토텔레스는 그를 이해하지 못했다. 그리고 불행하게도 아리스토텔레스가 그리스 사상의 원천이 되었다. 더 안타까운 것은 이 그리스 사상이 서양 전체의 기반을 이루었다는 사실이다.

헤라클레이토스가 전하는 메시지는 무엇인가? 그 가장 깊은 메시지는 무엇인가? 먼저 이것을 이해해야 한다. 그는 고정된 사물(thing)을 믿지 않았다. 그가 믿은 것은 과정(process)이었다. 그에게는 '과정'이 신이다. 좀더 깊이 관찰해 보면 세상에 고정된 사물은 아무것도 없다. 모든 것이 되어 가는 과정 속에 있다. 삶은 하나의 움직임이다. 삶은 끊임없이 흐르는 강과 같다. 그러므로 헤라클레이토스는 "같은 강물에 두 번 발 담글 수 없다"고 말한다. 두 번째로 발을 담글 때쯤이면 강물은 이미 이동했다. 강물은 하나의 흐름이다. 똑같은 사람을 두 번 만날 수 있는가? 그것은 불가능하다. 그대들은 어제 아침에도 여기에 왔었다. 그러나 그대들이 똑같은 사람인가? 내가 똑같은 사람인가? 양쪽 모두 변했다. 두 강 모두 흘러갔다. 그대들은 내일도 이 자리에 나오겠지만 나를 발견하지

The Hidden Harmony

못할 것이다. 누군가 다른 사람이 여기에 앉아 있을 것이다.

   삶은 변화한다. 헤라클레이토스는 "오직 변화만이 영원하다"고 말한다. 변화만이 변하지 않는다. 그 밖의 모든 것은 변한다. 헤라클레이토스는 영원한 순환을 믿는다. 모든 것이 순환한다. 그것이 만물이 존재하는 방식이다. 존재한다는 것은 곧 '되어 가는 과정'을 의미한다. 그대가 지금과 같은 상태로 존재한다는 것은 움직이는 과정을 뜻한다. 그대는 한 곳에 머물 수 없다. 아무것도 정체되어 있지 않다. 심지어 히말라야 같은 산들도 고정되어 있지 않다. 그들은 아주 빠른 속도로 움직인다. 산도 태어났다가 죽는다. 히말라야는 세상에서 가장 젊은 산 중의 하나다. 지금도 자라고 있다. 히말라야는 아직 최정상에 이르지 못했다. 히말라야는 아주 젊다. 지금도 해마다 1피트씩 자라고 있다. 반면, 최정상에 도달하여 지금은 허리가 굽어지고 있는 산도 있다.

   그대들을 둘러싸고 있는 이 벽을 보라. 벽 속의 분자는 움직이고 있다. 그대가 그것을 보지 못하는 이유는 그 움직임이 아주 미묘하고 빠르기 때문이다. 이제 물리학자들은 아리스토텔레스가 아니라 헤라클레이토스에 동의하고 있다. 과학은 실체에 더 접근할수록 노자와 헤라클레이토스에 동의하게 되어 있다. 이제 물리학자들은 모든 것이 움직임 속에 있다고 말한다. 에딩톤(Stanley Eddington, 1882-1944. 영국의 천문학자. 우주론과 천체 물리학을 이론적으로 개척하여 항성의 질량과 광도와의 관계를 해명, 상대론과 양자론의 연구에도 기여했다)은 '휴식'을 허구적인 단어라고 말했다. 아무것도 휴식하지 않는다. 그럴 수가 없다. '휴식'은 거짓된 단어다. 이 단어는 어떤 실체와도 대응하지 않는다. '이다(Is)'는 그저 언어일 뿐이다. 이 삶 속에, 이 존재계에 '이다'는 없다. 모든 것이 되어 가는 과정(becoming) 속에 있다. 헤라클레이토스가 말하는 강물은 아주 깊은 의미를 갖고 있다. 그는 같은 강물에 두 번 발 담글 수 없다고 말한다. 이 말은 강물뿐만 아니라 그대 또한 변하고 있음을 암시한다. 그대는 겉으로

Discourses On The Fragments Of Heraclitus

만 같은 사람처럼 보일 뿐이다. 강물만 변한 것이 아니라 그대 또한 변했다.

　이런 일이 있었다. 한 사람이 붓다를 모욕했다. 그는 붓다의 얼굴에 침을 뱉었다. 붓다가 얼굴을 훔치며 말했다.

　"더 말할 것이 남았는가?"

　이 남자는 당황했다. 이런 식의 반응은 생각지도 못했기 때문이다. 그가 돌아갔다가 다음 날 다시 찾아왔다. 그는 밤새도록 잠을 이룰 수 없었다. 시간이 지날수록 무엇인가 큰 잘못을 저질렀다는 느낌이 들었다. 그는 죄책감을 느꼈다. 다음 날 아침 그가 찾아와 붓다의 발아래 무릎을 꿇고 "저를 용서하십시오" 하고 말했다.

　붓다가 말했다.

　"이제 누가 그대를 용서한단 말인가? 그대가 침을 뱉었던 사람은 더 이상 존재하지 않는다. 그리고 침을 뱉었던 그대 또한 존재하지 않는다. 그러니 누가 누구를 용서하겠는가? 잊어라. 이제 그 일에 대해서는 아무것도 할 수 없다. 그 일은 끝났다. 양쪽 모두 존재하지 않는다. 두 사람 모두 죽었다. 그러니 우리가 무엇을 할 수 있겠는가? 그대도 새로운 사람이고 나도 새로운 사람이다."

　모든 것이 변화한다. 이것이 헤라클레이토스의 가장 심오한 메시지다. 모든 것이 움직인다. 아무것도 정체되어 있지 않다. 집착하는 순간 그대는 실체를 놓친다. 그대의 집착이 문제를 일으킨다. 실체는 변하는데 그대는 그것을 고정시키려고 한다.

　어제는 나를 사랑하던 그대가 지금은 내게 화를 낸다고 하자. 내가 어제에 집착하여 이렇게 말한다.

　"그대는 나를 사랑해야 한다. 어제 그대는 나를 사랑했다. 그대는 항상 나를 사랑하겠다고 말했다. 그런데 지금은 어찌된 일인가?"

　그러나 그대가 무엇을 할 수 있겠는가? 어제 그대가 한 말, 항상 나를

사랑하겠다던 그 말은 거짓이 아니었다. 하지만 그 말은 약속도 아니었다. 그저 그대의 기분이 그랬을 뿐이며 나는 그대의 기분을 과신(過信)했다. 영원히 나를 사랑하겠다던 그대의 느낌은 거짓이 아니었다. 그 순간에 그것은 진실이었다. 그 순간에는 기분이 그랬다. 하지만 이제 그 기분은 사라졌다. 그렇게 말했던 이는 더 이상 존재하지 않는다. 간 것은 간 것이다. 이제 그 일에 대해서는 어쩔 도리가 없다. 사랑을 강요할 수는 없다. 그런데 우리는 그런 일을 하고 있다. 이 때문에 많은 불행이 싹튼다. 남편은 "나를 사랑하시오!" 하고 말한다. 부인은 "당신은 나를 사랑해야 해요. 내게 구애할 때 한 약속을 잊었나요?" 하고 말한다. 그러나 이제 그들은 존재하지 않는다. 둘 중의 한 사람도 없다. 그대는 스무 살의 젊은이였다. 지금도 그대가 똑같은 사람인가? 많은 것이 변했다. 갠지스 강물은 멀리 흘러갔다. 스무 살의 젊은이는 더 이상 존재하지 않는다.

이런 이야기를 들었다. 어느 날 밤 물라 나스루딘의 부인이 말했다.

"당신은 더 이상 나를 사랑하지 않아요. 이젠 키스도 포옹도 하지 않는군요. 내게 사랑을 호소하던 때를 기억해 보세요. 그때 당신은 나를 깨물어 먹을 듯이 사랑했고, 나는 그것을 너무나 좋아했어요. 다시 한 번 나를 깨물어 줄 수는 없나요?"

물라 나스루딘이 침대에서 일어나 걸어 나갔다. 부인이 말했다.

"어디 가는 거예요?"

나스루딘이 말했다.

"욕실에 가서 이빨을 가져 와야지."

같은 강물에 발을 두 번 담글 수는 없다. 그것은 불가능하다. 집착하지 말라. 집착하면 스스로 지옥을 만든다. 집착이 지옥이다. 집착 없는 의식은 항상 천국에 산다. 기분과 함께 움직여라. 기분을 받아들여라. 변

화를 수용하라. 그러면 불평 불만이 있을 수 없다. 삶이란 본래 그렇게 변하는 법이다. 만물이 그런 식으로 존재한다. 아무리 대항해도 '변화'라는 삶의 법칙을 바꾸어 놓을 수는 없다.

젊은 시절에는 감정 상태와 기분이 다르다. 늙은 사람이 어떻게 똑같은 감정을 가질 수 있겠는가? 늙은 사람이 그런 기분을 가지면 아주 어리석어 보일 것이다. 어떻게 늙은 사람이 젊은 시절과 똑같은 말을 할 수 있겠는가? 모든 것이 변했다. 젊었을 때 그대는 로맨틱하다. 경험이 미숙한 몽상가다. 그러나 늙으면서 모든 꿈이 사라진다. 여기에 나쁜 것은 없다. 꿈이 사라지면 실체에 더 가까워지기 때문이다. 이제 그대는 더 많은 것을 이해한다. 이제 그대는 시인(詩人)과 같은 성향에서 멀어졌다. 더 이상 꿈을 꿀 수 없기 때문이다. 그러나 여기에 잘못된 점은 없다. 꿈은 하나의 기분이고 계절이었다. 계절은 변하기 마련이다. 인간은 자신이 어떤 지점에 도달했는지를 알고 그 상황에 충실해야 한다.

그대의 변화하는 자아에 충실하라. 그것이 유일한 실체다. 붓다가 자아는 없다고 말한 까닭이 그것이다. 그대는 흐르는 강이다. 고정된 자아는 없다. 그대 안에서 불변하는 것은 아무것도 없다. 붓다는 인도에서 추방당했다. 왜냐 하면 인도인들, 특히 브라민과 힌두교인들은 아트만(ataman)이라는 영원한 자아를 믿기 때문이다. 그들은 영원한 어떤 것이 있다고 말한다. 그런데 붓다는 오직 변화만이 영원하며, 그 외에 아무것도 영원하지 않다고 말한다.

그대는 왜 영원한 것이 되려고 하는가? 왜 죽은 사물이 되려고 하는가? 죽은 것만이 영원하다. 파도가 오고 간다. 이것이 바다가 살아 있는 비결이다. 파도가 출렁거리지 않으면 바다 안에 있는 모든 것이 죽을 것이다. 바다가 죽어 버릴 것이다. 모든 것은 변화를 통해 살아간다. 변화란 양극단 사이에서의 변화를 말한다. 그대는 하나의 극에서 다른 극으로 움직인다. 이것이 그대가 계속해서 생기를 찾고 신선해지는 비결이

The Hidden Harmony

다. 그대는 낮에 열심히 일하고 밤에는 휴식을 취한다. 그리고 아침이 되면 다시 활력을 회복하여 일을 하러 나간다. 이런 양극성을 관찰해 본 적이 있는가?

　일과 휴식은 대립된다. 열심히 일할 때 그대는 긴장한다. 지치고 피곤해진다. 이때 그대는 깊은 휴식의 골짜기, 잠 속으로 들어간다. 표면이 멀어지고 그대는 중심으로 들어간다. 그대는 더 이상 표면과 동일시되어 있지 않다. 이름이나 에고와 하나가 되지 않는다. 표면에 있던 모든 것이 멀어진다. 그대는 자신이 누구인지도 잊어버린다. 그리고 아침이 되면 다시 신선해진다. 이 망각은 참으로 좋은 것이다. 이 망각이 활력을 불어넣는다. 3주만 잠을 자지 않으려고 노력해 보라. 그대는 미쳐 버릴 것이다. 반대극으로 이동하는 법을 잊었기 때문이다.

　만일 아리스토텔레스의 말이 옳다면 잠을 자지 않는 사람, 즉 반대극으로 이동하지 않는 사람이 깨달은 사람이다. 그러나 잠을 자지 않으면 그대는 깨닫는 것이 아니라 미치고 말 것이다! 서양에 미친 사람이 그렇게 많은 이유는 아리스토텔레스 때문이다. 동양이나 헤라클레이토스의 말에 귀기울이지 않는다면 조만간 서양 전체가 미쳐 버릴 것이다. 그럴 수밖에 없다. 그들은 양극성을 잃어버렸다. 논리는 이와 다르게 말한다. 논리는 이렇게 말한다. 하루 종일 휴식하면, 낮에 온종일 휴식을 연습하면 밤에 깊은 잠을 이룰 수 있을 것이라고. 이것이 논리다. 논리는 휴식을 연습하라고 말한다. 이것이 부유한 사람들이 하는 일이다. 그들은 낮에 하루 종일 휴식하고 나서 불면증을 호소한다. 그들은 하루 종일 휴식한다. 침대나 편안한 의자에 누워서 쉬고 또 쉰다. 그렇게 하루 종일 쉬고 나서는 밤에 잠을 이루지 못한다. 그들은 아리스토텔레스의 말을 따른다. 그들은 논리적이다.

　어느 날 물라 나스루딘이 의사에게 갔다. 그가 기침을 하면서 들어서자 의사가 말했다.

"기침 소리가 한결 좋아졌군요."
나스루딘이 말했다.
"물론, 그렇겠죠. 밤새도록 기침을 했으니 숙달될 수밖에!"
하루 종일 휴식하면 밤에 쉴 수 없을 것이다. 이리저리 뒤척이며 잠을 이루지 못할 것이다. 이 뒤척거림은 휴식이 가능하도록 몸이 운동을 하는 것이다. 아리스토텔레스보다 잘못된 사람은 없다. 반대극으로 움직여라. 낮에 열심히 일하라. 그러면 밤에 깊은 잠을 이룰 것이다. 깊은 잠을 자고 나면 일을 하기에 충분할 만큼 무한한 에너지가 느껴질 것이다. 그대는 휴식을 통해 에너지를 얻는다. 그리고 일을 통해 휴식을 얻는다.
사람들이 내게 와서 말한다.
"저는 불면증입니다. 밤새도록 잠을 잘 수가 없습니다. 쉴 수 있는 방법을 가르쳐 주십시오."
그들은 아리스토텔레스의 추종자다. 나는 그들에게 이렇게 말한다.
"그대에게는 휴식이 필요 없다. 가서 오랫동안 걸어라. 미친 듯이 달려라. 아침에 두 시간, 저녁에 두 시간 그렇게 해보아라. 그러면 자동적으로 휴식이 찾아올 것이다. 틀림없이 휴식이 올 것이다. 휴식에는 테크닉이 필요 없다. 그대에게 필요한 것은 휴식이 아니라 활동 명상이라는 테크닉이다. 그대는 이미 너무 쉬고 있다. 불면증이 그 증거다."
삶은 서로 대립되는 것 사이에서 움직인다. 헤라클레이토스는 이것이 삶의 비밀이라고 말한다. 이것이 숨은 조화다.
그는 매우 시적이다. 그럴 수밖에 없다. 그는 철학적이지 않다. 철학은 이성을 요구하기 때문이다. 시는 모순이 가능하다. 시는 철학자들이 꺼려하는 것을 말할 수 있다. 시는 삶에 대해 더 진실하다. 그런데 철학자들은 빙글빙글 주변을 맴돌 뿐이다. 그들은 결코 핵심을 찌르지 못한다. 그들은 여기저기 주변을 쑤석거릴 뿐이다. 그러나 시는 직접 핵심을 치고 들어간다.

동양에서 헤라클레이토스와 비교될 만한 사례를 찾는다면 선사(禪師)들이 있다. 특히 하이꾸(haiku, 간결하고 회화적인 문체를 사용하는 일본 시의 형식)라고 알려진 선시(禪詩)가 있다. 선시의 대가 중에 바쇼(Basho)가 있다. 그는 헤라클레이토스와 아주 가까운 사람이다. 아주 깊은 관계가 있다. 그들은 거의 한 사람이나 마찬가지다. 바쇼는 철학적으로 쓰지 않았다. 그런 저서를 남기지 않았다. 그는 단 세 줄로 된 하이꾸, 열일곱 개의 음절로 된 짤막한 형식의 시를 썼다. 헤라클레이토스 또한 단문만을 썼다. 그는 칸트(Kant)나 헤겔(Hegel)처럼 체계적인 저술을 남기지 않았다. 그는 일정한 체계를 형성한 사람이 아니다. 수수께끼 같은 짤막한 경구들을 남겼을 뿐이다. 이 경구 하나하나가 다이아몬드처럼 완벽하다. 다이아몬드는 각 면이 그 자체로 완벽하다. 다른 면과 상관될 필요가 없다. 그는 수수께끼 같은 방식으로 말했다.

이렇게 신비적인 경구를 사용하는 방법은 서양에서 완전히 사라졌다. 오직 한 사람, 니체가 똑같은 방식으로 썼다. 그의 책 《짜라투스트라는 이렇게 말했다》는 신비적인 경구로 구성되어 있다. 그러나 헤라클레이토스 이후 오직 니체만이 그런 방법을 썼을 뿐이다. 동양에서는 깨달은 사람들 모두가 그런 방법을 사용했다. 우파니샤드와 베다가 그렇고, 붓다, 노자, 장자, 바쇼가 그렇다. 단지 경구가 있을 뿐이다. 이 경구들은 아주 짤막하기 때문에 깊이 들여다보아야 한다. 이 경구를 이해하는 것만으로도 그대의 삶 전체가 변형될 것이다. 지적인 능력으로는 이 경구를 이해할 수 없다. 여기 바쇼의 선시를 들어 보라.

오래된 연못에
개구리 뛰어드는 소리.

이것으로 끝이다! 하지만 그는 자신이 말하고자 하는 모든 것을 말했

다. 이 시는 참으로 회화적이다. 오래된 연못이 있고, 그 가장자리에 개구리 한 마리가 앉아 있다…. 그리고 개구리가 뛰어든다. 그대는 물이 튀는 것을 볼 수 있다. '퐁당' 하는 소리를 들을 수 있다. 그리고 바쇼는 모든 것을 말했다고 한다. 이것이 삶이다. 오래된 연못, 그 속에 뛰어드는 개구리, '퐁당' 하는 물소리… 그리고 침묵. 이것이 그대다. 이것이 존재하는 모든 것이다…. 그리고 침묵.

헤라클레이토스도 똑같은 방식으로 말한다. 먼저 그는 강물이 흐르는 소리를 사용한다. 그 다음에 그는 "같은 강물에 두 번 발 담글 수 없다"는 경구를 준다. 그는 시인이지만 보통의 시인이 아니다. 그는 힌두교에서 '리쉬(rish)'라고 부르는 시인이다. 세상에는 두 종류의 시인이 있다. 하나는, 여전히 꿈을 꾸면서 그 꿈을 통해 시를 짓는 시인들이다. 바이런(Byron), 셸리(Shelley), 키이츠(Keats) 같은 시인이 이 부류에 속한다. 그 다음에 '리쉬'라고 하는 다른 종류의 시인들이 있다. 그들은 더 이상 꿈꾸지 않는다. 그들은 실체를 꿰뚫어보며, 이 실체로부터 시가 태어난다. 헤라클레이토스는 리쉬다. 그는 더 이상 꿈꾸지 않는 시인, 존재계를 있는 그대로 보는 시인이다. 그는 서양에서 최초의 실존주의자다.

이제 그의 신비스러운 경구를 깊이 들여다보자.

　드러난 것보다 숨은 조화가 훨씬 낫다.

왜 그런가? 드러난 것보다 숨은 조화가 나은 이유가 무엇인가? 드러난 것은 표면적이다. 그리고 표면은 거짓이기 쉽다. 표면은 다듬어지고 인공적인 것이기 쉽다. 중심에서 그대는 실존적이지만 표면에서는 사회적이다. 결혼이 표면적이라면 사랑은 중심에 있다. 사랑은 숨은 조화이지만 결혼은 겉으로 드러난 조화이다.

친구의 집을 방문했다고 하자. 창문으로 들여다보니 그들 부부가 성

난 얼굴로 싸우고 있다. 그러나 그대가 들어서는 순간 모든 것이 변한다. 그들은 서로에 대해 정중하고 너무나 다정하게 말한다. 이것이 겉으로 드러난 조화다. 표면적으로는 조화가 있는 것 같다. 그러나 깊이 들여다보면 아무 조화도 없다. 이것은 그저 형식이고 겉치레일 뿐이다. 진정한 인간은 겉으로는 무질서하게 보일지라도 중심에서는 항상 조화롭다. 스스로 모순되게 보일지라도 그 모순 속에는 숨은 조화가 있다. 절대로 모순되지 않는 사람, 표면적으로 철저한 일관성을 유지하는 사람은 진정한 조화가 없는 사람이다.

항상 일관적인 사람들이 있다. 그들은 사랑하면 사랑하는 것이고, 미워하면 미워하는 것이다. 그들은 상반되는 요소들이 만나 어우러지는 것을 허용하지 않는다. 그들은 누가 친구인지, 누가 적인지 분명하게 선을 그어 놓는다. 그들은 표면적인 삶을 살면서 철저한 일관성을 유지한다. 그러나 그들의 일관성은 진정한 일관성이 아니다. 깊은 곳에는 무질서와 혼란이 들끓고 있다. 표면적으로 그들은 잘해 나간다. 그대는 그들이 이런 상태라는 것을 잘 안다. 그대 또한 그들과 같기 때문이다! 표면적으로 그대는 잘해 나간다. 그러나 이것은 도움이 안 된다. 표면적인 모습에 연연하지 말라. 더 깊이 들어가라. 대립되는 것 사이에서 어느 하나를 선택하려고 하지 말라. 그대는 양쪽 모두를 살아야 한다. 어느 쪽에도 집착하지 않고 양쪽 모두를 살 수 있다면, 사랑하면서도 주시자로 남고, 미워하면서도 주시자로 남을 수 있다면, 이 주시가 숨은 조화를 이룰 것이다. 이때 그대는 사랑과 미움이 변화무쌍한 기분일 뿐이며 계절처럼 변한다는 것을 알게 될 것이다. 그대는 이 상반되는 것들 안에서 게쉬탈트(gestalt)를 볼 것이다.

'게쉬탈트'라는 이 독일어는 참으로 아름답다. 이 단어는 배경과 형상 사이에 조화가 있다는 것을 말해 준다. 배경과 형상은 대립되지 않는다. 겉으로 그렇게 보일 뿐이다. 예를 들어, 학교에서 선생님은 검은 칠

Discourses On The Fragments Of Heraclitus

판 위에 하얀 백묵으로 글씨를 쓴다. 검은색과 흰색은 상반된다. 그렇다, 아리스토텔레스의 눈에 그들은 상반되는 것으로 보인다. 검은색은 검은색이고, 흰색은 흰색이다. 그들은 대립되는 양극이다. 그러나 선생님은 왜 검은색 칠판에 하얀색 글씨를 쓰는 것일까? 하얀색 칠판 위에 하얀색 글씨를 쓸 수는 없을까? 또는 검은색 칠판 위에 검은색 글씨를 쓸 수는 없을까? 그렇게 쓸 수도 있다. 하지만 그것은 무용한 짓이다. 검은색이라는 배경이 있어야만 흰색이 그 위에 형상을 이룰 수 있다. 그들은 대조된다. 그 사이에 긴장이 있다. 그들은 상반된다. 거기에 숨은 조화가 있다. 흰색은 검은색 위에서 더 하얗게 보인다. 이것이 조화다. 하얀색 칠판 위에서 하얀색 글씨는 사라져 버릴 것이다. 거기엔 긴장이 없기 때문이다. 대립되는 것이 없다.

유태인들이 예수를 처형하지 않았다면 예수는 아무런 흔적도 남기지 못했을 것이다. 유태인들은 이 사건을 하나의 게쉬탈트로 만들었다. 십자가가 검은색 칠판이 되었고, 이 칠판 위에서 예수는 더 하얗게 되었다. 처형당하지 않았다면 예수는 우리의 기억 속에서 사라졌을 것이다. 지금까지도 그가 남아 있는 것은 십자가 때문이다. 예수는 붓다와 마하비라보다 훨씬 더 사람들의 가슴을 파고든다. 십자가 덕분이다. 세상에서 거의 절반에 가까운 사람들이 예수를 사랑한다. 십자가라는 배경이 있기 때문이다. 그는 검은색 칠판 위에 씌어진 흰색 글씨다. 그러나 붓다는 하얀색 칠판 위에 쓴 하얀색 글씨다. 거기엔 대조가 없다. 게쉬탈트가 형성되지 않는다. 배경과 형상이 똑같다.

단지 사랑만 하고 미워할 수 없다면 그대의 사랑은 아무 가치도 없다. 그것은 아무 짝에도 쓸모 없는 사랑이다. 그 사랑에는 강렬함이 없다. 불꽃 같은 열정이 없다. 그저 차갑게 식은 감정일 뿐이다. 진정한 사랑은 열정이 된다. 이 '열정' 이라는 단어는 아름답다. 열정은 강렬하다. 사랑이 어떻게 열정이 되는가? 사랑하는 동시에 미워할 수 있기 때문이다.

|31

 The Hidden Harmony

화를 낼 줄 모르는 사람의 자비는 무능하다. 아무짝에도 쓸모 없다. 그는 무능하다. 그래서 자비를 베푸는 것이다. 그는 미워할 능력이 없다. 그래서 사랑하는 것이다. 미움이라는 감정에도 불구하고 사랑할 때, 거기에 열정이 있다. 이때 배경과 형상이 조화를 이룬다. 하나의 게쉬탈트가 형성된다.

헤라클레이토스는 가장 심오한 게쉬탈트에 대해 말한다. 겉으로 드러난 조화는 진짜 조화가 아니다. 숨은 조화가 진정한 조화다. 그러니 표면에서 일관성을 유지하려고 애쓰지 말라. 그보다는 깊은 곳의 무질서 사이에서 일관성을 발견하라. 대립되는 것들 사이에서 조화를 찾아라.

드러난 것보다 숨은 조화가 훨씬 낫다.

이것이 종교적인 사람과 도덕적인 사람의 차이점이다. 도덕적인 사람은 표면적으로만 조화롭다. 그러나 종교적인 사람은 중심에서 조화롭다. 종교적인 사람은 모순될 수밖에 없다. 반면, 도덕적인 사람은 항상 일관된다. 도덕적인 사람은 믿을 만하다. 그러나 종교적인 사람은 믿을 수 없다. 도덕적인 사람은 예측이 가능하다. 그러나 종교적인 사람은 전혀 예측할 수 없다. 예수가 어떻게 행동할지는 아무도 모른다. 그의 가까운 제자들조차 그것을 알지 못했다. 그들은 예수가 어떻게 행동할지 점칠 수 없었다. 이 예수라는 사람은 예측을 불허한다. 그는 사랑에 대해 말하는 한편, 사원에 들어가 채찍을 휘두르며 환전상들을 내쫓았다. 그는 자비에 대해 말했다. "원수를 사랑하라"고 말하면서도 사원을 발칵 뒤집어 놓았다. 그는 혁명적이다. 사랑에 대해 말하는 그는 아주 일관되지 못한 것처럼 보인다.

버트란트 러셀은 ≪왜 나는 기독교인이 아닌가?≫라는 책을 썼다. 이 책에서 그는 예수의 일관성 없는 태도를 꼬집고 있다.

 "예수는 일관성이 없다. 그는 신경증 환자 같다. 그는 원수를 사랑하라고 말하면서도 그렇게 화를 낸다. 사람뿐만 아니라 심지어 나무에게도 화를 낸다. 그는 무화과나무를 저주했다. 예수와 그의 제자들이 배가 고픈 상태에서 무화과나무 앞을 지나갔다. 그때는 무화과나무가 열매를 맺을 계절이 아니었다. 그들은 무화과나무에 열매가 없는 것을 보았다. 이때 예수는 무화과나무에 저주를 퍼부었다. 무슨 인간이 이런가? 이런 그가 사랑을 말한다고?"

 예수는 숨은 조화를 갖고 있다. 하지만 러셀은 그것을 보지 못한다. 그는 현대판 아리스토텔레스이기 때문이다. 그는 예수의 내면에 깃든 숨은 조화를 볼 수도 없고 이해할 수도 없다. 러셀이 기독교인이 안 된 것은 잘된 일이다. 아주 좋은 일이다. 그는 기독교인이 될 수 없다. 그는 종교적인 사람이 될 수 없다. 그는 도덕주의자다. 모든 행동이 일관되어야 한다고 생각하는 사람이다. 그러나 무엇과의 일관성인가? 누구에 대한 일관성인가? 누구와 일관성을 유지해야 하는가? 과거와의 일관성? 내 말이 다른 말과 일관성이 있어야 한다고? 왜 그래야 하는가? 그것은 강물이 흐르지 않을 때나 가능한 일이다.

 강을 보라. 강은 때로는 오른쪽으로 굽어지고, 때로는 왼쪽으로 굽어진다. 때로는 남쪽으로 가고 때로는 북쪽으로 간다. 그대의 눈에는 이 강이 아주 일관성이 없는 것처럼 보일 것이다. 그러나 여기엔 숨은 조화가 있다. 강물은 바다에 도달한다. 강물이 어디로 가든 바다가 목적지다. 강물은 때로는 남쪽으로 간다. 땅이 남쪽으로 기울어져 있기 때문이다. 때로 강물은 북쪽으로 간다. 땅이 북쪽으로 기울어져 있기 때문이다. 그러나 어떤 방향으로 가든 강은 똑같은 목적지를 지향한다. 강물은 언제나 바다를 향한다. 그리고 결국 바다에 도달한다.

 강물이 일관성을 유지하면서 이렇게 말한다고 생각해 보라.

 "나는 항상 남쪽으로 갈 것이다. 내가 북쪽으로 가면 사람들이 나를 일

관성이 없다고 비난할 것이다."

이 강물은 결코 바다에 이르지 못할 것이다. 러셀과 아리스토텔레스의 강물은 결코 바다에 이르지 못한다. 그들은 너무 일관적이다. 너무 표면적이다. 그들은 숨은 조화에 대해 아무것도 모른다. 대립되는 것들을 통해 똑같은 목적을 추구할 수 있다는 것을 모른다. 대립되는 것들을 통해 동일한 목적을 발견할 수 있다. 이런 가능성에 대해 그들은 아는 게 없다. 전혀 알지 못한다.

드러난 것보다 숨은 조화가 훨씬 낫다.

그러나 어려운 일이다. 그대는 끊임없이 어려움에 처할 것이다. 사람들은 그대에게 일관성을 기대한다. 그리고 숨은 조화는 사회의 일부가 아니다. 그것은 우주의 일부이지 사회에 속하지 않는다. 사회는 인위적인 현상이다. 사회는 모든 것이 정체되어 있다는 생각을 근거로 한다. 사회는 부동의 도덕과 율법을 만들었다. 마치 모든 것이 변하지 않는 것처럼 생각한다. 그래서 똑같은 도덕률이 수천 년 동안 지속된다. 모든 것이 변하는데 도덕은 변함없이 유지된다. 모든 것이 끊임없이 변하는데 소위 도덕주의자들은 계속 똑같은 설교를 늘어놓는다. 그들의 설교는 시대 상황과 전혀 맞지 않는다. 그들은 과거로부터 내려오는 일관성을 맹목적으로 유지한다. 이렇게 시대와 어긋나는 일이 계속된다.

모하메드 시대에 아라비아 지역에는 여자가 남자보다 네 배나 더 많았다. 전사(戰士)였던 아라비아인들은 끊임없이 전쟁을 하면서 서로를 살육했기 때문이다. 여자들은 그렇게 어리석지 않았다. 그래서 여자들은 네 배나 더 많은 숫자가 살아남을 수 있었다. 그 다음에는 어떻게 될 것인가? 여자가 네 배나 더 많은 사회가 도덕적으로 어려움에 처하리라는 것은 쉽게 짐작할 수 있는 일이다. 많은 문제가 일어날 것이다. 그래서 모하메드는 남자 한 명이 네 명의 여자와 결혼할 수 있다는 율법을 만들었다. 그리고 모하메드교인들은 지금도 이 율법을 따르고 있다.

이제 그것은 아주 추한 율법이 되었다. 그런데 그들은 일관성 있게 코란을 따른다고 말한다. 이젠 상황이 달라졌다. 완전히 다른 상황이다. 이제는 여자가 남자보다 네 배나 더 많은 상황이 아니다. 그런데 그들은 아직도 그 율법을 따른다. 특정한 역사적 상황에서 지혜로운 방편이었던 율법이 이제는 추해졌다. 너무나 추한 일이다. 그러나 모하메드교인들은 그 낡아빠진 율법을 따를 것이다. 그들은 아주 완고한 사람들이기 때문이다. 그들은 변할 수 없다. 다시 모하메드에게 조언을 구할 수도 없는 일이다. 그는 이미 이 세상 사람이 아니다. 그리고 모하메드교인들은 아주 교활하다. 그들은 다른 예언자들이 올 수 있는 문을 완전히 닫아 버렸다. 그렇지 않으면 다른 예언자가 와서 무엇인가 변화를 일으킬 것이다. 그래서 그들은 모하메드를 마지막 예언자로 선포했다. 이제는 모하메드 자신이 다시 오기를 원한다 해도 올 수 없다. 모하메드교인들이 문을 닫아 걸었다. 항상 이런 식이다. 도덕주의자들은 문을 닫아 건다. 새로운 예언자가 오면 문제를 일으킬 것이기 때문이다. 새로운 예언자는 낡은 규범에 동의하지 않을 것이다. 그는 순간을 산다. 그는 자기만의 고유한 규범을 가질 것이며, 지금 이 현실에 대응할 것이다. 그가 과거를 고수할 것이라는 보장이 어디에 있는가? 아무런 보장도 없다. 그래서 도덕주의라는 전통은 문을 닫아 버린다.

자이나교인들 또한 문을 닫아 버렸다. 그들은 마하비라(mahavira)가 마지막 예언자라고 말한다. 이제 더 이상의 티르탕카라(tirthankara, 자이나 교에서 깨달은 스승을 일컫는 말. '여울을 만드는 자'라는 뜻이다. 마하비라 이전에 23명의 전법자(傳法者)가 있었다고 하며, 마하비라는 24조다)는 없다. 이슬람 교인들은 모하메드를 마지막 예언자라 하고, 기독교인들은 예수를 신의 독생자라고 한다. 이제 더 이상의 아들은 없다. 모든 문이 닫혔다. 이렇

The Hidden Harmony

게 도덕주의자들이 항상 문을 닫아 거는 이유는 무엇일까? 이것이 안전한 방책이기 때문이다. 예언자가 오면, 순간에서 순간을 사는 예언자가 오면 모든 것을 엉망진창으로 만들 것이다. 그는 거대한 혼란을 일으킬 것이다. 그대는 어느 정도 안정되어 있다. 교회, 도덕률, 규범 등 모든 것이 안정되어 있다. 그대는 그 규칙들을 따르기만 하면 된다. 표면적으로 볼 때 그대는 분명히 조화를 얻었다. 그런데 다시 예언자가 오면 그는 모든 것을 혼란시킬 것이다. 그는 모든 것을 다시 창조하기 시작할 것이다.

도덕주의자는 표면에 머무는 사람들이다. 규범이 그들을 위해 있는 것이 아니라 그들이 규범을 위해 살아간다. 그들을 위해 경전이 있는 것이 아니라 그들이 경전을 위해 있다. 그들은 규범을 따를 뿐 자각이 없다. 자신의 각성된 의식을 따르지 않는다. 자각과 주시의 빛을 따르라. 그러면 숨은 조화를 얻을 것이다. 이때 그대는 대립되는 것에 대해 염려하지 않는다. 그 대립되는 것을 이용할 수 있다. 일단 그것을 이용할 수 있게 되면 그대는 비밀의 열쇠를 얻은 것이다. 미움을 통해 그대의 사랑을 더 아름답게 만들 수 있다.

미움은 사랑의 적이 아니다. 미움은 사랑을 아름답게 만드는 데 없어서는 안 될 감미료와 같다. 미움은 배경이다. 이때 그대는 분노를 통해 자비를 더 강하게 만들 수 있다. 분노는 자비와 반대되지 않는다. 예수가 "원수를 사랑하라"고 말한 의미가 그것이다. 원수를 사랑하라. 원수는 적이 아니다. 그들은 친구다. 그들을 이용할 수 있다. 숨은 조화 속에서 그들은 하나가 된다.

분노라는 원수가 있다. 그것을 이용하라. 그 원수를 친구로 만들어라. 미움이라는 원수가 있다. 이 원수를 이용하라. 그것을 친구로 만들어라. 미움을 통해 그대의 사랑을 더 깊은 차원으로 성장시켜라. 미움을 토양으로 삼아라. 미움은 사랑의 토양이다.

Discourses On The Fragments Of Heraclitus

이것이 헤라클레이토스의 숨은 조화다. 원수를 사랑하라. 대립되는 것을 이용하라. 대립되는 것은 적이 아니다. 그것은 훌륭한 배경이다.

　　대립은 화합을 가져오고
　　불화에서 가장 아름다운 조화가 생겨난다.

아무도 헤라클레이토스를 능가하지 못한다.

　　대립은 화합을 가져오고
　　불화에서 가장 아름다운 조화가 생겨난다.

　　만물은 변화 속에서 안식을 발견하나니.
　　자신과 불화를 이루는 것이
　　어떻게 자신과 일치되는지 사람들은 이해하지 못한다.

　　수금(竪琴)과 활의 경우처럼
　　구부러진 등에도 조화는 있다.

　　활의 이름은 삶이지만
　　그 일은 죽음이다.

합리주의자들의 눈에는 헤라클레이토스의 말이 수수께끼처럼 들릴 것이다. 그러나 과연 그럴까? 그대에게 보는 눈만 있다면 그는 수정처럼 투명하다. 그는 너무나 찬란하다. 그러나 합리적인 마음에 얽매여 있다면 그를 이해하기 어렵다. 그는 "부조화를 통해 가장 아름다운 조화가 탄생한다. 불화가 화합을 가져온다. 원수를 사랑하라"고 말한다.

만일 대립되는 것이 파괴된다면 삶은 무미건조해질 것이다. 악이 존재하지 않는 세상을 생각해 보라. 그대는 선이 존재할 것이라고 생각하는가? 죄인이 없는 세상을 생각해 보라. 성자들이 존재할 수 있겠는가? 죄인이 없다면 성자도 존재할 수 없다. 성자는 죄인을 필요로 한다. 그리고 죄인은 성자 없이 존재할 수 없다. 죄인은 성자가 필요하다. 여기에 숨은 조화가 있다. 그들은 양극이다. 삶이 아름다운 것은 양자(兩者)가 있기 때문이다. 악마가 없으면 신이 존재할 수 없다. 신이 영원하듯이 악마 또한 영원하다.

사람들은 내게 와서 이렇게 묻는다.

"신이 존재한다면 이 세상에는 왜 이렇게 많은 불행과 악이 존재하는 것입니까?"

그런 요소가 없으면 신이 존재할 수 없다. 그런 요소가 배경이 된다. 악마 없이 신 홀로 존재한다면 그는 무미건조해질 것이다. 그대는 신을 토해 버릴 것이다. 그는 다소 역겨운 존재가 될 것이다. 신은 숨은 조화를 안다. 그는 악마가 없으면 존재할 수 없다. 그러니 악마를 미워하지 말라. 그를 이용하라. 신이 그를 이용하는데 그대라고 왜 그를 이용하지 못하겠는가? 신이 악마 없이 존재할 수 없다면 그대 또한 악마 없이 어떻게 존재할 수 있겠는가? 진정한 성자들, 강렬함을 지닌 성자들은 구제프(George Ivanovitch Gurdjieff, 1872-1949. 그리스계 아르메니아인. 티벳, 인도, 중동, 중국 등지를 여행하면서 동양의 종교와 신비를 탐구. 이를 서양인에게 알맞게 개조하여 소개했다. 특히 이슬람 신비주의인 수피즘(Sufism)의 춤이 중심을 이룸. 서양의 붓다로 알려져 있다)와 같다.

앨런 왓츠(Alan Watts, 1915-1973. 영국 태생으로 미국에서 활동한 저술가이며 명상가. 서양의 과학적 사고 방식과 동양의 신비적 직관을 통합하는 일에 주력했다. 저서에 《The Supreme Identity》 《The spirit of Zen》등이 있다) 는 구제프에 대해 "그는 내가 아는 가장 신성한 악당이다"라고 말했다. 사실이 그렇다. 구

제프는 악당이다. 하지만 가장 성스러운 악당이다. 신 자신이 가장 성스러운 악당이다. 악마를 제거하는 것은 곧 신을 죽이는 것과 같다. 게임에는 양편이 필요하다.

아담이 악마에게 유혹받았을 때, 사실 아담을 유혹한 것은 신 자신이었다. 그것은 공모(共謀)였다. 뱀은 신을 위해 일했다. 악마 역시 그렇다. '악마(devil)'라는 단어는 아름답다. 이 단어는 '신(divine)'을 뜻하는 산스크리트 어원에서 나왔다. 'divine' 역시 'devil'과 마찬가지로 'dev'라는 어원에서 나왔다. 두 단어가 똑같은 어원에서 나왔다. 뿌리는 하나다. 다만 가지가 다를 뿐이다. 하나의 가지는 악마이고, 다른 가지는 신이다. 그러나 둘 다 'dev'라는 똑같은 뿌리에서 나왔다. 여기엔 은밀한 공모가 있음에 틀림없다. 그렇지 않으면 게임이 지속될 수 없다. 여기엔 틀림없이 깊은 조화가 있다. 공모 관계가 있다. 신은 아담에게 "너는 이 지식의 나무 열매를 먹어서는 안 된다"고 말했다. 이로부터 음모가 시작된다. 게임이 시작되는 것이다. 이제 첫 번째 규칙이 정해졌다.

기독교는 겉으로 드러나는 조화를 이룩하려고 노력했기 때문에 아름다운 많은 것을 놓쳤다. 2천 년 동안 기독교 신학자들은 악마의 존재를 어떻게 설명할지 고심해 왔다. 그러나 고심할 필요가 없다. 너무나 간단한 문제다. 헤라클레이토스는 해답을 안다. 너무 간단한 문제이기 때문에 설명할 필요도 없다. 그러나 기독교인들은 계속해서 고심하고 있다. 만일 악마가 존재한다면 신이 그를 창조했음에 틀림없다. 그렇지 않으면 악마가 어떻게 존재할 수 있겠는가? 이것이 기독교인들이 고심하는 이유다.

악마가 존재한다면 신이 그를 존재하도록 허락했음에 틀림없다. 그런 허락이 없었다면 어떻게 악마가 존재할 수 있겠는가? 만일 신이 악마를 파괴할 수 없다면 그 신은 무능하다. 이때 그 신은 전능(全能)하다고 불릴 수 없다. 그리고 만일 신이 악마를 창조하면서 그가 악마가 될 것을 몰

The Hidden Harmony

랐다면 그 신은 전지(全知)한 존재가 아니다. 신은 악마가 온 세상을 혼란시킬 것을 모르고서 악마를 창조했다. 신은 아담이 지식의 열매를 따먹으리라는 것을 모르고서 아담을 창조했다. 신은 그 열매를 따먹지 못하도록 금지시켰다. 그렇다면 신은 전지(全知)한 존재가 아니다. 만일 악마가 존재한다면 신은 무소부재(無所不在)한 존재가 될 수 없다. 악마 안에 존재하는 자는 누구인가? 이때 신은 모든 곳에 존재할 수 없다. 최소한 악마의 가슴속에 신은 존재하지 않는다. 그리고 만일 신이 악마의 가슴속에도 존재한다면 왜 그 불쌍한 악마를 비난하는가?

여기엔 어떤 음모가 있다. 숨은 조화가 있다. 신이 지식의 나무 열매를 먹지 못하도록 금지한 것은 단지 아담을 유혹하기 위해서였다. 이것이 첫 번째 유혹이다. 무엇인가를 금지 당하면 자연히 호기심이 생기는 법이다. 첫 번째 유혹의 손길을 뻗친 것은 바로 신이다. 악마가 등장한 것은 나중의 일이다. 에덴 동산에는 수없이 많은 나무가 있었다. 그러므로 아담에게 아무 말도 하지 않고 내버려두었다면 그는 지식의 나무를 발견하지 못했을 것이다. 그것은 거의 불가능한 일이다.

지금까지 우리는 이 지상에 있는 나무들조차 모두 발견하지 못했다. 아직도 많은 나무들이 알려지지 않은 채 남아 있다. 많은 종의 나무들이 아직도 발견되지 않았다. 그런데 에덴 동산에 비하면 이 지구는 아무것도 아니다. 에덴 동산은 신의 정원이었다. 그곳에는 무수한 나무들이 자라고 있었다. 만일 아담과 이브를 가만히 내버려두었다면 그들은 지식의 나무를 발견하지 못했을 것이다. 그런데 신이 먼저 그들을 유혹했다. 유혹의 손길은 먼저 신에게서 왔다. 악마는 이 게임의 동업자에 불과하다. 신은 "이 나무 열매를 먹지 말아라!" 하는 말로 아담과 이브를 유혹했다. 즉시 지식의 나무가 알려졌으며 당연히 열매를 따먹고 싶은 충동이 일어났다. 신은 왜 그 나무 열매를 따먹지 못하도록 금지했을까? 여기엔 무엇인가 있다. 그 열매는 신에게 금지되지 않았다. 그는 열매를 따먹었

Discourses On The Fragments Of Heraclitus

다. 그리고 우리에게만 금지되었다. 이제 인간의 마음이 작용하기 시작하고 게임이 시작되었다. 그 다음에 이 음모의 동업자로서 악마가 등장한다. 뱀의 형상을 한 악마가 와서 말한다.

"이 열매를 먹어라. 그러면 너도 신처럼 될 것이다!"

인간의 마음속에 숨어 있는 가장 깊은 욕망은 신처럼 되고 싶은 욕망이다. 악마가 계략을 꾸민 것은 이 음모를 알고 있었기 때문이다. 그는 직접 아담에게 접근하지 않았다. 그는 이브를 통해 간접적으로 접근했다. 남자를 유혹하려면 여자를 통해 하는 것이 효과적이다. 그렇지 않고 직접 남자를 유혹하면 별 효과가 없다. 모든 유혹은 성(性)을 통해서 온다. 모든 충동은 여자를 통해서 온다. 악마가 게임을 벌이려면 여자가 중요한 비중을 차지한다. 그대를 사랑하는 여자의 청을 거절하는 것은 어렵기 때문이다. 그대는 악마를 거절할 수 있다. 그러나 여자를 거절하는 것은….

악마는 뱀의 형상으로 왔다. 이것은 남근(男根)의 상징이다. 뱀만큼 남자의 성기를 상징하는 것은 없다. 그 둘은 유사한 모양이다. 그리고 뱀은 여자를 통해서 왔다. 여자를 거절하는 것은 어렵기 때문이다.

물라 나스루딘이 천식에 걸려 고생하는 아내를 산에 데리고 가기로 했다. 그런데 아내가 꺼려하면서 거절했다. 그녀는 이렇게 말했다.

"산 공기가 내게 맞지 않을까봐 걱정이 돼요."

물라 나스루딘이 말했다.

"그런 문제라면 걱정하지 말아요. 감히 어느 산이 당신의 비위를 건드린단 말이오."

그대가 사랑하는 여자에게 반대하는 것은 불가능하다. 그래서 여자는 쉽게 악마와 공모자가 된다. 이렇게 해서 유혹이 일어났고, 아담은 지식

The Hidden Harmony

의 열매를 먹었다. 이것이 우리가 에덴 동산에서 쫓겨난 경위다. 이 게임은 지금도 계속되고 있다.

여기에는 깊이 숨어 있는 조화가 있다. 신 혼자서는 작용하지 못한다. 이것은 양극만 있고 음극이 없으면 전기가 작용하지 못하는 것과 같다. 신은 여자 없이 남자만 갖고 자기 일을 하려고 했었다. 전에 그렇게 해 보려고 했지만 실패했다. 처음에 그는 아담을 만들었다. 하지만 그는 실패했다. 아담만 갖고는 게임이 진행되지 않았다. 그래서 그는 여자를 창조했다. 하지만 그가 처음으로 창조한 여자는 이브가 아니었다. 첫 번째 여자는 릴리드(Lilith)였다. 그런데 이 여자는 여성 해방 운동의 신봉자였던 것 같다. 그녀는 온갖 문제를 일으키면서 아담에게 "나는 당신만큼 독립적인 존재예요!" 하고 말했다. 첫날밤부터 잠자리 때문에 말썽이 생겼다. 그들에게는 침대가 하나밖에 없었다. 그래서 누가 침대에서 자고 누가 바닥에서 잘지 문제가 생겼다. 릴리드는 "당신이 바닥에서 자요!" 하고 단호하게 말했다. 이것이 여성 해방 운동의 전형이다. 아담이 말을 듣지 않자 릴리드는 떠났다. 그녀는 신에게 가서 "나는 이 게임에 참가하지 않을 거예요" 하고 말했다.

서양에서는 이런 식으로 여성이 사라지고 있다. 릴리드가 떠나고 있다. 그리고 여성이 사라짐과 아울러 아름다움과 우아함 등 모든 것이 사라지고 있다. 게임 전체가 문제에 빠졌다. 이젠 "남자를 사랑하지 말라!"고 말하는 여자들까지 등장했다.

나는 어떤 팜플렛을 읽었는데 거기엔 이렇게 씌어 있었.

"남자들을 죽여라! 세상의 모든 남자를 박살내자! 남자가 살아 있는 한 여자에게는 자유가 있을 수 없다."

그러나 남자를 죽이면 여자가 존재할 수 있겠는가? 게임에는 양자가 필요하다.

릴리드가 사라지자 게임이 계속될 수 없었다. 그래서 신은 다시 여자

Discourses On The Fragments Of Heraclitus

를 만들어야 했다. 이번에는 남자의 뼈 하나를 떼어서 여자를 만들었다. 따로 여자를 만들면 또 문제를 일으킬까봐 염려스러웠기 때문이다. 그래서 신은 남자의 갈비뼈 하나를 떼어서 여자를 만들었다. 이렇게 해서 남자와 여자는 양극인 동시에 통일성을 갖게 되었다. 그들은 둘이지만 똑같은 몸에 속한다. 이것이 이 신화에 숨어 있는 뜻이다. 남자와 여자는 서로 대립되는 둘이지만 같은 육체에 속한다. 깊은 곳에서 보면 뿌리는 하나다. 그들은 한 몸이다. 그래서 사랑하는 사람들이 만나면 한 몸이 되려고 하는 것이다. 그들은 아담 혼자 존재했던 상태로 돌아간다. 그들이 만나 하나로 용해된다.

　게임에는 대립이 있다. 그러나 깊은 곳에는 여전히 화합이 존재한다. 게임이 지속되기 위해서는 대립과 조화 둘 다 필요하다. 만일 절대적인 조화만 있고 대립이 없다면 게임은 중단될 것이다. 누구와 게임을 벌일 것인가? 반면, 절대적인 불화와 대립만 있고 조화가 없다면 이 경우 또한 게임이 중단될 것이다.

　불화 속의 조화, 대립 속의 합일이 모든 신비의 열쇠다.

　　만물은 변화 속에서 안식을 발견하나니.
　　자신과 불화를 이루는 것이
　　어떻게 자신과 일치되는지 사람들은 이해하지 못한다.

　악마는 신과 일치하고, 신은 악마와 일치한다. 이것이 악마가 존재하는 이유다.

　　수금(竪琴)과 활의 경우처럼
　　구부러진 등에도 조화는 있다.

The Hidden Harmony

음악가는 활과 수금으로 음악을 연주한다. 대립은 표면적인 현상이다. 표면에는 마찰과 투쟁, 불화가 있지만 그로부터 아름다운 음악이 나온다.

    대립은 화합을 가져오고
    불화에서 가장 아름다운 조화가 비롯되나니…?

    활의 이름은 삶이지만
    그 일은 죽음이다.

죽음이 삶의 일이다. 삶의 최종적인 결과가 죽음이다. 죽음과 삶은 둘이 아니다.

    활의 이름은 삶이지만
    그 일은 죽음이다.

그러므로 죽음은 삶과 반대되는 것이 아니다. 죽음은 수금과 같다. 활의 이름이 삶이라면, 수금의 이름은 죽음이다. 그리고 이 둘 사이에서 가장 아름다운 조화가 생겨난다.

그대는 삶과 죽음의 정가운데에 있다. 그대는 삶도 아니고 죽음도 아니다. 그러니 삶에 집착하지 말며, 죽음을 두려워하지도 말라. 그대는 활과 수금 사이에서 만들어지는 음악이다. 그대는 하나의 마찰이고 만남이며 화합이다. 그리고 그로부터 솟아나는 가장 아름다운 조화다.

선택하지 말라! 선택하면 그대는 잘못될 것이다. 선택하면 그대는 어느 한쪽에 집착하고 동일시될 것이다. 그러니 선택하지 말라.

삶은 활이 되게 하고, 죽음은 수금이 되게 하라. 그리고 그대는 조화가

되어라. 숨은 조화가 되어라. 숨은 조화가 드러난 것보다 훨씬 낫다.

둘,
잠들어 있는
사람들

인간은 잠들어 있을 때와 마찬가지로,
깨어 있는 동안에도 주변에서
일어나는 일을 의식하지 못한다.

어리석은 자들은 귀머거리와 같다
아무리 그들이 듣는다 해도.
그들에게는 이런 말이 어울린다.
"그들은 어디에 있건 그 자리에 있지 못한다네."

잠든 것처럼 말하거나 행동하지 말라.

깨어난 사람들은 공통된 하나의 세계를 갖지만
잠자는 사람들은 저마다 다른 사적인 세계를 갖는다.

깨어 있을 때에는 무엇을 보든 죽음이고,
잠자고 있을 때에는 무엇을 보든 꿈이다.

The Hidden Harmony

Fast asleep even while awake
— 잠들어 있는 사람들

헤라클레이토스는 인간의 가장 깊은 곳에 있는 문제를 지적한다. 즉 우리는 깨어 있는 동안에도 잠들어 있다는 것이다.

잠잘 때 그대는 잠잔다. 그러나 깨어 있을 때에도 그대는 잠잔다. 이 말은 무슨 뜻인가? 붓다, 예수, 헤라클레이토스, 그들 모두가 이렇게 말했다. 그대는 깨어 있는 것처럼 보인다. 그러나 이것은 겉모습일 뿐이다. 깊은 곳에서 그대는 계속 잠자고 있다.

지금 이 순간에도 그대는 내면에서 꿈을 꾸고 있다. 마음속에 수많은 상념이 지나가는데 그대는 무슨 일이 일어나고 있는지 자각하지 못한다. 그대는 자신이 무엇을 하는지 모른다. 자신이 누구인지도 모른다. 그대는 몽유병 환자처럼 행동한다.

몽유병 환자를 본 적이 있는가? 그는 잠자면서도 이 일 저 일을 하다가 다시 돌아와 잠자리에 든다. 이것이 몽유병이라고 불리는 것이다. 많은 사람들이 이런 병을 갖고 있다. 그들은 잠을 자다가 일어난다. 그들은 눈을 뜨고 움직인다. 문을 열고 나가기도 한다. 부엌에 들어가 무엇을 먹은 다음 다시 방에 돌아와 자리에 눕는다. 아침에 물어 보면 그는 아

Discourses On The Fragments Of Heraclitus

무것도 모른다. 아무리 기억하려 해도 기껏 생각나는 것이라곤 꿈에 대한 것이다. 꿈속에서 그는 부엌에 들어갔었다. 그것은 꿈이었을 뿐이다. 이런 정도만 기억하는 것도 힘들다.

 범죄를 저지르고는 재판정에서 아무것도 기억하지 못한다고 말하는 사람들이 많다. 그들은 그런 일에 대해 아무것도 아는 게 없다고 말한다. 그들이 판사를 속이고 있는 것일까? 아니다. 정신분석 학자들은 그들이 거짓말을 하는 게 아니라는 결론에 도달했다. 그들은 절대적으로 진실을 말하고 있다. 물론, 그들이 살인을 저지른 것은 사실이다. 하지만 그들은 깊이 잠든 상태에서 살인을 했다. 한 편의 꿈을 꾸었을 뿐이다. 이런 종류의 잠은 일반적인 잠보다 더 깊다. 이 잠은 술 취한 상태와 같다. 취한 상태에서도 움직이고 행동할 수 있다. 다소 지각을 갖고 있을 수 있다. 그러나 그대는 정확하게 무슨 일이 일어나고 있는지 모른다.

 그대는 과거에 무엇을 했는가? 그것을 정확하게 기억해 낼 수 있는가? 그대는 과거에 왜 그 행동을 했는가? 그대에게 무슨 일이 일어났던가? 그 일이 벌어지고 있을 때 그대는 자각하고 있었는가? 그대는 이유도 모르면서 사랑에 빠진다. 이유도 모르면서 화를 낸다. 물론 그대는 핑계를 찾아낼 것이다. 그대는 어떤 행동을 하건 그것을 합리화시킨다. 그러나 합리화와 자각은 다르다.

 자각(awareness)이란 어떤 일이 일어나건 그 순간에 완전히 의식이 깨어 있는 것을 말한다. 그대는 그 순간에 현존한다. 분노가 일어나는 순간에 그대가 현존한다면 분노는 불가능하다. 분노는 그대가 깊이 잠들어 있을 때에만 일어날 수 있다. 그대가 현존할 때 즉시 그대의 존재에 변형이 일어난다. 그대가 현존할 때, 깨어 있는 의식으로 자각하고 있을 때에는 많은 일들이 불가능해진다. 그대가 깨어 있다면 죄라고 불리는 모든 일이 불가능해진다. 실제로 세상에는 단 하나의 죄밖에 없다. 비각

성(非覺醒)이 그것이다.

　이 '죄(sin)' 라는 단어는 본래 '놓치다(miss)' 라는 뜻이다. 이 단어는 무엇인가 잘못을 저질렀다는 뜻이 아니다. 그저 '놓치다', '부재하다.' 라는 뜻이다. 이 '죄' 라는 단어의 히브리 어원은 '놓치다' 를 의미한다. 영어에 이런 단어가 몇 개 있다. 'misconduct(非行)', 'misbehavior(그릇된 행위)' 같은 단어가 그것이다. '놓치다' 라는 말은 그 자리에 존재하지 않는 것, 그 자리에 현존하지 않는 상태에서 무엇인가 행하는 것을 뜻한다. 이것이 유일한 죄다. 그리고 유일한 덕(德)이란 완전히 깨어 있는 상태에서 행하는 것이다. 이것을 구제프는 자기 기억(self-remembering)이라 불렀고, 붓다는 정념(正念)이라 불렀다. 이것을 크리슈나무르티(Krishnamurti)는 자각이라 불렀고, 까비르(Kabir, 1440-1518. 인도의 신비주의 시인. 일체의 우상 숭배와 고행, 제사, 순례, 푸라나(Purana)와 코란의 구절을 무의미하다고 배격하고, 아집(我執)에서 벗어나야 신을 볼 수 있다고 하였다. 타골의 시세계에 영향을 미쳤으며, 시크교의 개조인 나나크(Nanak)가 그의 제자다)는 '수라티(surati)' 라고 불렀다. 그 자리에 존재하라! 이것이 전부다. 이 외에 다른 것은 필요치 않다. 아무것도 변화시킬 필요가 없다. 설령 변화를 시도한다 해도 그대는 변하지 않는다.

　그대는 자기 안에 있는 많은 것을 변화시키려 하고 있다. 그래서 성공했는가? 다시는 화를 내지 않겠다고 결심한 적이 얼마나 많았던가! 그래서 그대의 결심대로 되었는가? 화가 일어나면 그대는 다시 똑같은 덫에 걸린다. 그리고 화가 사라진 다음에는 후회한다. 악순환의 연속이다. 화를 내고 나서는 후회하고, 다시 화낼 준비를 한다. 명심하라, 그대는 후회하는 동안에도 그 순간에 존재하지 못한다. 이 후회 또한 죄의 일부다. 이런 식으로는 아무것도 달라지지 않는다. 수없이 결심하고 맹세하면서 노력해 보아도 아무것도 변하지 않는다. 그대는 똑같다. 그대는 태어날 때와 똑같은 상태다. 일말의 변화도 일어나지 않았다. 그대가 충분

히 노력하지 않는 것이 아니다. 그대는 노력하고 또 노력했지만 실패했다. 왜냐 하면 이것은 노력한다고 되는 일이 아니기 때문이다. 이것은 노력의 문제가 아니다. 아무리 노력해도 별 도움이 안 된다. 이것은 노력의 문제가 아니라 자각의 문제다.

그대가 깨어 있으면 많은 것이 떨어져 나간다. 그것들을 떨쳐 버릴 필요도 없다. 깨어 있음 속에서 불가능해지는 일들이 있다. 이것이 죄와 덕에 관한 나의 정의(定義)다. 이 외에 다른 기준은 없다. 깨어 있을 때 그대는 사랑에 빠지지 않는다. 그때 사랑에 빠지는 것은 죄다. 깨어 있는 상태에서도 사랑할 수는 있지만 그 사랑은 추락(fall)이 아니라 비상(rise)이 될 것이다.

왜 우리는 '사랑에 빠진다(fall in love)'라는 표현을 사용하는 것일까? 그것은 추락이다. 그대는 추락하는 것이지 상승하는 것이 아니다. 그러나 깨어 있을 때 추락은 가능하지 않다. 사랑 속에서조차 추락이 불가능해진다. 절대 불가능하다. 그대는 사랑 안에서 비상한다. 사랑 안에서 비상하는 것은 사랑에 빠지는 것과 전혀 다른 현상이다. 사랑에 빠지는 것은 꿈꾸는 상태다. 사랑에 빠진 사람들의 눈을 보라. 그들은 다른 사람들보다 더 깊이 잠들어 있다. 꿈꾸듯이 몽롱한 상태다. 그들의 눈을 보면 알 수 있다. 마치 졸고 있는 것 같다. 그러나 사랑 안에서 비상하는 사람들은 전혀 다르다. 그들은 더 이상 꿈속에 있지 않다. 그들은 실체를 마주하고 있으며, 이를 통해 성장한다.

사랑에 빠졌을 때 그대는 어린아이로 남는다. 사랑 속에서 비상할 때 비로소 성인이 된다. 서서히 사랑은 관계가 아니라 존재의 상태가 된다. 이때 그대는 이것은 사랑하고 저것은 사랑하지 않고 하는 상태가 아니다. 그저 사랑할 뿐이다. 누가 다가오건 그대는 아낌없이 나누어준다. 어떤 일이 일어나건 사랑으로 대한다. 바위를 만질 때에도 연인의 몸을 어루만지듯이 한다. 나무를 볼 때에는 연인의 얼굴을 들여다보듯 한다.

The Hidden Harmony

사랑이 존재의 상태가 된다. 그대가 사랑하는 게 아니다. 그대 자체가 사랑이다. 이것은 비상이지 추락이 아니다.

사랑을 통해 비상할 때, 그 사랑은 아름답다. 반면, 사랑을 통해 추락할 때 그 사랑은 더럽고 추하다. 사랑에 빠졌을 때 그대는 이 사랑이 독약이라는 것을 곧 깨달을 것이다. 그 사랑은 구속이 된다. 그대는 사랑의 올가미에 걸렸다. 자유가 파괴되고 날개가 잘렸다. 이제 그대는 더이상 자유롭지 못하다. 사랑에 빠짐으로써 그대는 소유물이 된다. 그대는 상대방을 소유하는 동시에 상대방이 그대를 소유하도록 허용한다. 그대는 물건이 된다. 그리고 상대방을 물건으로 전락시키려고 애쓴다.

결혼한 부부들을 보라. 그들은 물건이 되었다. 그들은 더 이상 사람이 아니다. 서로를 소유하려고 한다. 오직 물건만이 소유될 수 있다. 인간을 소유하는 것은 불가능하다. 어떻게 인간을 소유할 수 있는가? 어떻게 인간을 지배할 수 있는가? 인간을 소유물로 전락시킬 수 있는가? 불가능하다! 그런데 남편은 부인을 소유하려 하고, 부인 또한 남편을 소유하려고 한다. 여기에 마찰이 일어난다. 이때 서로가 적이 된다. 서로를 파괴한다.

물라 나스루딘이 공동 묘지의 사무실에 들어가 관리인에게 말했다.
"내 아내가 이 공동 묘지에 묻힌 게 분명한데 아무래도 그녀의 무덤을 찾을 수가 없으니 무슨 일이오?"
관리인이 장부를 뒤적이며 물었다.
"부인의 성함이 어떻게 되시는지요?"
"물라 나스루딘 부인이오."
관리인이 장부를 다시 한 번 들여다보고는 말했다.
"물라 나스루딘 부인은 없고 물라 나스루딘 씨는 있습니다. 죄송합니다. 뭔가 잘못되었군요."

Discourses On The Fragments Of Heraclitus

나스루딘이 말했다.

"아니오, 잘못된 게 없소. 물라 나스루딘의 무덤이 어디오? 나는 뭐든지 내 이름으로 해 놓았거든."

부인의 무덤까지도! 이 소유욕… 모든 사람이 소유하려고 한다. 사랑한다는 사람들까지도 그렇다. 이것은 사랑이 아니다. 어떤 사람을 소유할 때, 그대는 그를 미워하고 파괴하고 죽이는 것이다. 그대는 살인자다. 사랑은 자유를 주어야 한다. 사랑은 자유다. 사랑은 연인을 더 자유롭게 만들 것이다. 날개를 달아 주고 광활한 하늘을 열어 줄 것이다. 사랑이 감옥이 되어서는 안 된다. 새장이 되어서는 안 된다. 그러나 이런 사랑을 그대는 모른다. 이런 사랑은 그대가 깨어 있을 때에만 일어나기 때문이다. 이런 사랑은 자각이 있을 때에만 가능하다. 그대가 아는 사랑은 죄악이다. 그것은 잠에서 나온 것이다.

이것은 그대가 하는 모든 일에 대해서도 마찬가지다. 좋은 일을 하려고 할 때에도 그대는 해를 입힌다. 선행을 하는 사람들을 보라. 그들은 항상 해를 입힌다. 그들은 세상에서 가장 해로운 사람들이다. 사회 개혁가, 소위 혁명가라고 불리는 사람들, 그들은 가장 해로운 사람들이다. 그러나 그들의 잘못이 어디에 있는지 알기는 힘들다. 왜냐 하면 그들은 아주 선한 사람들이며, 항상 남에게 선한 일을 하기 때문이다. 그러나 이것이 다른 사람을 감옥에 가두는 수법이다. 그들이 그대에게 선한 일을 하도록 내버려두면 그대는 조만간 그들의 소유물이 될 것이다.

그들은 그대의 발을 주무르는 것으로 시작하지만 곧 그대의 목을 움켜쥔다. 발에서 시작하여 목을 조르는 것으로 끝난다. 이것은 그들이 깨어 있지 못하기 때문이다. 그들은 자신이 무엇을 하는지도 모른다. 그들은 속임수를 배웠다. 어떤 사람을 소유하고 싶으면 그에게 선한 일을 하라! 그들은 이런 속임수를 배웠다는 사실조차 의식하지 못한다. 그들은

The Hidden Harmony

해를 입힌다. 어떤 명목 하에서건 다른 사람을 소유하려는 행동은 비종교적인 죄악이다. 세상의 교회, 절, 사원, 이 모두가 그대에게 죄를 지었다. 그들 모두가 소유자가 되었다. 그들은 지배자가 되었다.

교회는 종교와 어긋난다. 종교는 자유이기 때문이다. 왜 이런 일이 일어나는가? 예수는 우리에게 자유의 날개를 달아 주려고 했다. 그런데 어떻게 이런 교회가 탄생하게 되었을까? 예수는 전혀 다른 차원, 각성의 차원에 살았다. 그런데 그의 말을 듣고 따르는 사람들은 잠의 차원에 살았다. 그들이 들은 모든 것은 해석되었다. 모든 것이 그들의 꿈을 통해 해석되었다. 그러므로 그들이 만든 것은 모두 죄가 될 수밖에 없다. 예수는 종교를 주었다. 그런데 깊이 잠든 사람들은 그것을 교회로 바꾸어 놓았다.

이런 이야기가 있다. 사탄이 시무룩한 표정을 짓고 나무 밑에 앉아 있었다. 성자가 지나가다가 사탄을 보고 물었다.

"우리가 듣기로 당신은 한시도 쉬지 않고 어딘가에서 악한 일을 한다고 하던데, 오늘은 무슨 일이 있기에 여기 앉아 있소? 나무 밑에 앉아서 무엇을 하는 것이오?"

사탄은 의기소침해 있었다. 사탄이 말했다.

"성직자들이 내 일을 빼앗아 갔소. 이제 나는 아무것도 할 수 없습니다. 실업자가 되었어요. 이 성직자들이 나를 대신해서 얼마나 일을 잘하고 있는지 나는 쓸모 없는 존재가 되어 버렸습니다. 때로는 자살하고 싶은 생각이 들기도 합니다."

성직자들은 지금까지 너무나 유능하게 일해 왔다. 그들은 자유를 속박으로 바꾸어 놓았으며, 진리를 교리로 바꾸어 놓았다. 그들은 각성의 차원에 있는 모든 것을 잠의 차원으로 끌어내렸다. 이 잠이 정확하게 무엇을 의미하는지 이해하라. 이 잠이 무엇인지 느낄 수 있다면 그대는 이미 깨어나기 시작한 것이다. 이미 잠에서 벗어나고 있는 것이다. 이 잠

Discourses On The Fragments Of Heraclitus

은 무엇인가? 이 잠은 어떻게 오는가? 그 메커니즘(mechanism)은 무엇인가? 이 잠은 어떤 형식을 취하는가?

마음은 항상 과거나 미래에 가 있다. 마음은 현재에 존재할 수 없다. 그것은 절대로 불가능하다. 그대가 현재에 있을 때 마음은 더 이상 존재하지 않는다. 마음은 사념을 의미하기 때문이다. 현재에 생각하는 것이 가능한가? 과거에 대해서는 생각할 수 있다. 과거는 이미 기억이 되었으며, 마음은 이 기억을 다룰 수 있다. 미래에 대해 생각하는 것도 가능하다. 미래는 아직 오지 않았다. 그러므로 그에 대해 꿈꾸는 것이 가능하다. 마음은 이렇게 두 가지를 할 수 있다. 마음은 과거로 들어갈 수 있다. 그곳에는 마음이 움직이기에 충분한 공간이 있다. 광활한 공간이 있기 때문이 계속해서 들어갈 수 있다. 또한 마음은 미래로 들어갈 수도 있다. 미래에도 무한한 공간이 있다. 끝이 없다. 그대는 무한정으로 상상하고 꿈꿀 수 있다. 그러나 현재에 어떻게 마음이 작용할 수 있겠는가? 그럴 공간이 없다. 마음이 움직일 만한 공간이 없다.

현재는 경계선에 불과하다. 그것이 전부다. 현재에는 공간이 없다. 현재는 과거와 미래를 구분 짓는다. 그냥 경계선일 뿐이다. 그대는 현재 안에 존재할 수는 있어도 생각할 수는 없다. 생각을 위해서는 공간이 필요하다. 사념은 공간을 필요로 한다. 사념은 물질과 같다는 것을 명심하라. 사념은 미묘한 물질이다. 그것은 영적인 것이 아니다. 영적인 차원은 사념이 사라진 다음에 시작된다. 사념은 아주 정교한 물질이다. 그리고 모든 물질은 공간을 필요로 한다. 현재에 대해 생각하는 것은 불가능하다. 생각하는 순간 이미 그 순간은 과거가 되어 버린다.

태양이 떠오르는 것을 보면서 "얼마나 아름다운 일출인가!" 하고 말한다 하자. 이때 태양은 이미 과거가 되었다. 태양이 떠오르는 순간에는 "얼마나 아름다운가!" 하고 말할 공간조차 없다. 그대가 "얼마나 아름다운가!" 하고 말하는 순간 그대의 경험은 이미 과거가 되었다. 마음은 기

| 55

The Hidden Harmony

억 속에서 그것을 알고 있다. 그러나 태양이 떠오르는 바로 그 순간에 생각할 수 있는가? 어떻게 생각할 것인가? 떠오르는 태양과 함께 존재할 수는 있지만 생각은 불가능하다. 그대가 존재할 공간은 있지만 생각할 공간은 없다.

정원에 핀 꽃을 보고 그대는 "참 예쁜 장미꽃이다" 하고 말한다. 이때 그대는 장미꽃과 함께 존재하지 않는다. 장미꽃은 이미 그대의 기억이 되었다. 장미꽃과 그대가 동시에 현존할 때, 그때 생각이 가능한가? 어떻게 생각할 수 있는가? 생각하는 것이 가능한가? 생각할 수 있는 공간이 없다. 공간이 너무 협소하다. 충분한 공간이 없기 때문에 그대와 꽃은 둘로 존재할 수도 없다. 오직 하나로 존재할 공간밖에 없다.

깊은 현존 속에서 그대는 장미가 되고, 장미는 그대가 된다. 순간에 현존하지 못할 때에는 그대 자신이 하나의 생각에 불과하다. 장미꽃 또한 그대 마음속의 생각일 뿐이다. 그러나 생각이 없을 때에는 누가 꽃이며 누가 관찰하는 자인가? 관찰자가 관찰의 대상이 된다. 돌연 경계가 사라진다. 돌연 그대가 장미 속으로 들어가고, 장미가 그대 속으로 들어온다. 장미와 그대는 둘이 아니다. 오직 하나만 존재한다.

그대가 생각하기 시작하면 장미와 그대는 다시 둘이 된다. 생각하지 않을 때 이원성(二元性)이 어디에 있는가? 그대가 무념의 상태로 장미꽃과 함께 존재할 때, 거기에 대화가 있다. 대화 아닌 대화가 이루어진다. 거기에 둘이 존재하지 않는다. 연인의 손을 잡고 앉아 있을 때 그대는 그저 존재할 뿐이다. 지나간 과거를 생각하지도 않고 다가올 미래를 생각하지도 않는다. 그대는 '지금 여기'에 존재한다. 지금 여기에 존재하는 순간은 너무나 아름답다. 너무나 강렬한 순간이다. 어떤 사념도 이 강렬한 순간을 뚫고 들어올 수 없다. 현재의 문은 아주 좁다. 한꺼번에 둘이 들어가는 것은 불가능하다. 오직 하나만 들어갈 수 있다. 현재에는 생각이 불가능하다. 꿈이 불가능하다. 꿈은 회화적으로 나타나는 생각

Discourses On The Fragments Of Heraclitus

에 다름 아니다. 둘 다 물질이다.

사념 없이 현재에 존재할 때 그대는 난생 처음으로 영적인 존재가 된다. 새로운 차원이 열린다. 바로 이것이 '깨어 있음(awareness)' 의 차원이다. 그대는 이 차원을 모른다. 헤라클레이토스가 "그대는 깨어 있지 않다. 그대는 잠들어 있다"고 말하는 이유가 그것이다. '깨어 있음' 이란 전적으로 순간에 존재하는 것을 의미한다. 이 순간에는 과거를 향한 움직임도 없고, 미래를 향한 움직임도 없다. 모든 움직임이 멈추었다. 그렇다고 해서 그대가 정체되었다는 뜻은 아니다. 다만 새로운 움직임, 깊이로 들어가는 움직임이 시작된다는 뜻이다.

움직임에는 두 종류가 있다. 이것이 예수의 십자가에 담긴 의미다. 십자가는 두 가지 움직임을 보여준다. 하나의 움직임은 수평적이다. 그대는 수평적인 선 위에서 움직인다. 여기에서 저기로, 하나의 생각에서 다른 생각으로, 이 꿈에서 저 꿈으로 움직인다. 그대는 A에서 B로, B에서 C로, C에서 D로 이동한다. 이것이 그대가 움직이는 방식이다. 수평적인 이동이다. 이것은 시간 속의 이동이다. 깊이 잠들어 있는 사람의 이동 방식이다. 그대는 재봉틀의 셔틀(shuttle)처럼 앞뒤로 움직인다. 수평적인 선이 거기에 있다. 그대는 B에서 A로 이동하거나 A에서 B로 이동한다. 수평적인 움직임이다. 그런데 이와 전혀 다른 차원의 움직임이 있다. 이 움직임은 수평적이 아니라 수직적이다. A에서 B로 가고 B에서 C로 가는 것이 아니라, A에서 더 깊은 A로 들어간다. A1, A2, A3로 깊이 들어간다. 또는 높이로 움직인다고 할 수 있다.

사념이 멈추면 새로운 움직임이 시작된다. 이제 그대는 깊이로 들어간다. 심연 속으로 들어간다. 깊이 명상하는 사람들은 조만간 이런 상황을 맞는다. 이때 그들은 밑바닥도 없는 심연이 열리는 것을 느끼고 두려워하게 된다. 아찔해진다. 이미 잘 알고 있는 기존의 움직임에 매달리고 싶을 것이다. 이것은 죽음 같은 느낌이다. 이것이 예수의 십자가가 갖는

의미다. 십자가는 죽음을 뜻한다. 수평적 차원에서 수직적 차원으로 이동하는 것은 죽음이다. 이것이 진짜 죽음이다.

그러나 이 죽음은 죽음에 그치지 않는다. 다른 한편에는 부활이 있다. 이것은 다시 태어나기 위한 죽음이다. 이 차원에서 죽고 다른 차원에서 태어나는 것이다. 수평적 차원에서 그대는 예수이지만 수직적 차원에서는 그리스도가 된다.

하나의 사념에서 다른 사념으로 움직일 때 그대는 시간의 세계에 머문다. 그러나 사념이 아니라 순간 속에서 움직일 때 그대는 영원의 차원으로 들어간다. 이때 그대는 정체되어 있는 것이 아니다. 사실, 이 세상의 어느 것도 정체되어 있지 않다. 그것은 불가능하다. 이때 그대는 정체되어 있는 것이 아니라 새로운 움직임, 동기 없는 움직임 속으로 들어간다. 이 말을 명심하라. 수평적 차원에서 그대는 동기에 의해 움직인다. 그대는 돈, 명예, 권력 등 무엇인가를 성취하기 위해 움직인다. 신 또한 성취의 대상이다. 어쨌거나 그대를 활동하게 하는 동기가 있다. 이렇게 특정한 동기에서 비롯된 활동은 잠에 불과하다.

동기 없는 활동이 깨어 있음이다. 깨어 있을 때, 그대는 활동하는 것 자체가 즐거움이기 때문에 움직인다. 이 활동이 곧 삶이기 때문에 움직인다. 그대가 움직이는 것은, 삶이 에너지이고 에너지는 활동이기 때문이다. 그대는 에너지 자체가 기쁨이기 때문에 활동하는 것이지, 다른 목적을 위해 활동하는 게 아니다. 아무 목적도 없다. 무엇인가 성취하려고 움직이는 것이 아니다. 사실 그대는 아무 데로도 가지 않는다. 그저 에너지 안에서 기뻐할 따름이다. 그대는 외부적인 목적을 추구하지 않는다. 활동 자체가 고유의 가치를 갖는다. 이것은 외부에서 주입된 가치가 아니다. 붓다가 살았고, 헤라클레이토스가 살았다. 나 또한 숨쉬면서 여기에 살아 있다. 움직임의 양상이 다를 뿐, 동기가 없다는 점은 같다.

며칠 전 누군가 이렇게 물었다.

"당신이 명상하도록 사람들을 도와주는 이유는 무엇입니까?"
내가 말했다.
"이것이 나의 즐거움이기 때문이다. 여기에 이유는 없다. 그저 즐길 뿐이다."

정원에 씨를 뿌려 놓고 꽃이 피기를 기다리며 즐거워하는 사람처럼, 나는 그대가 꽃피기를 기다리며 즐거워한다. 이것은 정원을 돌보는 일과 같다. 누군가 피어나면 나는 기쁨에 넘친다. 이것은 순수한 기쁨이다. 내가 나누어주는 것은 어떤 목적 때문이 아니다. 아무 목적도 없다. 설령 그대가 실패한다 해도 나는 절망하지 않는다. 그대가 피어나지 않아도 좋다. 개화(開花)를 강요할 수는 없는 일이다. 봉오리를 강제로 열수는 없다. 물론 그렇게 할 수도 있지만 그것은 꽃을 죽이는 일이다. 꽃처럼 보인다 해도 그것은 실제로 꽃이 아니다.

온 세상, 이 존재계 전체가 영원 속에서 움직인다. 오직 그대의 마음만이 시간 속에서 움직인다. 존재계는 깊이와 높이 속에서 움직인다. 그런데 마음은 앞뒤로 움직인다. 마음은 수평적으로 움직인다. 이것이 잠이다. 그대가 수직적으로 움직일 수 있다면 그것이 깨어 있음이다.

순간에 존재하라. 이 순간 속에 전체적으로 존재하라. 과거의 간섭을 허락하지 말라. 미래가 끼어들지 못하게 하라. 과거는 더 이상 존재하지 않는다. 그것은 이미 죽었다. 예수는 이렇게 말한다.

"죽은 자는 죽은 자들이 장사 지내게 하라."

과거는 더 이상 존재하지 않는다! 왜 과거에 대해 염려하는가? 왜 과거를 자꾸 되새기고 있는가? 그대는 미친 사람인가? 과거는 더 이상 존재하지 않는다. 다만 그대의 마음속에 있을 뿐이다. 그것은 그대의 기억에 불과하다. 그리고 미래는 아직 오지 않았다. 미래에 대해 생각하면서 그대는 무엇을 하고 있는가? 존재하지도 않는 것을 어떻게 생각할 수 있는가? 어떻게 그에 대한 계획을 세운단 말인가? 미래는 그대의 계획대로

The Hidden Harmony

되지 않을 것이다. 그대는 절망할 것이다. 전체(The Whole)는 자기 나름대로 고유한 계획을 갖고 있다. 왜 그대의 계획대로 전체를 강요하려고 하는가?

존재계는 그 자신의 계획을 갖고 있다. 존재계는 그대보다 더 현명하다. 전체가 부분보다 현명한 것은 당연한 일이다. 왜 그대는 전체를 사칭(詐稱)하는가? 전체는 그 자신의 운명, 고유의 방향을 갖고 있다. 왜 그에 대해 신경 쓰는가? 이 순간을 놓치는 한, 그대가 하는 모든 일은 죄가 될 것이다. 그리고 이 순간을 놓치는 것이 습관화되면…. 이 순간을 놓치기 시작하면 그것은 습관적인 형태로 굳어진다. 그 다음에는 미래가 와도 또 놓칠 것이다. 미래는 미래가 아니라 현재로써 올 것이기 때문이다. 어제 그대는 오늘에 대해 생각하고 있었다. 어제의 오늘은 내일이었기 때문이다. 그 '어제의 내일'이 오늘이 되었는데 그대는 다시 내일에 대해 생각한다. 그리고 내일은 또 '오늘'로써 올 것이다. 모든 것은 지금 여기에 존재한다. 그렇지 않으면 존재할 수 없다. 항상 내일을 바라보는 식으로 마음이 굳어져 있다면 그대는 언제 살 것인가? 내일은 결코 오지 않는다. 이런 식으로 한다면 그대는 계속해서 놓칠 것이다. 이것이 죄악이다. 이것이 '죄를 짓는다'라는 말의 히브리어 어원이 가진 뜻이다. 미래가 들어오는 순간 시간이 개입된다. 그대는 존재계에 대해 죄를 지었다. 즉 그대는 놓쳤다. 이것이 로봇처럼 정형화된 패턴이 되었다. 그대는 계속해서 놓치고 있다.

많은 사람들이 먼 나라에서부터 나를 찾아온다. 그들은 자기 나라에 있을 때 나에 대해 생각하고 열광한다. 그들은 내 책을 읽고, 나를 생각하고, 나를 꿈꾼다. 그러나 막상 이곳에 왔을 때 그들은 자기들의 집에 대해 생각한다. 이곳에 도착하는 순간 이미 집으로 돌아가고 있는 것이다! 그들은 아이들과 아내, 직장 등 수많은 것들에 대해 생각하기 시작한다. 얼마나 어리석은 일인가? 조국으로 돌아가면 그들은 다시 나를 생

Discourses On The Fragments Of Heraclitus

각하기 시작할 것이다. 그들은 언제나 지금 여기를 놓친다. 이것이 죄다.

여기에 있는 동안에는 나와 함께 있어라. 전적으로 나와 함께 존재하라. 그러면 새로운 양식의 움직임을 배울 수 있다. 시간이 아니라 영원으로 들어갈 수 있다.

시간이 세상이라면 영원은 신이다. 수평적 차원이 세상이고, 수직적 차원이 신이다. 이 둘이 한 지점에서 만난다. 바로 이 지점이 예수가 처형된 곳이다. 수평적 차원과 수직적 차원이 한 지점에서 만난다. 그 지점이 '지금 여기'다. 지금 여기에서 그대는 두 갈래 길을 걸을 수 있다. 하나는 세상으로, 미래로 들어가는 길이며, 다른 하나는 신으로, 깊이로 들어가는 길이다. 더 깨어 있어라. 현재에 더 예민하게 감응하라.

어떻게 하면 현재에 있을 수 있는가? 어떻게 그것이 가능한가? 그대는 너무 깊이 잠들어 있기 때문에 이 현재 또한 꿈으로 만들 수 있다. 그대는 지금 여기조차 생각의 대상, 사념의 과정으로 만들 수 있다. 그대는 "나는 지금 여기에 존재하겠다"는 생각으로 너무 긴장된 나머지 현재에 있지 못한다. 이런 생각은 아무 도움도 되지 않는다. 그리고 죄책감을 느낀다면… 간혹 과거로 움직여 들어갈 때 그대는 죄책감을 느낄 것이다. 과거와 미래에 대해 생각하는 것은 오랜 습관이다. 간혹 그대는 미래에 대해 생각하기 시작할 것이고, 다시 죄를 지었다는 죄책감이 고개를 들 것이다. 죄책감을 갖지 말라. 죄를 이해하되 죄책감을 갖지는 말라. 이것은 아주 미묘한 문제다. 죄책감을 가지면 이미 완전히 빗나간 것이다. 이제 새로운 탈을 쓰고 낡은 패턴이 다시 시작된다. 이제 그대는 현재를 놓쳤다는 죄책감에 시달린다. 이런 생각은 이미 과거에 대한 것이다. 그 현재는 더 이상 현재가 아니다. 그대는 과거에 대해 죄책감을 느끼고 있다. 여전히 현재를 놓치고 있다.

그러므로 이 한 가지를 기억하라. 과거나 미래로 들어갔다는 것을 자

The Hidden Harmony

각할 때마다 그것을 문제 삼지 말라. 아무 문제도 일으키지 말고 현재로 돌아오라. 그저 현재로 돌아오면 그만이다. 다시 자각을 갖고 돌아와라. 그대는 수없이 놓칠 것이다. 지금 당장은 안 될 것이다. 얼마든지 가능한 일임에도 불구하고 그 일이 일어나지 않는 것은 바로 그대 때문이다. 과거나 미래로 달려가는 것은 기나긴 습관이다. 이것은 확고한 행동 패턴으로 자리잡았다. 지금 당장 그것을 변화시킬 수는 없다. 그러나 걱정하지 말라. 신은 서두르지 않는다. 영원은 영원히 기다릴 수 있다.

긴장하지 말라. 지금 여기를 놓쳤다고 느낄 때마다 즉시 현재로 돌아오라. 그것이 전부다. 죄책감을 갖지 말라. 그것은 마음의 속임수다. 다시 마음이 게임을 벌이고 있는 것이다. 후회하지 말라. "나는 또 잊었다"고 느낄 때마다 그대가 하고 있는 일로 돌아오라. 목욕을 할 때에는 목욕하는 순간으로 돌아오라. 식사를 할 때에는 식사를 하는 순간으로 돌아오라. 산보를 할 때에는 산보하는 순간으로 돌아오라. 지금 여기에 있지 못하다고 느끼는 순간 즉시 돌아오라. 그저 돌아오면 그 뿐이다. 죄책감을 갖지 말라. 죄책감을 가지면 핵심을 놓친다.

죄도 없고 죄책감도 없다. 그러나 그대는 이것을 이해하기 힘들 것이다. 무엇인가 잘못되었다고 느낄 때마다 그대는 즉시 죄책감을 갖는다. 마음은 교활하다. 죄책감을 가지면 다시 게임이 시작된 것이다. 장소만 바뀌었을 뿐 게임의 내용은 예전과 똑같다. 사람들은 내게 와서 의기소침한 표정으로 이렇게 말한다.

"아무리 이 순간을 기억하려 해도 단 몇 초에 불과합니다. 우리는 계속해서 잊어버립니다. 깨어 있음, 자기 기억(self-remembering)에 머물려고 해도 자꾸 놓칩니다. 어떻게 해야 합니까?"

아무것도 할 것이 없다. 이것은 결코 행위의 문제가 아니다. 그대가 무엇을 할 수 있겠는가? 그대가 할 수 있는 단 하나의 일은 죄책감을 갖지 않는 것이다. 그저 돌아오면 그뿐이다.

Discourses On The Fragments Of Heraclitus

현재로 돌아오는 횟수가 많아질수록… 심각한 얼굴을 하고 애를 쓰면서 돌아오라는 말이 아니다. 아무 문제도 만들지 말고 그저 돌아오라. 영원의 차원에는 아무 문제도 없다. 모든 문제는 수평적 차원에 존재한다. 이 문제 또한 수평적 차원에 속한다. 수직적 차원은 문제를 모른다. 그 차원은 순수한 기쁨이다. 번뇌도 없고, 고통도 없고, 근심 걱정도 없고, 죄책감도 없다. 그저 돌아오라.

그대는 수없이 놓칠 것이다. 틀림없이 그럴 것이다. 그러나 걱정하지 말라. 그것은 자연스러운 일이다. 그대는 수없이 놓치겠지만 그것은 요점이 아니다. 계속해서 놓친다는 사실에 초점을 두지 말라. 계속해서 다시 돌아왔다는 사실에 초점을 두어라. 이것을 명심하라. 계속해서 놓친다는 사실을 강조하지 말라. 다시 계속해서 현재로 돌아왔다는 사실에 주안점을 두어라. 이에 대해 행복하게 생각하라. 그대가 계속해서 현재를 놓치는 것은 당연한 일이다. 그대는 인간이다. 수많은 생을 수평적 차원에서 살아왔다. 이것은 자연스러운 일이다. 그대가 다시 현재로 돌아왔다는 사실에 역점을 두어라. 아름다운 일이다. 그대는 불가능한 일을 해냈다. 이에 대해 행복하게 생각하라.

24시간 동안 그대는 2만4천 번쯤 놓칠 것이다. 그러나 한편으로는 2만 4천 번을 다시 현재로 돌아온다. 이제 새로운 양태가 시작된다. 수없이 집으로 돌아오면서 서서히 새로운 차원이 열리기 시작한다. 각성 안에 머무는 시간이 길어지고 과거와 미래로 움직이는 일이 줄어들 것이다. 앞뒤로 움직이는 범위가 점점 작아질 것이다. 지금 여기를 잊는 일이 줄어들고, 더 많이 지금 여기를 기억하게 될 것이다. 그대는 수직적인 차원으로 들어가고 있는 것이다. 그러다가 어느 날 갑자기 수평적인 차원이 사라진다. 깨어 있음이 더 강렬해지면서 수평적 차원이 사라진다.

상카라(Shankara, 700(?)-732(?) 인도의 각자(覺者). 베단타 학파 주류의 거장이다. 범아(梵我)만이 상주(常住)한다고 말한 일원론자로, 현상 세계의 다양성을 무지로 돌

The Hidden Harmony

렸다. 아트만(atman)의 직관에 의한 앎을 설파했다), 베단타(Vedanta, 브라흐마 수트라(Brahma sutra)를 기본으로 하는 학파(學派). 기원 전 1세기에 바다라야나(Badarayana)를 개조(開祖)로 태동하였다. 상카라, 라마누자, 마드바 등의 인물이 여기에 속한다).

그리고 힌두교에서 세상을 환상이라고 말하는 뜻이 여기에 있다. 그대의 깨어 있음이 완벽해지면 이 세상, 그대의 마음이 빚어낸 이 세상이 간단하게 사라진다. 그대 앞에 다른 세상이 열린다. 마야(Maya), 즉 환상이 사라진다. 환상이 존재하는 것은 그대의 잠, 그대의 무의식 때문이다. 그것은 꿈이다. 밤에 그대는 꿈속에서 활동한다. 꿈꾸고 있는 동안 그것은 너무나 실재적이다. 꿈속에서 "어떻게 이런 일이 있을 수 있는가?" 하고 의심해 본 적이 있는가? 꿈속에서는 불가능한 일이 일어나지만 그대는 조금도 의심하지 않는다. 꿈속에서 그대는 완벽하게 믿는다. 꿈속에서도 회의주의자가 되는 사람은 아무도 없다. 심지어 버트란트 러셀(1872-1970, 영국의 수학자, 철학자, 평론가. 수리 철학 및 기호 논리학에 기여했다. 철학자로서는 물질도 정신도 아닌 중성적인 실재를 상정하는 신실재론 또는 중성적 일원론을 대표한다. 정치, 교육, 인생에 대해 다수의 평론을 썼다. 특히 그는 기독교에 반대 입장을 취하여 ≪나는 왜 기독교인이 아닌가?≫라는 책을 썼다) 같은 사람도 꿈속에서는 회의주의자가 아니다. 꿈속에서는 모든 사람이 어떤 일이 벌어지건 무조건 믿어 버리는 어린아이와 같다. 꿈속에서 그대의 아내가 다가오다가 갑자기 말로 변한다. 그러나 그대는 "어떻게 이런 일이 가능한가?" 하고 의심하지 않는다.

꿈은 철저한 믿음의 세계다. 꿈속에서는 의심이 불가능하다. 일단 의심이 시작되면 꿈의 규칙이 깨진다. 의심이 들어오는 즉시 꿈이 사라진다. 꿈속에서 "이것은 꿈이다" 하고 기억한다면 이 기억은 엄청난 충격이 되어 꿈을 산산이 부숴 버릴 것이다. 꿈이 부서지고 그대는 완전히 깨어날 것이다.

Discourses On The Fragments Of Heraclitus

그대가 보는 이 세상은 실재가 아니다. 이 세상이 존재하지 않는다는 말이 아니다. 세상은 존재한다. 그런데 그대는 잠의 스크린을 통해 세상을 본다. 세상과 그대 사이에 무의식의 장막이 쳐져 있다. 그대는 세상을 보고 자기 마음대로 해석한다. 그대는 주정뱅이와 같다.

엘리베이터 문이 닫히려고 하는 찰나, 만취한 물라 나스루딘이 달려와 간신히 올라탔다. 엘리베이터 안은 만원이었다. 나스루딘은 술 냄새를 지독하게 풍기고 있었으므로 모든 사람이 그가 취했다는 것을 알았다. 그는 짐짓 취하지 않은 체하며 얼굴을 문 쪽으로 돌리고 섰지만 눈앞이 어른거려 아무것도 볼 수 없었다. 그의 눈은 술에 절어 완전히 풀려 있었다. 그는 똑바로 서 있으려고 했지만 그것마저 어려웠다. 그는 당황했다. 주변 사람 모두가 "완전히 맛이 갔군!" 하는 표정으로 그를 쳐다보고 있었다. 이때 갑자기 그는 자신이 어디에 있는지를 잊고 이렇게 말했다.

"오늘 내가 이 모임을 소집한 데 대해 여러분은 궁금하게 여길 것입니다."

그는 주변에 많은 사람들이 있는 것을 보고 자신이 모임을 소집했으며 그들이 이유를 궁금해한다고 착각한 것이다. 아침이 되어 술에서 깨면, 지금 그대들이 웃듯이 나스루딘 역시 어이없는 웃음을 터뜨릴 것이다.

모든 붓다는 깨달음을 얻었을 때 웃음을 터뜨렸다. 그들의 웃음은 사자의 포효와 같다. 그들은 그대를 보고 웃은 것이 아니라 하나의 농담과도 같은 이 우주 전체를 보고 웃었다. 그들은 꿈속에 살고 있었다. 완전히 욕망에 중독되어 있었으며, 그 욕망을 통해 존재계를 보고 있었다. 그것은 진짜 존재계가 아니었다. 그들 자신의 꿈을 투영하고 있었을 뿐

The Hidden Harmony

이다.

그대는 존재계 전체를 스크린으로 삼아 그 위에 자신의 마음을 투영한다. 그대는 실재하지 않는 것을 보고, 실재하는 것을 보지 못한다. 그리고 마음은 모든 것에 대한 설명을 갖고 있다. 의심이 떠오르는 즉시 마음은 설명을 제시한다. 마음은 이론, 철학, 사상 체계 등을 만들어 낸다. 아무것도 잘못된 것이 없다는 위안을 받기 위해서다. 모든 철학은 그대를 편안하게 만들기 위해 존재한다. 그래서 모든 것이 옳게 보인다. 그러나 그대가 잠자고 있다면 모든 것이 잘못된 것이다.

한 사람이 나를 찾아왔다. 그는 예쁜 딸아이 때문에 크게 걱정하고 있었다. 그가 말했다.

"아침마다 그 애는 몸이 아픕니다. 의사들에게 보여도 한결같이 아무 문제도 없다고 하니 어떻게 해야 좋을지 모르겠습니다."

내가 말했다.

"물라 나스루딘에게 가 보시오. 그는 이 주변에서 가장 지혜로운 사람이오. 그는 모르는 것이 없소. 나는 지금까지 그가 모르겠다고 말하는 소리를 들어 본 적이 없소. 그러니 그에게 찾아가 물어 보시오."

그가 나스루딘을 찾아갔다. 나 또한 나스루딘이 뭐라고 말하는지 궁금해서 따라갔다. 나스루딘이 눈을 감고 앉아서 한동안 문제에 대해 생각했다. 이윽고 그가 눈을 뜨고 물었다.

"혹시 그 애가 잠자리에 들기 전에 우유를 마십니까?"

남자가 말했다.

"그래요, 당신 말이 맞습니다."

나스루딘이 말했다.

"이제 이유를 알겠습니다. 아이에게 우유를 주면, 그 아이가 밤새도록 이리 저리 뒤척거리는 동안에 뱃속에 든 우유가 커드(curd, 걸죽하게 발효된 응유(凝乳)가 됩니다. 그 다음에 커드는 치즈가 되고, 치즈는 버터가 되

Discourses On The Fragments Of Heraclitus

고, 버터는 지방이 되고, 지방은 당분이 되고, 당분은 알코올이 됩니다. 그래서 아침에 일어나면 숙취를 느끼는 것입니다."

모든 철학이 다 이런 식이다. 철학은 설명될 수 없는 것을 설명하고, 알지도 못하는 것에 대해 아는 체한다. 철학은 삶을 편안하게 만든다. 철학은 수면제와 같다. 그래서 그대는 더 편안하게 잠잘 수 있다.

이것이 철학과 종교의 차이점이다. 철학은 수면제지만 종교는 큰 충격을 준다. 철학은 그대가 깊이 잠자는 데 도움을 주지만 종교는 그대를 깨운다. 종교는 철학이 아니다. 종교는 그대를 무의식으로부터 끌어내는 기술이다. 그리고 모든 철학은 그대가 숙면을 취하는 데 도움을 주는 기술이다. 모든 철학은 그대에게 꿈과 환상을 준다.

그러나 종교는 이 모든 꿈과 환상을 거두어 간다. 종교는 그대에게 진리를 가져다 준다. 진리는 그대가 꿈꾸지 않을 때에만 가능하다. 꿈꾸는 마음은 결코 진리를 볼 수 없다. 꿈꾸는 마음은 진리마저 꿈으로 바꾸어 놓는다.

이런 현상을 관찰해 보았는가? 그대는 새벽 네 시 기차를 타기 위해 자명종을 맞추어 놓는다. 그러나 시간이 되어 자명종이 울리면 그대의 마음은 즉시 꿈을 만들어 낸다. 그대는 사원에 앉아 있으며, 그 사원의 종이 울리는 것이다. 이로써 모든 것이 설명된다. 자명종은 아무 효력도 없다. 그대를 깨우지 못한다. 그대의 꿈이 이미 모든 것을 설명했다. 자명종이 울리자 마자 즉각 이런 꿈이 시작된다.

마음은 아주 미묘하다. 이제 심리학자들은 어떻게 이런 일이 일어나는지, 마음이 어떻게 즉각 그런 꿈을 만들어 내는지 의아해 하고 있다. 그것은 아주 힘든 일이다. 마음이 사전에 이런 꿈을 투영하고 있음에 틀림없다. 그렇지 않다면 어떻게 난데없이 그대가 사원에 들어가고 그 사원의 종이 울리는가? 자명종이 울리는 즉시 그대는 꿈속에서 그것을 설

The Hidden Harmony

명한다. 그대는 자명종을 피하려 하고 있는 것이다. 그대는 일어나고 싶지 않다. 추운 겨울날 아침에 밖으로 나가고 싶지 않다. 그래서 마음은 이렇게 말한다.

"이것은 자명종 소리가 아니다. 교회의 새벽종이 울리고 있는 것이다."

이로써 모든 것이 설명되고 그대는 깊은 잠에 곯아떨어진다.

이것이 철학이 하는 일이다. 다양한 철학이 존재하는 이유가 여기에 있다. 사람들마다 다른 설명이 필요하기 때문이다. 어떤 사람을 잠들게 하는 데 도움을 주는 설명이 그대에게는 아무 효력도 없을지 모른다. 이 구절에서 헤라클레이토스는 바로 이것을 말하고 있다.

이제 그를 이해하려고 노력해 보라. 그는 이렇게 말한다.

> 인간은 잠들어 있을 때와 마찬가지로,
> 깨어 있는 동안에도 주변에서
> 일어나는 일을 의식하지 못한다.

잠을 잘 때 그대는 주변에 무슨 일이 일어나는지 자각하지 못한다. 그렇다면 깨어 있는 동안에는 주변에 벌어지는 일을 자각하는가?

마음에 대해 많은 연구가 행해졌다. 그 결과에 따르면, 외부에서 오는 정보의 98퍼센트가 마음속으로 들어가지 못한다고 한다. 오직 2퍼센트만이 마음속으로 들어가며, 그 2퍼센트 또한 그대의 해석을 거친 것이다. 내가 무슨 말을 하면 그대는 다른 말로 듣는다. 내가 어떤 말을 하면 그대는 그 말을 해석해서 자신의 잠이 방해받지 않도록 한다. 마음이 즉각 해석을 가한다. 그대는 마음속에 자리를 마련하고 그 말을 받아들인다. 그 말은 그대 마음의 일부가 된다. 이것이 그대가 붓다, 그리스도, 헤라클레이토스를 계속 놓치는 이유이다. 그들은 자신이 발견하고 경험

한 바를 계속 들려준다. 하지만 그대는 그 말에 즉각 해석을 가한다. 사람마다 자기만의 속임수를 쓰고 있다.

아리스토텔레스는 헤라클레이토스 때문에 혼란을 느꼈다. 그래서 아리스토텔레스는 "이 사람은 인격적으로 결함이 있음에 틀림없다!'고 결론을 내렸다. 그리곤 끝이다.

그대는 헤라클레이토스를 특정한 범주로 분류해서 옆으로 밀어 놓는다. 그대에게는 헤라클레이토스가 맞지 않기 때문이다. 그는 그대를 흔들어 놓는다.

아리스토텔레스에게 헤라클레이토스는 매우 부담스러웠을 것이다. 아리스토텔레스는 수평선 위에서 움직인다. 수평적 차원에 관한 한 그는 전문가다. 그런데 헤라클레이토스는 그를 심연으로 밀어 넣으려고 한다. 아리스토텔레스는 논리의 평탄한 땅 위에서 움직이는데 이 헤라클레이토스는 그를 신비의 차원으로 밀어 넣는다. 그래서 아리스토텔레스는 설명이 필요해진다. 그는 헤라클레이토스에 대해 이렇게 말한다.

"이 사람은 생리적으로 보나 성격적으로 보나 어떤 결함이 있다. 그렇지 않다면 왜 그렇게 말도 안 되는 역설을 고집하는가? 왜 그렇게 수수께끼 같은 말만 하는가? 대립되는 것들 사이에 조화가 있다고 주장하는 이유는 무엇인가? 대립되는 것은 대립되는 것이다. 거기엔 아무 조화도 없다. 삶은 삶이고 죽음은 죽음이다. 분명하게 구별하라. 이것을 뒤섞지 말라. 이 사람은 모든 것을 뒤죽박죽으로 섞어 놓는다."

노자(老子) 또한 똑같은 느낌을 갖고 있었다. 그는 이렇게 말한다.

"나만 빼고는 세상의 모든 사람이 현명해 보인다. 나를 제외한 모든 사람이 아주 똑똑해 보인다. 나는 바보다!'

노자는 이 지상에 태어난 가장 위대한 인물들, 가장 지혜로운 사람들 중의 한 명이다. 그런데 그는 군중들 틈에서 자신을 바보로 느낀다. 그

The Hidden Harmony

는 말한다.

"모든 사람이 분명한 생각을 가진 사상가처럼 보인다. 나만 뒤죽박죽이고 흐리멍덩하다."

아리스토텔레스가 헤라클레이토스에 대해 했던 말을 노자는 스스로에 대해 말한다. 그는 이렇게 말한다.

"마음 없이 나의 말을 듣는 사람은 깨달을 것이다. 그러나 마음을 통해 내 말을 듣는 사람은 자기 식대로 설명을 만들어 낸다. 그 설명은 나와 아무 상관도 없다. 제대로 듣지도 못하면서 듣는 것으로 착각하는 사람들이 있다. 그들은 결코 내 말을 듣는 것이 아니다. 그런 사람들은 나를 어리석다고 비웃는다."

대부분의 대중이 이 경우에 속한다. 노자가 계속해서 말한다.

"만일 대중이 그대를 비웃지 않는다면 그대는 무엇인가 틀린 말을 하고 있음에 틀림없다. 그렇게 알면 된다. 대중이 비웃을 때에만 그대는 옳은 말을 하고 있는 것이다. 만일 그대가 지혜롭다면 대중은 그대를 비웃을 것이다. 대중이 그대를 비웃지 않는다면 그대가 지혜로운 사람일 가능성은 없다고 보아야 한다."

아리스토텔레스의 눈에 헤라클레이토스는 뒤죽박죽인 것처럼 보였다. 그대의 눈에도 그렇게 보일 것이다. 세상의 모든 학교는 아리스토텔레스의 지배를 받고 있기 때문이다. 이젠 모든 곳에서 신비가 아니라 논리를 가르친다. 어디를 가든 그대는 신비주의자가 아니라 합리적인 사람이 되는 법을 배운다. 모든 사람이 분명한 노선을 갖도록 훈련받는다. 만일 뚜렷한 노선을 갖고 있다면 그대는 수평적 차원에서 움직여야 한다. 그곳에서 A는 A이고, B는 B다. A는 결코 B가 될 수 없다. 그러나 수직의 차원, 그 신비한 심연의 차원에서는 모든 경계선이 허물어진다. 모든 것이 서로 안으로 용해된다. 이 차원에서는 남자가 여자고, 여자가 남자다. 옳은 것이 그르고, 그른 것이 옳다. 어둠이 빛이고, 빛이 어둠이

다. 삶이 죽음이고, 죽음이 삶이다. 모든 경계선이 허물어진다. 따라서 신은 하나의 신비다. 그는 삼단 논법이 아니다. 신에 대한 증거를 제시하려고 하는 사람들은 불가능한 일을 하고 있는 것이다. 신에 대한 증거는 불가능하다. 증거는 수평적 차원의 일인데 신은 그 차원에 있지 않다.

이것이 신뢰(trust)의 의미다. 심연을 경험하는 것, 심연으로 들어가 사라지는 것… 이때 그대는 신을 알게 된다. 마음이 존재하지 않아야만 신을 안다. 그 전에는 불가능하다.

> 어리석은 자들은 귀머거리와 같다,
> 아무리 그들이 듣는다 해도.
> 그들에게는 이런 말이 어울린다.
> "그들은 어디에 있건 그 자리에 있지 못한다네."

그대는 어디에 있건 그 자리에 있지 못하다. 그대가 있는 곳이 바로 그대가 부재(不在)하는 곳이다. 그대는 어딘가 다른 곳에 가 있다. 자기 자신이 있는 그곳에 존재하지 않는다. 어디에 있건 그대는 그 자리에 있지 못하다.

고대 티벳의 경전에 보면 이런 말이 나온다. 신이 아무리 그대를 찾아와도 그대가 어디에 있는지 발견하지 못한다는 것이다. 신이 내려와 그대의 문을 두드린다. 하지만 집주인이 외출 중이다. 그는 항상 다른 곳에 가 있다. 그대는 집에 있는가? 아니면 다른 곳에 있는가? 신이 어떻게 그대를 찾겠는가? 신을 찾아갈 필요가 없다. 그저 집에 앉아서 기다리면 그가 올 것이다. 신이 그대를 발견할 것이다. 그대가 신을 찾듯이 신 또한 그대를 찾고 있다. 집에 머물러라. 그래서 신이 왔을 때 그대를 볼 수 있게 하라. 신은 수없이 그대를 찾아와 문을 두드리고 기다렸다. 그런데

The Hidden Harmony

그대는 집이 아닌 다른 곳에 가 있다.
  헤라클레이토스는 말한다.

  어리석은 자들은 귀머거리와 같다,
  아무리 그들이 듣는다 해도.
  그들에게는 이런 말이 어울린다.
  "그들은 어디에 있건 그 자리에 있지 못한다네."

이것이 잠이다. 현재 순간에 부재하는 것, 지금 이 순간에 존재하지 않고 어딘가 다른 곳에 가 있는 것, 이것이 잠이다.
  물라 나스루딘이 찻집에 앉아 자신의 후덕함에 대해 말하고 있었다. 누구나 그렇듯이, 그는 말을 하다 보니 자신이 무슨 말을 하는지도 잊고 엄청나게 부풀려서 떠벌리고 있었다. 누군가 말했다.
  "나스루딘, 자네가 그렇게 인심이 좋다면 왜 우리를 초대하지 않지? 자네는 우리에게 식사 한 끼도 대접한 적이 없네. 이 점에 대해서는 어떻게 생각하나?"
  물라 나스루딘은 너무나 흥분해서 자신의 아내에 대해서는 까맣게 잊고 호기를 부렸다.
  "좋아, 지금 당장 우리 집으로 가세."
  그러나 집이 가까워질수록 그는 제정신이 들기 시작했다. 아내가 뭐라고 할지 생각하니 덜컥 겁이 났다. 그의 뒤에는 무려 30여 명의 친구가 따라오고 있었다. 집에 도착했을 때 그가 말했다.
  "자네들은 여기에서 기다려. 자네들도 마누라가 있으니 내 입장을 이해할 거야. 내가 먼저 들어가서 그녀에게 이야기해 놓은 다음에 자네들을 부르겠네."
  그리고 나서 그가 안으로 들어갔다. 그런데 아무리 기다려도 그가 나

오지 않았다. 그들이 문을 두드렸다.

한편, 집안에서 물라 나스루딘은 무슨 일이 일어났는지 자초지종을 설명하고 있었다. 그는 호기를 부리다 보니 일이 걷잡을 수 없게 되었다고 변명했다. 그의 아내가 말했다.

"하지만 이 늦은 시간에 뭘 어쩌라는 거지요? 더구나 서른 명이나 되는 사람들을!"

나스루딘이 말했다.

"그럼 이렇게 하지. 그들이 문을 두드리면 나가서 내가 집에 없다고 해."

그래서 사람들이 문을 두드리자 그녀가 나가서 말했다.

"그이는 집에 없어요."

사람들이 말했다.

"그것 참 이상한 일이군. 그는 우리와 함께 와서 안으로 들어갔는데 나가는 것을 보지 못했습니다. 서른 명이나 되는 사람들이 이렇게 현관 앞에서 기다리고 있거든요. 들어가서 다시 한 번 찾아보세요. 어딘가 숨어 있을 겁니다."

나스루딘의 아내가 안으로 들어가 말했다.

"이젠 어쩌지요?"

나스루딘이 흥분해서 밖으로 뛰어나갔다. 그리고 이렇게 소리쳤다.

"이 사람들이 자꾸 왜 이러는 거야? 그가 뒷문으로 나갔을 수도 있잖아!"

있을 법한 일이다. 그대에게는 날마다 이런 일이 일어난다. 나스루딘은 자기 자신을 완전히 잊었다. 논리의 틀에 빠져서 자신을 망각했다. 논리는 옳다. 그의 주장은 옳다. 하지만 이게 무슨 말인가?

"당신들은 앞문에서 기다리고 있지만 그는 뒷문으로 빠져 나갔을 수

The Hidden Harmony

도 있잖아!'

논리적으로는 옳다. 하지만 나스루딘은 이렇게 말하는 것이 자기 자신이라는 것을 까맣게 잊고 있다.

그대는 현재에 존재하지 못한다. 세상 속에서도 그렇고, 그대 자신에 관해서도 그렇다. 이것이 잠이다. 이때 어떻게 들을 수 있겠는가? 어떻게 보고 느낄 수 있겠는가? 지금 여기에 현존하지 못하면 모든 문이 닫혀 버린다. 그대는 죽은 사람이다. 살아 있지 못하다. 이것이 예수가 거듭해서 "귀 있는 자는 들어라. 눈이 있는 자는 보라"고 말하는 이유다.

헤라클레이토스는 많은 사람들이 듣는 것 같지만 듣지 않고, 보는 것 같지만 보지 못한다는 것을 발견했다. 그들의 집이 텅텅 비어 있기 때문이다. 주인이 집에 없다. 눈은 보고 귀는 듣지만 주인이 안에 없다. 눈은 창문일 뿐이다. 그대가 창문을 통해 내다보지 않는다면 창문 스스로 어떻게 보겠는가? 눈은 그저 창문일 뿐이다. 창문은 느낄 수 없다. 그러나 그대가 창문 앞에 서 있다면 상황은 완전히 달라진다.

몸 전체가 집과 같다. 그런데 마음이 계속 여행 중이다. 주인이 항상 외출 중이기 때문에 집이 비어 있다. 삶이 그대의 문을 두드린다. 그것을 신이라 불러도 좋고 존재계라 불러도 좋다. 이름은 중요하지 않다. 어쨌든 그것이 그대의 문을 두드린다. 계속해서 문을 두드리는데 그대가 안에 없다. 이것이 잠이다.

잠든 것처럼 말하거나 행동하지 말라.

완전한 각성으로 행동하고 말하라. 그러면 그대 안에 엄청난 변화가 일어날 것이다. 깨어 있음 자체가 그대의 행동을 변화시킨다. 이때 그대는 죄를 지을 수 없다. 그대 자신을 통제해야 한다는 말이 아니다. 절대로 그런 뜻이 아니다. 통제는 깨어 있음이 없을 때를 대신하는 빈약한

대용품이다. 그것은 별로 도움이 안 된다. 만일 그대가 깨어 있다면 분노를 통제할 필요가 없다. 깨어 있음 안에서는 분노가 일어나지 않는다. 분노와 깨어 있음은 공존할 수 없다. 깨어 있음 안에서는 질투가 일어나지 않는다. 깨어 있음 안에서는 많은 것들이 간단하게 사라진다. 부정적인 모든 것이 자취를 감춘다.

이것은 빛에 비유할 수 있다. 집안에 불을 밝히면 어둠이 존재할 수 있겠는가? 어둠은 간단하게 사라진다. 집에 환하게 불이 켜져 있다면 왜 더듬거리고 걸려 넘어지겠는가? 왜 벽에다 머리를 박겠는가? 불이 켜져 있고 그대는 문이 어디에 있는지 안다. 그대는 아주 쉽게 문 쪽으로 가서 안과 밖으로 들락거린다. 그러나 어둠 속에서 그대는 더듬거리고 걸려 넘어진다. 깨어 있지 못할 때 그대는 여기 저기 더듬거리고 넘어진다. 분노는 비틀거리는 몸짓 외에 아무것도 아니다. 질투는 어둠 속에서 더듬거리는 꼴이다. 잘못된 모든 것은 그 자체로 잘못된 것이 아니다. 그대가 어둠 속에서 살기 때문에 잘못된 것이다.

예수는 화를 내기 원할 때 화를 이용할 수 있다. 그는 분노를 이용할 수 있다. 그러나 그대는 안 된다. 오히려 그대가 분노에 이용당한다. 예수는 도움이 된다고 느낄 때면 무엇이든지 이용할 수 있다. 그는 주인이다. 예수는 분노에 사로잡히지 않고도 화를 낼 수 있다. 많은 사람들이 구제프(gurdjieff) 곁에 있었는데, 그는 정말 무서운 사람이었다. 화를 낼 때에는 마치 살인이라도 할 것처럼 무섭게 화를 냈다. 그러나 그것은 그저 게임이었다. 누군가에게 도움을 주려고 특정한 상황을 만드는 것에 불과했다. 그는 무섭게 화를 내다가도 다른 사람을 볼 때에는 순식간에 얼굴을 바꿔 웃음이 가득한 미소를 지었다. 그리고 화를 내던 상대방에게 얼굴을 돌릴 때에는 다시 무섭게 화를 냈다.

이것은 충분히 가능한 일이다. 깨어 있을 때 그대는 무엇이든지 이용할 수 있다. 깨어 있을 때에는 독약도 만병통치약이 된다. 그러나 잠들

어 있을 때에는 만병통치약도 독약이 된다. 모든 것은 그대가 깨어 있느냐 그렇지 못하느냐에 달렸다. 행동은 중요한 문제가 아니다. 그대의 깨어 있음, 주의 깊은 의식이 문제다. 그대가 무엇을 하건 그것은 핵심이 아니다.

이런 일이 있었다. 불교의 큰스승인 나가르주나(Nagarjuna, 용수(龍樹). 150-250년경 활동한 각자(覺者). 대승의 근본 사상을 특히 '반야(般若)의 공관(空觀)'에 두고 ≪中論≫에서 그 근본적 입장을 밝혔다. 주요 저서에 ≪大智度論≫이 있다)에게 도둑 하나가 찾아왔다. 도둑은 나가르주나를 보고 사랑에 빠졌다. 그토록 아름답고 우아한 사람을 본 적이 없었다. 그가 나가르주나에게 말했다.

"저 같은 사람도 영적으로 성장할 수 있을까요? 미리 밝혀 두건대, 저는 도둑질로 먹고사는 사람입니다. 그리고 또 한 가지, 저는 절대로 도둑질을 그만둘 수 없습니다. 이 짓을 그만두려고 여러 번 시도했지만 아무 소용이 없었습니다. 그래서 저는 도둑질을 천직으로 알고 제 운명을 받아들이기로 했습니다. 그러니 이 문제에 관해서 만큼은 언급하지 마십시오. 처음부터 이 점을 분명히 밝히고 싶습니다."

나가르주나가 말했다.

"뭐가 그리 두려운가? 그대가 도둑이라고 내가 뭐라고 하던가?"

도둑이 말했다.

"하지만 그 동안 제가 만난 승려, 성직자, 성자들은 한결같이 '먼저 도둑질을 그만두라' 고 하더군요."

나가르주나가 웃으며 말했다.

"그들 역시 도둑인 모양이군. 그렇지 않다면 왜 그런 문제에 관심을 갖는가? 나는 그런 문제에 관심 없다!"

이 말을 듣고 도둑이 매우 행복해져서 말했다.

"그렇다면 좋습니다. 이제야 당신의 제자가 될 수 있을 것 같습니다.

Discourses On The Fragments Of Heraclitus

당신은 훌륭한 스승입니다."

나가르주나가 그를 제자로 받아들이고 나서 말했다.

"이제 그대는 원하는 일이라면 무엇이든지 할 수 있다. 그런데 단 한 가지 조건이 있다. 무슨 일을 하든 깨어 있어라. 다른 집에 들어가 물건을 훔쳐도 좋다. 그대가 하고 싶은 일은 무엇이든지 하라. 나는 도둑이 아니니까 그런 문제에 관심 없다. 다만 무엇을 하건 완전한 각성 상태로 그 일을 하라."

도둑은 자신이 덫에 걸렸다는 것을 알지 못했다. 그가 말했다.

"좋습니다. 당신 말씀대로 하겠습니다."

그리고 3주일이 지났을 때 도둑이 다시 찾아왔다.

"당신은 속임수를 썼습니다! 깨어 있는 동안에는 도둑질을 할 수 없습니다. 그리고 도둑질을 하면 각성이 사라집니다. 이제 저는 이러지도 저러지도 못하는 상황에 빠졌습니다."

나가르주나가 말했다.

"도둑질에 대해서는 더 이상 말하지 말라. 나는 도둑이 아니니 그런 문제에 관심 없다. 이젠 그대 스스로 결정하라. 각성을 원하건 원하지 않건 그대 스스로 결정할 문제다."

도둑이 말했다.

"하지만 이제는 포기하는 것도 어렵게 되었습니다. 저는 각성의 맛을 조금 보았습니다. 너무나 황홀한 맛이었습니다. 당신이 뭐라고 하시든 저는 그 맛을 위해서라면 모든 것을 버릴 각오가 되어 있습니다. 지난밤에는 난생 처음 왕궁에 잠입할 수 있었습니다. 그리고 저는 보물 창고를 여는 데 성공했습니다. 세상에서 제일 가는 부자가 될 수 있었지요. 그런데 그 순간에 당신의 말씀이 생각나서 저는 깨어 있으려고 노력했습니다. 그런데 그 순간 갑자기 모든 욕망이 사라졌습니다. 그 값비싼 다이아몬드가 쓸모 없는 돌처럼 보였습니다. 그리고 각성을 잃어버리면

|77

다시 보물로 보였습니다. 저는 몇 번 이런 상황을 되풀이하며 기다렸습니다. 각성이 있을 때에는 마치 붓다가 된 것 같았습니다. 저는 보물에 손도 댈 수 없었습니다. 모든 일이 우습게 보였기 때문입니다. '내가 무엇을 하고 있는 것이지? 이까짓 돌 때문에 나 자신을 버릴 수는 없다'는 생각이 들었습니다. 그러나 그 다음에 저는 각성을 잃어버렸고, 다시 환상적인 보물들이 눈앞에 나타났습니다. 하지만 결국 저는 그것들이 아무 가치도 없다고 결심하게 되었습니다."

일단 각성을 알게 되면 이보다 가치 있는 것은 아무것도 없다. 그대는 삶에서 가장 큰 지복을 안 것이다. 이때 갑자기 많은 것들이 간단하게 사라진다. 그런 것들이 어리석고 우습게 느껴진다. 욕망이 떨어져 나가고 꿈이 사라진다.

잠든 것처럼 말하거나 행동하지 말라.

이것이 단 하나의 열쇠다.

깨어난 사람들은 공통된 하나의 세계를 갖지만
잠자는 사람들은 저마다 다른 사적인 세계를 갖는다.

꿈은 개인적인 것이다. 절대적으로 사적인 것이다. 아무도 다른 사람의 꿈속에 들어갈 수 없다. 애인에게도 꿈을 나누어줄 수 없다. 남편과 아내는 같은 이불 속에서 자지만 꿈은 따로 꾼다. 꿈을 나누어 갖는 것은 불가능하다. 왜냐 하면 꿈은 아무것도 아니기 때문이다. 아무것도 아닌 것을 어떻게 나누어 가질 수 있겠는가? 꿈은 거품처럼 허망한 것이다. 그것을 나누어 가지는 것은 불가능하다. 꿈은 그대 혼자 꿀 수밖에 없다.

Discourses On The Fragments Of Heraclitus

　잠자는 사람들의 수만큼 많은 세계가 존재한다. 그대에게는 그대만의 세계가 있다. 깊은 잠에 빠진 사람은 자기만의 생각, 개념, 꿈, 욕망에 갇혀 있다. 그대가 다른 사람을 만날 때마다 두 개의 세상이 충돌한다. 이것이 우리가 처한 상황이다. 이런 상황을 똑바로 주시하라.

　남편과 아내의 대화를 관찰해 보라. 실제로 그들은 대화를 나누고 있지 않다. 남편은 직장과 월급에 대해 생각하고, 아내는 크리스마스 때 입을 옷에 대해 생각한다. 내면에서 그들은 서로 다른 사적인 세계를 갖고 있다. 이 사적인 세계들이 어디선가 만난다. 아니, 만난다기보다 충돌한다는 편이 낫겠다. 아내의 옷은 남편의 월급에 달려 있다. 아내의 옷을 사려면 남편의 월급으로 충당해야 한다. 아내는 다정스럽게 "여보(Darling)" 하고 부른다. 그러나 이 단어 뒤에는 옷이 숨어 있다. 이 단어는 사전에 쓰어진 뜻을 의미하지 않는다. 여자가 '달링' 하고 부를 때마다 이것은 그저 가면일 뿐이고, 남편은 즉시 두려움을 느낀다. 물론 그는 두려움을 겉으로 드러내지는 않는다. 누군가 '달링' 하고 다정스럽게 부르는데 겁에 질린 얼굴을 할 수는 없기 때문이다. 그는 "왜 그래, 여보? 무슨 일 있어?" 하고 말하지만 내심 두려워한다. 그는 자신의 월급에 대해 생각하고 있다. 그는 크리스마스가 다가오고 있다는 것을 안다.

　물라 나스루딘의 부인이 나스루딘에게 말하고 있었다.
　"무슨 일 있어요? 요즘에는 내가 눈물을 흘리며 울어도 이유조차 묻지 않는군요."
　나스루딘이 말했다.
　"이제 그만하면 됐어. 당신이 우는 이유를 물으면 그 대가가 비싸다는 것을 나는 잘 안다고. 예전에는 그런 실수를 수없이 저질렀지. 당신의 눈물은 그냥 눈물이 아냐. 그 뒤에는 새 집, 새 가구, 새 자동차 같은 것들이 숨어 있지. 당신의 눈물은 그런 것들에 대한 말을 꺼내기 위한 수

The Hidden Harmony

단일 뿐이라고."

 이렇게 두 개의 사적인 세계가 따로 버티고 있으니 대화가 불가능하다. 오직 마찰이 일어날 뿐이다.
 꿈은 사적인 것이다. 그러나 진리는 사적인 것이 아니다. 진리는 개인적인 것이 될 수 없다. 진리는 내 것이나 네 것이 될 수 없다. 진리는 기독교인이나 힌두교인의 것, 또는 인도인이나 그리스인의 것이 될 수 없다. 진리는 사적인 것이 아니다. 반면, 꿈은 사적인 것이다. 이것을 명심하라. 사적인 것은 무엇이든지 꿈의 세계에 속한다. 진리는 활짝 열린 하늘이다. 이 하늘은 모두의 것이다. 하늘은 하나다.
 노자의 말이 다르고, 붓다의 말이 다르다. 헤라클레이토스의 말도 다르다. 그러나 그들이 의미하는 뜻은 똑같다. 그들은 똑같은 것을 암시한다. 그들은 사적인 세계에 살지 않는다. 그들의 꿈과 욕망, 마음이 사라짐과 아울러 사적인 세계 또한 사라졌다. 마음은 사적인 세계를 갖는다. 그러나 의식의 차원에는 사적인 세계가 없다. 깨어 있는 사람들에게는 공통된 하나의 세계가 있을 뿐이다. 그들 모두가 하나의 세계를 갖고 있다. 이것이 실제의 존재계이다. 그러나 깊이 잠들어 꿈꾸는 사람들은 저마다 자기만의 세계에 빠져 있다.
 그대의 세계를 버려야 한다. 이것이 내가 그대에게 요구하는 단 하나의 포기다. 나는 그대의 아내를 버리라고 말하지 않는다. 직장과 돈을 버리라고 요구하지 않는다. 나는 절대로 그렇게 요구하지 않는다. 나는 다만 사적인 꿈의 세계를 버리라고 말한다. 내게는 이것이 진정한 산야스(sannyas, 구도의 길에 입문하는 것. 또는 한 스승의 제자로 계를 받는 것)다. 예전의 산야스는 눈에 보이는 이 세상을 버리는 것이었다. 그래서 사람들은 부인과 자식을 버리고 히말라야로 들어갔다. 그러나 이것은 요점이 아니다. 버려야 할 것은 이 세상이 아니다. 어떻게 이 세상을 버릴 수 있는

가? 히말라야도 이 세상에 속한다. 그대가 진짜로 포기해야 할 세상은 마음이다. 개인적인 꿈의 세계를 버려야 한다. 꿈의 세계를 포기하면 시장 바닥에 앉아 있어도 히말라야에 있는 것과 같다. 그러나 이 마음의 세계, 꿈의 세계를 버리지 못한다면 그대는 히말라야에 들어가서도 사적인 세계를 만들어 낼 것이다.

그대 자신으로부터 탈출할 수 있는가? 그대는 어디를 가든 그대 자신과 함께 있을 것이다. 어디를 가든 똑같은 방식으로 행동할 것이다. 상황은 다를지 모르지만 그대는 변함이 없다. 히말라야에 가서도 잠을 잘 것이다. 그대가 푸나(poona, 오쇼의 아쉬람이 있는 인도 중서부의 도시)에서 잠을 자든, 보스톤에서 자든, 런던에서 자든, 히말라야에서 자든 무슨 차이점이 있는가? 그대는 어디에 있건 꿈을 꿀 것이다. 꿈을 버려라! 더 깨어 있어라. 그러면 돌연 꿈이 사라지고, 이와 아울러 모든 불행이 사라진다.

    깨어 있을 때에는 무엇을 보든 죽음이고,
    잠자고 있을 때에는 무엇을 보든 꿈이다.

이것은 참으로 아름다운 일이다. 잠들어 있을 때 그대는 꿈과 환상, 신기루를 본다. 이 모두가 그대 스스로 만들어 낸 것이다. 이 모두가 그대의 사적인 세상이다. 그렇다면 깨어났을 때에는 무엇을 보는가? 헤라클레이토스는 말한다.

"잠에서 깨어났을 때 그대는 사방에서 죽음을 본다."

어쩌면 이것이 그대가 실체를 보려고 하지 않는 이유일 것이다. 그대가 꿈을 만들어 내는 이유가 여기에 있다. 꿈의 구름 층에 싸여 있을 때 그대는 죽음을 직시하지 않아도 된다. 그러나 명심하라. 인간은 죽음을 직시해야만 종교적이 된다. 그 전에는 안 된다.

The Hidden Harmony

　죽음을 직시할 때, 죽음을 회피하지 않고 대면할 때, 자신의 주변에 꿈의 구름 층을 형성하지 않고 죽음과 정면으로 만날 때, 이때 문득 그대는 죽음이 삶이라는 것을 깨닫는다. 죽음 안으로 깊이 들어갈수록 삶 안으로도 더 깊이 들어간다. 헤라클레이토스가 말했듯이 대립되는 것들이 만나 하나로 용해된다. 그들은 하나다.

　명심하라, 죽음에서 도망치는 것은 곧 삶에서 도망치는 것과 같다. 이것이 그대가 죽은 것처럼 보이는 이유다. 이것은 역설적인 현상이다. 죽음에서 도망치면 죽는다. 그리고 죽음을 직시하면 살아난다. 죽음을 직시하는 순간, 마치 진짜로 죽어 가는 것처럼 강렬하게 죽음을 느끼기 시작할 때, 외부에서뿐만 아니라 내면에서도 죽음을 느끼고 만질 수 있을 때, 이때 위기가 온다. 죽음의 위기, 이것이 예수의 십자가에 담긴 의미다. 그 순간에 그대는 수평적인 세계, 마음의 세계에서 죽음을 맞는다. 그리고 다른 세계에 부활한다.

　예수의 부활은 신체적인 현상이 아니다. 기독교인들은 이 부활에 쓸데없이 많은 가설을 덧붙여 놓았다. 예수의 부활은 육체적인 부활이 아니다. 그것은 이 몸의 다른 차원에서 일어나는 부활이다. 결코 죽지 않는 다른 차원의 신체에서 일어나는 현상이다. 이 육체는 시간의 지배를 받지만 그 다른 차원의 신체는 영원하다. 예수는 다른 세계, 진리의 세계에 부활했다. 사적인 세상이 사라졌다.

　마지막 순간에 예수는 크게 흔들렸다. 예수 같은 사람도 죽을 때는 동요한다. 자연스러운 일이다. 그는 울면서 "신이여, 저를 버리시나이까?" 하고 말했다. 그는 수평적인 차원에 매달리고 싶어했다. 그 역시 삶에 대한 집착을 끊기 힘들었다.

　예수 같은 사람도 그랬다. 그러니 그대 자신에 대해 죄책감을 갖지 말라. 그대 또한 매달리고 싶을 것이다. 이것이 예수의 인간적인 면이다. 그는 붓다나 마하비라보다 더 인간적이다. 죽음을 직면하고 그는 불안

해 하고 울었다. 그러나 그는 절망하여 무너지지 않았다. 즉시 그는 자신이 무엇을 요구하는지 깨닫고 "신이여, 당신 뜻대로 하소서" 하고 말했다. 그는 모든 욕망을 버리고 복종했다. 그 즉시 변형이 일어났다. 그는 수평적 차원을 떠나 수직적 차원으로 들어갔다. 깊이의 차원으로 들어갔다. 그는 영원 속에서 부활했다.

  시간 속에서 죽어라. 그러면 영원 속에서 부활한다.

  마음의 세계에서 죽어라. 그러면 의식의 세계에서 살아난다.

  생각의 차원에서 죽어라. 그러면 각성의 차원에서 태어난다.

  헤라클레이토스는 "깨어 있을 때 우리가 보는 모든 것은 죽음이다"라고 말한다. 이것이 우리가 잠과 꿈속에 빠져 살아가는 이유다. 우리는 사실을 외면하려고 진정제, 마취제, 마약의 세계로 빠져든다. 사실을 직면해야 한다. 그러면 사실은 진리가 된다. 사실을 외면하고 도망치면 그대는 거짓 속에 살게 된다. 그러나 사실을 직면하면 그 사실은 진리의 문이 된다. 그 사실은 죽음이다. 그 사실을 직면해야 한다. 그러면 진리가 그대의 삶이 될 것이다. 풍요로운 삶, 끝이 없는 영원한 삶이 찾아올 것이다. 이때 죽음은 죽음이 아니다. 이때 삶과 죽음은 하나다. 양 날개와 같다. 이것이 숨은 조화다.

셋, 지혜는 하나다

이것은 자기 자신을 아는 사람들,
중용을 지키는 사람들 모두에게 해당하는 말이다.

중용을 지키는 것이 가장 큰 덕이다.

진리를 말하고 진리를 행하며,
사물의 본질을 주의 깊게 관찰하는 데
지혜가 있나니.

로고스가 아니라 내 말에 귀를 기울여
만물이 하나임을 시인하는 것이 지혜다.

지혜는 하나다.
만물을 조종하는 지성,
만물을 통하여 그 지성을 아는 것이 지혜다.

지혜는 유일무이하다.
이 지혜는 제우스라는 이름으로
불리기를 바라지 않는 동시에
또 그렇게 불리기를 바란다.

The Hidden Harmony

Wisdom is one and unique
— 지혜는 하나다

　헤라클레이토스의 경문으로 들어가기 전에 몇 가지 짚고 넘어갈 것이 있다. 첫째, 자기 자신을 아는 것은 가장 어려운 일이다. 본래는 이렇게 어려워서는 안 된다. 이것은 가장 쉬운 것이어야 한다. 그런데 현실은 그렇지 않다. 여기에는 많은 이유가 있다. 자기 자신을 아는 일은 너무나 복잡한 일이 되었다. 그대는 '자기에 대한 무지(self-ignorance)'에 너무나 많은 투자를 했기 때문에 다시 원점으로 돌아가 그대 자신과 마주치는 것이 거의 불가능한 일처럼 보인다. 사회와 국가, 종교에 의해 인정받는 그대의 삶 전체가 '자기에 대한 무지'에 기초하고 있다. 그대는 자신이 누구인지도 모르면서 살아간다. 사회가 그것을 원하지 않기 때문이다. 그것은 사회에 위험한 일이다. 자기 자신을 아는 사람은 혁명적일 수밖에 없기 때문이다.
　지식이야말로 가장 위대한 혁명이다. 여기에서 내가 말하는 지식은 대학이나 경전을 통해 얻을 수 있는 지식이 아니다. 나는 그대 자신에 대한 지식을 말한다. 그대 자신과 마주쳤을 때 저절로 생겨나는 지식, 완전히 벌거벗은 자신의 모습을 보았을 때, 사회의 눈을 통해서가 아니

라 신의 눈을 통해서 보듯이 그대 자신을 보았을 때 생기는 지식, 문명화되고 세뇌되고 교육받은 모습이 아니라 야생화 같은 자연의 모습 그대로의 자신을 보았을 때 생기는 지식, 내가 말하는 지식은 이런 것이다.

사회는 그대를 혁명가가 아니라 로봇처럼 만들려고 한다. 이것이 유용하기 때문이다. 로봇을 다루는 것은 쉽다. 그러나 자신을 아는 사람을 지배하는 것은 거의 불가능하다. 어떻게 예수를 지배할 수 있겠는가? 어떻게 붓다와 헤라클레이토스 같은 사람을 지배하겠는가? 그는 굴복하지 않는다. 그는 명령대로 따르지 않는다. 그는 자신의 존재를 통해 움직인다. 그는 바람 같고 구름 같다. 그는 강물처럼 움직인다. 당연히 그는 아름답고 자연스럽다. 그러나 거짓된 사회에게 그는 위협적인 존재다. 그는 사회에 맞지 않을 것이다. 우리가 자연스러운 사회를 만들지 못하는 한, 붓다는 항상 비사회적인 인물로 남을 것이고 예수는 십자가에 매달릴 것이다. 그렇게 될 수밖에 없다.

사회는 지배를 원한다. 특권층은 그대를 지배하고 억압하고 착취한다. 그들은 그대가 자신에 대해 무지하기를 바란다. 이것이 첫 번째 난관이다. 인간은 사회에 태어날 수밖에 없다. 부모, 선생, 성직자 등 모두가 사회의 일부이다. 사회가 사방에서 그대를 에워싸고 있다. 그러므로 사회에서 탈출하는 것은 전혀 불가능해 보인다. 자연으로 돌아가는 문을 어디에서 발견할 것인가? 그대는 사방으로 포위되어 있다.

두 번째 난관은 그대 자신에게서 온다. 그대 또한 타인을 억압하고 지배하기를 원한다. 그대 또한 타인을 소유하고, 강력해지기를 원한다. 그러나 자기 자신을 아는 인간은 노예가 되지 않는다. 그는 타인을 노예로 삼지도 않는다. 그는 억압당하지도 않고, 다른 사람을 억압하지도 않는다. 그는 타인에 의해 지배되지도 않고, 타인을 지배하려고 들지도 않는다. 그 차원에서 지배라는 개념은 완전히 사라진다. 그는 아무에게도 소

The Hidden Harmony

유되지 않으며, 다른 사람을 소유하지도 않는다. 그는 절대적으로 자유로운 존재이며, 다른 사람들 또한 자유롭게 되도록 돕는다.

그대 자신에게서 비롯되는 이 두 번째 어려움은 첫 번째 난관보다 더 심각하다. 최소한 그대는 사회를 회피할 수 있다. 그러나 그대 자신의 에고를 어떻게 피할 것인가? 그대는 두려워한다. 그러나 자기 자신을 아는 사람은 소유, 지배, 권력에 대한 욕구가 없다. 그는 어린아이처럼 천진 난만하다. 그는 완벽하게 자유로운 삶을 원하며, 다른 사람들 또한 그렇게 살기를 원한다.

이런 사람은 그대가 살고 있는 이 노예의 세계에서도 완벽한 자유인이 된다. 그대는 착취당하고 싶은가? 물론 그대는 그렇지 않다고 대답할 것이다. 그대는 죄수가 되고 싶은가? 물론 그렇지 않을 것이다. 그렇다면 그대는 다른 사람을 죄수로 만들거나 지배하지 않겠는가? 타인을 소유하거나 착취하지 않겠는가? 타인의 영혼을 죽이고 그를 물건으로 전락시키지 않겠는가? 이 질문에 대해 확실하게 "그렇다!"고 대답하는 것은 어렵다. 이것을 명심하라. 타인을 지배하기 원하면 그대 자신이 지배당할 것이다. 타인을 착취하려고 하면 그대 자신이 착취당할 것이다. 누군가를 노예로 삼으려고 하면 그대 자신이 노예가 될 것이다. 이것은 동전의 양면과 같다. 이것이 자신에 대한 앎을 가로막는 장애물이다. 이런 장애물만 없다면 자신에 대한 앎은 세상에서 가장 간단하고 쉬운 것이다. 아무 노력도 필요 없다.

그러나 위에서 말한 두 가지 장애물을 극복하기 위해서는 노력이 필요하다. 이 두 가지 장애물을 주시하라. 그리고 그대 자신을 버리는 것으로 시작하라. 먼저, 지배와 착취, 소유에 대한 욕구를 버려라. 그러면 사회의 올가미에서 순식간에 벗어날 수 있을 것이다.

에고(ego)가 문제다. 이것이 그대 자신을 알지 못하는 이유다. 에고는 그대 자신에 관해 거짓된 이미지를 준다. 그리고 이 이미지를 오랫동안

갖고 있으면 두려움이 싹튼다. 이 이미지가 훼손되면 그대의 정체성(identity)이 무너질 것이라는 공포심이 생긴다. 먼저 그대는 거짓된 얼굴을 만든 다음 두려움에 떨게 된다. 이 거짓된 얼굴이 떨어져 나가면 그대는 어떻게 될 것인가? 그대는 미쳐 버릴 것이다. 그대는 이 거짓된 얼굴에 너무 많은 투자를 했다. 사람들은 누구나 자신을 고상하게 생각한다. 자신에 대해 그렇게 허구적인 개념을 갖고 있다. 다른 사람들은 아무도 이런 생각에 동의하지 않는다. 그러면 그대는 그들 모두가 잘못되었다고 생각한다.

나는 한 노인을 알고 지냈다. 그는 아주 늙은 사람이었다. 그는 거의 50년 동안을 한 시골 마을에서 살았다. 그는 마을 밖으로 나간 적이 없었다. 사실, 그는 마을 안으로 들어간 적도 없었다. 언제나 자기 집에만 머물며 고립된 생활을 했기 때문이다. 그는 아주 내성적인 사람이었다. 친구가 한 명도 없었으며, 결혼도 하지 않고 평생을 독신으로 지낸 사람이었다. 당연히 아이가 있을 턱이 없었고, 그의 부모는 죽은 지 오래였다. 그는 철저하게 혼자 살았다. 마을 사람들은 그를 별난 사람, 약간 정신이 이상한 사람으로 생각했다. 아무도 그의 집을 방문하지 않았으며, 그 역시 다른 집을 방문하지 않았다. 그런데 어느 날 마을 전체가 놀랄 만한 일이 벌어졌다. 그가 옆집으로 이사를 하고 있었던 것이다. 이웃 사람들이 모여들어 물었다.

"50년 동안 한 집에 살다가 왜 갑자기 이사를…?"

노인이 말했다.

"아마 내 방랑벽 때문인 것 같소."

이것이 그가 자신에 대해 갖고 있는 이미지다. 다른 사람이 동의하건 동의하지 않건 중요하지 않다. 그는 자신에게 방랑벽이 있다고 생각한다. 이런 식으로 사람들은 자신에 대한 이미지를 갖고 있다.

The Hidden Harmony

　여기에서 첫 번째 문제가 떠오른다. 자기 자신을 알고자 한다면 이 거짓된 이미지를 버려야 한다. 그대 자신을 있는 그대로 보아야 한다. 그런데 있는 그대로의 모습은 아름답지 않다. 이것이 문제다. 그대의 참모습은 아름답지 않다. 이것이 그대가 아름다운 이미지를 만들어 내는 이유다. 참모습을 가리려는 것이다. 그대가 자신의 적나라한 모습을 본다고 생각해 보라. 그것은 아름다운 장면이 아닐 것이다. 그대는 분노와 질투, 증오를 볼 것이다. 수많은 오점이 드러날 것이다. 그대는 자신을 사랑이 넘치는 사람으로 생각한다. 그러나 한 꺼풀만 벗겨 보면 질투와 소유욕, 증오심, 분노 등 온갖 부정적인 감정들이 있다. 그대는 자신을 매우 아름다운 사람으로 생각한다. 그러나 조금만 내부를 들여다보면 눈에 띄는 것은 추악함뿐이다. 그래서 그대는 즉시 등을 돌리고 도망쳐 나온다.

　수천 년 동안 여러 붓다들이 "너 자신을 알라"고 누차 일러 왔음에도 불구하고 아무도 귀담아 듣지 않는 이유가 여기에 있다. 자신을 아는 것은 아주 어려운 일처럼 보인다. 자신의 추함과 마주쳐야 하기 때문이다. 그 추함을 통과해야 한다. 그대의 내부에는 아름다운 존재가 있다. 그러나 이 아름다운 존재는 외곽에 있지 않다. 그것은 중심에 있다. 그리고 중심에 도달하려면 외곽을 통과해야 한다. 추한 모습들에서 도망쳐서는 안 된다. 도망칠 방도가 없다. 그 추한 모습들을 통과해 들어가야 한다. 온갖 추함과 부정적인 면들, 증오, 질투, 공격성 등을 통과해야 한다. 기꺼이 이 외곽을 통과해 들어갈 준비가 되어야만 중심에 도달할 수 있다.

　중심에 도달하면 양상이 달라진다. 중심에서 그대는 신이다. 표피층에서 그대는 세속적이다. 세속은 추하다. 표피층에서 그대는 사회의 축소판 외에 다른 것이 아니다. 사회는 추하다. 표피층에서 그대는 나폴레옹이고 히틀러다. 징기스칸이고 타멀레인(Tamerlane, 1336-1405. 티무르. 중

앙 아시아의 정복자이며 티무르 제국의 시조. 원(元)의 소족(疏族) 출신으로 중앙 아시아를 점령하고 사마르칸드에 수도를 세웠다. 대군을 이끌고 정명(征明)의 길에 올랐으나 도중에 병사하였다)이다. 세상의 모든 정치가와 미친 사람들이 그대의 표피층을 형성하고 있다. 표피층에서 그대는 이 모든 사람들의 축소판이다. 침략과 폭력, 억압, 노예화의 모든 역사가 그대의 표피층을 이루고 있다. 이것을 명심하라. 그대의 표피층에는 세상의 모든 역사가 담겨 있다. 그곳에 모든 것이 포함되어 있다. 이것은 당연한 일이다. 마음은 그대만의 것이 아니기 때문이다. 마음은 사회적인 산물이다. 마음속에는 과거의 온갖 세균과 질병, 과거의 모든 추악함이 들어 있다. 마음은 집단적인 것이다. 그대 안의 징기스칸과 히틀러를 발견하게 되는 때가 있다. 어떤 때에는 살인을 하고 이 세상 전체를 파괴하고 싶어하는 자신을 발견하기도 한다.

주시자가 되어 표피층을 통과하기 위해서는 큰 용기가 필요하다. 이 표피층, 이 사회와 역사의 층을 통과해 들어가면 중심에서 그대는 신이다. 그곳에 영원한 아름다움이 있다. 이 아름다움은 사회에 영향받지 않는다. 그것은 표피적인 것이 아니다. 이때 그대는 갓 태어난 아기처럼 순진 무구하다. 아침 이슬처럼 신선하고 깨끗하다. 그러나 그 중심에 도달하려면 먼저 표피층의 모든 추함을 통과해야 한다. 인간의 역사 전체를 관통해야 한다. 이것을 회피해서는 안 된다.

그런데 그대는 회피하기를 원한다. 그래서 자신에 대한 앎이 어려워진다. 회피하는 단 하나의 방법은 눈을 감아 버리는 것이다. 그대는 자신의 실상에 반대되는 사적인 이미지를 만들어 내고, 자신이 원하는 모습대로 그대 자신을 본다. 온갖 이상(理想)과 유토피아, 이미지를 본다. 그대는 표피층의 둘레에 아름답게 장식된 막을 친다. 표피층을 보지 않고 등을 돌린다.

헤라클레이토스는 "너 자신을 알아라" 하고 말한다. 이것이 단 하나

의 지혜다. 그대는 아름답게 장식된 부분의 바깥으로 나가기를 두려워한다. 가까이에 화산이 있기 때문이다. 그 화산이 언제 폭발할지 모른다. 그래서 사람들은 '자신에 대한 앎'을 말하고, 토론하고, 그에 대해 쓰고, 학설을 만들어 낼 뿐 실제로 시도하지는 않는다. 자신을 아는 문제에 대해 끊임없이 말하고 토론하는 사람들도 실제로는 행하지 않는다. 자신에 대한 앎은 실존적인 경험이다. 그것은 이론이 아니다. 이론은 아무 도움이 안 된다. 이론 또한 아름답게 장식해 놓은 부분에 속한다. 이론은 그대의 단단한 표피층을 부수지 못한다. 이론은 그대를 중심으로 인도하지 못한다.

사람들이 "너는 신이다"라고 말할 때 그대는 이 말에 솔깃한다. "너는 영원한 영혼을 가졌다"는 말을 들을 때 그대는 매우 행복해 한다. 그러나 이런 이론 또한 그대를 색칠하고 장식한다. 그대 자신으로부터 도망치기 위한 속임수일 뿐이다. 이론은 아무 도움도 안 된다. 인도를 둘러보라. 인간이 신의 부분이라는 것은 모든 사람이 다 안다. 인간이 브라흐만(brahman)이라는 것은 누구나 알고 있다. 그러나 그들의 삶을 보라. 그 추함을 보라. 신에 대해 말하는 사람들의 삶을 들여다보라. 그들이 말하는 내용과 일치하는 조금의 요소도 찾아볼 수 없다. 그들의 말은 그대를 확신시키기 위한 것이다. 스스로 위안을 삼으려고 그렇게 말하는 것이다. 그들 또한 표피층에 머물러 있다. 그들 또한 움직이기를 두려워한다.

거기에 공포가 있다. 이 공포가 떨어져 나가야 한다. 명심하라, 궁극적인 지복을 얻기 전에 긴 고통의 과정을 통과해야 한다. 무한의 차원, 영원의 차원에 도달하기 전에 이 시간의 세계, 인간의 역사 전체를 통과해야 한다. 이 역사는 그대의 몸과 마음, 두뇌의 세포 하나하나에 깊이 박혀 있다. 그것을 피할 수는 없다. 과거 전체가 그대와 함께 있다. 이 과거를 통과해야 한다. 그것은 끔찍한 악몽이다. 수백만 년이나 된 기나 긴

악몽이다. 하지만 이 악몽을 뚫고 나아가야 한다. 여기에 어려움이 있다.

고통을 감수해야 한다. 이것이 예수의 십자가에 깃든 의미다. 그는 고통을 통해 부활을 얻었다. 그대 또한 고통을 통해 자신에 대한 앎을 얻을 것이다. 그러니 피하지 말라. 피할 방도가 없다. 피하면 피할수록 그대는 더 많은 기회를 놓친다. 직면하라! 고통을 직면하는 것 외에 다른 방도가 없다. 당당하게 직면할수록 그대의 거짓된 모습이 더 많이 사라진다. 완벽하게 직면할 준비가 되었을 때 그대의 거짓된 이미지가 모두 떨어져 나간다. 깨어 있음이 강렬하면 그대는 단 한순간에 중심에 도달할 수 있다. 그러나 이 한순간에 인류의 과거 전체를 겪어야 할 것이다. 지금까지 일어났던 모든 고통을 겪어야 할 것이다.

그대도 들어서 알고 있겠지만, 물에 빠져 죽은 사람은 마지막 순간에 과거 전체를 떠올린다는 말이 있다. 단 한순간에 탄생부터 시작되는 과거 전체가 번개처럼 지나간다고 한다. 이것은 진실이다. 삼매(三昧)에 도달하는 순간, 에고가 완벽하게 사라지는 순간, 궁극적인 죽음에 도달하는 순간 이와 똑같은 일이 일어난다. 단 한순간에 그대는 그대 자신의 과거뿐만 아니라 인류 전체의 과거를 겪게 된다. 이것이 십자가의 수난이다. 그대는 인류 전체의 과거를 겪어야 한다. 그대는 아직 인간을 초월한 존재가 아니기 때문이다. 지금까지 인류가 살아온 모든 고통을 통과해야 한다. 이것은 엄청난 고통이다. 그러나 이 고통을 통과해야만 중심에 도달할 수 있다. 그래야만 지복이 가능하다.

자신에 대한 앎이 어려운 것은 그대가 고통을 통과할 준비가 되어 있지 않기 때문이다. 그대는 자신에 대한 앎을 진정제의 개념으로 생각한다. 그대가 생각하는 '자신에 대한 앎'은 진정제에 불과하다. 사람들은 내게 와서 "우리에게 침묵과 평화를 주십시오" 하고 말한다. 만일 아무런 고통도 거치지 않고 침묵과 평화를 줄 수 있다고 약속하는 사람이 있

The Hidden Harmony

다면 그는 사기를 치고 있는 것이다. 그러나 그대는 쉽게 덫에 걸려든다. 이것이 바로 그대가 원하는 바이기 때문이다. 서양에서 마하리쉬 마헤쉬 요기(Maharishi Mahesh Yogi, 인도에서 출생. 만트라(mantra)를 이용한 초월명상법(TM)을 창안함. 그의 센터가 각국에 퍼져 있다) 같은 사람들이 인기를 끄는 이유가 여기에 있다. 실제로 그들은 명상을 주는 것이 아니다. 그들이 주는 것은 진정제일 뿐이다. 명상은 고통을 통과해야만 한다. 명상은 게임이 아니다.

그대는 불길을 통과해야 한다. 그 불길 속에서 에고가 떨어져 나갈 것이다. 그 추함을 주시할 때 에고는 저절로 떨어져 나간다.

그러나 마하리쉬 마헤쉬 요기 같은 사람들은 고통을 통과할 필요가 없다고 말한다.

"내가 기가 막힌 명상법을 전수해 주겠다. 아침과 저녁에 10분씩만 이 명상법을 행하라. 그러면 그대의 존재가 편안해질 것이다. 무한한 평화를 느낄 것이며 만사가 다 잘될 것이다. 그리고 며칠 안에 깨달음을 얻을 것이다."

그러나 이렇게 쉽지 않다. 깨달음으로 가는 길은 험난하다. 속임수는 아무 도움도 안 된다. 속임수로 시간을 낭비하지 말라. 10분 동안 주문(mantra)을 외는 것만으로 깨달음을 얻을 수 있겠는가?

그대는 오랜 역사를 거쳐 지금 이 순간에 도착했다. 수백만 년을 통과해 왔다. 그러니 누가 되돌아가고 싶겠는가? 그러나 명상은 근원으로 돌아가는 것을 의미한다. 그대는 시간 속에서 이 지점까지 도달했다. 하지만 명상을 위해서는 다시 돌아가야 한다. 시간 여행이 시작된 본래의 자리까지 거슬러 올라가야 한다. 아침에 10분 동안 주문을 외는 것만으로 그렇게 될 수 있다고 생각하는가?

그대는 누구에게 사기를 치고 있는 것인가? 바로 그대 자신에게 사기를 치고 있다. 그대는 단순히 주문을 외워서 이 순간까지 도달한 것이

아니다. 인류는 오랜 세월을 살아왔다. 방황하고, 놓치고, 죄를 짓고, 살인을 하는 등 잘못된 방식으로 살아왔다. 전쟁, 착취, 억압, 지배가 판을 쳤다. 그대는 이 모든 역사에서 일익을 담당했다. 그대에게 책임이 있다. 단순히 10분 동안 주문을 외는 것만으로 이 모든 책임을 벗어 던지고 초월할 수 있다고 생각하는가? 그대는 이 주문을 '초월 명상'이라고 부른다. 도대체 누구에게 사기를 치고 있는 것인가?

초월은 가능하다. 그러나 이렇게 손쉬운 속임수로는 안 된다. 초월은 수난을 통해서만 가능하다. 초월은 오직 고통을 통해서만 가능하다. 단 한순간에 과거의 모든 고통을 겪을 준비가 되어 있어야 한다. 이것은 끔찍한 악몽이다. 그래서 스승이 필요하다. 그대는 완전히 미쳐 버릴 수도 있기 때문이다. 이것은 위험 지대로 들어가는 여행이다. 자신에 대한 앎은 가장 위대한 것이지만 동시에 가장 위험한 것이기도 하다. 한 발만 헛딛으면 미쳐 버릴 것이다. 사람들이 붓다들의 말에 귀기울이지 않는 이유가 여기에 있다. 이것이 위험하다는 것은 그대도 안다. 자기 자신 안으로 들어가는 것은 아주 위험한 일이다. 한 발을 내딛을 때마다 지켜봐 주는 스승이 필요하다. 그렇지 않으면 그대는 까마득한 심연으로 떨어질 것이다. 아찔함을 느끼면서 마음이 산산조각 날 것이다. 그리고 다시 회복하기 어려울 것이다.

이런 여러 가지 문제들이 있다. 사람들이 헤라클레이토스, 노자, 붓다, 예수의 말을 건성으로 듣고 실행에 옮기지 않는 이유가 여기에 있다. 오직 소수의 사람들만이 실행에 옮긴다. 실행에 옮길 준비가 되어 있다면 먼저 그들의 말이 무슨 뜻인지 이해해야 한다. 행복해지려는 욕망만으로는 도움이 안 된다. 행복해지려는 욕망이 아니라 진리를 알려는 열망이 있어야 한다. 행복을 원하는 사람은 진정제와 마취제를 찾는다. 그에게는 명상도 진정제 외에 아무것도 아니다. 그는 푹 자기를 원한다. 이 순간에 실제로 무슨 일이 일어나건 상관하지 않는다. 그는 개인적인 꿈

The Hidden Harmony

의 세계를 원한다. 물론 악몽이 아니라 아름다운 꿈을 원한다. 이것이 그가 원하는 전부다.

세상에는 오직 두 종류의 사람들이 있다. 하나는, 행복을 구하는 사람들이다. 그들은 세속적인 유형이다. 수도원에 들어간다 해도 그들은 변하지 않는다. 그들은 수도원에 들어가서도 행복과 기쁨, 만족을 원한다. 그것을 구하는 방법이 달라졌을 뿐이다. 이제 그들은 명상, 기도, 신을 통해서 행복을 구한다. 더 많은 행복을 얻으려고 한다.

이와 다른 유형의 사람들이 있다. 진리를 구하는 사람들이 여기에 속한다. 역설적인 현상이 있다. 행복을 구하는 사람들은 결코 행복을 발견하지 못한다는 것이다. 진리를 얻지 못하는 한 행복은 불가능하다. 행복은 진리의 그림자에 불과하다. 행복 그 자체는 아무것도 아니다. 행복은 단지 하나의 조화일 뿐이다.

진리와 하나가 되었다고 느낄 때 모든 것이 조화를 이룬다. 이때 그대는 어떤 리듬을 느낀다. 이 리듬이 행복이다. 처음부터 직접 행복을 찾을 수는 없다.

진리를 추구해야 한다. 진리를 발견하면 행복은 저절로 찾아온다. 행복은 목표가 아니다. 직접 행복을 추구하면 그대는 점점 더 불행해질 것이다. 그대의 행복은 기껏해야 불행을 잊기 위한 진정제에 불과하다. 이것이 전부다. 행복은 마약과 같다. 그것은 LSD, 마리화나, 메스칼린(mescaline, 환각 작용을 일으키는 백색의 수용성 물질)이다.

서양이 마약에 빠진 이유는 무엇인가? 이것은 아주 당연한 귀결이다. 행복을 추구하는 사람은 조만간 마약에 이를 것이다. 옛날에 이와 똑같은 일이 인도에도 있었다. 베다(Veda) 시대에 인도인들은 소마(soma, 고대 인도에서 종교적인 목적으로 쓰였던 환각 물질)에 도달했다. 행복을 구하고 있었기 때문이다. 실제로 그들은 진리를 구하고 있지 않았다. 그들은 더 많은 만족을 구하고 있었으며, 결국 소마에 도달했다. 소마는 최후의 마

Discourses On The Fragments Of Heraclitus

약이다. 올더스 헉슬리(Aldous Huxley, 1894-1963. 영국의 시인, 소설가, 사상가. 20세기의 대표적인 작가로 손꼽히며 저서에 ≪Limbo≫, ≪The perennial Philosophy≫ 등이 있다)는 21세기에 어딘가에서 최후의 마약이 발견될 것으로 보고, 그것을 다시 '소마(soma)' 라고 불렀다.

인간이든, 사회든, 문명이든 행복을 추구하면 반드시 마약에 도달하게 된다. 행복은 마약에 대한 추구다. 행복의 추구는 자기 자신을 잊기 위한 노력이다. 이런 점에서 마약은 도움을 준다. 마약을 통해 그대는 자기 자신을 잊는다. 이때 아무 불행도 없다. 그대가 존재하지 않으니 불행도 있을 수 없다. 그대는 아주 깊은 잠에 빠진다.

진리의 추구는 이와 정반대의 차원이다. 이것은 행복과 쾌락에 대한 추구가 아니라 "이 존재계의 본질은 무엇인가? 무엇이 진리인가?" 하는 물음이다. 행복을 구하는 사람은 결코 행복을 찾지 못한다. 그가 발견하는 것은 기껏해야 망각이다. 그러나 진리를 구하는 사람은 틀림없이 진리를 발견할 것이다. 진리를 구하려면 그대 자신에게 진실해야 한다. 존재계에서 진리를 추구하려면 먼저 그대 안의 진실을 찾아야 한다. 이를 통해 그대는 더욱더 '자기 기억(self-remembrance)' 을 많이 하게 된다.

이것이 두 가지 길이다. 자기 망각은 세속의 길이며, 자기 기억은 신의 길이다. 행복을 추구하는 사람은 절대로 행복을 발견하지 못한다. 반면, 행복에 관심을 두지 않고 오로지 진리를 추구한 사람들은 어김없이 행복을 발견했다. 이것이 행복의 역설이다.

헤라클레이토스가 첫 번째로 이해해야 한다고 강조하는 사실이 있다. 자신에 대한 앎을 유일한 탐구로 삼아야 한다는 것이다. 자신에 대한 앎이 유일한 목적이 되어야 한다. 그대 자신을 모른다면 다른 모든 것을 안다고 한들 무슨 소용인가? 그것은 무의미하다. 그대 자신을 제외한 모든 것을 안다면 그런 앎이 무슨 의미가 있는가? 그것은 아무 의미도 없다. '아는 자' 자신이 무지하다면 그의 지식이 무슨 의미가 있는가? 그

The Hidden Harmony

의 지식이 무엇을 줄 수 있겠는가? 어둠 속에 남아서 주변에 아무리 많은 빛을 끌어다 놓는다 해도 그 빛들이 그대를 채워 주겠는가? 주변에 아무리 많은 빛이 있어도 그대는 어둠 속에 남을 것이다. 그대는 어둠 속에 살고, 어둠 속에서 움직일 것이다. 이런 종류의 지식이 과학이다. 그대는 수많은 것을 알아도 정작 그대 자신을 모른다.

　과학은 수많은 것을 알지만 그대 자신에 대한 앎이 빠져 있다. 과학적 지식의 소유자인 그대 자신은 여전히 어둠 속에 남아 있다. 이런 지식은 아무 도움이 안 된다. 종교는 기본적으로 자신에 대한 앎이다. 그대의 내면에 불이 켜져야 한다. 내부의 어둠이 사라져야 한다. 그러면 그대가 어디를 가든 내면의 빛이 길을 밝혀 줄 것이다. 어디를 가든, 무엇을 하든, 그대 내면의 빛이 모든 것을 밝혀 줄 것이다. 이렇게 빛과 함께 하는 움직임은 조화롭다. 이 조화가 행복이다. 이때 그대는 걸려 넘어지지도 않고, 벽에 부딪치지도 않는다. 갈등이 일어나지 않는다. 이때 그대는 손쉽게 움직인다. 한걸음 한걸음이 경쾌한 춤과 같다. 모든 것이 충족된다. 이때 그대는 특별한 일이 일어나기를 원하지 않는다. 평범함 속에서 행복하다. 그저 행복하다.

　일상적인 평범함 속에서 행복을 찾지 못하는 한 그대는 결코 행복하지 못할 것이다. 숨쉬는 것, 존재하는 것만으로도 행복하다. 먹고 잠자는 것만으로도 행복하다. 이제 행복은 다른 곳에서 오지 않는다. 그대의 존재 자체가 행복이다. 자기 자신을 아는 사람은 어떤 이유가 있기 때문에 행복한 것이 아니다. 그의 행복에는 이유가 없다. 행복이 그에게 일어나는 것이 아니다. 그의 존재하는 방식 자체가 행복이다. 그는 그저 행복하다. 어디를 가건 그는 행복과 함께 움직인다. 그를 지옥에 던져 넣는다 해도 그는 그곳을 천국으로 만들 것이다. 그러나 그대처럼 자기 자신에 대해 무지한 사람은 천국에 들어가도 그곳을 지옥으로 만들 것이다. 왜냐 하면 그대는 언제나 지옥을 갖고 다니기 때문이다. 그대가

어디에 있건 다른 점이 없다. 그대는 자기가 가진 세계를 갖고 다닌다. 이것이 그대의 내면에 있는 세계다. 그대 안의 어둠이 바로 그대의 세계다.

이 내면의 어둠이 사라져야 한다. 이것이 자신에 대한 앎이 의미하는 것이다. 두 번째로 헤라클레이토스가 강조하는 것이 있다. 극단으로 움직이지 말아야 한다는 것을 자각하고 있으면 자신에 대한 앎이 쉽게 얻어진다는 것이다. 항상 중간에 머물러라. 중용의 길, 붓다가 말하는 '마즈힘 니까야(majjhim nikaya)', 중도를 걸어라. 극단으로 움직이지 말라. 극단으로 움직일 때 그대는 반대극으로 간다고 생각한다. 그러나 이것은 반대극이 아니다. 다만 상호 보완적인 전체일 뿐이다. 이것이 헤라클레이토스의 가르침 전부다.

사람들을 관찰하라. 그대 자신을 관찰해 보라. 어떤 사람은 섹스에 너무 탐닉한다. 그러나 탐닉은 권태를 가져 온다. 짜릿한 흥분이 사라지고 싫증이 난다. 이때 그는 금욕주의를 생각하게 된다. 더 이상 탐닉할 수가 없기 때문이다. 이제 그는 섹스에 관심이 없다. 그는 승려가 되려고 한다. 수도원에 들어가 금욕의 맹세를 하려고 한다. 이것은 다른 극단을 향한 이동이다. 이 또한 탐닉이다. 극단은 언제나 탐닉이다. 섹스 자체가 탐닉이 아니라 극단이 탐닉이다. 탐닉은 오직 한 가지밖에 없다. 극단에 서는 것이 바로 탐닉이다. 그는 한 극단에서 탐닉하고 있었다. 이제 그는 다른 극단으로 옮겨간다. 그러나 이 역시 탐닉이다. 곧 그는 싫증을 느낄 것이다. 이제 기독교 신부들은 독신 생활에 진력이 났다. 그래서 결혼 생활로 옮겨가고 있다. 그들은 너무 한쪽에 치우쳐 왔다. 우리는 어디에서 그만두어야 할지를 알아야 한다.

중도(中道)가 올바른 길이다. 중앙에 머물면 마음이 사라진다. 마음은 극단에만 존재한다. 그대는 너무 많이 먹다가 어느 날 단식을 결심한다. 과식이 어리석었듯이 이 단식 또한 어리석다. 몸은 과식도 필요 없고 단

The Hidden Harmony

식도 필요 없다. 몸은 중간 지점을 필요로 한다. 적정량이 필요하다. 먼저 그대는 과식을 한 다음 몸이 무거움을 느낀다. 몸이 부담스러워진다. 그래서 그대는 다른 쪽 극단으로 옮겨간다. 이제는 단식을 시작한다. 그러나 이 또한 파괴적인 짓이다. 왜 중간에 서지 않는가? 적절한 음식을 적당량 먹으면 안 되는가? 왜 중간에 머물지 않는가?

중간에 머물면 마음이 사라진다. 극단에 있을 때 마음이 존재한다. 극단에 있을 때에는 거듭해서 생각을 해야 하기 때문이다. 과식을 할 때 그대는 단식에 대해 생각한다. 단식할 때는 음식에 대해 생각한다. 그러나 적당량만 먹는다면, 정중앙에 존재한다면 생각할 것이 무엇인가? 중간에 있는 사람은 생각할 것이 없다. 그는 배가 고프면 먹고, 졸리면 잠잔다. 이것으로 끝이다! 거기에 생각할 것이 있는가?

그대는 졸릴 때 자지 않는다. 그리고는 잠에 대해 생각한다. 이 잠은 두뇌적인 현상이 되고, 여기에 마음이 끼어든다. 그대는 먹지 않거나 너무 많이 먹는다. 이때 음식에 대한 생각이 일어나는 것은 당연한 일이다. 마음이 개입된다. 그대는 섹스에 지나치게 탐닉하거나 또는 금욕주의자가 된다. 두 가지 경우 모두 두뇌의 활동이다. 섹스가 마음속으로 들어가고, 마음은 계속해서 생각하게 된다.

생각은 극단 때문에 존재한다. 중간에 있을 때에는 생각할 필요가 없다. 생각할 것이 없다. 중간에서는 생각이 사라진다. 진실로 조화로울 때 그대는 하나의 리듬을 얻는다. 그대는 욕구를 충족시킨다. 이때 그대는 욕구의 노예도 아니고, 욕구의 적도 아니다. 탐닉도 고행도 없다. 그저 중간에 머물 뿐이다. 이때 모든 것이 평화로워진다. 헤라클레이토스는 이것을 절제와 중용의 상태, 균형 잡힌 상태라고 말한다.

균형을 지켜야 한다. 균형을 통해 그대는 진리에 더 가까워질 것이다. 진리는 궁극적인 균형이기 때문이다. 균형이 잡혀 있을 때 갑자기 진리의 문이 열린다.

Discourses On The Fragments Of Heraclitus

이제 아래의 경문을 이해하도록 노력해 보라.

이것은 자기 자신을 아는 사람들,
중용을 지키는 사람들 모두에게 해당하는 말이다.

중용을 지키는 것이 자기 자신을 아는 길이다. 마음을 관찰해 보라. 그러면 마음이 항상 극단에 존재하는 것을 발견할 것이다. 마음은 극단을 즐기고 탐닉한다. 그대가 정중앙에 있을 때 마음은 할 일을 잃는다. 마음이 설자리를 잃는다.

어떤 사람이 선사(禪師)에게 물었다.
"당신의 길은 무엇입니까?"
선사가 말했다.
"배고프면 먹고, 졸리면 자는 것이 나의 길이다. 나는 배가 고프지 않으면 먹지 않고, 배가 고프면 굶지 않는다. 이것이 나의 길이다."
그 사람이 말했다.
"그것에 무슨 특별한 점이 있습니까? 그런 일은 누구나 하지 않습니까?"
선사가 웃으며 말했다.
"만일 그대가 이렇게 했다면 여기에 올 필요도 없었을 것이다."

그대는 너무 많이 먹거나 너무 적게 먹는다. 마음은 항상 불행해질 구실을 찾는다. 이것은 참으로 놀라운 일이다. 마음은 놀라운 물건이다. 마음은 불행해질 구실을 찾는 데 기가 막힌 재주를 갖고 있다. 마음은 온갖 불행을 만들어 낸다. 지복의 상태에서는 마음이 목숨을 부지할 수 없기 때문이다. 그래서 마음은 지복에 반대한다. 그대는 불행한 상태에 빠져 있다. 마음은 그대에게 "이것은 좋지 않으니 저것을 하라"고 제안

The Hidden Harmony

할 것이다. 마음은 항상 정반대 되는 것을 제안한다. 이것을 경계하라. 마음이 정반대 되는 것을 제안할 때에는 그 말을 따르지 말라. 항상 중용을 지켜라. 마음의 속삭임에 귀기울이지 말라. 어디에서 멈추어야 하는지를 알아라.

노자는 이렇게 말했다.

"내가 세 가지 보물을 주겠다. 하나는 사랑이다. 다른 하나의 보물은 절대 극단으로 가지 말라는 것이다. 그리고 세 번째 보물은 자연적이 되라는 것이다."

이 세 가지 보물만 있으면 모든 일이 저절로 풀릴 것이라고 노자는 말한다. 이렇게 간단한 것을 따르는 것만으로 만사가 순조롭게 되는 이유는 무엇인가?

마음은 불행을 창조하는 데 있어서 완벽한 전문가다. 한 젊은이가 내게 찾아와 "이제 저는 물만 먹고 살겠습니다" 하고 말했다. 이유가 무엇인가? 그는 이미 불행하다. 그는 지나치게 많이 먹고 있다. 이제 폭식(暴食)은 지옥이 되었다. 그래서 그는 다른 지옥을 만들고 싶어한다. 사람이 물만 먹고 어떻게 사는가? 그것은 다른 지옥이 될 것이다. 이것은 이 지옥에서 저 지옥으로 옮겨가는 것에 불과하다. 마음의 길은 언제나 이 지옥에서 저 지옥으로 나 있다. 그 두 지옥 사이의 어딘가에 천국이 있다. 그런데 마음은 항상 이 천국을 그냥 지나친다.

두 지옥 사이에 천국이 있다. 그러니 어디에서 멈추어야 하는지를 알아라. 정중앙에 멈추어라! 과식하지도 말고 단식하지도 말라. 그러면 음식에 매달리지 않게 될 것이다. 과식 또한 에고의 장난이 될 수 있다.

물라 나스루딘은 자신이 얼마나 많이 먹을 수 있는지에 대해 계속 이야기하고 있었다. 나는 그가 "나는 카초리(kachori)를 아흔 아홉 개나 먹을 수 있어!" 하고 말하는 소리를 여러 번 들었다. 그래서 내가 물었다.

"왜 백 개를 채우지 않나?"

그가 말했다.

"나를 뭘로 보는 거야? 고작 카초리 한 개 때문에 내가 거짓말쟁이가 되었으면 좋겠어? 내가 거짓말을 해야겠어?"

이런 허풍… 사람들은 얼마나 많이 먹을 수 있는지 자랑하는가 하면, 얼마나 오래 단식할 수 있는지 자랑한다. 자랑한다는 점에서는 똑같다. 범죄자도 허풍을 치고, 소위 성자로 불리는 사람들도 허풍을 친다. 둘 다 허풍이라는 똑같은 배를 타고 있다.

한 범죄자가 감방에 들어갔다. 먼저 들어와 있던 고참 죄수가 물었다.
"이곳에 얼마나 있어야 하지?"
젊은 신참이 말했다.
"딱 15년."
고참이 말했다.
"그렇다면 침상을 문 가까이에 놓게. 자네는 곧 떠날 사람이니까 말야. 나는 25년을 더 있어야 하거든."

25년을 선고받으면 위대한 범죄자가 된다. 고작 15년을 선고받은 사람은 초심자, 아마추어에 불과하다. 범죄자들도 자신의 전력을 자랑한다. 한 번 살인을 저지른 자는 일곱 번이나 살인을 했다고 허풍을 친다. 성자들도 마찬가지다. 차이점이 무엇인가? 인도에서 성자들은 금년에 얼마나 오래 단식했는지 공공연히 자랑하고 다닌다.

한 남자가 부인과 함께 나를 찾아왔다. 그의 부인이 그에 대해 말했다.
"이 사람은 아주 인정이 많아요. 지금까지 거의 십만 루피나 기부를 했지요."

남자가 부인을 쳐다보더니 그녀의 말을 정정하고 나섰다.

"십만이 아니고 십일만 루피야."

이런 사람은 아무것도 기부하지 않은 것이다. 기부를 통해 에고의 만족을 얻는다면 그는 아무것도 준 것이 없다. 에고는 나누어 가질 수 없다. 에고는 결코 자비롭지 않다. 자비는 에고의 본성이 아니다. 에고는 항상 정반대 되는 것을 통해 만족을 얻는다. 이 함정을 경계하라.
헤라클레이토스는 말한다.

　이것은 자기 자신을 아는 사람들,
　중용을 지키는 사람들 모두에게 해당하는 말이다.

　중용을 지키는 것이 가장 큰 덕이다.

맞는 말이다. 나는 중용보다 더 위대한 것을 본 적이 없다. 중용과 견줄 만한 것은 아무것도 없다. 왜 그런가? 왜 중용이 가장 큰 미덕인가? 중용은 그대의 에고를 파괴시키기 때문이다. 에고가 유일한 죄다. 에고 때문에 그대는 신을 놓친다. 평범할 때, 정중간에 있을 때 무엇을 주장할 수 있겠는가? "나는 적당량을 먹는다"고 자랑할 수 있겠는가? 적당하게 섹스를 했다고 자랑할 수 있겠는가? 그것은 불가능하다. 섹스에 탐닉하는 사람은 오십의 나이에도 하루에 세 번이나 했다고 자랑한다. 금욕주의를 표방하는 사람들은 자신이 순결하며 누구와도 한 적이 없다고 자랑한다. 그러나 중간 상태에 있을 때 무엇을 자랑할 수 있겠는가? 중간에서는 자랑할 것이 없다. 그리고 주장하고 내세울 것이 없을 때 에고는 먹이를 구하지 못한다. 평범해지는 것, 중용을 지키는 것, 이것이 가장 큰 덕이다.

　평범해지는 것이 가장 큰 덕이다. 지극히 평범할 때, 이 세상에 대해서

건 저 세상에 대해서건 아무것도 내세울 것이 없을 때 에고가 사라진다. 에고는 불균형과 극단을 먹고 산다. 중간 지점에서 에고는 사라진다. 언제 어디서나 이것을 명심하라. 정중앙에 멈추어라. 그러면 마음이 정지되는 것을 발견할 것이다. 에고가 사라진다. 아무것도 주장할 것이 없을 때 에고는 사라진다. 그리고 에고가 사라지면 그대는 덕을 얻는다. 이제 신으로 가는 문이 열린다. 중앙에서 그대는 신을 만난다. 그리고 극단에서 그대는 신을 놓친다.

진리를 말하고 진리를 행하며,
사물의 본질을 주의 깊게 관찰하는 데
지혜가 있나니.

헤라클레이토스는 노자와 같다. 정확하게 일치한다.

진리를 말하고 진리를 행하는 데
지혜가 있나니.

실천하라. 진리를 아는 것은 긴 여행이 될 것이다. 많은 준비가 필요하다. 진리가 그대를 찾아 내려오기 전에, 먼저 그대가 진리가 올라타기에 알맞은 수레가 되어야 한다. 손님을 맞기 위해서는 그대가 완전히 비어 있어야 한다. 그렇게 텅 비어야만 주인이 될 수 있다. 지금 당장 무엇을 할 것인가? 그대가 진리를 구하는 구도자라면 헤라클레이토스가 말했듯이 진리를 말하고 진리를 행하라. 진리를 말하기 시작하면 말할 것이 별로 없어진다. 그대는 점점 더 침묵하게 될 것이다. 자동적으로 그렇게 될 것이다.

The Hidden Harmony

여성 클럽에서 있었던 일이다. 한 여자가 자리를 뜨자마자 다른 여자들이 그녀에 대해 말하기 시작했다.
"그녀는 상냥하기는 한데 수다가 너무 심해. 도대체 끝이 없는 것 같아."
다른 여자가 말했다.
"그런데 그 여자 말이 전부 사실일까?"
세 번째 여자가 말했다.
"절대로 아냐. 진실이 그렇게 많을 수는 없으니까!"

진실되기를 원한다면 그대는 침묵하게 될 것이다. 그대가 하는 말의 99퍼센트는 진실이 아니기 때문이다. 그러므로 말이 자동적으로 떨어져 나갈 것이다. 침묵에는 두 종류가 있다. 하나는 그대가 스스로에게 강요한 침묵이다. 이것은 진정한 침묵이 아니다. 혀를 자르거나 입을 막아도 그것은 진정한 침묵이 아니다. 그대의 내면에서는 여전히 수다가 끊이지 않을 것이다. 진정한 침묵은 그대가 진리를 말하기 시작했을 때 온다. 그대가 진실로 알고 있는 것만 말하라. 그렇지 않으면 말하지 말라. 진리만 말한다면, 말할 것이 무엇인가? 별로 많지 않을 것이다. 이때 침묵이 찾아온다. 전혀 다른 차원의 침묵이 그대를 찾아 내려온다. 이것은 강요된 침묵이 아니다. 말할 것이 없으므로 저절로 침묵이 찾아온다.

말할 것이 없을 때 그대는 사람들 틈에서 침묵하게 된다. 말이 줄어들고 그냥 듣는 경우가 많아진다. 그 다음에는 내적으로도 점점 더 말이 없어진다. 다른 사람들에게 거짓을 말할 수 없는데 내면에서 어떻게 거짓을 계속 말할 수 있겠는가? 모든 말이 터무니없게 느껴진다. 내면에서 그대가 말을 많이 하는 이유는, 그것이 다른 사람들에게 말하기 위한 연습 과정이기 때문이다. 많은 말을 하지 않고 다른 사람들의 말에 귀기울일 때, 그대가 보장할 수 있는 진리, "내가 그 중인이다!"라고 단언할 수

있는 진리만을 말할 때 침묵이 찾아온다. 이 침묵은 강요되거나 훈련된 것이 아니다. 자연스럽게 찾아오는 침묵이다.

헤라클레이토스는 말한다.

"진리를 말하고 진리를 행하라. 그대가 진리라고 느끼는 것만 행하라."

처음에는 어려울 것이다. 그대의 삶 전체가 거짓에 의존하고 있기 때문이다. 처음에는 다른 사람들과 잘 어울리지 못하는 느낌이 들 것이다. 그러나 곧 모든 것이 새로운 패턴으로 자리를 잡기 시작한다. 새로운 게쉬탈트(gestalt)가 형성된다. 그러나 한동안은 어려울 것이다.

먼저, 그대가 얼마나 많은 방식으로 거짓을 행하는지 관찰하라. 그대는 내면에 아무 느낌도 없는데 겉으로 웃는 표정을 짓는다. 그것은 거짓이다. 거짓 웃음을 짓지 말라. 그것은 얼굴과 입술에 대한 폭력이다. 이렇게 거짓 웃음을 오래 지으면 그대는 진짜 웃음이 무엇인지 잊어버릴 것이다. 그대는 아무 느낌 없이 웃는다. 그것은 겉치레일 뿐이다. 그대는 예의로써 웃을 뿐이다. 다른 사람들의 기대에 어긋나지 않으려고 웃는다. 그대는 자신이 무엇을 하는지도 모르면서 웃음 짓는다. 왜 그대의 입술을 강요하는가? 그대의 웃음이 거짓이라면 그대 안의 그 무엇이 진실일 수 있겠는가? 그대의 눈물 또한 거짓이 될 것이다. 그대는 필요할 때만 눈물을 흘린다. 그렇지 않은 경우에는 억누른다.

그대가 얼마나 많은 방식으로 거짓되게 행동해 왔는지 관찰해 보라. 그대는 마음에도 없는 말을 한다. 무의식적으로 말을 내뱉는다. 그리곤 이 말을 통해 덫에 걸려든다. 그대는 누군가에게 "당신은 참으로 아름답습니다" 하고 말한다. 이것은 그냥 예의상 한 말일지도 모른다. 그러나 이 말이 상대방을 감동시킨다. 그대는 상대방의 마음을 흔들어 놓았다. 그는 그대가 진짜로 그렇게 느낀다고 생각할지도 모른다. 이제 기대감이 생길 것이고, 조만간 실망이 따를 것이다. 그대는 그냥 지나가는 말

The Hidden Harmony

로 그렇게 했을 뿐이기 때문이다. 그대의 말에는 진심이 담겨 있지 않았다. 이제 그대는 스스로 덫에 걸렸다. 상대방의 기대를 만족시켜 주어야 한다. 이제 그대는 부담을 느낀다.

진실하라. 그러면 부담이 줄어들 것이다. 진실하라. 거짓된 기대감을 심어 주지 말라. 그렇지 않으면 그대는 함정에 빠질 것이다. 그대가 의미하는 바를 정확하게 말하라. 항상 이런 식으로 말하라.

"지금 이 순간에 내가 말하는 바는 이렇습니다. 그러나 다음 순간에 대해서는 아무 말도 할 수 없습니다. 다음 순간에 무슨 일이 일어날지 누가 알겠습니까? 지금 이 순간에 나는 당신을 사랑합니다. 하지만 다음 순간에 대해서는 아무 말도 할 수 없습니다."

깨달은 사람만이 다음 순간에 대해 말할 수 있다. 그는 모든 것이 영원한 상태로 존재하는 지점에 도달했기 때문이다. 그러나 그대는 어떤가? 다음 순간에 대해 말할 수 있는가? 그대의 기분은 시시각각 변한다. 이 순간 그대는 사랑을 느낀다. 이 순간에는 "나는 당신을 영원히 사랑하겠습니다" 하고 말할 수 있다. 그러나 이것은 이 순간에만 진실이다. 다음 순간에 대해 무슨 말을 할 수 있는가? 주의 깊게 깨어 있어라. 말을 할 때에는 조건부로 하라.

"이 순간에는 그렇습니다. 지금 나는 그렇게 느낍니다. 그러나 다음 순간은 아무도 모릅니다. 나는 약속할 수 없습니다."

그대의 모든 약속은 거짓이다. 어떻게 약속할 수 있는가? 약속한다는 것은 그대가 확고한 중심에 도달했음을 의미한다. 그런데 그대가 약속을 지킬 수 있는가? 그대는 여자에게 "나는 당신을 영원히 사랑하겠습니다" 하고 말한다. 이 약속을 지킬 수 있는가? 며칠 후에 그대는 짜릿한 흥분이 사라졌음을 느낀다. 더 이상 사랑이 없다. 이제 어떻게 할 것인가? 그대는 거짓된 웃음을 흘려야 한다. 이 여자와 키스를 해야 하고 섹스를 해야 한다. 순전히 약속 때문이다. 이제 모든 것이 거짓이다. 그대

는 진실하지 못하게 된다. 그리고 약속을 지키지 않으면 그대는 죄책감을 느낀다. 반면, 약속을 지키면 그것은 거짓이다. 그대는 연기를 하고 있는 것이다. 이것은 그대에게 환희를 가져다 주지 못한다. 더 많은 고뇌와 부담을 가져다 줄 뿐이다. 이 약속은 성취될 수 없다. 절망을 가져다 줄 뿐이다. 이 여자를 사랑하라고 자기 자신을 강요할수록 마음 한구석에서 복수심이 생겨날 것이다. 이 여자가 바윗돌처럼 그대의 목을 짓누르고 있기 때문이다. 이제 그대는 "이 여자가 죽었으면 좋겠어. 그녀가 멀리 떠났으면 좋겠어" 하고 느낀다. 그대는 도망칠 길을 찾는다. 순전히 약속 때문에 이런 일이 벌어진다. 순간에 주어진 약속을 평생 동안 끌고 가는 것은 불가능하다. 그대는 순간에 산다. 그대의 내면에는 아직 영원한 중심이 없다. 그대는 돌고 도는 수레바퀴에 불과하다. 이런 식으로 그대는 함정에 빠진다.

그대는 사랑하지도, 웃지도, 울지도 못한다. 이 모든 것이 거짓이다. 그런데 그대는 진리를 추구한다고 한다. 안 된다. 이런 상태로 진리를 추구하는 것은 절대 불가능하다. 진리와 만나기 위해서는 진실해져야 한다. 오직 똑같은 것들끼리 만난다. 진실하지 못한 사람은 진리에 도달할 수 없다. 진실한 사람만이 진리를 만난다.

경계하라. 약속하지 말라! 그저 "이 순간에 그렇게 보인다"고 말하라. 물론, 이것은 절망감을 줄 것이다. 에고가 설자리를 잃을 것이다. 에고는 "나는 당신을 영원히 사랑하겠습니다" 하고 말할 수 있다. 이런 약속을 할 수 없을 때 그대는 절망감을 느낄 것이다. 그러나 이것이 진실이다. 단 한순간만이라도 어떤 사람을 전체적으로 사랑한다면 그 사랑이 그대를 변화시킬 것이다. 그 사랑이 진리의 맛을 보여줄 것이다. 나는 그것을 안다. 먼저 진실하라. 그대가 진정으로 의미하는 바를 말하라. 자신의 마음을 모르겠다면, 그렇게 혼란된 상태에서는 아무것도 말하지 말라. 또는 그대의 혼란을 있는 그대로 표현하라. 행동으로 옮기기

The Hidden Harmony

전에 완전한 각성을 갖고 행동하라. 이것이 그대를 더 진실되게 만들 것이다. 진실하라!

그대는 원하지도 않는 수많은 일을 계속한다. 누가 그대를 강요하는가? 그대는 표류하고 있다. 아무도 그대를 강요하지 않는다. 그대는 왜 그런 일들을 하는가? 그대는 깨어 있지 못하다. 이것은 사슬과 같다. 한 가지 일을 하면 또 다른 일이 생겨난다. 하나의 일이 다른 일을 끌어오고, 이런 식으로 계속된다. 그대는 언제 멈출 것인가? 매순간이 멈추기에 알맞은 순간이다. 관찰하라. 그리고 그대 스스로 만든 이 거짓의 연결 고리에서 벗어나라.

물론, 그대는 굴욕감과 초라함, 절망을 느낄 것이다. 그러나 이것은 진실이다. 진실 그대로 느껴라. 울고 싶을 때, 가슴속에서 울음이 북받칠 때에는 울어라. 억지로 울음을 멈추지 말라. "나는 남자다. 이렇게 여자처럼 행동해서는 안 된다"고 생각하지 말라. 그렇게 말하지 말라. 전적으로 남자인 사람은 아무도 없다. 그럴 수가 없다. 남자는 여자이기도 하며, 여자 또한 남자이기도 하다. 내부에는 남자와 여자가 섞여 있다. 울고 싶을 때에는 울어라. 진정으로 울 수 없는 사람은 웃지도 못한다. 이때 그대는 두려워질 것이다. 웃고 싶은데 눈물이 나올지도 모르기 때문이다. 눈물이 억눌려 있다. 그래서 그대는 웃지 못한다. 그리고 웃을 수 없는 사람은 또한 울지도 못한다. 이것은 악순환의 연속이다. 화가 날 때에는 화를 내고 그 결과를 받아들여라. 진실하게 화를 내라.

진실하게 화를 낼 때에는 아무도 그 화로 인해 상처받지 않는다. 이것이 내가 관찰해 온 결론이다. 진실한 화에 대해서는 아무도 상처받지 않는다! 그러나 그대의 분노는 무기력하게 죽어 있다. 그대가 아버지라면 아이에게 화가 날 때에는 화를 내라. 그러면 아이는 그대에게 적의를 느끼지 않을 것이다. 그런데 그대는 내심 화가 나면서도 겉으로는 웃는다. 천진난만한 아이는 이것을 아주 쉽게 간파한다. 아이는 그대보다 훨씬

더 투명하고 예리한 눈을 갖고 있다. 그는 거짓을 쉽게 간파한다. 그대가 겉으로만 웃고 있다는 것을 금방 알아차린다. 그는 그대의 거짓을 결코 용서하지 않을 것이다. 아이가 거짓보다 나쁘게 느끼는 것은 없다. 진실하라! 아이를 때려야 한다면 때려라. 거짓으로 행동하지 말라. 그리고 후회가 될 때에는 용서를 구하라. 이 또한 진실되게 하라.

아내에게 화를 내지 못하는 남편은 아내를 사랑할 수도 없다. 이때에는 모든 것이 거짓이고 위장이다. 깊은 분노를 모르는 사람이 어떻게 깊은 사랑을 알겠는가? 그대는 화내는 것을 두려워한다. 이것은 사랑할 자신이 없다는 것을 보여준다. 그대는 관계가 깨질까봐 두려워한다. 이것이 두려워하는 이유다. 그러나 이런 관계는 별 가치가 없다. 속박이 되기 전에 이런 관계를 버려라. 진실하라.

진리를 통해 고통을 겪어야 한다. 고통이 필요하다. 고통을 통해 그대는 단련된다. 그대의 내적인 존재가 성숙한다. 진실과 얼굴을 맞대야만, 그렇게 마주쳐야만 예리하고 투명한 눈을 얻을 수 있다. 화가 날 때에는 진실되게 화를 내라. 그러면 진실되게 용서할 수도 있다. 어떤 것을 주고 싶지 않을 때에는 "나는 주고 싶지 않다"고 간단하게 말하라. 핑계를 대지 말라. 그것이 습관화될지도 모른다. 매순간 그대는 어떤 패턴을 만들고 있으며, 그 패턴은 따르지 않으면 안 될 만큼 깊게 뿌리 내릴 수도 있다. 그런 패턴에서 벗어나라. 매순간이 벗어나기에 적당한 순간이다.

헤라클레이토스는 말한다.

> 진리를 말하고 진리를 행하며,
> 사물의 본질을 주의 깊게 관찰하는 데
> 지혜가 있나니.

사물의 본질을 관찰하라. 자연을 관찰하고 인공적인 것을 버려라. 인

The Hidden Harmony

공적인 것은 아름답게 보일지 모르지만 살아 있지 못하다. 자연을 관찰하고 항상 자연과 보조를 맞추어라. 결코 인공적인 것과 함께 움직이지 말라. 문명과 사회는 인공적인 것이다. 우리 주변의 모든 것이 인공적인 것 같다.

내가 아는 이웃 중에 은퇴한 노교수가 있었다. 사람들은 그를 약간 정신이 이상한 사람으로 생각했다. 은퇴한 철학 교수는 그렇게 될 수밖에 없다. 나는 그에 대해 아무 판단도 하지 않았다. 사람들이 말하는 소리를 듣긴 했지만 그에 대해 아무런 판단도 하지 않았다. 그런데 어느 날 그에 대해 생각해 보아야 할 일이 일어났다. 지나가다 보니 그가 물통으로 정원에 물을 주고 있었다. 그런데 그 물통은 밑바닥이 없었다! 당연히 물통에는 물이 담겨 있지 않았다. 그런데 그는 열심히 물 주는 시늉을 하고 있었다. 그래서 내가 물었다.

"무엇을 하고 계십니까? 물통 밑이 빠졌습니다."

그가 말했다.

"나도 알고 있소. 하지만 아무 문제도 없어요. 이 꽃들은 조화니까!"

그대의 삶 전체가 인공적으로 변질되었다. 플라스틱 꽃이 되었다. 멀리에서 보면 아름다운 것 같지만 가까이에서 보면 플라스틱 꽃이다. 물론, 플라스틱 꽃은 죽지 않는다. 그들은 죽을 수 없다. 그러나 죽을 수 없는 것은 살아 있지도 못하다.

진짜 꽃은 수많은 위험을 극복해야 한다. 생화(生化)는 얼마나 겸손한가! 아침에 피어나는 꽃은 얼마나 연약한가! 이 험난한 세상 속에서 얼마나 연약해 보이는가? 거센 폭우와 강풍, 동물과 아이들의 위협, 이 모든 위험 속에서 연약한 꽃은 존재한다. 이것이 꽃의 아름다움이다. 저녁때가 되면 꽃이 진다. 다시는 이 세상에 없을 것이다. 그러나 꽃은 살아 있다. 아침에는 완벽한 아름다움을 발산하며 피어 있다가 저녁때가 되면 시들어 버린다. 결국 먼지가 되어 사라진다. 그러나 이 생화는 살아 있

다. 그대의 플라스틱 꽃은 죽어 있다. 그러므로 죽을 수가 없다. 살아 있는 모든 것은 죽는다. 이미 죽어 있는 것만이 죽지 않는다.

이것을 잊지 말라. 죽음을 두려워하지 말라. 어떤 것이 사라질지도 모른다고 걱정하지 말라. 비진리는 결코 죽지 않는다. 그러나 진리는 수없이 죽고 거듭해서 부활한다. 이것을 명심하라. 비진리는 플라스틱 꽃이다. 안전하지만 살아 있지 않다.

결혼은 안전하다. 부모가 주선한 결혼, 사회가 주선한 결혼은 더 안전하다. 그런데 사랑은 아침에 피어난 꽃처럼 연약하다. 저녁때가 되면 시들어 버린다. 꽃이 어떻게 피었다가 어떻게 시드는지는 아무도 모른다. 그것은 신비스럽다. 그러나 결혼은 아무런 신비도 없다. 결혼은 그저 하나의 계산일 뿐이다. 점쟁이를 찾아가면 그대의 사주를 보고 배우자를 정해 준다. 물론, 부모는 그대보다 현명하다. 세속적인 의미에서 현명하다는 뜻이다. 그들은 많은 것을 안다. 그들은 연인들이 결코 생각하지 못하는 많은 요소를 고려한다. 돈, 명예 등 많은 것을 고려한다. 그들은 안전을 최우선으로 생각한다. 그러나 사랑에 빠진 사람은 사랑 외에 아무것도 생각할 수 없다.

이 한 가지를 명심하라. 죽은 것은 결코 죽지 않는다. 이것이 죽은 것의 안전성이다. 살아 있는 것은 언제 사라질지 모른다. 이것이 삶의 문제다. 그러나 그것은 살아 있다. 온갖 위험을 무릅쓰기에 충분한 가치가 있다.

진실하라. 많은 문제가 닥칠 것이다. 하지만 문제 하나하나가 그대를 더 성숙시킬 것이다. 진실하게 말하고 진실하게 행동하라. 이것은 진리를 받아들일 준비를 갖추는 것이다. 그대가 어느 지점까지 성숙했을 때 갑자기 문이 열린다. 이 외에 다른 방법은 없다.

The Hidden Harmony

　　만물이 하나임을 시인하는 것이
　　지혜다.

　헤라클레이토스는 "내 말에 귀를 기울여라" 하고 말한다. 나 또한 그렇게 말한다.
　"내 말에 귀기울여라. 그러면 만물이 하나라고 시인하는 지혜를 얻으리라."
　로고스(logos)에 귀기울인다면… 로고스는 자연의 법칙, 도(道)를 의미한다. 존재계의 궁극적인 기반이 로고스다. 그대는 이 로고스에 대해 아무것도 모른다. 그 정도 깊이까지 뚫고 들어간 적이 없다. 로고스는 그대 안에도 있다. 그대의 중심 가까이에 있다. 그러나 그대는 표피에 살기 때문에 그것을 알지 못한다. 헤라클레이토스는 "내 말에 귀를 기울여라" 하고 말한다. 붓다, 노자, 헤라클레이토스에게 귀기울여라. 그러면 만물을 하나로 시인하게 된다. 그러나 그대는 아직 이런 경험을 하지 못했다.
　여기에서 쉬라드하(shraddha), 즉 신뢰가 필요해진다. 신뢰가 없다면 종교는 존재할 수 없다. 그대는 궁극적인 기반에 대해 모른다. 그것이 무엇인지 모른다. 그것을 증명할 길도 없고, 논의할 길도 없다. 알면 아는 것이고, 모르면 모르는 것이다. 이것이 전부다. 그렇다면 어떻게 해야 하는가? 단 한 가지 가능성은 헤라클레이토스에게 귀기울이는 것이다. 단순히 그의 말을 듣는 것이 아니라 그의 존재 자체에 귀를 기울여라. 그러면 그대는 한 가지 사실을 시인하게 된다. 이 다양성 안에 하나가 존재한다는 것이다. 이 다수(多數)의 세계, 그 배후에 일자(一者)가 존재한다.
　그대는 지금 내 말을 듣고 있다… 그대는 여러 가지 차원에서 내 말을 듣는다. 어떤 때에 그대는 나를 모순이라고 느낀다. 그러나 단순히 나의

말을 듣는 것이 아니라 나의 존재 자체, 나의 현존에 귀를 기울이면 절대로 모순을 느끼지 않을 것이다. 단순히 나에 대해 생각하는 것이 아니라 나의 존재를 느낀다면, 내가 하는 모든 말이 항상 똑같다는 것을 감지하게 될 것이다. 헤라클레이토스를 빌어서 말하건, 붓다를 통해서 말하건, 노자나 장자를 통해서 말하건, 내가 누구를 빌어서 어떤 말을 하건 나는 항상 똑같은 것을 말한다. 말과 단어는 다를지 모르지만 거기에 담긴 로고스는 똑같다.

> 로고스가 아니라 내 말에 귀를 기울여
> 만물이 하나임을 시인하는 것이
> 지혜다.

로고스 자체에 귀기울일 수 있다면 그대는 알 것이다. 그때는 시인하고 자시고 할 것도 없다. 그대는 확연하게 알 것이다. 믿을 필요도 없다.

믿음은 그대가 모르기 때문에 필요하다. 그대는 아는 누군가를 필요로 한다. 아는 사람의 손길, 그대를 미지의 세계로 데려갈 수 있는 사람이 필요하다. 믿음이 없다면 이것은 불가능하다. 믿음이 없다면 나와 함께 미지의 영역으로 들어갈 수 있겠는가? 나를 믿지 못한다면 어떻게 나와 함께 미지의 세계로 들어갈 수 있겠는가? 그대는 항상 기지(既知)의 세계, 이미 알려진 세계의 경계선을 고수할 것이다. 그대는 이렇게 말할 것이다.

"이 지점까지는 나도 안다. 이 한계 안에서 나는 안전하다. 그런데 이 지점 너머에는 황야가 있다. 나를 황무지로 데려가려고 하는 당신은 누구인가? 어떻게 당신을 믿으란 말인가?"

기지의 세계를 넘어 미지의 세계로 들어가려면 믿음 외에 다른 길이 없다. 그대는 스승과 사랑에 빠져야 한다. 그렇지 않으면 아무 일도 되

The Hidden Harmony

지 않을 것이다. 오직 사랑만이 믿음을 준다. 가슴 대 가슴의 관계, 깊고 친밀한 관계가 있어야 한다.

이것이 내가 산야스(sannyas, 구도의 길에 입문하는 것. 또는 한 스승의 제자로 계를 받는 것)를 강조하는 이유다. 전적으로 나를 믿지 않는 한 그대는 이미 알려진 세계에 집착할 것이다. 그대는 마음의 세계, 자신의 에고에 집착할 것이다. 그것이 무슨 소용인가? 최소한 한걸음 정도는 아무 이유도 묻지 않고 나와 동행해야 한다. 사랑은 이유를 묻지 않는다. 사랑은 절대적으로 신뢰한다.

어린아이는 아버지를 믿는다. 아버지가 손을 잡으면 아이는 무조건 따라간다. 아이는 걱정하지 않는다. 아버지가 어디로 가든 아이는 마냥 행복해 하며 따라간다. 아이는 무슨 일이 생길지 걱정하지 않는다. 이것이 믿음이다. 아이가 걸음을 멈추고 이렇게 말한다고 하자.

"아빠는 나를 어디로 데려가는 거예요? 아빠를 믿으라니, 그게 무슨 말이에요? 내가 어떻게 아빠를 믿을 수 있어요?"

이 아이는 즉각 성장을 멈출 것이다. 성장의 가능성이 없다. 아이는 엄마와 아빠를 무조건 믿어야 한다.

미지의 세계에서 스승은 아버지와 같은 존재다. 그대는 걸음마를 배우는 중이다. 다시 공부하는 법을 배우며 어딘가로 들어가고 있다. 그대는 아버지가 어디로 인도하는지 모른다.

이것이 헤라클레이토스가 말하는 뜻이다.

로고스가 아니라 내 말에 귀를 기울여
만물이 하나임을 시인하는 것이
지혜다.

지혜는 하나다.

Discourses On The Fragments Of Heraclitus

만물을 조종하는 지성,
만물을 통하여 그 지성을 아는 것이 지혜다.

지혜는 유일무이하다.
이 지혜는 제우스라는 이름으로
불리기를 바라지 않는 동시에
또 그렇게 불리기를 바란다.

제우스(Zeus)는 최상의 신이다. 지혜는 최상의 신으로 불리기를 바라는 동시에 바라지 않는다. 이것은 역설이다. 마음으로는 이것을 이해하기가 아주 힘들다.

붓다는 신이 없다고 말한다. 그는 "나를 따르지 말라. 그대 자신의 빛을 찾아라" 하고 말한다. 그는 자신의 지혜와 의식을 선언하기를 꺼린다. 최상이 신이 되는 것을 바라지 않는다. 그런데 바로 다음 순간에 그는 "내게 귀의하라" 하고 말한다. 스스로 모순되는 말을 하는 것이다. 왜 그런가? 궁극에 도달한 사람은 에고가 없다. 그러므로 그는 무엇이든 주장하기가 힘들다. 주장을 꺼리는 것이다. 지혜는 자신을 최상의 신으로 나타내기를 원하지 않는다. 주장할 에고가 없다. 그러나 지혜는 최상의 신이다. 이것은 사실이다. 그러므로 두 가지 다 부인할 수 없다.

그렇다면 어떻게 할 것인가? 붓다가 "나는 최상의 신이 아니다"라고 말한다면 그는 진실되지 못하다. 반면, 그가 "나는 최상의 신이다"라고 말한다면 이 말은 에고의 뉘앙스를 풍긴다. 이러니 그가 어떻게 해야 하는가? 두 가지 모두 어렵다. 그가 "나는 신이다"라고 말한다면 그대는 그를 에고이스트(egoist)로 생각할지도 모른다. 그리고 "나는 절대로 신이 아니다"라고 말한다면 그는 진실되지 못하다. 그래서 그는 어떤 때는 "그렇다, 나는 신이다"라고 말하고, 어떤 때는 "아니다, 나는 신이 아니

The Hidden Harmony

다"라고 말한다. 그대는 이 둘 사이에서 균형을 발견해야 한다. 이 사이 어딘가에서 그는 양쪽 모두이다. 더 이상 에고가 없으므로 그는 신이 아니다. 주장할 자가 없다. 다른 한편으로 보면, 더 이상 에고가 없으므로 그는 신이다. 주장할 자가 없으므로 그는 신이다.

지혜는 유일무이하다.
이 지혜는 제우스라는 이름으로
불리기를 바라지 않는 동시에
또 그렇게 불리기를 바란다.

그러므로 깨달은 사람들은 스스로 모순된다. 그들은 자신이 한 말 모두를 즉각 반박한다. 그들은 유일무이한 무엇인가를 말하고 있다. 이 유일무이한 것은 어떤 언어로도 옮길 수 없다. 언어는 이원성(二元性)에 의존하기 때문이다. 만약 그들이 "나는 빛이다"라고 말한다면 어둠은 어떻게 되는가? 누가 어둠이 될 것인가? 언어는 이원성에 기초한다. 빛은 어둠을 의미하지 않는다. 그러나 궁극의 경지에 도달한 사람은 빛인 동시에 어둠이다. 그는 양자다. 이원적인 모든 것이 공존한다. 이것이 신비다. 이 신비를 이해하지 못했기 때문에 아리스토텔레스는 이렇게 말한다.

"이 사람, 헤라클레이토스는 어딘가 결함이 있는 사람이다. 그는 마음이나 인격에 중대한 결함이 있다. 그는 모순된 말을 한다."

삼매의 경지에 이른 각자(覺者)들을 관찰하러 동양에 왔던 아더 쾨슬러(Arthur Koestler, 1905년 출생. 헝가리 출신의 영국 작가. 저서에 ≪스페인 검투사≫, ≪요기와 인민위원≫ 등이 있다)는 서양에 돌아가 이렇게 보고했다.

"그들은 미쳤다. 그들은 불합리한 사람들이다. 말도 안 되는 소리를 한다. 그들은 어떤 말을 해 놓고 다음번에는 그와 모순되는 말을 한다."

지혜는 광대하다. 대립되는 모든 것이 그 안에 담겨 있다. 이 모순을 뚫고 들어가려면 민감한 가슴이 필요하다. 이것이 신뢰다. 신뢰는 깨달은 사람의 모순 속으로 뚫고 들어갈 수 있는 가장 훌륭한 무기다. 이때 돌연 그대는 모든 것이 일치하고 있음을 발견한다. 깨달은 사람의 모순을 통하여 그대는 유일무이한 것을 볼 수 있게 된다.

넷,
신은 낮인 동시에
밤이어라

신은 낮인 동시에 밤이며,
겨울인 동시에 여름이다.
그는 전쟁인 동시에 평화이며,
풍족함인 동시에 결핍이다.

바닷물은 순수한 동시에 불결하다.
물고기에게는 마실 수 있으며 유익한 것이지만,
인간에게는 마실 수도 없고 치명적인 것이다.

낮과 밤의 본질은 하나다.

올라가는 길과 내려가는 길이
하나이며 똑같다.

잠자는 사람들도
이 우주에서 일어나는 일에
동참하고 협조한다.

원 안에서 시작과 끝은 하나다.

The Hidden Harmony

God is day and night
― 신은 낮인 동시에 밤이어라

신은 인격체가 아니다. 인류는 신을 인격체로 간주함으로써 많은 문제를 빚어 왔다. 신학이 다루는 모든 문제가 쓸데없는 것이다. 모든 문제는 신을 인격체로 간주하는 것에서 비롯된다.

신은 인격체가 아니다. 그럴 수가 없다. 이 사실을 가능한 한 깊이 살펴보자. 이것이 하나의 문이 될 것이다. 특히 유태교인, 기독교인, 모하메드교인들은 신을 인격체가 아닌 다른 무엇으로 받아들이기가 힘들다. 이것이 문을 닫아 버린다. 신을 인격체로 보는 것은 인간 중심적인 생각이다. 성경에서는 신이 자신의 형상에 따라 인간을 창조했다고 말한다. 그러나 진실은 그 반대인 것 같다. 인간이 자신의 형상에 따라 신을 창조했다. 그런데 인간은 제 각기 다르다. 세상에 그렇게 많은 신이 존재하는 이유가 여기에 있다.

기독교 선교사들이 처음으로 아프리카에 갔을 때의 일이다. 그들은 심각한 문제에 봉착했다. 신을 하얀색으로, 악마를 검은색으로 묘사하자 흑인들의 감정이 크게 상한 것이다. 처음부터 형상 때문에 충돌이 생기자 그들은 선교사들의 말을 들으려고도 하지 않았다. 그래서 한 선교

사가 간단한 아이디어를 냈다. 그는 신을 검은색으로 칠하고, 악마를 흰색으로 칠했다. 이렇게 색깔을 바꾸자 흑인들은 크게 기뻐하며 선교사들을 받아들였다. 흑인들이 신을 자기들의 형상대로 묘사하는 것은 당연한 일이다. 중국인은 중국인대로, 인도인은 인도인대로 신을 자기들의 모습에 따라 묘사한다. 우리는 신을 우리 자신의 모습대로 묘사한다. 물론, 신은 완벽한 모습을 갖고 있다. 그러나 그대의 형상이 신이 될 수는 없다. 그대는 한 부분에 불과하다. 이 거대한 존재계에서 그대는 아주 작은 부분, 하나의 원자에 지나지 않는다. 어떻게 부분적인 형상 속에 전체를 끼워 넣을 수 있겠는가? 전체는 부분을 초월한다. 전체는 무한하게 넓다. 원자에 집착하면, 부분에 얽매이면 전체를 놓친다.

신을 그대의 형상에 따라 인식해서는 안 된다. 오히려 그대의 형상을 버려야 한다. 형상이 없어져야 한다. 그래야만 그대는 거울이 되어 신을 반영할 수 있다.

인간이 탐구를 거듭할수록, 인격체로서의 신은 많은 문제를 일으킨다는 사실이 더 분명하게 드러났다. 신을 하나의 인격체로 생각하면 다른 신들과의 갈등을 피할 수 없다. 유태교의 신, 힌두교의 신, 모하메드교의 신이 따로 존재하는 이유가 그것이다. 이것은 순전히 넌센스(nonsense)다! 어떻게 신이 기독교인, 힌두교인, 모하메드교인이 될 수 있는가? 세상에는 많은 신이 있다. 유태교인은 유태교인대로, 힌두교인은 힌두교인대로 신에 대한 개념이 저마다 다르기 때문이다. 여기에 마찰이 일어날 수밖에 없다. 힌두교인은 신이 산스크리트 어로 말한다고 생각한다. 영국인은 신을 영국 신사로 생각한다.

독일인과 영국인이 대화를 나누고 있었다. 먼저, 독일인이 말했다.
"우리는 치밀한 작전 계획을 짜는데 왜 매번 패하는 것일까?"
영국인이 말했다.

The Hidden Harmony

"그건 당연하지. 당신들은 패할 수밖에 없어. 전투를 시작하기 전에 우리는 신에게 기도하거든. 신이 우리를 보살피니까 당신들은 패할 수밖에 없어. 절대로 이길 수 없다고!"

독일인이 말했다.

"하지만 기도는 우리도 하는데?"

영국인이 말했다.

"흥! 그가 독일 말을 알아들을까?"

영국인들에게 신은 영국인이다. 아돌프 히틀러에게 신은 게르만족이다. 그럴 수밖에 없다. 우리는 우리 자신의 형상에 따라 신을 창조했기 때문이다.

어느 군종 목사의 회고록을 읽은 적이 있다. 이 목사는 몽고메리 (Montgomery)의 군대에 속해 있었다. 어느 날 그들이 공격할 준비를 하고 있는데 안개가 짙게 깔리고 너무 추워서 진격이 불가능한 것 같았다. 그러자 몽고메리 장군이 목사를 불러 이렇게 말했다.

"당장 신에게 기도해서 이렇게 말하시오. 그의 군대인 우리가 진격하려고 하는데 무엇을 하느냐고 따지시오. 혹시 그가 적과 음모를 꾸미고 있는 것은 아니오? 당장 그에게 중단하라고 말하시오!"

목사는 경악했다. 몽고메리 같은 사람이 도대체 무슨 말을 하고 있는가? 목사가 말했다.

"하지만 신에게 그렇게 말하는 것은 좋아 보이지 않습니다. 어떻게 신에게 그런 식으로 말할 수 있습니까?"

목사가 당황해서 말했지만 몽고메리는 굽히지 않았다.

"내 명령을 들어! 당신은 내 목사야. 내 군대에 속해 있다고! 그러니 내가 뭐라고 말하든 그대로 하면 돼. 당장 신에게 기도해!"

이런 일이 일어난다. 참으로 터무니없고 어리석은 일이지만 늘 이런

식이다. 누구에게나 이런 일이 일어난다. 신을 인격체로 간주하는 한 이런 일이 일어날 수밖에 없다. 인격체로서의 신과 교신하는 것이다. 그러나 신은 인격체가 아니다. 수많은 무신론자가 있는 것은 우리가 신을 인격체로 간주하기 때문이다. 무신론자는 신에 반대하지 않는다. 다만 신을 인격체로 보는 그대의 개념에 반대하는 것이다. 참으로 어리석은 개념이다. 우리가 신을 얼마나 곤욕스럽게 하는지 생각해 보라. 독일인은 독일의 승리를 간구하고, 영국인은 영국의 승리를 간구한다. 모든 사람이 신을 자기편으로 생각한다.

어느 날 수피 신비주의자인 주나이드(Junaid)가 꿈을 꾸었다. 꿈속에서 그는 마을의 가장 흉악한 범죄자와 같은 때에 죽었다. 그들이 신의 문을 두드렸다. 그런데 죄인은 입장이 허용되고 이 성자는 거부되었다. 주나이드는 크게 상처받았다. 그는 자기가 당연히 환영받을 것이라고 기대하고 있었다. 그런데 이게 무슨 일인가? 정반대의 상황이 벌어지고 있지 않은가? 죄인은 성대한 축하연으로 환영을 받았다. 환영식이 끝나고 죄인이 자기 처소로 돌아간 다음 성자가 말했다.

"한 가지 묻겠습니다. 도대체 어떻게 된 일입니까? 저는 끊임없이 기도해 왔습니다. 한시도 잊지 않고 낮이나 밤이나 당신의 이름을 부르며 기도했습니다. 심지어 잠을 자면서도 당신을 부르며 기도했단 말입니다!"

신이 말했다.

"바로 그것 때문이다. 그대는 나를 지독하게 괴롭혀 왔다. 이제 그대가 여기까지 온 것을 보니 나는 두려운 마음을 금할 수 없다. 그렇게 멀리 떨어진 지구에서도 그대는 나를 한시도 가만 놔두지 않고 들볶았다! 그러나 이 죄인은 나를 지겹게 하지 않았다. 그는 나를 들볶은 적이 없다. 그는 내 이름을 부른 일조차 없다. 그는 아무 문제도 일으키지 않았다. 이것이 우리가 그를 환영하는 이유다."

신을 인격체로 보는 것은 어리석은 생각이다. 그는 특정한 인격체가 될 수 없다. 그는 모든 인간이 되어야 하기 때문이다. 어떻게 그가 특정한 사람이 될 수 있는가? 그는 특정한 개인이 될 수 없다. 그는 모든 사람이기 때문이다. 그는 모든 곳에 있으므로 특정한 곳에 있을 수 없다. 그를 정의하는 것은 불가능하다. 그런데 그를 인격체로 보는 시각은 하나의 정의다. 우리는 그를 제한할 수 없다. 그런데 신이 인격체라면 그는 제한된다. 인격체는 일어났다가 꺼지는 파도와 같지만 신은 거대한 대양이다. 그는 광대하고 영원하다. 인격체는 왔다가 사라지는 형상이다. 한동안 존재하다가 사라진다. 형상은 변화한다. 형상은 계속해서 대립되는 것으로 변화한다. 그런데 신은 형상이 없다. 그를 정의하는 것은 불가능하다. 그가 누구라고 말하는 것도 불가능하다. 그는 모든 것이다. 그런데 "그는 모든 것이다"라고 말하는 순간 문제가 생긴다. 그가 모든 것이라면 어떻게 그와 교류할 것인가? 하지만 그럴 필요가 없다. 그를 하나의 인격체로 보고 교류하는 것은 불가능하다. 그와 교류하려면 전혀 다른 차원이 필요하다. 에너지의 차원, 의식의 차원에서 교류가 이루어진다. 인격체의 차원이 아니다.

신은 에너지다. 신은 절대적인 각성이다. 신은 지복이며 환희다. 정의될 수도 없고 한계도 없다. 시작도 없고 끝도 없다. 시간과 공간을 넘어 영원히 존재한다. 신은 전체를 의미한다.

전체는 인격을 가질 수 없다. 이것을 첫 번째로 이해해야 한다. 아주 깊이 이해해야 한다. 단지 지적인 이해가 아니라 가능한 한 전체적으로 이해해야 한다. 이렇게 신을 전체로 인식하고 느낄 수 있다면 그대의 기도는 완전히 달라질 것이다. 이때 그대의 기도는 어리석은 기도가 되지 않을 것이다. 이때 신은 그대의 편에 설 수 없다. 그는 모두의 편이다. 신은 그대와 함께 있는 것처럼 그대의 적과도 함께 한다. 신은 성자 안에 있듯이 죄인 안에도 있다. 신은 모든 것이다! 그는 빛 속에 있듯이 어둠 속

Discourses On The Fragments Of Heraclitus

에도 있다. 그는 모든 것을 포괄한다. 대립되는 모든 것이 그 안에서 만나 하나가 된다. 신을 인격체로 보는 개념 때문에 우리는 신과 대립되는 악마를 창조해야 했다. 부정적인 모든 것을 어디에다 놓을 것인가? 그대는 부정적인 것들을 담당할 누군가를 만들어야 한다. 이렇게 되면 그대의 신과 악마는 거짓이 된다. 부정적인 것과 긍정적인 것은 공존하기 때문이다. 그들은 따로 떨어져 있지 않다. 그대는 자신이 좋아하는 모든 것을 신의 편에 갖다 놓는다. 이것은 그대의 구분일 뿐이다.

신은 나뉘어질 수 없다. 그는 불가분의 존재다. 첫째로, 그는 인격체가 아니다. 그리고 명심하라. 그대 또한 인격체가 아니다. 그대가 인격체로 보이는 이유는 그대가 무지하기 때문이다. 그대 자신에 대한 무지 때문이다. 더 깊이 들어가 보면 인격체는 흐릿해지기 시작한다. 자신이 누구인지 모르게 되는 순간이 온다. 누군가 갑자기 그대를 깨웠을 때 이런 일이 일어난다. 아마 그대도 여러 번 이런 일을 겪었을 것이다. 갑자기 잠에서 깨어난 그대는 자신이 어디에 있는지 모른다. 아침인지 저녁인지, 집에 있는 것인지 아닌지 모른다. 잠시 동안 모든 것이 흐릿하다. 시간 감각이 없고 공간 감각도 없다. 자신이 누구인지도 모른다. 왜 이런 일이 일어나는 것일까? 깊은 잠 속에서 그대는 무의식적이긴 하지만 중심으로 들어간다. 중심에는 인격이 없다. 비인격적인 에너지만 있을 뿐이다. 이때 누군가 그대를 깨우면 그대는 중심에서 표피로 갑작스럽게 나오기 때문에 인격을 추스를 시간이 없다. 그대는 아이덴티티(identity)를 상실한다. 이렇게 아이덴티티가 없는 상태가 그대의 실체다. 이것이 바로 그대다.

깊은 명상 속에서 그대는 무한하고 정의될 수 없는 무엇인가를 점점 더 자각하게 될 것이다. 처음에 그것은 흐릿하고 막연하게 느껴질 것이다. 어쩌면 겁에 질릴지도 모른다. "이게 무슨 일이지? 내 마음이 어디로 갔는가? 혹시 미치는 것은 아닌가?" 하는 생각이 들 것이다. 그러나 이때

|127

The Hidden Harmony

두려워하면 기회를 놓친다. 걱정하지 말라. 이것은 자연스러운 현상이다. 그대는 정의된 차원에서 정의될 수 없는 차원으로 들어가고 있다. 그 사이에서 모든 것이 흐릿해지는 지점이 있다.

이런 까닭에 선사들은 이렇게 말한다.

"도의 길로 들어가기 전에 강은 강이고, 산은 산이다. 도의 길로 들어서면 강은 강이 아니고, 산은 산이 아니다. 그리고 목적지에 도달하면 다시 강은 강이고, 산은 산이다."

이 말이 무슨 뜻인가? 그들은 모든 것이 흐릿해지는 시기가 있다고 말한다. 이 시기에 단체와 스승이 필요하다. 모든 것이 흐릿해졌을 때 그대는 다시 어린아이가 된다. 절망적인 상태다. 자신이 누구인지도 모른다. 아이덴티티가 사라졌다. 자신이 어디로 가고 있는지, 무슨 일이 일어나고 있는지 모른다. 이때 단체가 필요하다. 이것이 아쉬람(ashram)과 수도원이 필요한 이유다. 그곳에서는 각기 다른 단계에 있는 사람들이 서로를 도울 수 있다. 그리고 최고 높은 단계에 스승이 있으므로 두려워할 필요가 없다. 언제나 스승의 도움을 받을 수 있다.

아이덴티티가 사라지면 그대는 미쳐 버릴 것이다. 이때 스승은 그대를 정상으로 유지시켜 주는 단 하나의 버팀목이다. 많은 사람들이 홀로 길을 가다가 미쳐 버린다. 동양에는 미쳐서 배회하는 사람들이 많다. 스승 없이 홀로 길을 가던 사람들이다. 그들은 모든 것이 흐릿한 영역으로 들어섰다. 이제 어디로 가야 할지 모른다. 그들은 자신이 어디에서 왔는지 까맣게 잊었다. 이제 어디로 가야 할지 모른다. 그들은 자신이 누구인지도 모른다. 그들은 완전히 미쳤다. 그들은 그대보다 낫다. 하지만 미쳤다. 이제 그들은 한 걸음도 내딛을 수 없다. 누가 어디로 갈 것인가? 이 순간에 스승이 필요하다.

메허 바바(Meher Baba, 1894-1969. 근대 인도의 성자. 모든 종교를 초월하는 명상적인 가르침을 폈으며, 침묵의 성자로도 알려져 있다. 그의 가르침은 서양에까지 널리 전파되어 있다) 는 위대한 일을 했다. 그는 푸나(Poona) 근교에 살던 위대한 스승이다. 그는 예전에 아무도 하지 않았던 일을 했다. 그는 수년 동안 인도 전역을 여행하며 미친 사람들을 만났다. 이 기간 동안 그는 오직 이 일에 전념했다. 이 마을 저 마을을 떠돌아다니며 미친 사람들을 만난 것이다. 이 미친 사람들은 그대보다 더 낫다. 약간의 도움이 필요한 사람들이다. 살짝 밀어 주기만 하면 된다. 그러면 강은 다시 강이 되고, 산은 다시 산이 된다. 그들은 새로운 아이덴티티를 얻게 된다.

기존의 아이덴티티는 형상을 갖고 있었다. 그러나 새로운 아이덴티티는 형상이 없을 것이다. 기존의 아이덴티티는 이름이 있었지만 새로운 아이덴티티는 이름이 없을 것이다. 기존의 아이덴티티는 이 세상의 일부였지만 새로운 아이덴티티는 저 세상에 속할 것이다. 그러나 학교가 없다면, 도움을 주는 스승이 없다면 그대는 이 중간 지점에서 헤맬지 모른다. 스승이 그대를 도와 끌어내 준다. 이 황무지 같은 차원으로 들어가는 것은 그대의 능력으로 되지만 그로부터 나오는 것은 그대만의 힘으로는 어렵다. 때로는 우연히 빠져 나오는 사람들도 있다. 하지만 이것은 예외적인 경우이다. 대부분의 경우에는 빠져 나오기가 거의 불가능하다.

나는 미친 사람들을 많이 보았다. 어떤 사람은 내게 올 때마다 자기 스스로의 힘으로 모든 것을 하겠다고 말한다. 이럴 때 나는 측은함을 느낀다. 그는 자신이 무슨 말을 하는지도 모른다. 그러나 나는 아무것도 강요할 수 없다. 이것이 문제다. 강요하면 할수록 그는 도망칠 것이다. 그래서 나는 "좋다. 그대가 하고 싶은 대로 하라"고 말한다. 하지만 내심 나는 측은함을 느낀다. 나는 그가 무의식적으로 어디로 가고 있는지 안다.

신은 에너지다. 그대가 준비되어 있지 않으면 이 에너지는 파괴적인 영향을 미칠 수도 있다. 신은 엄청나게 활발하고 무한한 에너지다. 이

The Hidden Harmony

에너지를 받아들일 준비가 되어 있지 않으면 그대는 산산조각 날 것이다. 그러므로 신을 아는 것만이 문제가 아니다. 이보다 더 큰 문제는 "이제 제게 오십시오" 하고 신을 초대하기 전에 어떻게 준비를 갖추느냐 하는 것이다. 그대는 아주 작지만 신은 말할 수 없이 광대하다. 이것은 물방울 하나가 바다 전체를 초대하는 것과 같다. 바다가 언제 밀려올지 모른다. 물방울에게 무슨 일이 일어날 것인가? 물방울은 바다를 수용할 능력을 갖추어야 한다. 이렇게 준비가 되었다면 무한한 바다가 밀고 들어와도 물방울은 깨지지 않는다. 이것은 세상에서 가장 위대한 기술이다. 이 기술을 종교, 요가, 탄트라 등 뭐라고 이름 붙여도 좋다.

그대의 관념에 따라 신을 보지 말라. 유태교, 기독교, 힌두교 따위는 버려라! 그런 것들은 표면적인 지식의 차원에 매달린다. 그대는 지금까지 배운 모든 것에 집착한다. 그러나 신은 가르쳐질 수 없는 것이다. 아무도 신에 대해 가르칠 수 없다. 미묘하고 간접적인 방식으로 암시하는 것은 가능하지만, 신에 대해 직접 가르치는 것은 불가능하다. 그대가 신에 대해 아는 모든 것은 틀렸다. 나는 '모든 것'이라고 말한다. 그대가 아는 모든 것은 틀렸다. 그 모두가 가르침을 통해 온 것이기 때문이다. 누군가 그대에게 개념과 이론을 심어 주었다. 그런데 신은 개념도 아니고 이론도 아니다. 신은 가설이 아니다. 신은 그런 것이 아니다. 완전히 다른 것이다.

신에 대한 모든 개념을 버려라. 그래야만 첫걸음을 뗄 수 있다. 아무런 개념도 없이, 아무 옷도 걸치지 않고 발가벗은 채 신에게로 가라. 아무런 관념도 없이 텅 빈 가슴으로 신을 향해 나아가라. 이것이 유일한 길이다. 텅 비었을 때 그대는 신이 들어올 수 있는 문이 된다. 필요한 것은 수용성뿐이다. 개념도, 철학도, 이론도 필요 없다. 이것이 헤라클레이토스가 말하는 내용이다. 그의 말은 참으로 훌륭하다. 들어 보라.

신은 낮인 동시에 밤이며,
겨울인 동시에 여름이다.
그는 전쟁인 동시에 평화이며,
풍족함인 동시에 결핍이다.

이렇게 아름다운 말을 한 사람은 없었다. 헤라클레이토스 전에도 없었고 그 후에도 없었다.

신은 낮인 동시에 밤이며,
겨울인 동시에 여름이다.
그는 전쟁인 동시에 평화이며,
풍족함인 동시에 결핍이다.

많은 사람들이 신에 대해 많은 말을 했다. 그러나 헤라클레이토스와 견줄 만한 사람은 아무도 없다. "신은 빛이다"라고 말한 사람들이 있었다. 신이 빛이라면 어둠은 어디에 놓을 것인가? 이때에는 어둠이 어디에서 왔는지 설명해야 한다. 많은 사람들이 "신은 낮이다. 신은 태양이다. 그는 빛의 근원이다"라고 말한다. 그렇다면 밤은 어디에서 왔는가? 어둠은 어디에서 왔는가? 악마는? 죄는? 이 모두가 어디에서 왔는가?

사람들은 왜 신을 빛이라고 말하는 것일까? 여기에는 심리적인 이유가 숨어 있다. 인간은 어둠을 두려워한다. 빛이 있는 때를 좋아한다. 그대는 왜 신을 빛이라고 부르는가? 코란, 우파니샤드, 성경, 이 모두가 "신은 빛이다"라고 말한다. 그렇게 말하지 않은 학파는 하나밖에 없다. 이 작은 학파에서 예수는 가르침을 얻고 신을 받아들일 준비를 갖추었다. 이 작은 학파는 엣세네파(Essenes, 기원 전 2세기부터 기원 후 2세기까지 팔레스티나 지방에 융성했던 유태교의 신비주의 집단. 세례 요한이 여기에 속해 있었다)

| 131

The Hidden Harmony

로 알려져 있다. 그들이 예수의 선생이었다. 이 학파만이 "신은 어둠이며 밤이다"라고 말한다. 그들은 "신은 빛이다"라고 말하지 않는다. 결국 그들은 다른 극단으로 이동한 것이다. 하지만 그들은 아름다운 사람들이다.

빛과 어둠이라는 이 상징을 이해하라. 빛 속에서 그대는 두려워하지 않는다. 볼 수 있기 때문이다. 빛 속에 있을 때에는 아무도 그대를 쉽게 공격할 수 없다. 그대는 방어하거나 도망칠 수 있다. 빛 속에서 그대는 어떤 조치를 취할 수 있다. 모든 것이 알려져 있다. 빛은 이미 알려진 세계를 가리키는 상징이다. 이미 알려진 것과 함께 있을 때에는 두려움을 느끼지 않는다.

어둠은 미지의 세계이다. 마음속에 두려움이 생겨난다. 그대는 주변에서 무슨 일이 벌어지고 있는지 모른다. 방어가 불가능하다. 속수무책이다. 빛은 안전을 상징하고, 어둠은 위험을 상징한다. 빛은 삶처럼 보이고 어둠은 죽음처럼 보인다. 어둠 속에서는 두려움과 공포가 일어난다. 여기에는 심리적 이유뿐만 아니라 생물학적 이유가 있다. 인간은 수천 년을 불이 없는 상태로 살았었다. 야생 그대로의 숲이나 동굴 속에서 깜깜한 밤을 맞아야 했다. 야생 동물이 공격해도 속수무책이었다. 그래서 불이 발명되었을 때 이 불은 첫 번째 신이 되었다. 보호와 안전의 상징이 되었다. 낮에는 아무 문제도 없다. 그런데 밤이 되면 자신이 어디에 있는지 모른다. 밤이 되면 모든 것이 어둠 속으로 사라진다.

그래서 인간에겐 신과 빛을 동일시하는 경향이 있다. 빛은 아름다운 요소를 갖는다. 빛은 따스하다. 에너지의 근원이다. 태양이 없으면 인간은 살 수 없다. 태양이 없다면 아무것도 존재할 수 없다. 그대는 태양을 먹고 마신다. 태양의 힘을 빌어 살아간다. 만일 태양이 사라지거나 차갑게 식으면 단 10분 만에 지상의 모든 생명체가 사라질 것이다. 태양의 빛이 우리에게 도달하기까지 10분이 걸린다. 그러므로 태양이 죽는다

해도 10분 동안은 광선이 지구로 올 것이다. 그러나 10분 후에는 아무 광선도 오지 않을 것이고, 지상의 모든 것이 간단하게 죽어 버릴 것이다. 우리는 무슨 일이 벌어지고 있는지도 모를 것이다. 지구 전체가 멸망할 것이다. 나무, 동물들, 인간 등 모든 것이 죽을 것이다. 생명은 태양을 통해 존재한다. 태양은 따스하고 고마운 존재다.

어둠 또한 아름다운 점을 갖고 있다. 어둠은 무한하다. 빛은 언제나 한정되어 있다. 그러나 어둠은 한계가 없다. 깊은 곳에서 보면 빛은 하나의 흥분(excitement)이다. 빛은 그대를 흥분시킨다. 그러나 어둠은 절대적으로 고요하다. 빛은 따스하지만 어둠은 차갑다. 죽음처럼 차갑고 신비스럽다. 빛은 왔다가 가지만 어둠은 언제나 남아 있다. 이런 까닭에 엣세네파는 신을 어둠이며 밤이라고 불렀다. 빛은 오고 가지만 어둠은 영원하기 때문이다. 빛은 막간극(幕間劇)처럼 보인다. 그대는 빛을 다룰 수 있지만 어둠은 다룰 수 없다. 이것은 그대의 능력을 넘어선 것처럼 보인다. 빛은 켜고 끌 수 있다. 그러나 어둠을 켜고 끄는 것은 불가능하다. 이것은 그대의 능력 밖이다. 빛은 조절이 가능하다. 어둠 속에 빛을 가져 오는 것은 가능하지만 어둠을 가져 올 수는 없다. 어둠은 조작이 불가능하다. 어둠은 그대의 통제 능력을 넘어선다. 그대는 불을 밝힐 수 있다. 그대는 빛이 일시적이라는 것을 안다. 연료가 떨어지면 빛은 사라진다. 그러나 어둠은 영원하다. 어둠은 항상 그 자리에 존재한다. 아무런 이유나 동기 없이 그 자리에 존재한다. 어둠은 항상 존재했으며 앞으로도 그럴 것이다. 그래서 엣세네파는 어둠을 신의 상징으로 선택했다. 빛과 어둠 둘 다를 선택한 사람은 헤라클레이토스밖에 없다.

어느 한쪽을 선택한다는 것은 논리적이며 합리적이다. 여전히 이성이 작용하고 있다. 그러나 양자를 동시에 택하는 것은 비합리적이다. 이성이 작용하지 않는다. 신은 낮인 동시에 밤이다. 여기에 선택은 없다. 신은 여름인 동시에 겨울이며, 전쟁인 동시에 평화다. 톨스토이, 간디, 버

The Hidden Harmony

트란트 러셀 같은 사람들은 이것을 이해하기 힘들 것이다. 그들은 신을 평화이며, 전쟁은 인간이 일으킨 것이라고 생각한다. 그들의 생각에 의하면 전쟁은 추하다. 전쟁은 악마가 충동질해서 일으킨 것이다. 그런데 신은 평화다. 톨스토이와 간디는 신이 또한 전쟁이기도 하다는 것에 동의할 수 없다. 히틀러는 신이 평화라는 것에 동의할 수 없다. 히틀러에 의하면 신은 전쟁이다. 니체는 신이 평화라는 것에 동의할 수 없다. 니체에게 있어서 신은 전쟁이다.

이들은 선택하는 사람들이다. 그러나 헤라클레이토스는 아무것도 선택하지 않는다. 그는 선택 없는 각성 상태에 있다. 그는 선택하지 않는다. 그는 무엇이든 있는 그대로 말한다. 자신의 가치관과 도덕률을 개입시키지 않는다. 그는 자신의 마음을 개입시키지 않는다. 그저 거울처럼 비출 뿐이다. 그는 투명한 거울이다. 간디, 톨스토이, 러스킨(Ruskin, 1819-1900. 영국의 저술가이며 비평가) 같은 사람들은 선택한다. 그들은 자신의 관념을 신에게 투영한다. 그들은 신에게 평화라는 관념을 투영한다. 그래서 신은 평화가 되고, 전쟁은 악마의 소행이 된다. 그러나 이것은 진실이 아니다.

전쟁 없는 평화가 무슨 가치가 있는가? 전쟁 없는 평화가 가능하기나 한가? 전쟁 없는 평화는 죽은 평화다. 전쟁이 없고 평화만 있는 세상을 생각해 보라. 그것이 평화인가? 차갑고, 어둡고, 죽어 버린 세상이 될 것이다. 전쟁은 강렬함과 색조, 예리함과 생명력을 준다. 그러나 전쟁만 있고 평화가 없다면 이 또한 죽은 세상이 될 것이다. 양자 중에서 어느 하나만 선택하면 모든 것이 죽어 버릴 것이다. 삶은 양자 사이에 존재한다. 전쟁과 평화, 풍요와 결핍, 만족과 불만, 이 양자 사이에 삶이 존재한다. 배고픔, 결핍, 욕망, 열정, 평화, 풍요로움, 만족, 길과 목적지… 이런 양자들 사이에 삶이 있다. 이해하기 어렵겠지만 이것이 진리다.

그대 안에서 욕망을 일으키는 자도 신이고, 무욕(無慾)의 상태가 되는

자도 신이다. 이것이 전체적인 수용이다. 그대 안에서 열정에 사로잡혀 날뛰는 자도 신이고, 깨달음을 얻는 자도 신이다. 그대 안에서 분노를 일으키는 자도 신이고, 자비를 일으키는 자도 신이다. 선택할 것이 없다! 이 사실을 분명하게 보라. 선택할 것이 없고 모든 것이 신이라면 그대의 에고는 간단하게 사라진다. 에고는 선택이 있을 때에만 존재할 수 있다. 선택할 것이 없고 모든 것이 그저 있는 그대로 존재한다면 아무것도 행해질 수 없다. 신은 양자(兩者)다. 선택이 사라지고, 선택하는 자가 사라진다. 이와 아울러 에고가 사라진다. 이때 그대는 받아들인다. 무조건 받아들인다! 배가 고플 때나 만족할 때나 모두 아름답다.

마음은 이것을 이해하기 어렵다. 마음은 어리둥절해진다. 자신의 기반이 사라지는 것 같은 느낌을 받는다. 깊이를 알 수 없는 낭떠러지 앞에 서 있는 것 같은 아찔함을 느낀다. 왜 그럴까? 마음은 명쾌한 선택을 원하기 때문이다. 마음은 언제나 "이것 아니면 저것"이다. 그런데 헤라클레이토스는 "이도 저도 아니거나 양쪽 모두이다" 하고 말한다. 마하비라와 붓다에게 물어보라. 그들은 이렇게 말할 것이다.

"욕망? 그런 것은 버려라! 무욕을 선택하라. 만족하라. 깊이 만족하고 불만을 버려라!"

그런데 헤라클레이토스는 더 깊이 들어간다. 그는 이렇게 말한다.

"버릴 자가 있는가? 누가 버릴 것인가? 신은 양쪽 모두이다!"

만일 이렇게 느낀다면, 신은 양자이며 모든 것이 거룩하다고 느낀다면, 이때 모든 것이 신성해진다. 이때에는 배고픔 속에도 만족이 있다. 욕망 안에 무욕이 있고, 분노 안에 자비가 있다. 자비로운 분노, 자비를 간직한 분노를 모른다면 그대는 결코 삶을 아는 것이 아니다. 어둠을 간직한 빛, 차가움을 간직한 따스함, 이런 것을 모른다면 그대는 삶의 최고 절정을 놓친 것이다.

대립되는 것들이 하나로 만날 때 엑스터시(ecstasy)가 일어난다. 대립

The Hidden Harmony

되는 것들이 만나는 곳에 최고의 오르가슴, 우주적 오르가슴이 일어난다. 신은 남자인 동시에 여자이며, 전쟁인 동시에 평화다.

인간이 곤경에 처한 것은 항상 선택하기 때문이다. 사회는 항상 균형을 잃고 있다. 모든 사회와 문명이 언제나 한쪽으로 치우쳐 있다. 모든 것을 선택에 의존하기 때문이다. 우리는 남성 우월적인 사회, 전쟁 지향적인 사회를 만들었다. 여자는 완전히 무시당한다. 여자는 끼여들 여지조차 없다. 여자는 어둠, 평화, 침묵, 수동성, 자비다. 그녀는 전쟁이 아니다. 여자는 만족이지 욕망이 아니다. 반면, 남자는 욕망이다. 남자는 흥분, 모험, 전쟁이다. 항상 어디론가 헤매고, 어딘가에 도달하려 하고, 항상 무엇인가 찾아다닌다. 남자는 방랑자이고 여자는 가정이다. 이 둘이 만날 때, 방랑자와 가정, 욕망과 만족, 능동성과 수동성이 만날 때 최고의 조화가 일어난다. 이것이 숨은 조화다.

우리는 남성 지향적인 사회를 만들었다. 그래서 전쟁이 있다. 우리의 평화는 진정한 평화가 아니다. 다만 두 전쟁 사이의 휴전 기간에 불과하다. 이것은 진정한 평화가 아니다. 다른 전쟁을 위한 준비 기간일 뿐이다. 역사를 돌이켜 보라. 1차 대전과 2차 대전이 있었다. 그 사이의 기간은 평화가 아니다. 다른 전쟁을 위한 준비 기간일 뿐이다. 이것은 진짜 평화가 아니라 준비 기간에 지나지 않는다. 평화가 진짜가 아니라면 전쟁 또한 진짜가 아니다.

과거의 전쟁은 아름다웠다. 그런데 이제 전쟁은 추해졌다. 전쟁에 대립하는 평화가 없기 때문이다. 과거의 전사는 아름다운 사람들이었다. 그러나 현대의 군인들은 추하다. 현대전은 우리에게 아무것도 주지 않는다. 진정한 전쟁은 하나의 모험이다. 그것은 그대를 존재의 최정상으로 데려간다. 전체적으로 몰입하게 한다. 과거의 전사들은 아름다웠다. 그들은 죽음과 정면으로 만났다. 그런데 이제 그런 전사들은 어디에서도 찾아볼 수 없다. 현대의 군인들은 탱크 속에 숨어서 포탄을 쏘아 댄

Discourses On The Fragments Of Heraclitus

다. 누구를 죽이는지도 모르면서 말이다. 히로시마에 원자 폭탄을 투하한 사람을 전사라고 부를 수 있는가? 무슨 전사가 그런가? 그는 원자 폭탄을 떨어뜨려 순식간에 십만 명의 사람들을 죽였다. 그는 누구를 죽이는지, 누가 적인지도 몰랐다. 어린아이들까지….

일전에 어떤 사람이 일본에서 사진 한 장을 보내 왔다. 한 어린아이가 자기 방으로 가려고 계단을 올라가는 중이었다. 그는 숙제를 마치고 잠을 잘 참이었다. 그런데 그가 계단을 오르는 순간 원자 폭탄이 떨어졌다. 그는 완전히 타서 벽 속에 박힌 점처럼 되었다. 손에는 까맣게 탄 책과 가방이 여전히 들려 있었다. 숙제를 마치고 내일 아침 학교에 갈 생각을 하던 어린아이가 새까맣게 타 버렸다. 그런데 폭탄을 떨어뜨린 이 사람은 누가 죽는지도 몰랐다. 그는 폭탄을 투하한 다음 집에 돌아가 푹 잤다. 성공리에 임무를 완수한 것이다. 무슨 전쟁이 이런가? 전쟁은 아주 추한 현상이 되었다. 그러나 고대에는 전사가 되는 것이 최고의 영예였다. 자신의 잠재성을 최대한 발휘하는 기회였다. 그러나 이제 전쟁은 아무 가치도 없다. 그저 일상적이고 기계적인 의무처럼 되었다. 버튼을 누르면 폭탄이 날아가 사람들을 죽인다. 얼굴을 마주 대할 필요가 없다. 진정한 평화가 없으면 전쟁 또한 거짓이 된다. 그리고 전쟁이 거짓이라면 어떻게 진정한 평화가 가능하겠는가?

우리는 선택한다. 우리는 남성적인 패턴에 따라 사회를 만들었다. 남자가 중심이 되고 여자는 외곽으로 밀려났다. 이 사회는 한쪽에 편중되어 있다. 이제는 여성의 패턴에 따라 사회를 건설하고, 남자들을 축출해야 한다고 주장하는 여자들이 등장했다. 이 또한 한쪽에 치우친 사회가 될 것이다. 신은 남자인 동시에 여자다. 여기에 선택은 없다. 남자와 여자는 대립된다. 어둠과 빛, 삶과 죽음 등 대립되는 것들이 있다. 이 사이에서 숨은 조화를 찾아야 한다. 이 숨은 조화를 인식한 사람들은 진리를 깨달았다.

The Hidden Harmony

신은 낮인 동시에 밤이며,
겨울인 동시에 여름이다.
그는 전쟁인 동시에 평화이며,
풍족함인 동시에 결핍이다.

바닷물은 순수한 동시에 불결하다.
물고기에게는 마실 수 있으며 유익한 것이지만,
인간에게는 마실 수도 없고 치명적인 것이다.

 모든 것이 좋은 동시에 나쁘다. 이것은 상황에 달린 문제다. 때로는 좋은 전쟁이 있으며, 때로는 나쁜 평화가 있다. 때로는 무능한 평화도 있다. 이것은 좋은 평화가 아니다. 평화라고 반드시 좋은 것은 아니다. 때로는 광기에 불과한 전쟁이 있다. 이 또한 좋지 않다. 아무 편견 없이 관찰해 보라. 전쟁이 반드시 나쁘고, 평화가 반드시 좋은 것은 아니다. 어느 쪽에도 얽매이지 말아야 한다. 니체에게는 모든 전쟁이 좋은 것이었다. 간디에게는 모든 평화가 좋은 것이었다. 둘 다 집착이다. 신은 전쟁과 평화 양쪽 모두이다.
 헤라클레이토스는 말한다.

바닷물은 순수한 동시에 불결하다.

 물고기에게 바닷물은 생명이다. 그러나 그대에게는 죽음이 될 수도 있다. 고정된 관념을 만들지 말라. 유동적인 상태를 유지하라. 이것을 명심하라. 오늘은 좋은 것이 내일은 그렇지 않을 수도 있다. 삶은 끊임없이 변한다. 같은 강물에 두 번 발 담그는 것은 불가능하다. 설령 발을 담근다 해도 그대는 이미 똑같은 사람이 아니다. 모든 것이 변화하고 흐

른다. 그러니 한 곳에 고정되지 말라. 그대는 고정되었다. 유동성을 상실했다. 이것은 인간이 걸린 마음의 병 중에 하나이다.

삶은 유동적이다. 어린아이를 보라. 그는 유동적이다. 그러나 노인은 고정되어 있다. 유동적일수록 그대는 더 생동감 있고 생기발랄하고 젊어진다. 한 곳에 고정될수록… 고정되어 있다면 그대는 이미 죽은 사람이다. 무엇이 유동성인가? 유동성이란 아무 선입견 없이 순간에 감응하는 것이다. 선입견을 통하지 않고 순간에 직접 대응하는 것, 이 즉흥성이 유동성이다. 상황을 관찰하고 자각하라. 상황에 감응한 다음에 행동하라. 이 행동은 상황과의 직면을 통해 나오는 것이지 과거의 마음에서 나오는 것이 아니다.

낮과 밤의 본질은 하나다.

전쟁과 평화가 하나다. 욕망과 무욕이 하나다. 본질은 같다. 평화는 비활동적인 전쟁이며, 전쟁은 활동적인 평화. 남자와 여자의 본질은 같다. 여자는 소극적이고 수동적인 남자이며, 남자는 활동적인 여자이다. 남녀가 서로에게 끌리는 이유가 그것이다. 남녀 중에 하나만 있으면 반쪽에 불과하다. 그들이 하나가 될 때 전체가 이루어진다. 남녀가 만나 하나가 된다. 남자와 여자는 이 하나를 추구한다.

세상의 모든 종교는 남자와 여자를 분리시켰다. 카톨릭, 자이나교, 불교… 이들은 남녀를 완전히 갈라놓았다. 이런 종교는 반쪽 상태를 면치 못했다. 그들은 전체가 될 수 없다. 전체를 받아들이지 못한다. 그들의 원은 반쪽이다. 반원은 원이라고 할 수도 없다. 원이 되기 위해서는 전체가 되어야 한다. 반원은 원이 아니다. 기독교, 자이나교, 불교가 추하게 변질된 이유가 여기에 있다. 나누어서는 안 된다. 전체를 받아들여야 한다.

아름다움은 전체의 속성이며, 추함은 부분의 속성이다. 전체적인 것은 아름답다. 완벽한 원이 이루어졌다.

낮과 밤의 본질은 하나다.

낮이 밤이 되고, 밤이 낮이 된다. 낮과 밤을 어떻게 나눌 수 있는가? 경계선을 그을 수 있는가? 아무런 경계선도 없다. 낮은 서서히 밤이 되고, 밤은 서서히 낮이 된다. 이것은 하나의 바퀴와 같다. 모든 대립되는 것들을 하나의 바퀴로 볼 때 그대는 초월을 이룰 것이다. 이때 그대는 남자도 아니고 여자도 아닐 것이다. 그대는 수도 없이 남자가 되었다가 여자가 되었다가 하기 때문이다. 하루 동안 관찰해 보라. 어떤 순간에는 여자가 되고, 어떤 순간에는 남자가 되는 것을 발견할 것이다. 어떤 때는 수동적이고, 어떤 때는 적극적이 되는 것을 발견할 것이다. 수동적일 때 그대는 여자다. 그리고 적극적일 때 그대는 남자다. 그대 안에 양자가 숨어 있다.

이제 심리학에서는 인간이 양성적(兩性的) 존재라는 것을 인정한다. 모든 남자는 또한 여자이기도 하며, 모든 여자는 또한 남자이기도 하다. 양과 정도의 차이가 있을 뿐 질적인 차이는 없다. 만일 그대가 남자라면, 이것은 그대의 51퍼센트가 남자이고 49퍼센트는 여자임을 뜻한다. 이런 차이밖에 없다. 그러므로 성을 바꾸는 것이 가능하다. 정도의 차이가 있을 뿐이다. 호르몬을 약간만 변화시키면 성이 바뀐다. 심지어는 호르몬을 변화시킬 필요도 없다. 마음만 바꾸어도 변화가 일어난다.

라마크리슈나(Ramakrishna, 1836-1886. 인도 벵갈 지방에서 출생. 칼리 여신을 숭배하여 유년 시절부터 종종 혼수 상태를 경험하였다. 떠돌이 수행승 토타푸리(Totapuri)로부터 〈無分別三昧〉의 신비 체험과 샹카라의 〈不二一元論〉을 전수 받았다. 그의 제자 비베카난다에 의해 가르침이 널리 퍼졌으며, 각국에 라마크리슈나 교단

Discourses On The Fragments Of Heraclitus

이 설립되어 활동 중이다. 말년에는 후두암에 걸려 고통받으면서도 신적인 몰입의 경지에서 희열의 상태에 들었다고 한다. 간디, 타골, 로맹 롤랑 같은 인물들이 그에게 크게 감화 받았다)에게 실제로 그런 일이 일어났다. 그는 신에 도달하기 위해 수많은 길을 시도해 보았다. 그리고 신에 도달한 다음에도 여전히 온갖 방법을 시도했다. 모든 길이 신을 향해 나 있는지 알아보려는 것이었다.

인도에는 아름다운 방편이 있다. 이 길에 의하면 신이 유일한 남자가 되고 그대는 여자가 된다. 실제로 그대가 남자건 여자건 상관없다. 신은 남자이고 그대는 여자다. 신은 크리슈나이고, 모든 사람은 그의 연인이다. 그래서 이 길을 가는 사람들은 여자처럼 행동한다. 그들은 남자 옷이 아니라 여자 옷을 입는다. 그리고 크리슈나의 형상과 함께 잠잔다. 그들은 자신이 여자인지 남자인지 완벽하게 잊는다. 성별에 관계없이 그들 모두가 여자가 된다. 그리고 4주마다 닷새 동안 그들은 월경을 하는 것처럼 행동한다. 처음에 이것은 연기일 뿐이다. 그러나 점차 변화가 일어나기 시작한다.

라마크리슈나에게 그런 일이 일어났다. 그는 완전히 여자가 되었다. 이것은 아직도 신비로 남아 있다. 어떻게 그런 일이 가능한 것일까? 그는 실제로 월경을 하기 시작했다! 그는 매달 4, 5일 동안 월경을 했다. 가슴이 여자처럼 부풀어오르고, 목소리도 여자처럼 가늘어졌다. 걸음걸이도 여자처럼 되었다. 여섯 달 동안 그는 완전히 여자가 되어 있었다. 신비한 일이다. 의사들도 그가 월경을 하는 것을 목격했다. 마음의 힘이 몸 전체를 바꾼 것이다. 그는 신에 도달한 다음 이 길을 버리고 다른 길들을 시도했다. 그러나 이 길을 버린 후에도 그의 몸은 1년 동안 변함이 없었다. 그가 다시 남자로 돌아오기까지는 1년이 걸렸다.

내부에서 그대는 남녀 모두이다. 다만 어느 쪽이 더 강조되어 나타나느냐 하는 차이가 있을 뿐이다. 헤라클레이토스는 이것을 깨달았다.

The Hidden Harmony

낮과 밤의 본질은 하나다.

올라가는 길과 내려가는 길이
하나이며 똑같다.

천국과 지옥은 하나다. 신과 악마가 하나다. 이것은 당연한 일이다. 그들은 똑같은 본질의 양극(兩極)이기 때문이다.

잠자는 사람들도
이 우주에서 일어나는 일에
동참하고 협조한다.

잠자는 사람들에게도 책임이 있다. 헤라클레이토스는 무엇을 말하려는 것일까? 그는 책임이 개인적인 것이 아니라고 말한다. 까르마(karma, 불교에서 말하는 업(業))는 개인적인 것이 아니다. 그것은 전체적이다.

참으로 보기 드문 통찰력이다. 나는 그의 말에 절대적으로 동의한다. 이것은 보기 드문 통찰력이다. 인도인들은 까르마가 개인적인 것이라고 믿는다. 그러나 이것은 에고에 얽매인 생각이다. 왜 그런가? 에고가 없을 때, 그대가 에고가 없다고 주장한다면 왜 까르마는 개인적인 것이 되어야 하는가? 만일 까르마가 개인적인 것이라면 에고를 버리는 것은 불가능하다. 사실, 이것은 교묘한 방식으로 에고에 집착하는 것이다. 나는 나의 까르마를 치뤄야 하고, 그대는 그대의 까르마를 치뤄야 한다. 그렇다면 우리가 어디에서 만날 수 있는가? 내가 깨달음을 얻었다 해도 그대가 무지한 상태로 남아 있다면 우리가 어디에서 만날 수 있는가?

헤라클레이토스의 통찰을 이해하라. 그의 말은 개인이 존재하지 않는다는 뜻이다. 따로 떨어진 섬은 없다. 인간은 섬이 아니다. 우리는 전체

의 일부다. 그러므로 까르마도 개인적인 것이 아니다. 이렇게 볼 때 헤라클레이토스의 말에는 많은 의미가 함축되어 있다. 광대한 차원이 열린다. 만일 누군가 어딘가에서 살인을 저질렀다면 나도 그 일에 동참한 것이다. 나는 잠자고 있었다. 나는 그가 누구인지 모른다. 그에 대해 들어본 적도 없다. 그러나 우리가 따로 떨어진 개인이 아니라면 누군가 살인을 했을 때 나도 그 일에 동참한 것이 된다. 나 또한 책임이 있다. "나는 살인을 하지 않았다. 나는 성자다"라고 말하면서 책임을 떠넘기기가 쉽지 않다.

어떤 성자도 성자가 아니다. 그의 안에는 모든 죄인이 들어 있다. "나는 성자다. 나는 살인이나 강도 짓을 하지 않았다. 나는 아무 죄도 짓지 않았다"고 주장하는 것은 어리석은 짓이다. 세상에는 죄인들이 있다. 만일 우리가 외딴 섬이 아니라 서로 연결된 광대한 대륙이라면, 이때 그대가 나 없이 어떻게 죄를 지을 수 있겠는가? 그것은 불가능하다. 그대의 깨달음 없이 어떻게 내가 깨달을 수 있겠는가? 불가능한 일이다. 죄가 범해질 때마다 전체가 거기에 연루된다. 깨달음이 일어날 때마다 전체가 거기에 연루된다.

한 사람이 깨달을 때마다 그 뒤를 쫓아 많은 사람들이 깨닫게 되는 연유가 그것이다. 그가 전체를 위해 어떤 가능성을 창조한다. 이것은 이렇게 이해할 수 있다. 내 머리에 통증이 있으면 아픈 것은 머리뿐이 아니다. 나의 몸 전체가 병에 걸린 것이다. 나의 다리, 가슴, 손 또한 그 통증을 느낀다. 나는 하나이기 때문이다. 통증이 머리에 집중되어 있겠지만 몸 전체가 그것을 느낀다. 한 명의 붓다가 탄생했다면 그 혼자만 깨달음을 얻은 것이 아니다. 다만 초점이 그에게 맞춰져 있을 뿐이다. 그것이 전부다. 개별적인 존재는 없다. 초점이 그에게 집중되어 있을 뿐이다. 그가 사방을 진동시킨다. 존재계는 거미줄과 같다. 한 부분을 만지면 거미줄 전체가 흔들린다. 초점은 한 곳에 집중되어 있지만 거미줄 전체가

The Hidden Harmony

흔들린다. 이것이 헤라클레이토스가 말하는 뜻이다. 이것을 이해해야 한다. 그대가 어떤 일을 한다면 그 일에 연루된 것은 그대만이 아니다. 전체가 거기에 연루된다. 그대의 책임은 막중하다. 그대만의 까르마를 치르는 것으로 끝나지 않는다. 세상의 역사 전체가 그대의 역사다.

나는 잠자는 동안에도 세상의 모든 일에 협력하고 있다. 그러므로 행동 하나마다 책임을 지고 조심해야 한다. 만일 그대가 죄를 지었다면 전체가 그대를 죄로 끌고 들어간 것이다. 그대는 따로 떨어져 있지 않다. 그대가 깊은 명상에 들어 의식이 깨어났다면, 지복을 느낀다면, 그대를 그런 경지까지 끌고 간 것은 전체다. 초점은 그대에게 맞춰져 있을지 모르지만 전체가 거기에 연루되어 있다. 항상 그렇다.

이것을 명심하라. 그대가 무엇을 하건 그것은 신의 행위다. 그대가 어떤 사람이건 신이 바로 그 사람이다. 앞으로 그대가 무엇이 되건, 그렇게 되는 것은 신이다. 그대는 혼자가 아니다. 그대는 전체와 운명을 함께 한다.

> 잠자는 사람들도
> 이 우주에서 일어나는 일에
> 동참하고 협조한다.
>
> 원 안에서 시작과 끝은 하나다.

시작과 끝이 만나야만 원이 완성된다. 만일 그대가 하나의 원이 된다면, 그대 안에서 시작과 끝이 만날 것이다. 그대는 세상의 근원인 동시에 절정이 될 것이다. 그대는 알파와 오메가가 될 것이다. 이렇게 되지 않는 한 무엇인가 미완성으로 남아 있는 것이다. 그리고 무엇인가 미완성으로 남아 있는 한 그대는 불행에서 벗어나지 못할 것이다. 내가 아는

단 하나의 불행은 '미완성'이다. 존재하는 모든 것이 완성을 이루려고 한다. 만물이 완성을 필요로 한다. 미완성은 고문이 된다. 미완성이 유일한 문제다. 완성되었을 때 시작과 끝이 그대 안에서 만난다. 근원으로서의 신과 궁극적 개화로서의 신이 그대 안에서 만난다.

이 짤막한 단편들에 대해 명상하라. 각 구절이 엄청난 묵상을 가져다 준다. 단편 하나하나가 실체와 그대 자신에 대한 통찰력을 가져다 준다. 이것은 철학적인 진술이 아니다. 헤라클레이토스의 말에는 통찰력이 담겨 있다. 그는 안다. 그는 직접 보았다. 그는 이론을 세우고 있는 것이 아니다. 그는 실체를 접했으며, 그 안으로 뚫고 들어갔다. 각 단편이 그 자체로 완벽하다. 이것은 체계가 아니다. 이 단편들은 여러 개로 잘린 보석과 같다. 그들 모두가 완벽한 보석이다. 하나의 단편을 깊이 뚫고 들어가라. 그러면 이 하나의 단편을 통해 그대는 완전히 달라질 것이다. 하나의 단편이 무한의 차원으로 들어가는 문이 된다.

헤라클레이토스에 대해 명상하라. 그의 말에 대해 깊이 묵상하라. 그는 그대에게 엄청난 충격을 줄 수 있다. 그가 그대에게 변형을 가져다 줄 것이다.

다섯,
그 의미는 너무나
깊고 깊어라

가장 중요한 일에 대해서는
임의적인 추측을 만들지 말자.

많은 학식도 이해를 가르쳐 주지는 못하네.

금을 찾는 사람들은
깊이 땅을 파헤치지만
얻는 것은 거의 없으리라.

모든 길을 여행해 보아도
영혼의 한계를 발견할 수는 없으리니,
그 의미는 너무나 깊고 깊어라.

The Hidden Harmony

Such is the depth of its meaning
―그 의미는 너무나 깊고 깊어라

철학은 임의적인 추측 외에 아무것도 아니다. 진정한 앎을 회피하려고 할 때, 실존적인 경험을 피하려고 할 때 철학보다 좋은 것은 없다. 철학 속으로 도망치면 모든 문제를 피할 수 있다. 철학은 값싼 해결책이다. 실재와 직면하지 않고도 간단하게 이론을 정립할 수 있다. 그러나 이론은 말장난 외에 아무것도 아니다. 논증과 합리적 설명은 속임수에 지나지 않는다. 철학을 통해서는 아무것도 해결되지 않는다. 그대는 변함없이 똑같다.

철학자는 세상에서 가장 기만적인 사람이다. 그는 아무것도 모르면서 안다고 착각한다. 헤라클레이토스는 세상에 알려진 최고의 철학자 가운데 한 명인 피타고라스(Pythagoras)를 비웃었다. 그는 여러 번에 걸쳐 이렇게 말했다.

"만일 철학에 의해 '아는 자'가 될 수 있다면 피타고라스는 세계 최초의 '아는 자'가 되었을 것이다."

피타고라스는 그 당시에 알려진 전세계를 여행했다. 그는 인도에 왔었으며 이집트에서 살기도 했다. 그는 광범위한 지역을 여행하며 잡다

한 지식을 수집했다.

　피타고라스는 헤라클레이토스와 같은 시대 사람이었다. 그는 헤라클레이토스보다 훨씬 더 많이 알려져 있다. 철학사에서 피타고라스는 이정표적인 인물이다. 그는 많은 정보를 수집했으며 많은 것을 알았다. 그러나 실제로는 아무것도 아는 것이 없었다. 그가 무엇을 했는가? 경전, 선생들, 학교, 아쉬람, 비밀 단체 등을 통해 그는 지식을 긁어모았다. 이렇게 수집한 지식은 기억의 일부가 될 뿐, 그대 자신은 아무 영향도 받지 않는다. 지식은 가슴을 건드리지 못한다. 그대의 내적인 존재는 기억 속에 무엇이 수집되어 있는지도 모른다. 그대의 존재가 자극받고 변형되지 않는 한 지식은 무지와 같다. 이것은 일상적인 무지보다 더 위험하다. 보통의 무지한 사람은 자신이 무지하다는 것을 안다. 그러나 철학자는 자신이 안다고 착각한다. 일단 지식에 중독되면 그대는 이 지식을 앎(knowing)으로 착각한다. 물론 그대는 많은 것을 안다. 그러나 깊은 곳에서 보면 그대는 아무것도 모른다. 아무것도 변하지 않았다. 그대는 자신의 존재를 더 높은 차원으로 끌어올리지 못했다.

　진정한 앎은 더 높은 존재의 차원에 도달하는 것이다. 더 많은 지식이 아니라 더 많은 존재를 얻는 것이다. 더 많이 아는 것이 아니라 더 많이 존재하는 것, 이것이 진정한 길이다. 더 많이 아는 것은 거짓된 길이다. 철학자는 많은 것에 대해 말한다. 그러나 그들은 신, 모크샤(moksha, 정신적인 속박에서 벗어나 깨달음의 절대 자유 안에 드는 것), 해탈, 저 세상, 천국과 지옥 등에 대해 아무것도 모른다. 일별조차 없다. 그런데 그들은 이런 주제에 대해 당당하게 떠들 뿐만 아니라 아주 권위적으로 말한다. 하지만 그들은 아무도 속이지 못한다. 그들 자신을 속일 뿐이다.

　어느 날, 물라 나스루딘이 공동묘지를 산책하다가 며칠 전에 죽은 철학자의 무덤을 발견했다. 그 무덤의 묘비에는 이렇게 씌어 있었다.

　"나는 죽지 않았다. 잠자고 있을 뿐이다."

물라가 웃으며 말했다.

"당신은 스스로 속고 있을 뿐, 아무도 속일 수 없어."

철학자는 끊임없이 스스로를 기만한다. 그는 앎이 아니라 정보에 의존한다. 지식은 실존적 경험을 통해 얻어졌을 때 비로소 진정한 지식이 된다. 가령, 그대는 사랑에 빠지지 않고도 사랑에 관한 많은 지식을 모을 수 있다. 도서관에 가면 그런 지식이 가득 차 있다. 지금까지 사랑에 관해 언급된 모든 내용을 수집할 수 있다. 그러나 '사랑에 관한' 것은 사랑이 아니다. '신에 관한 것'은 신이 아니다. '사랑에 관한 것'은 그대가 주변을 빙빙 돌 뿐, 중심으로 뚫고 들어가지 못했음을 뜻한다. 사랑은 이와 완전히 다르다.

그대는 사랑에 대한 이론을 세울 수 있다. 사랑의 본질에 대해 결론을 내릴 수도 있다. 그러나 그대 자신이 사랑에 빠져 본 적이 없다면 이런 지식이 무슨 소용인가? 이런 지식을 통해 무엇을 얻을 것인가? 무엇을 발견할 것인가? 자기 기만 외에 아무것도 아니다. 사랑에 관한 지식을 수집함으로써 그대는 "나는 사랑을 안다"고 생각할지도 모른다. 이렇게 되면 사랑에 빠질 수 있는 문을 닫아 버리는 것이다. 사랑에 빠지는 것은 위험하다. 그러나 사랑에 관해 아는 것은 약삭빠르고 교활한 머리를 뜻한다. 사랑에 빠지는 것은 그대 자신을 변화시키는 것이다. 이것은 수많은 어려움에 직면하는 것을 의미한다. 살아 있는 사람과 교류하는 것은 미지의 세계로 들어가는 것과 같기 때문이다. 다음 순간에 무슨 일이 일어날지 아무도 모른다. 그대는 안전한 보호벽 밖으로 내던져진다. 갑자기 넓은 하늘 아래 놓이게 된다. 매순간 새로운 문제와 불안에 부닥칠 것이다. 이것은 좋은 일이다. 모든 문제와 불안은 넘어야 할 단계다. 이 단계를 극복함으로써 그대는 성장한다. 두려워하고 도망치면 유아적인 상태를 벗어나지 못한다.

사랑은 성장할 수 있는 좋은 기회다. 성장은 항상 고통스럽다. 새로운

것을 창조하기 전에 무엇인가 파괴되어야 하기 때문이다. 새로운 미래가 열리기 전에 과거가 파괴되어야 한다. 이것은 산모가 아이를 낳으면서 겪는 고통과 같다. 성장이란 끊임없이 그대 자신을 탄생시키는 것을 의미한다. 순간마다 아이가 태어난다. 이것은 끝이 없는 과정이다. 중단이라는 것이 없다. 한동안 휴식을 취할 수는 있지만 이 여행에는 끝이 없다. 끊임없이 그대 자신을 탄생시켜야 한다. 매순간이 고통스러울 것이다. 그러나 고통을 통해 새로운 삶이 온다는 것을 알고 이 고통을 받아들이면, 단순히 받아들이는 것이 아니라 열렬히 환영한다면, 이때 고통은 아름다운 것이 된다. 고통에 의해 성장이 이루어진다. 그 외에 다른 길은 없다.

사랑은 고통을 준다. 사랑은 그대를 괴롭힐 것이다. 그러나 이 고통을 통해 그대는 성장한다. 고통 없는 성장은 없다. 이것이 십자가의 의미다. 예수는 고통받았다. 너무나 철저하게 고통받았다. 그리고 이 고통을 통해 그는 새롭게 태어났다. 부활이 일어났다. 그는 인간이 아니라 신이 되었다. 그는 인류를 너무나 사랑했다. 그래서 그는 사랑의 십자가를 짊어졌다.

그대는 한 개인을 사랑하는 것을 두려워한다. 그러니 어떻게 성장할 수 있겠는가? 그대 자신의 마음을 기만할 수는 있다. 도서관에 가서 사랑에 관한 정보를 모을 수 있다. 실제로는 아무것도 모르면서 많은 지식을 수집할 수 있다. 삶의 여러 방면에서 이런 일이 일어난다. 중대한 문제가 있을 때마다 그대는 이런 식으로 자신을 기만한다.

기도하는 것은 어렵지만 성직자가 되는 것은 쉽다. 성직자는 기도에 관한 모든 것을 수집한다. 그러나 기도는 어렵다. 기도는 죽음과 같다. 그대가 죽지 않는다면 어떻게 신을 초청할 수 있겠는가? 그대가 텅 비지 않으면 어떻게 신이 그대 안에 들어올 수 있겠는가?

쇠렌 키에르케고르(Søren Kierkegaard, 1813-1855. 덴마크의 철학자이며 종교

The Hidden Harmony

사상가)는 이렇게 말했다.

"처음으로 기도를 시작했을 때 나는 신에게 많은 말을 하곤 했다. 그러나 나는 점차 어리석은 짓을 하고 있다는 걸 깨달았다. 어떻게 말이 기도가 될 수 있는가? 말이 아니라 조용한 경청만이 기도가 될 수 있다. 신의 말씀을 들으려면 침묵해야 한다. 이 침묵과 고요를 통해 신의 말씀이 우리 안으로 뚫고 들어올 수 있다. 그 침묵 속에 신이 모습을 드러낸다."

기도는 말이 아니라 경청이다. 예민하고 깨어 있고, 수동적이고, 활짝 열려 있는 것이다. 하나의 자궁이 되어 모든 것을 받아들일 준비를 하는 것이다. 기도가 여성적이라면 성직은 남성적인 현상이다. 성직자는 공격적이다. 그는 무엇인가 행한다. 그러나 기도는 행위가 아니다. 기도는 수용적으로 활짝 열려 있는 것이다. 문이 열리고 그대는 기다린다. 무한한 인내와 기다림이 필요하다. 성직자는 공격적이다. 성직은 하나의 기술이기 때문에 배울 수 있다. 그러나 기도는 기술이 아니다. 기도는 어느 곳에서도 배울 수 없다. 다만 삶을 통해 배울 뿐이다. 기도를 배울 수 있는 학교는 없다. 삶을 통해서만 기도를 알 수 있다.

삶으로 들어가라. 고통받고 성장하면서 서서히 그대는 완전한 절망을 느끼게 된다. 자기 본위적인 모든 주장이 어리석다는 것을 깨닫게 된다. 그대는 누구인가? 이리저리 부유하는 통나무일 뿐이다. '나는 아무것도 아니다'라고 느끼는 순간 그대 안에 기도의 씨앗이 떨어진다. "나는 절망적이다. 아무것도 할 수 없다. 지금까지 많은 일을 해왔지만 불행밖에 얻은 것이 없다. 나의 노력을 통해서는 아무 일도 일어나지 않았다"고 느끼는 때가 온다. 이때 그대는 모든 노력을 포기한다. 이 포기의 순간에 기도의 두 번째 단계가 시작된다. 그대가 절망해서 신에게 "나는 아무것도 할 수 없으니 당신이 대신 해주십시오!" 하고 요구한다는 말이 아니다. 절대로 그런 뜻이 아니다. 진정으로 절망한다면 그런 요구를 할

Discourses On The Fragments Of Heraclitus

수 없다. 아무런 욕망도 가질 수 없다. 진정으로 절망했을 때 그대는 이렇게 깨달을 것이다.

"내가 무슨 말을 하든 모두 틀렸다. 내가 무슨 요구를 하든 그것은 잘못된 것이다. 나 자신이 틀렸으니 나로부터 나오는 모든 것 또한 틀릴 것이다."

그러므로 그대는 이렇게 말할 것이다.

"당신 뜻대로 하소서. 제 말을 듣지 말고 당신이 원하는 대로 하소서. 저는 따를 준비가 되어 있습니다."

이것이 기도다. 이것은 성직이 아니다. 그대는 성직자로 훈련받을 수 있다. 실제로 성직자들을 훈련시키는 대학이 있다. 기도하는 몸짓까지 가르친다. 어떻게 앉고 어떻게 절하는지, 무슨 말을 사용하고 무슨 말을 입에 올려서는 안 되는지, 이렇게 모든 것을 배울 수 있다.

레오 톨스토이의 짤막한 우화가 있다. 어떤 사람이 러시아의 최고 성직자에게 와서 이렇게 말했다.

"저는 세 명의 성자를 알고 있습니다. 그들은 외딴 섬에 살고 있는데, 그들 모두 신적인 경지에 도달했습니다."

성직자가 말했다.

"그럴 리가 없다. 최고 성직자인 나도 모르는데 어떻게 그런 일이 가능하단 말인가? 내가 직접 가서 알아봐야겠다."

그래서 그가 배를 타고 섬으로 갔다. 세 명의 사람들이 나무 밑에 앉아서 기도하고 있었다. 성직자가 그 기도 소리를 듣고는 박장대소했다.

"이 어리석은 사람들아. 그런 기도는 어디에서 배웠는가? 나는 평생 동안 그렇게 엉터리 기도는 들어본 적이 없다. 무슨 그런 기도가 있는가? 나는 이 나라의 최고 성직자다!"

세 사람이 무서움에 떨면서 말했다.

"용서하십시오. 우리는 아무것도 모릅니다. 기도를 배운 적도 없습니

다. 이 기도는 우리 스스로 만들어 낸 것입니다."

그들의 기도는 아주 간단했다. 기독교에서는 삼위 일체를 믿는다. 그래서 그들은 이렇게 기도하고 있었다.

"우리도 셋이고 당신도 셋입니다. 그러니 자비를 베푸소서!"

그들이 말했다.

"우리는 이 기도를 계속하고 있습니다. 하지만 이 기도가 옳은지 틀린지는 모릅니다."

성직자가 말했다.

"그 기도는 완전히 틀렸다. 내가 올바른 기도를 가르쳐 주겠다. 이것이 정통적으로 권위를 인정받은 기도다."

그것은 교회에서 행해지는 긴 기도였다. 세 사람이 귀를 기울여 들었다. 성직자는 그런 그들을 보고 아주 만족해 했다. 아주 훌륭한 일을 했다는 뿌듯함이 밀려왔다. 세 명의 이교도를 기독교인으로 개종시킨 것이다.

"이렇게 멍청한 자들이 유명해지다니! 많은 사람들이 그들을 친견하기 위해 몰려오고 존경을 표하다니, 참으로 우스운 노릇이다!"

그가 대단한 일을 했다는 만족감을 느끼며 배를 타고 돌아가는 길이었다. 갑자기 거센 바람이 불어닥치는 것 같은 느낌이 들었다. 그가 두려움에 질린 눈으로 주변을 돌아보다가 놀라운 장면을 목격했다. 그 세 명의 성자가 물 위로 달려오고 있었던 것이다! 그들이 말했다.

"그 기도문을 다시 한 번 일러주십시오. 그만 잊어버렸습니다. 우리는 무식한 사람들이라 그렇게 긴 기도문을 외우기가 힘듭니다. 그러니 한 번만 더…."

톨스토이가 쓴 바에 의하면, 성직자가 그들 앞에 무릎을 꿇고 이렇게 말했다고 한다.

"용서하십시오. 제가 큰 죄를 지었습니다. 그 기도를 계속하십시오.

"당신들의 기도가 옳습니다. 그것은 가슴에서 나온 기도입니다. 제 기도는 아무 소용도 없습니다. 제 기도는 배워서 얻은 것이기 때문입니다. 제 말을 듣지 말고 당신들이 하던 대로 계속하십시오."

기도는 가르쳐질 수 없다. 열린 눈과 이해하는 가슴을 갖고 삶 속으로 들어가야 한다. 그러면 기도를 알게 될 것이다. 그것은 그대만의 기도가 될 것이다. 그것은 그대의 가슴에서 나온 기도가 될 것이다. 말은 별 의미가 없다. 말 뒤에 숨어 있는 가슴이 중요하다. 그러나 그대는 마음을 통해 많은 것을 배웠다. 가슴을 완전히 잊었다. 가슴은 경험을 통해 성장하고, 마음은 생각을 통해 성장한다. 생각은 죽은 것이다. 생각을 통해서는 성장할 수 없다. 마음속에서 다람쥐 쳇바퀴 돌듯이 맴돌 뿐이다. 마음은 컴퓨터에 불과하다. 마음은 바이오 컴퓨터(bio-computer)다. 마음은 정보를 수집한다. 이런 일은 컴퓨터가 훨씬 더 잘할 수 있다. 그러나 가슴은 컴퓨터가 아니다. 가슴은 기억을 모른다. 그저 순간에서 순간을 살 뿐이다. 가슴은 생생하게 살아 있는 순간에 감응한다.

내가 대학에 있을 때 한 동료 교수가 있었다. 그는 항상 몸이 아팠다. 그래서 내가 말했다.

"의사에게 가보지 그래? 의사에게는 안 가보고 왜 아프다고 불평만 하지?"

그래서 그가 의사에게 갔다. 다음 날 그가 내게 와서 말했다.

"의사가 그러는데, 성생활을 반으로 줄이라고 하더군."

내가 놀라서 물었다.

"그래, 자네는 어떻게 결정했나?"

그가 말했다.

"의사의 말을 따르기로 했네."

내가 물었다.

"어느 쪽 반을 줄일 텐가? 생각? 아니면 말?"

155

The Hidden Harmony

 내가 이렇게 물은 것은 그를 잘 알고 있었기 때문이다. 그는 성생활을 하지 않는 사람이었다. 다만 성에 대해 말하고 생각하는 것이 전부였다.
 종교적으로 살지 못하는 사람들이 있다. 그들은 다만 종교에 대해 말하고 생각할 뿐이다. 그들의 말을 들어보면 그들이 종교적으로 느껴질지도 모른다. 그러나 종교는 생각이나 말과 아무 상관도 없다. 종교는 삶과 관련된 것이다. 그대는 종교적으로 살거나 그렇지 못하거나 둘 중의 하나다. 종교는 철학이 아니라 삶의 방식이다. 종교는 거창한 문제에 대한 이론이 아니다. 삶이 무엇을 의미하던 간에 그것과 깊은 관계를 맺는 것이 종교다.
 그대의 마음을 관찰해 보라. 종교적으로 될 수도 있었던 기회를 마음이 얼마나 많이 빼앗아 갔던가? 꽃을 볼 때 그대는 즉시 꽃에 대해 생각하고 말하기 시작한다. 그 순간을 살지 못한다. 꽃이 활짝 피어 있다. 말할 수 없이 아름다운 현상이다. 하나의 기적이다.
 과학자들은 삶을 기적이라고 말한다. 삶이 존재해야만 하는 아무 이유도 없다. 수많은 행성들 중에 이 작은 지구 위에만, 그것도 수천 년 동안만 삶이 존재했다. 아무도 그 이유를 모른다. 이 생명이 언제까지 존재할지, 그 목적과 운명, 근원이 무엇인지 아무도 모른다. 과학자들은 기껏해야 이 삶이 기적이며 우연한 일처럼 보인다고 말한다. 그 외에는 아무 말도 하지 못한다. 생생하게 살아 있는 꽃은 기적이다. 이 죽어 있는 우주 속에서, 바위 덩어리에 불과한 무수한 행성들 가운데 작은 씨앗이 싹터 식물이 되고 삶을 즐긴다. 한 송이 꽃이 피어나는 데, 그대는 그저 생각하고 말하는 데 그친다. 그대는 "참으로 아름답다"고 말하지만 그 아름다움을 놓친다. 진정으로 아름다움을 느낀다면 그대는 침묵할 것이다. 무엇인가 엄청난 것을 느낄 때 그대는 경탄과 놀라움을 금치 못한다. 그 순간에 어떻게 말할 수 있는가? 말은 천박한 것이다. 그 순간에 말을 하는 것은 순전히 어리석은 짓이다. 말을 함으로써 그대는 그 순간

을 놓친다.

침묵하라. 그 순간을 먹고 마셔라. 그 꽃이 그대 내면에 퍼져 나가도록 하라. 이때 주체와 객체라는 이원성이 사라진다. 이것은 아주 미묘한 현상이다. 그대는 더 이상 주체가 아니며, 꽃은 더 이상 객체가 아니다. 경계선이 허물어진다. 갑자기 꽃이 그대 안에 있고, 그대가 꽃 안에 있다. 삶은 하나이기 때문이다. 그대 또한 꽃이다. 의식은 꽃이다. 힌두교에서 의식을 연꽃으로 상징화시키는 이유가 여기에 있다. 내면에 연꽃이 피어난다. 꽃 또한 살아 있는 의식이다. 꽃과 직접 만나라. 생각하거나 말하지 말라. 그러면 무엇이 진정한 꽃인지 알게 된다. 그대가 안 것을 말로 표현할 수 없을지도 모른다. 그대의 앎을 이론화시킬 수 없을 것이다. 그것은 어려운 일이다. 진정으로 무엇인가 알 때, 그 앎의 주변에 이론을 만들어 내는 것은 대단히 어렵다. 경험은 끝없이 광대한데 이론은 너무나 협소하다. 철학화시키는 것이 불가능할지도 모른다. 하지만 그것은 핵심이 아니다. 핵심은 그대가 안다는 사실이다.

이 점에서 철학자와 종교적인 사람은 길을 달리한다. 철학자는 계속 생각하고 말하지만, 종교적인 사람은 자신의 경험을 심화시킨다. 이렇게 경험을 심화시키다 보면 그가 완전히 사라지는 순간이 온다. 철학자는 결국 하나의 에고로 굳어지지만 종교적인 사람은 자취도 없이 사라진다. 어디에서도 그를 발견할 수 없다.

이것을 이해하면 아래의 구절이 아주 깊은 의미를 지니게 된다. 실제로 이 구절은 의미심장하다.

가장 중요한 일에 대해서는
임의적인 추측을 만들어 내지 말자.

마음이 무엇을 하겠는가? 마음은 티끌처럼 작고 보잘것없는 것이다.

The Hidden Harmony

 이런 이야기가 전해진다. 어느 날, 아리스토텔레스가 해변가를 걷다가 한 사내를 보았다. 그 사내는 작은 찻숟가락으로 바닷물을 퍼다가 작은 웅덩이로 옮기고 있었다. 아리스토텔레스는 자신의 문제에 고심하고 있었기 때문에 처음에는 별로 신경 쓰지 않았다. 그러나 수 차례 이런 광경을 목격하자 아리스토텔레스가 사내에게 다가갔다. 사내가 어찌나 몰두하고 있던지 아리스토텔레스는 "이 사내가 무엇을 하는 것일까?" 하는 호기심이 생겼다. 사내는 찻숟가락으로 바닷물을 퍼다가 작은 웅덩이로 옮기는 일을 계속하고 있었다. 마침내 아리스토텔레스가 말했다.
 "잠깐 실례하겠소. 방해하고 싶은 마음은 없지만 궁금증을 참을 수가 없어서… 도대체 무엇을 하는 중이오?"
 사내가 말했다.
 "이 바닷물 전체를 저 웅덩이로 옮기는 중입니다."
 아리스토텔레스가 웃음을 터뜨리며 말했다.
 "참 어리석은 사람이군. 그것은 불가능한 일이오. 이런 짓에 미쳐서 인생을 낭비하다니! 저 바다를 보시오. 바다는 저렇게 넓은데 이 웅덩이는 너무나 작소. 그리고 이 작은 찻숟가락으로 바닷물 전체를 떠다가 웅덩이에 집어넣겠다고? 당신은 미쳤소. 쓸데없는 짓은 그만두고 집에 가서 잠이나 자시오!"
 사내가 아리스토텔레스보다 더 크게 웃으며 말했다.
 "그렇지 않아도 갈 참이오. 이제 내 일은 마쳤으니까."
 아리스토텔레스가 말했다.
 "일을 마치다니? 그게 무슨 말이오?"
 사내가 말했다.
 "이와 똑같은 일을 당신이 하고 있지 않소? 당신이 하는 일은 이보다 더 어리석소. 당신의 머리를 보시오. 그 머리는 이 웅덩이보다 작소. 그

리고 이 존재계를 보시오. 존재계는 이 바다보다 더 넓소. 당신의 생각들을 관찰해 보시오. 그 생각들이 이 찻숟갈보다 크다고 생각하시오?'

사내가 큰소리로 웃으며 사라졌다. 아리스토텔레스는 큰 충격을 받았다. 이 이야기가 사실인지 아닌지는 아무도 모른다. 아리스토텔레스는 생을 마감할 때까지 변함이 없었기 때문이다. 어쩌면 이 이야기는 헤라클레이토스가 만들어 낸 것일지도 모른다. 또한 이 이야기에 나오는 사내가 헤라클레이토스였을지도 모른다.

마음이 무엇을 하겠는가? 조금만 생각해 보면 아주 불합리하게 보인다. 이 광대한 존재계를 머리로 어떻게 이해하겠는가? 모든 노력이 헛되다. 머리를 통해서 보지 말라. 머리를 버리고 직접 보라! 그러면 그대 또한 광대한 존재가 된다. 그대가 작아진 것은 머리를 통해서 보기 때문이다. 머리의 협소함 때문에 그대 또한 협소해진 것이다. 머리를 버려라! 머리 없이 직접 존재계를 보라. 이 말은 마음속에 아무 생각도 없이 완전히 깨어 있는 의식으로 보라는 뜻이다. 이론화시키지 말고 직접 삶을 살라는 뜻이다.

임의적인 추측을 만들지 말자.

우리의 추측은 모두 임의적인 것이다. 그대가 무슨 말을 할 수 있겠는가? 누군가 "신이 존재하는가?" 하고 물으면 그대는 무엇이라고 대답할 것인가? 만일 "존재한다"고 대답한다면 그것은 그대의 추측일 뿐이다. 그대가 정녕 신이 존재하는 것을 아는가? "신은 존재하지 않는다"고 대답해도 역시 추측일 뿐이다. 그대가 신이 존재하지 않는다는 것을 정녕 아는가? 어떻게 대답할 수 있는가? 긍정해도 틀리고 부정해도 틀리다.

그런 까닭에 붓다는 침묵을 지켰다. 신에 대한 질문을 받으면 그는 아무 말도 하지 않았다. 마치 아무 말도 듣지 못한 것처럼 침묵을 지켰다.

The Hidden Harmony

그는 신에 대해 단 한마디도 하지 않았다. 그는 이 질문이 어리석다는 것을 안다. 그리고 어리석은 질문에 대답하는 것 또한 어리석다는 것을 안다. 그는 긍정도 부정도 안하고 완전히 입을 다물었다. 모든 것이 추측에 불과하기 때문이다. 무슨 말을 할 수 있겠는가? 붓다에 비교하면 기독교 신학자들은 어리석기 그지없다. 그들은 신의 존재를 증명하려고 한다. 심지어 증거까지 제시한다. 그들은 신의 존재 기반을 논리적으로 설명하려고 한다. 그러나 신이 인간들의 논리적 지원을 필요로 할까? 전체가 그대가 제시하는 증거를 필요로 하는가? 그대가 심판관인가? 무엇을 증명할 수 있다는 말인가? 그대가 증명하는 것 모두가 동일한 마음에 의해 반박될 것이다. 논리는 양날을 가진 칼이기 때문이다. 논증할 수도 있고 반박할 수도 있다. 논리는 연인이 아니라 창녀다. 누가 돈을 주건 논리는 그를 위해 봉사한다.

내가 아는 사람 중에 이름난 변호사가 있었다. 그는 세계적으로 유명한 법률의 대가였다. 그런데 그는 건망증이 심한 사람이었다. 한 번은 그가 런던의 추밀원에서 인도 마하라자(maharaja, 인도에서 지방의 영주나 왕을 일컫는 말)의 변호를 맡아 민사 소송을 벌이고 있었다. 그것은 큰 소송 사건이었다. 그런데 그의 건망증이 발동해 그는 자신의 고객이 누구인지를 잊었다. 그는 자신의 고객을 반박하는 주장을 한 시간 동안이나 펼쳤다. 판사조차 걱정스러운 눈길을 보냈다. 상대측 변호사는 어찌된 영문인지 알 수가 없었다. 자신이 준비해 놓은 변론을 상대 쪽에서 대신하고 있지 않은가? 모든 것이 뒤죽박죽이 되고 재판정에 있는 사람들은 이게 도대체 무슨 일인지 이해할 수 없었다. 그러나 그는 법률의 권위자로 이름난 사람이었기 때문에 아무도 그를 제지하지 못했다. 그의 조수가 여러 차례 그의 옷깃을 잡아당기며 주의를 환기시켰지만 그는 알아차리지 못했다. 그가 반론을 끝냈을 때 조수가 그의 귀에 속삭였다.

"도대체 어떻게 된 일입니까? 이번 소송은 완전히 망쳤습니다. 우리는

이 고객을 반대하는 것이 아니라 변론을 하기 위해 여기에 있는 것입니다!'

이 말을 듣고 그가 판사에게 말했다.

"존경하는 재판장님, 지금까지 저는 제 고객에 대해 상대측에서 제시할 수 있는 반론을 펼쳐 보였습니다. 이젠 그 반론들을 조목조목 반박하겠습니다."

그는 자신이 펼쳤던 주장을 다시 반박하기 시작했으며, 이 소송에서 승리를 거두었다.

논리는 창녀다. 신을 찬성하는 데 사용된 논리가 신을 반대하는 데에도 쓰일 수 있다. 예를 들어, 세상의 모든 종교, 성직자들, 주교, 교황, 신학자들이 신의 존재를 증명하기 위해 사용한 기본적인 논지는 만물이 창조자를 필요로 한다는 것이었다.

"가구가 있다면 그 가구를 만든 목수가 있어야 한다. 그림이 있다면 이 그림을 그린 화가가 있음에 틀림없다. 화가가 없다면 어떻게 그림이 있을 수 있겠는가? 마찬가지로, 이토록 체계적이고 질서 있게 운용되는 방대한 우주가 있으려면 창조자가 있어야 한다. 만물은 창조자를 필요로 한다."

이번에는 무신론자들의 말을 들어 보라.

"그렇다면 창조자는 누가 창조했는가? 창조자 없이 아무것도 존재할 수 없다면, 화가 없이 그림이 존재할 수 없다면 이 화가는 누가 창조했는가? 만일 당신들이 화가는 창조되지 않는다고 말한다면 그것은 어리석은 소리다. 그림처럼 사소한 것도 창조자 없이는 존재할 수 없는데 어떻게 화가가 창조자 없이 존재한단 말인가?"

그대의 논리는 자가당착이다. 만일 그대가 "그렇다, 신은 다른 신에 의해 창조되었다"고 말한다면 무한히 거슬러 올라가야 한다. A신은 B신에 의해 창조되고, B신은 C신에 의해 창조되고…이렇게 무한 소급이

The Hidden Harmony

계속된다. 결국 문제는 그대로 남을 것이다. 아무 답도 얻을 수 없다. Z 신은 누가 창조했는가? 문제는 변함이 없다. 논리는 아무 답도 주지 못한다. 입증을 위해 사용된 논리가 반증의 경우에도 그대로 적용된다.

헤라클레이토스는 말한다.

   임의적인 추측을 만들지 말자.

추측하지 말라. 모든 이론은 추측에 불과하다.

   가장 중요한 일에 대해서는
   임의적인 추측을 만들지 말자.

아무 추측도 하지 않는 것이 낫다.

   많은 학식도 이해를 가르쳐 주지는 못하네.

이 임의적인 추측에 대해 그대는 많은 것을 배울 수 있다. 위대한 푼디트(pundit, 힌두교에서 학자를 일컫는 말), 훌륭한 학자가 될 수도 있다. 그러나 모든 것은 추측에 지나지 않는다. 그대는 온갖 쓰레기를 긁어모아 이름난 학자가 되고, 사람들은 그대를 존경할 것이다. 사람들은 그대를 '아는 자'로 생각할 것이다. 그러나 정녕 그대가 무엇을 아는가? 신에 대한 말들이 어떤 결론에 도달하는가? 신의 존재를 입증하건 반증하건 마찬가지다. 유신론자와 무신론자 모두 똑같은 배를 타고 있다.

물라 나스루딘이 뱃사공으로 일하고 있었다. 어느 날, 사제 한 명이 반대편 기슭으로 가려고 배를 탔다. 강 중간쯤 이르렀을 때 사제가 물었

Discourses On The Fragments Of Heraclitus

다.

"나스루딘, 당신은 어떤 교육을 받았소?"

나스루딘이 말했다.

"저는 아무것도 모르는 무식한 놈입니다. 학교라고는 문턱에도 가본 적이 없습니다."

사제가 말했다.

"그렇다면 인생의 반은 헛살았군. 아무것도 배우지 않는다면 인생에 무슨 의미가 있겠소?"

나스루딘은 아무 말도 하지 않았다. 그때 갑자기 폭풍이 일어나 배가 가라앉기 시작했다. 나스루딘이 말했다.

"유식한 사제님, 수영을 배운 적이 있습니까?"

"아니, 전혀 없소."

"그렇다면 당신은 인생 전체를 헛살았군. 나 먼저 가오!"

학식과 수영은 다르다. 존재계는 경험을 필요로 한다. 학식은 앎(knowing)이 아니다. 앎이란 직접 경험을 통해 얻은 것이다. 앎은 스스로 얻은 것이지만 학식은 남에게서 빌려 온 것이다. 다른 사람들이 진정으로 아는지 모르는지 그대는 모른다. 그저 믿을 뿐이다. 그러나 명심하라. 믿음은 도움이 안 된다. 믿음(belief)은 학식의 일부다. 신뢰(trust)는 전혀 다른 것이다. 어떤 것을 직접 맛보았을 때 신뢰가 생겨난다. 그대는 직접 맛보지 못했다. 신뢰가 없다. 다만 강요된 표피적인 믿음이 있을 뿐이다. 그대는 믿는다. 믿음은 빌려 온 것이며 죽은 것이다. 믿으면 믿을수록 그대는 더 죽게 된다. 신뢰는 전혀 다른 것이다. 신뢰는 믿음도 불신도 아니다. 신뢰는 믿음과 불신, 또는 마음과 아무 상관도 없다. 사람들은 "우리는 신을 믿는다"고 말한다. 한편으로 "우리는 신을 믿지 않는다"고 말하는 사람들이 있다.

The Hidden Harmony

한 남자가 스리 오로빈도(Sri Aurobindo, 1872-1950. 인도 벵갈 지방에서 출생. 7살 때 영국으로 건너가 대학까지 영국에서 교육받았다. 라마크리슈나의 영향을 받아 바가바드 기타를 공부하였으며, 한때 정치에 투신하기도 했다. 후에는 남인도의 폰디첼리에 은거하면서 요가 수행과 지도, 저작에 몰두하였다. 주요 저서에 ≪The Life Divine≫이 있다)를 찾아와 물었다.

"당신은 신을 믿습니까?"

"아니오."

"무슨 말씀입니까? 제 귀가 의심스럽군요. 저는 신을 아는 분의 말씀을 듣기 위해 이렇게 먼길을 찾아왔습니다."

오로빈도가 말했다.

"하지만 나는 앎에 대해 아무 말도 안했소. 나는 신을 믿지 않소. 그를 아니까!"

믿음은 앎을 대신하기 위한 대용품일 뿐이다. 사실, 믿음은 결코 앎을 대신하지 못한다. 그대는 태양을 믿지 않는다. 그대는 태양이 거기 있다는 것을 안다. 그대는 내가 여기에 있다는 것을 믿는가? 아니다. 그대는 내가 여기 있다는 것을 안다. 지금 그대는 이 자리에 앉아 있다. 그것을 믿는가? 아니다. 그대는 그것을 안다. 그런데 그대는 신을 믿는다. 모르기 때문이다.

무지는 믿음이 될 수도 있고, 불신이 될 수도 있다. 어떤 경우에도 무지는 변함이 없다. 앎(knowing)이 필요하다. 여기에서 한 가지 분명하게 구분해야 할 것이 있다. 나는 '지식(knowledge)'이 아니라 '앎(knowing)'이라는 단어를 사용한다. 앎은 과정이지만 지식은 이미 끝난 것이다. 지식은 고정된 사물과 같다. 그것은 소유할 수도 있고 조작할 수도 있다. 지식은 완제품이다. 그러나 앎은 하나의 과정이다. 앎은 끊임없이 흐르는 강과 같다. 그것을 소유할 수도 없고, 끝났다고 말할 수도 없다. 존재계는 영원하다. 어떻게 앎이 끝날 수 있겠는가? "이제 나는 모든 것을 알

왔다!'고 자신하는 지점에 도달할 수 있겠는가? 그런 지점은 결코 오지 않는다.

　더 많이 알수록 더 많은 문이 열린다. 더 많이 흘러갈수록 더 많은 신비가 그대 앞에 드러난다. 알면 알수록 앎의 능력이 배가된다. 여기엔 끝이 없다. 이런 까닭에 나는 '지식'이 아니라 '앎'이라는 단어를 사용한다. 지식은 죽은 것이다. 그것은 이미 무덤 속에 묻힌 과거다. 그러나 앎은 항상 현재에 있다. 앎은 강처럼 계속되는 흐름이다. 헤라클레이토스는 내 말에 동의할 것이다. 그는 지식이 아니라 앎에 동의한다.

　지식은 완제품이지만 앎은 가공되지 않은 재료다. 앎은 항상 만들어지고 생성되는 과정에 있다. 앎은 항상 변화하고 흐르면서 새로운 형태를 취한다. 앎을 끝내는 것은 불가능하다. 그대 자신이 앎의 일부이기 때문이다. 누가 그것을 끝내겠는가? 그대는 앎이 될 수 있지만 '아는 자'가 될 수는 없다.

　똑같은 사실이 사랑에 대해서도 진실이다. 기도, 명상 등 중대한 모든 문제에 대해서도 이 같은 사실이 똑같이 적용된다. 사실, 'love'라는 단어는 좋지 않다. 'loving'이라는 단어가 좋다. 'loving'은 진행 중이라는 느낌을 준다. 'player(기도)'라는 단어도 좋지 않다. 기도는 죽은 것이다. 'playing'라는 단어가 흐름과 움직임, 살아 있다는 느낌을 준다. 'experience(경험)'이라는 단어도 좋지 않다. 'experiencing'이라는 단어가 좋다. 'meditation(명상)'이라는 단어도 좋지 않다…언어는 죽어서 고정되어 있는 것을 지칭하는 것 같은 느낌을 준다. 그러나 삶은 죽어 있지 않다. 그대가 강에 가서 "강이 있다(The river is)"고 말한다 해도 강은 결코 '그대로 있는 상태(is)'가 아니다. 강은 항상 움직이고 되어 가는 중이다.

　아무것도 고정된 상태(is)가 아니다. 모든 것이 흐른다. 모든 것이 새로운 형태와 이름을 취하면서 흘러간다. 만물이 서로의 안으로 흘러든다.

experiencing, knowing, loving, praying, meditating… 명심하라, 삶은 고정된 사물이 아니라 진행 중인 과정이다. 삶은 영원에서 영원으로 움직인다. 삶은 항상 중간에 있다. 언제나 과정 중에 있다. 그대 또한 언제나 진행 중이다. 이것은 끝이 없다. 살아 있는 움직임이다.

학식은 고정된 완제품을 준다. 오직 삶이 그대에게 진행 과정을 준다. 삶에서는 아무것도 소유할 수 없다. 그대 자신조차 소유할 수 없다. 소유하려는 마음을 갖고 있으면 그대는 앎이 아니라 '아는 자'가 될 것이다. 그래서 무소유가 강조되는 것이다. 아무것도 소유하지 말라. 그대의 아이를 소유하려고 하지 말라. 그는 물건이 아니다. 그대의 연인을 소유하지 말라. 그녀는 물건이 아니다. 아무것도 소유하지 말라. 소유는 애초부터 불가능하다. 소유하면 죽이고 파괴하게 될 것이다. 이와 똑같은 일이 학식의 경우에도 일어난다. 소유하려고 하기 때문이다.

사람들은 내게 와서 "우리는 신을 알고 싶습니다" 하고 말한다. 왜 신을 알려고 하는가? 아는 자가 되고 싶기 때문이다. 그대는 신마저 소유하려고 한다. 그를 진열장에 집어넣으려고 한다. 그대는 가구와 자동차 집뿐만 아니라 신까지 소유할 수 있다는 것을 보여주려고 한다. "자, 와서 보시오. 내가 신을 붙잡아 두었소" 하고 자랑하고 싶어한다. 그대는 신마저 일상 용품으로 만들려고 한다. 아니, 이미 그렇게 만들었다.

소유하지 말라. 학식을 소유할 수는 있지만 앎은 소유될 수 있는 것이 아니다. 앎은 가르쳐질 수 있는 것도 아니다. 그대가 직접 그 안으로 들어가 성장해야 한다. 앎은 안전하지 않다. 과정 중에 누가 안전할 수 있겠는가? 그것은 결코 안전하지 않다. 오직 죽은 것만이 안전하다. 앎은 항상 위험하다. 언제나 기지(旣知)의 세계에서 미지의 세계로, 빛에서 어둠으로, 낮에서 밤으로 움직이기 때문이다. 그대는 삶에서 죽음으로 항상 움직이고 있다. 양자(兩者) 안에 숨어 있는 비밀스러운 조화, 양자 안에 포함되면서도 양자를 초월하는 조화를 알게 된다면 그대는 진리를

안 것이다.

이것이 헤라클레이토스가 가장 중요한 일들에 관해 말하는 뜻이다.

많은 학식도 이해를 가르쳐 주지는 못하네.

많은 것을 아는 사람들이 어리석게 행동하는 것을 본 적이 있을 것이다. 대부분의 경우에 그런 일이 일어난다. 많은 것을 아는 사람은 점점 더 각성이 줄어든다. 그는 실제 상황이 아니라 지식을 통해 행동한다. 그는 어리석어지고 바보같이 행동한다. 지혜롭게 행동하기 위해서는 현재 상황에 대한 감응이 필요하다. 그런데 그는 언제나 죽은 과거를 통해 행동한다. 그는 항상 만반의 준비가 된 상태에서 행동한다. 그는 비어 있지 못하다.

한 철학 교수에 대해 들은 이야기가 있다. 그가 서재에서 공부를 하고 있는데 그의 부인이 흥분해서 뛰어 들어왔다.

"여보, 여기 좀 보세요. 이 신문 봤어요? 여기에 당신이 죽었다고 나와 있어요!"

철학자는 아내와 신문에 눈길도 주지 않고 말했다.

"그러면 잊지 말고 조화를 보내도록 하시오."

누군가 죽으면 꽃을 보내야 한다. 그것이 전부다. 그는 아내의 말을 귀담아 듣지 않았다. 지식으로 가득 찬 사람을 놀라게 하는 것은 불가능하다. 그는 이미 안다. 그를 놀래킬 수 없다. 그는 경이감의 차원을 잃었다. 그는 더 이상 아이가 아니다. 그는 모든 것을 안다.

이런 이야기를 들었다. 나도 한 친구에게 전해 들었기 때문에 이 이야기가 사실이라고 보장할 수는 없다. 그 친구가 물라 나스루딘과 함께 앉아서 여러 가지 대화를 나누며 즐기고 있었다. 그때 물라 나스루딘의 개가 불쑥 들어오더니 말했다.

The Hidden Harmony

"오늘 신문 본 사람 있어요?"

그 친구는 경악했다. 개가 말을 하다니! 믿을 수 없는 일이었다.

나스루딘이 신문을 던져 주자 개가 밖으로 나갔다. 가까스로 정신을 차린 친구가 말했다.

"놀라운 일이오. 개가 글을 읽다니!"

나스루딘이 말했다.

"저 녀석에게 속지 마시오. 그는 만화만 본다오."

경이와 신비에 대한 감각을 잃어버린 사람들이 있다. 그들은 놀라지 않는다. 그들을 놀래키는 것은 불가능하다. 어떻게 된 것일까? 그들은 항상 준비가 되어 있다. 그들은 안다. 모든 것을 아는데 어떻게 경이감을 느낄 수 있겠는가? 아이들은 경이감을 느낀다. 이것이 예수가 "어린 아이처럼 되지 않으면 신의 나라에 들어갈 수 없다"고 말한 뜻이다. 왜 그런가? 경이감이 신의 나라로 들어가는 문이며, 오직 순수한 가슴만이 경이감을 느끼기 때문이다. 순수한 가슴을 갖고 있을 때 그대는 경이감을 느낀다. 모든 것이 그대를 놀라게 한다. 나비 한 마리도 신비롭게 보인다.

장자가 나무 밑에 앉아 있다가 두세 마리의 나비가 서로를 뒤쫓고 있는 것을 보았다. 이것을 보고 그는 짤막한 시를 썼다.

"내게는 이 나비들이 꽃처럼 보인다. 시들어서 땅에 떨어졌던 꽃들이 돌아왔다. 이제 그들이 나무 위에 돌아왔다."

꽃은 땅 위에 떨어져 사라진다. 장자는 이렇게 말한다.

"그들이 나비가 되어 나무 위에 돌아왔다."

이런 사람은 신의 나라에 들어갈 것이다. 그대는 안 된다. 누군가 나비에 관해 물으면 그대는 즉시 책을 펼쳐 들고 나비에 관한 모든 것을 말할 수 있다. 그대는 말로 표현될 수 있는 것이 전부라고 생각하는가? 말

Discourses On The Fragments Of Heraclitus

로 표현된 것에 모든 것이 담겨 있다고 생각하는가? 말로 표현되지 않은 것, 영원히 말로 표현되지 않을 그 무엇, 아무도 말로 표현할 수 없는 어떤 것이 있다. 만일 모든 것이 말로 표현되었다고 생각한다면 어떻게 경이감을 느낄 수 있겠는가? 이때 그대는 경이감을 잃어버릴 것이다.

이 시대는 과거 어느 때보다도 많은 것을 알지만 한편으로는 과거 어느 시대보다도 신과 멀어졌다. 지식이 산처럼 쌓이고 도서관은 날로 커져 간다. 사람들은 수많은 것을 알고 있다. 우리는 어린아이들에게 지식을 강요한다. 그들이 앎을 향해 나아가는 것을 방해하고, 그들의 경이감이 자라지 못하게 한다. 우리는 그들이 더욱더 신비감에 휩싸이는 것을 방해한다. 내적으로나 외적으로나 그들은 더 많은 신비감을 느껴야 한다. 꽃과 나비와 바위를 보고 감동할 줄 알아야 한다. 그런데 우리는 그들의 마음을 지식으로 가득 채워 놓는다. 여기, 헤라클레이토스는 이렇게 말한다.

> 금을 찾는 사람들은
> 깊이 땅을 파헤치지만
> 얻는 것은 거의 없으리라.

이 학식 있는 자들은 땅을 깊이 파고 들어가지만 거의 아무것도 발견하지 못한다. 산 전체를 무너뜨리고는 생쥐 한 마리밖에 찾지 못한다. 그들이 무엇을 얻었는가? 그들은 금을 찾는 도굴꾼과 같다. 엄청난 노력을 기울이지만 그들이 발견한 것은 아무 가치도 없다. 그저 가치 있는 것처럼 보일 뿐이다. 그런 까닭에 헤라클레이토스는 '금'이라는 상징을 사용한다. 금이 무슨 가치를 갖는가? 그대가 금에 부여한 가치는 하나의 약속일 뿐이다. 우리가 금에 가치를 부여한 것이다. 금 자체가 본래 가치를 갖는 것은 아니다. 만일 인간이 존재하지 않는다면 금이 무슨 가치

|169

The Hidden Harmony

가 있겠는가? 동물들은 금에 관심을 갖지 않는다. 개에게 금과 뼈다귀를 던져 주면 그는 당연히 뼈다귀를 선택할 것이다. 개는 그대의 황금에 아무 관심도 없다. 금이 무슨 가치를 갖는가? 금 자체에 내재된 가치가 있는가? 아니다, 아무 가치도 없다. 금의 가치는 사회적인 투영일 뿐이다. 그대가 금을 가치 있다고 생각하기 때문에 금이 가치를 갖는 것이다. 그대가 가치 있다고 생각하는 것은 모두 가치 있게 된다. 금을 찾는 사람들은 깊이 땅을 파헤치지만 거의 아무것도 발견하지 못한다. 이것이 지식을 파헤치는 사람들에게 일어나는 일이다. 그들은 경험, 진리, 삶을 파헤치지 않는다. 삶이 곧 진리임에도 불구하고! 이론과 지식을 통해 파헤칠 수 있는 진리는 모두 죽은 것이다.

모든 길을 여행해 보아도
영혼의 한계를 발견할 수는 없으리니.
그 의미는 너무나 깊고 깊어라.

이 세 단어를 이해하도록 노력하라. 첫 번째 단어는 '기지(旣知)' 다. '기지'는 이미 알려진 것이다. 그 다음에 '미지(未知)' 라는 단어가 있다. '미지'는 아직 알려지지 않았지만 언젠가는 알게 될 가능성이 있는 것이다. 과학은 존재계를 이 두 단어, 즉 기지와 미지로 나눈다. 기지는 우리가 이미 알고 있는 것이고, 미지는 앞으로 우리가 알게 될 것이다. 단지 시간이 필요할 뿐이다. 그런데 종교는 이 세상을 세 단어로 나눈다. 기지와 미지 그리고 불가지(不可知) 다.

불가지의 영역을 완전히 규명하는 것은 불가능하다. 미지의 영역은 언젠가 알려질 것이고, 알려진 것은 언젠가 다시 미지로 돌아갈 것이다. 이런 일이 여러 번 일어났다. 이미 알려졌던 많은 것들이 다시 미지의 영역으로 돌아갔다. 사회가 그들에 관한 관심을 잃어버렸기 때문이다.

이런 일이 여러 번 일어났다. 과거를 깊이 연구하는 사람들에게 물어 보라. 지금 우리가 알고 있는 것의 대부분은 과거에 한때 알려졌다가 잊혀진 것들이다.

아메리카 대륙을 발견한 사람은 콜롬부스가 처음이 아니다. 그 전에도 많은 사람들이 아메리카를 발견했지만 다시 잊혀졌다. 인도에서 가장 오래된 경전 중의 하나인 '마하바라타(Mahabharat)'는 최소한 5천 년 전에 씌어졌다. 그 이상일 가능성도 있다. 이 경전에는 멕시코가 언급되고 있다. 아르주나(Arjuna, 《마하바라타》의 일부인 《바가바드 기타》에서 친족간의 전쟁으로 고민하는 주인공. 마부로 현현(顯現)한 크리슈나의 가르침을 받는다)에게는 많은 부인이 있었는데, 그중의 한 명이 멕시코인이었다. 세상의 많은 고대 경전들 속에 아메리카가 언급되고 있다. 콜롬부스는 아메리카를 발견한 최초의 인물이 아니다. 그는 재발견했을 뿐이다.

많은 경전들 안에는 비행기에 대한 언급이 나와 있다. 우리가 비행기를 발명한 것은 이번이 처음이 아니다. 예전에 우리는 비행기를 발명했다가 무관심해졌고, 그래서 비행기가 잊혀졌다. 내가 아는 한, 처음으로 발견된 것은 아무것도 없다. 모든 것이 발견되었다가 잊혀진 것이다. 이것이 사회에 의해 좌우되는 문제다. 사회가 관심을 가지면 그대로 남지만 그렇지 않으면 잊혀진다.

알려진 것은 미지의 것이 될 것이고, 미지의 것은 다시 알려질 것이다. 그런데 제 삼의 차원이 있다. 바로 불가지의 차원이다. 과학은 이 불가지의 차원을 믿지 않는다. 과학은 "불가지의 차원이란 아직 알려지지 않은 차원 외에 다른 것이 아니다"라고 말한다. 그러나 종교는 이것이 전혀 다른 차원이라고 말한다. 불가지의 차원은 항상 알려지지 않은 채 남을 것이다. 불가지의 차원은 그 본질상 마음이 다룰 수 있는 차원을 넘어선다. 이 차원은 광대하고 무한하다. 시작도 없고 끝도 없는 전체다. 어떤 식으로든 부분이 전체를 담는 것은 불가능하다. 어떻게 부분이 전

The Hidden Harmony

체를 담을 수 있는가? 마음이 솟아났다가 회귀하는 근원이 있다. 이 근원을 마음이 알 수 있겠는가? 그것은 불가능하다. 절대 불가능하다. 우리가 온 그 곳을 우리가 알 수 있겠는가? 우리는 파도와 같다. 파도가 바다 전체를 담을 수 있는가? 물론 그렇게 주장할 수도 있다. 바다는 아무 것도 거부하지 않는다. 그저 웃을 뿐이다. 이것은 어린아이가 부모 앞에서 억지를 부리는 것과 같다. 부모는 그저 웃는다. 이해될 수 없는 차원, 불가지의 차원이 있다.

헤라클레이토스는 말한다.

모든 길을 여행해 보아도
영혼의 한계를 발견할 수는 없으리니,
그 의미는 너무나 깊고 깊어라.

그대가 어떻게 그대 자신을 알 수 있는가? 종교에서는 "너 자신을 알아라" 하고 말한다. 그러나 진정 그대 자신을 알 수 있는가? 누가 아는 자이고, 누가 알려지는 자가 될 것인가? 지식은 구분에 의존한다. 그대는 나를 알 수 있다. 내가 대상이고, 그대는 '아는 자'가 되기 때문이다. 그러나 어떻게 그대가 그대 자신을 알 수 있는가? 만일 알려고 노력한다면, 그대가 알게 되는 것은 그대 자신이 아닐 것이다. '아는 자'는 항상 괄호 밖에 나와 있다. 그런데 지식은 항상 개체가 되어 괄호 안에 묶여 있고, 그대는 주체가 되어 역시 괄호 안에 묶여 있다.

예를 들어, 그대는 몸에 대해 알 수 있다. 깨달은 사람들 모두가 "그대는 몸이 아니다"라고 말하는 이유가 여기에 있다. 우리가 몸을 알 수 있기 때문이다. 그대는 마음을 알 수 있다. 그러므로 깨달은 사람들은 "그대는 마음이 아니다"라고 말한다. 마음이 대상이 되고, 그대는 아는 자가 되기 때문이다. 그대는 항상 주체와 객체라는 괄호 밖에 나와 있다.

Discourses On The Fragments Of Heraclitus

그대는 미묘하게 벗어난 위치에 있다. 그대가 무엇을 알건 그대는 즉시 그것을 벗어난다. 어떤 것이 알려지는 순간 그대는 그것과 분리된다. 만일 그대가 "나는 나 자신을 알았다"고 말한다면, 이 말은 무슨 뜻인가? 누가 누구를 알았다는 말인가? 알려진 자가 그대인가? 아니면 아는 자가 그대인가? 만일 그대가 아는 자라면 여전히 그대는 알려지지 않은 것이다. 자기 자신에 대한 앎은 불가능하다.

그렇다면 왜 항상 "너 자신을 알아라" 하고 말하는 것일까? 여기에는 이유가 있다. 그대 자신을 알려는 노력을 통해서만 불가지의 차원으로 들어갈 수 있기 때문이다. 예로부터 "너 자신을 알아라"는 말이 전해져 왔다. 이 말은 그대 자신을 알 수 있다는 말이 아니다. 이 말에 속지 말라. 지금까지 아무도 자기 자신을 안 사람이 없었으며, 앞으로도 없을 것이다. 진정한 앎에 도달한 사람들은 광대하고 궁극적인 것은 영원히 불가지의 차원에 남는다는 것을 알았다.

예로부터 "너 자신을 알아라"는 말이 강조되어 왔다. 나 또한 그대 자신을 알고고 강조한다. 돌연 "이것이 불가지의 차원으로 들어가는 문이다"라고 깨닫게 되는 지점으로 그대를 데려가기 위함이다. 그대 자신을 알려는 노력에 의해 그대는 불가지의 차원을 알게 될 것이다. 이것은 그대가 '알 수 없는 것'을 알게 된다는 말이 아니다. 절대로 그런 뜻이 아니다. 내 말은 그대가 불가지의 차원으로 들어가게 된다는 뜻이다. 그것은 지식이 아니라 도약이다. 그대는 바다 안으로 뛰어들어 사라진다. 그대가 바다를 아는 것이 아니다. 그대 자체가 바다가 된다. 물론, 아주 미묘한 방식으로 그대는 안다. 동시에 그대는 모른다.

이런 까닭에 헤라클레이토스는 역설적으로 보인다. 그는 뭔가 결함이 있고, 약간 미친 사람 같다. 그러나 이것이 자연의 본질이다. 이것이 자연의 깊이이며, 더 깊은 곳에 숨어 있는 의미이다. 아무것도 행해질 수 없다. 그러므로 준비가 되지 않은 상태에서 불가지의 차원으로 들어가

173

The Hidden Harmony

면 미칠 수도 있다. 이것은 도무지 뭐가 뭔지 알 수 없는 역설이다. 바닥이 없는 심연으로 들어가는 것과 같다. 너무나 무한하기 때문에 깊이 들어가면 갈수록 그대는 사라진다. 그것을 소유하는 것은 절대 불가능하다. 다만 그대가 소유될 뿐이다.

신을 소유하는 것은 불가능하다. 다만 그가 그대를 소유하도록 허용하는 수밖에 없다. 이것이 그대가 할 수 있는 전부다. 이것이 '귀의'라고 불리는 것이다. 신이 그대를 소유하도록 허용하라. 소유 당할 준비를 하라. 이 준비를 위해서는 그대의 합리적인 이성을 버려야 한다. 합리적 이성이란 순전히 광기 외에 다른 것이 아니다. 아무것도 명확하지 않다. 모든 것이 혼란스럽고 흐릿해진다. 그것이 혼란스럽고 흐릿해 보이는 이유는 그대가 그것을 명료하게 만들려고 하기 때문이다. 그것을 명료하게 만드는 것은 불가능하다. 삶은 역설적인 모든 것을 포괄한다.

　　모든 길을 여행해 보아도
　　영혼의 한계를 발견할 수는 없으리니.
　　그 의미는 너무나 깊고 깊어라.

모든 길을 다 여행해도 그대는 목적지에 도달하지 못할 것이다. 모든 길이 하나로 합쳐지지만 그대는 결코 목적지에 이르지 못할 것이다. 왜 그런가? 삶에는 목적이 없기 때문이다. 삶은 축제다. 아무 목적도 없다. 삶은 특정한 목적지로 가지 않는다. 단지 가는 것을 즐길 뿐 특정한 목적지가 없다. 삶은 놀이이며 게임이다. 삶을 심각하게 대하지 말라. 심각하면 삶을 놓친다. 진지하되 심각하지는 말아라. 심각함과 진지함은 전혀 다른 것이다. 심각할 때 그대는 목적이라는 개념으로 생각한다. 수단과 목적이 구분되고, 방법과 성과가 구별된다. 그대는 야망으로 가득 찬다. 심각함은 야망이다. 그것은 질병이다. 그대는 이 세상에 대한 관

심을 철회했을지도 모른다. 그러나 야망에 찬 마음은 이제 다른 세상을 생각하고 있다. 심각함은 종교적이지 않다. 심각한 사람은 자연히 철학적일 수밖에 없다. 그는 생각에 골몰한다. 심각함은 머리에 속한다. 그러므로 심각한 사람, 생각이 많은 사람은 우울한 얼굴을 하고 있다. 그는 웃지 못한다. 그는 놀이를 즐기지 못한다. 왜냐 하면 그는 언제나 "이 놀이를 통해 무엇을 얻을 것인가?" 하고 생각하기 때문이다. 그는 삶을 수단으로 전락시킨다. 그러나 삶은 그 자체가 목적이다.

진지한 사람은 전혀 다르다. 진지함은 가슴에 속한다. 그는 진실하지만 심각하지 않다. 그는 추구하지만 목적을 염두에 두지 않는다. 그의 추구는 어린아이의 놀이와 같다. 발견해도 그만, 발견하지 못해도 그만이다. 어린아이를 보라. 그는 강아지를 쫓아 달리다가 중간에 나비를 발견한다. 그러면 즉시 방향을 바꾸어 나비를 쫓기 시작한다. 그 다음에 옆에 피어 있는 꽃을 발견한다. 이제 그는 나비를 잊고 꽃에 전적인 관심을 기울인다. 그는 심각하지 않다. 그러나 매우 진지하다. 그는 강아지와 나비를 잊었다. 이제는 꽃이 전부다. 어떤 것에 전적인 관심을 쏟을 때, 그것이 진지함이다. 어떤 것을 수단으로 보고 관심을 기울일 때 그대는 교활하다. 그대가 진실로 원하는 것은 목적지에 도달하는 것이다. 그대가 관심을 갖는 것은 수단에 불과하다. 그대는 착취한다. 목적지에 이르기 위해 길을 이용한다. 그러나 어린아이에게는 길이 곧 목적지다. 종교적인 사람도 마찬가지다.

내가 어디에 있건 그곳이 목적지이다.

내가 어떤 사람이건 이 사람이 목적이다.

지금 이 순간에 나의 삶 전체가 내게 집중되어 있다. 달리 갈 곳이 없다. 이 순간을 전체적으로 즐기고 누려야 한다.

이런 사람이 종교적인 사람이다. 그는 어디로 갈지 걱정하지 않는다. 다만 아침 산책을 즐길 뿐이다. 이것은 전혀 다른 현상이다. 직장에 출

The Hidden Harmony

근할 때와 아침 산책을 나갈 때 같은 길을 걷는다고 하자. 길은 똑같다. 모든 것이 똑같다. 집도 똑같고, 그대도 똑같다. 그대의 다리도 똑같다. 그러나 아침 산책을 나갈 때는 모든 것이 달라진다. 종교적인 사람은 아침 산책을 하듯이 살아간다. 그리고 비종교적인 사람은 직장에 나가는 것처럼 살아간다. 그는 목적지를 염두에 두고 있다. 세속적인 사람은 목적을 지향한다. 그 목적이 무엇이건 상관없다. 세속적인 것이든 신이든 그는 목적을 지향한다.

반면, 비세속적인 사람은 목적을 지향하지 않는다. 그는 지금 이 순간을 산다. 모든 것이 지금 이 순간에 집중된다. 이때 지금 이 순간은 무한(無限)이 된다. 아무리 많은 길을 걸어도 무한은 도달할 수 없는 곳에 남는다. 이것이 아름다움이다. 만일 도달할 수 있다면 모든 것이 사라질 것이다. 만일 그대 자신을 알 수 있다면 그 다음에는 무엇을 할 것인가? 이때 그대는 자기 자신에 대해 권태를 느낄 것이다. 그러나 그런 일은 일어나지 않는다. 이런 권태는 결코 오지 않는다. 삶은 영원히 이어지는 과정이기 때문이다. 삶은 무한에서 다른 무한으로 이어지는 과정이다.

이것을 명심하라. 마음으로만 듣지 말고 가슴 깊이 새겨라.

가장 중요한 일에 대해서는
임의적인 추측을 만들지 말자.

많은 학식도 이해를 가르쳐 주지는 못하네.

금을 찾는 사람들은
깊이 땅을 파헤치지만
얻는 것은 거의 없으리라.

모든 길을 여행해 보아도
영혼의 한계를 발견할 수는 없으리니,
그 의미는 너무나 깊고 깊어라.

여섯,
여기에도 신은
있다

몇 명의 방문객이 뜻하지 않게
헤라클레이토스를 찾아갔을 때
그는 불가에 앉아 불을 쬐고 있었다.
그가 사람들에게 말하기를,
"여기에도 신은 있다!"

나는 나 자신을 탐구했다.

시간은 장기를 두는 아이와 같으니,
왕권이 그의 것이니라.

광신은 신격화된 질병이다.

The Hidden Harmony

Here, too, are the gods
— 여기에도 신은 있다

　진리를 추구하는 데에는 두 가지 길이 있다. 하나는 지식을 빌려 오는 것이고, 다른 하나는 그대 자신을 탐구하는 것이다. 물론 빌려 오는 것은 쉽다. 그러나 빌려 온 것은 그대의 것이 아니다. 그리고 그대의 것이 아닌 것은 진리가 될 수 없다. 이 조건이 충족되어야 한다. 진리는 그대의 것이어야 한다.

　내가 진리를 안다 해도 그것을 그대에게 전해 줄 수는 없다. 전해 주는 가운데 그것은 거짓이 된다. 이것이 진리의 본성이다. 아무도 그대에게 진리를 줄 수 없다. 진리는 빌려 올 수 있는 것이 아니다. 훔칠 수도 없고 돈으로 살 수도 없다. 그대 스스로 알아야 한다. 그대 스스로 알지 못하는 한 그대의 지식은 앎이 아니다. 그것은 그대의 무지를 가리는 위장책에 불과하다. 그대 자신을 기만하는 것이며, 완전히 잘못된 길로 접어든 것이다.

　진리는 살아 있는 현상이다. 이것을 첫 번째로 기억해야 한다. 누가 그대를 대신해 살아 주겠는가? 그대 스스로 살아야 한다. 아무도 그대를 대신해 살아 줄 수 없다. 다른 사람이 그대를 대신해 사랑할 수 있겠는

가? 하인도 할 수 없고, 친구도 도움이 안 된다. 그대 스스로 사랑해야 한다. 장 폴 샤르트르(Jean-Paul Sartre, 1905-1980. 현대 프랑스의 실존주의 철학자, 소설가, 극작가, 평론가. ≪존재와 무≫ ≪악마와 신≫ ≪변증법적 이성 비판≫ 등의 저서가 있다)는 조만간 사람들이 자기를 대신해 사랑해 주는 하인을 고용하게 될 날이 올 것이라고 말했다. 부유한 사람들은 이미 그런 길을 가고 있다. 하인을 고용할 여유가 있는 사람들은 조만간 사랑 때문에 골치를 썩지 않아도 될 것이다. 하인이 대신해 줄 수 있는데 왜 그런 일에 신경을 쓰겠는가? 아름답고 훌륭한 하인을 찾으면 그가 그대를 대신해 사랑해 줄 것이다. 그대는 사랑 문제를 하인에게 맡기고 더 중요한 일을 할 수 있다.

물라 나스루딘이 내게 말했다.

"나는 아내의 행복에 아주 관심이 많다네."

내가 물었다.

"그래서 자네는 무엇을 하는가?"

그가 말했다.

"무엇을 해주면 좋을지 알아보려고 사립 탐정을 고용했지."

다른 사람이 그대를 대신해 사랑할 수 있겠는가? 그것은 불가능하다. 대리인에 의해 살아가거나 사랑할 수는 없다. 대리인의 힘으로 진리에 도달하는 것은 불가능하다. 이것이 자연의 법칙이다. 진리에 관한 한 꾀를 부리거나 교활한 수를 쓸 방법은 없다. 그런데 사람들은 그렇게 꾀를 부리려고 한다. 그들은 이렇게 말한다.

"저기 깨달은 사람이 있다. 그에게서 진리를 얻을 수 있다. 진리를 빌려 올 수 있다."

그러나 진리는 그대 스스로 살면서 터득해야 하는 것이다. 진리는 밖에 있지 않다. 진리는 그대의 내면에서 성장한다. 진리는 물건이나 대상이 아니다. 진리는 그대의 주체성(subjectivity)이다.

진리는 주체적인 것이다. 그러니 어떻게 진리를 다른 사람에게서 빌려 올 수 있겠는가? 어떻게 베다, 코란, 성경 등의 경전에서 진리를 얻어 올 수 있겠는가? 안 된다. 예수나 붓다는 아무 도움이 안 된다. 그대가 직접 진리 안으로 들어가야 한다. 지름길은 없다. 그대 스스로 고통을 감수하며 길을 가야 한다. 여러 번 넘어질 것이다. 여러 번 실수하고 길을 잃을 것이다. 이것은 당연한 일이다. 그럴 때마다 다시 돌아오라. 다시 탐구를 시작하라. 여러 번 길을 잃을 것이다. 원을 돌면서 제자리로 돌아오는 일이 반복될 것이다. 아무 진보도 없는 것처럼 보일 것이다. 그러나 계속 추구하라. 절망하거나 낙담하지 말고 계속 나아가라. 희망을 잃지 말라. 이것이 구도자가 지녀야 할 자질이다.

구도자는 신뢰한다. 그는 희망을 잃지 않는다. 그는 영원히 기다릴 수 있다. 그는 인내심을 갖고 꾸준히 탐구한다. 걸음마다 목적지로 향하는 것은 아니다. 때로는 정반대 방향으로 움직일 수도 있다. 그러나 반대 방향으로 움직이는 것도 배움의 과정이다. 실수도 배움의 일부다. 실수를 두려워하면 아무것도 배울 수 없다. 길을 잃을까봐 두려워하는 사람은 여행할 수가 없다. 마음은 "깨달은 사람에게 얻어 와라" 하고 말한다. 그러나 남에게서 얻어 온 것은 중고품이다. 진리에 관한 한 중고품은 없다. 그것은 거짓이다. 중고 진리는 거짓이다. 진리가 진리이기 위해서는 항상 신제품이고 정품이어야 한다. 그대 스스로 진리에 도달해야 한다.

헤라클레이토스는 말한다.

나는 나 자신을 탐구했다.

그는 이렇게 말한다.

"지금 나는 어디선가 들은 말을 하고 있는 것이 아니다. 나는 나 자신

Discourses On The Fragments Of Heraclitus

을 탐구했다. 이것은 남에게서 배워 얻은 것이 아니라 내 스스로 가꾼 것이다. 이것은 하나의 성장이며 주체성이다. 이것은 나 자신의 경험이다."

그대 스스로 경험했을 때 그것은 그대를 변형시킨다. 예수는 "진리가 너희를 자유케 하리라"고 말한다. 그런데 그대는 많은 진리를 알고 있음에도 불구하고 자유롭지 못하다. 그 진리들은 그대를 해방시키지 못했다. 오히려 그 진리들은 철창이 되고 족쇄가 되었다. 진리는 그대를 해방시키지만 거짓은 감옥이 된다.

그러므로 헤라클레이토스는 이렇게 말한다.

　　광신은 신격화된 질병이다.

자기 자신을 아는 사람은 결코 광신자가 되지 않는다. 그는 이론에 얽매이지 않는다. 그는 자기만이 옳다고 주장하지 않는다. 진리를 깨달은 사람은 진리가 다차원적인 얼굴을 갖고 있으며, 그 얼굴을 바라보는 방식이 수없이 많다는 것을 안다. 어떤 사람이 진리에 가까이 다가갈 때 그가 보는 것은 모두 개인적인 것이다. 이 개인적인 시각은 전에도 없었고 앞으로도 없을 것이다. 그와 똑같은 사람은 결코 존재한 적이 없기 때문이다. 이 개인적인 시각은 독창적이다. 모든 시각, 진리와의 만남 모두가 독특하다. 서로 비교할 수 없는 것이다.

자기 자신을 아는 사람은 진리로 가는 길이 수없이 많다는 것을 안다. 그는 진리의 얼굴이 헤아릴 수 없을 만큼 많다는 것을 안다. 그러니 그가 어떻게 편협한 광신도가 될 수 있겠는가? 그가 "나의 진리만이 진짜다. 나의 신만이 진짜 신이다. 당신의 신은 가짜다"라고 말할 수 있겠는가? 이런 말은 진리를 빌려 온 사람들의 말이다. 세상에는 진리를 주장하는 사람들이 수없이 많다. 그러나 그들은 아무것도 모른다. 그들은 자

The Hidden Harmony

기 자신을 탐구한 적이 없다. 그렇지 않았다면 어떻게 진리를 놓칠 수 있겠는가? 어떻게 다차원적인 경험, 진리의 다양성을 놓치겠는가? 어떻게 "오로지 나의 진리가 진짜다!" 하고 외칠 수 있겠는가? 진리를 아는 사람은 '나'가 없다는 것을 안다. 그러니 어떻게 자신의 주장을 내세울 수 있겠는가? 어떻게 광신자가 되겠는가?

진실로 종교적인 사람은 아무것도 주장하지 않는다. 그는 모든 것을 수용한다. 그는 관대함을 내세우지 않는다. 그대는 "나는 관대하다"고 말할 때에도 옹졸함을 숨기고 있다. 그대는 이렇게 말한다.

"나는 기독교인이고 당신은 힌두교인이다. 그러나 나는 관대한 사람이다. 내가 옳은 것처럼 당신 역시 옳을 수 있다. 나는 당신의 종교에 대해 관대한 시각을 갖고 있다."

그러나 이런 관대함은 편협함을 숨기고 있다. 관대하다고 내세우는 것 자체가 옹졸하다. 그러므로 "나는 관대하다"고 말하는 사람을 경계하라. 그는 편협한 사람이다. 자신의 편협함을 숨기고 있는 것이다. 그의 관대함은 무엇을 의미하는가? 그는 내심 이렇게 생각한다.

"나는 그들보다 고상한 사람이다. 저 천하고 불쌍한 사람들을 너그럽게 봐주자."

기독교인들은 기껏해야 이렇게 말할 것이다.

"그래, 많은 길이 있겠지만 우리의 길이 최고다. 다른 길을 통해서 간 사람들도 있을 것이다. 그러나 우리의 길이 가장 훌륭하다. 우리의 길은 쌩쌩 달릴 수 있는 고속도로다!"

이것이 편협함이다. 왜 '나'를 내세우는가? 이 에고는 어디에서 나왔는가?

종교가 그렇게 많은 말썽을 일으켜 온 이유가 여기에 있다. 그들은 학살을 자행했다. 그들은 온갖 죄를 저질렀다. 종교는 인간을 해방시키기 위해 존재한다. 종교는 인간을 모든 죄악에서 끌어내려고 존재한다. 그

Discourses On The Fragments Of Heraclitus

런데 그들이 무엇을 했는가? 그들은 온갖 죄악을 저질렀다. 종교보다 많은 사람을 죽인 것은 없다. 이 세상에 종교처럼 많은 싸움과 마찰, 불행과 갈등을 심어 준 것은 없다. 이 세상이 추해진 것은 사방에 널린 교회와 사원, 모스크(mosque, 이슬람교 사원) 때문이다. 그들은 인류를 통합시키기는커녕 이간질하고 분열시켰다. 그들은 인류를 하나로 통일시키지 못했다. 그들은 사랑을 떠벌리면서 증오심을 심어 주었다. 그들은 평화를 외치면서 온갖 폭력을 불러일으켰다. 그들은 평화를 외치면서 폭력을 충동질했다. 왜 그런가? 종교 자체는 이유가 아니다. 그 이유는 광신이다.

헤라클레이토스는 말한다.

광신은 신격화된 질병이다.

질병은 나쁘다. 그러나 신격화된 질병은 더 나쁘다. 그대는 신격화된 질병을 보고 최상의 건강으로 생각한다. "내가 유일한 진리다"라는 주장은 아주 교묘한 방식으로 말해진다. 이때 추악함이 생겨난다. 이 미친 사람들은 신에게도 허튼 소리를 하라고 강요한다. 모하메드교인들은 "신이 말씀하시기를 '내가 유일한 신이며, 모하메드가 나의 유일한 예언자다.'라고 하셨다"고 말한다. 이 말이 무슨 뜻인가? 신이 모하메드에게서 끝났다는 말인가? 그렇다면 그는 아주 가난한 신이다. 그렇다면 마하비라는 어떻게 되는가? 붓다와 예수는 어떻게 되는가? 크리슈나와 노자, 헤라클레이토스는 어떻게 되는가? 또한 언젠가 예언자가 될 그대들 모두는 어떻게 되는가? 이 모두가 어떻게 되는가? 모하메드는 아름답다. 그러나 모하메드교인들이 그를 유일한 예언자로 주장할 때 모든 것이 추해진다. 예수는 멋있는 사람이다. 그런데 기독교인들은 그를 신의 유일한 아들로 주장한다. 왜 그만이 신의 아들인가? 그렇다면 우리 모두는

어떻게 되는가? 우리는 사생아인가? 그가 신의 독생자라면 이 존재계 전체는 어떻게 되는가? 예수만 신에게서 나왔다면 그대는 어디에서 나왔는가? 그대의 아버지는 누구인가?

신의 잠재력은 무한하다. 수백만 명의 예수를 탄생시켜도 그는 고갈되지 않는다. 이것이 전능하다는 말의 뜻이다. 아들 하나밖에 없는 신은 전능하기는커녕 아주 무능해 보인다. 그는 계속해서 창조한다. 그의 창조성에는 끝이 없다. 무한하다. 그런데 기독교인들은 예수를 신의 독생자라고 주장한다. 왜 이렇게 주장하는가? 그래야만 그들의 바이블이 유일한 책이라고 주장할 수 있기 때문이다. 원래 '바이블(bible)'이라는 단어는 책이라는 뜻이다. 그들은 이 책에 특별한 이름을 붙이지 않았다. 그들에게는 바이블이 유일한 책이고 다른 책들은 모두 쓰레기이기 때문이다. 그렇다면 우파니샤드는 어떻게 되는가? 붓다의 말은 어떻게 되는가? 노자의 도덕경은 어떻게 되는가? 왜 바이블이 유일한 책이 되어야 한단 말인가? 바이블은 아름다운 책이다. 그러나 그것이 유일한 책이라고 주장하면 추해진다.

이것이 신성화된 질병이다. 나의 진리가 전부라고 주장할 때 에고가 들어온다. 진리는 아무런 주장도 필요로 하지 않는다. 진리는 그 아름다움을 고스란히 간직한 채 그저 존재할 뿐이다. 진리는 있는 그대로 드러날 뿐 아무것도 주장하지 않는다. 진리는 어느 누구도 개종시키려고 하지 않는다. 진리는 그대에게 도움을 준다. 진리는 그대를 사랑한다. 진리는 그대가 변형되기를 원한다. 그러나 여기에 그대를 개종시키려는 노력은 없다. 그런데 힌두교인들은 기독교인을 힌두교인으로 개종시키려 하고, 기독교인들은 힌두교인을 기독교인으로 개종시키려고 한다. 왜 그럴까? 그들은 자기들만이 유일한 열쇠를 가졌으며, 기독교인이 아닌 다른 사람들 모두가 지옥에 떨어질 것이라고 믿는다. 이렇게 사람들을 개종시키려는 노력은 길을 아주 협소하게 만든다.

Discourses On The Fragments Of Heraclitus

길은 무한하다. 왜냐 하면 모든 길은 무한을 지향하기 때문이다.

목적지가 무한한데 길이 어떻게 협소할 수 있겠는가? 사실, 종교적인 사람은 기독교인도 아니고, 힌두교인도 아니고, 모하메드교인도 아니다. 이것이 내가 그대를 도우려고 노력하는 점이다. 나는 그대를 기독교인, 힌두교인, 모하메드교인으로 만들지 않는다. 왜 단순하게 존재하지 못하는가? 종파라는 딱지를 붙이고 다닐 필요가 있는가? 예수를 사랑하고 좋게 느끼는 것은 매우 아름다운 일이다. 붓다를 사랑하는 것 또한 좋은 일이다. 그런데 왜 광신자가 되는가? 왜 편협한 이념을 가지는가? 그대의 사랑은 아름답다. 그 사랑이 도움을 준다면 좋은 일이다. 그 사랑을 따라 움직여라. 수많은 사람들이 각자 다른 길을 간다. 그들이 제 갈 길로 가도록 놔두어라. 그들을 도와주어라. 그들이 어디로 가든 그들을 도와주어라. 그들이 그들 자신의 길을 가도록 도움을 주어라. 그들이 그들 자신의 일을 하도록 놔두어라. 그들을 강요하거나 개종시키려고 하지 말라. 만일 그들이 그대를 보고 뭔가를 느껴서 길을 바꾸고자 한다면 그것은 전적으로 그들에게 달린 문제다. 이것이 헤라클레이토스가 까맣게 잊혀진 이유다. 그는 아무 종파도 만들지 않았다. 물론 그에게도 따르는 사람들이 있었지만 그는 종파를 만들지 않았다. 그는 아무것도 주장하지 않았다. 그는 "이것이 유일한 진리다"라고 말하지 않았다.

왜 이런 주장이 설득력을 갖는 것일까? 누군가 "이것이 유일한 진리다" 하고 말하면 이 말이 호소력을 갖는 이유는 무엇인가? 그대는 아주 혼란되고 불확실한 상태에 있다. 그래서 어떤 사람이 "이것이 유일한 진리다" 하고 말하면 그대는 이렇게 생각한다.

"그는 틀림없이 진리를 알고 있다. 그렇지 않다면 어떻게 이토록 자신 있게 주장할 수 있겠는가?"

이 주장이 미묘한 영향을 미치고, 그의 말이 매우 권위적으로 들린다. 그러나 이것을 명심하라. 진정으로 지혜로운 사람, 이해의 차원에 도달

한 사람은 항상 머뭇거린다. 그는 그렇게 권위적이지 않다. 그는 진리를 알지만 그것이 말로 표현될 수 없다고 느낀다. 그래서 항상 망설인다. 그의 말은 시에 가깝다. 주장을 찾아볼 수 없다. 그의 주변에는 미묘한 향기 같은 것이 감돌고 있다. 이 향기가 그대에게 확신감을 준다. 이 확신은 그의 말에서 오는 것이 아니다. 그는 항상 망설인다. 그는 말하기에 앞서 머뭇거린다. 왜냐 하면 무슨 말을 하건 말은 진리가 될 수 없다는 것을 그는 알기 때문이다. 그는 자신이 위험한 일을 하고 있다는 것을 안다. 말은 파괴적인 영향을 미칠 수도 있다. 어떤 말을 들었을 때 그대 나름대로 작위적인 의미를 부여할지도 모른다.

　이해의 인간은 항상 망설인다. 그의 말이 어떤 영향을 미칠지 모른다. 그의 말을 듣고 사람들이 어떻게 행동할지 모른다. 그의 말 한마디 한마디가 사람들에게 매우 의미 있는 것으로 받아들여질 수도 있다. 그래서 그는 망설인다. 그는 전후 사정을 고려하고 그대를 자세히 관찰한다. 그대의 중심을 발견하려고 노력한다. 그 다음에야 무엇인가 말한다. 자신의 말이 오해되는 것을 막기 위해, 사람들을 오도(誤導)하거나 해를 끼치는 일이 없도록, 사람들에게 도움이 되는 말을 하기 위해 그는 망설인다. 그러나 지식을 빌려 온 사람은 결코 망설이지 않는다. 그는 강한 확신감에 차 있다. 기독교 선교사들의 말을 들어 보라. 그들은 아주 확실하게 말한다. 얼마나 확실하게 말하는지 어리석어 보일 정도도. 이런 확신은 어디에서 오는가? 그들은 아무것도 모른다. 다만 훈련받았을 뿐이다. 그들은 모든 것을 훈련받았다.

　나는 기독교 신학 대학을 여러 번 방문한 적이 있다. 그곳에서 성직자들을 어떻게 훈련시키는지 보고 나는 깜짝 놀랐다. 모든 것이 너무나 어리석어 보인다. 거기에서는 몸짓까지도 훈련받는다. 신도들 앞에 어떤 식으로 서야 하고, 무엇을 어떻게 말해야 하고, 언제 목청을 높이고 언제 낮은 소리로 말해야 하고, 손은 어떻게 들어 올려야 하고, 정확하게

어느 시점에서 손을 들어 올려야 하는지 모든 것이 훈련된다. 그들은 영화 배우 같다. 그들은 아무것도 모르지만 결코 망설이지 않는다. 모든 것을 훈련받았기 때문이다. 그러나 훈련이 사람을 종교적으로 만들지는 못한다. 규율과 학식이 그대를 종교적인 사람으로 만들어 주지는 못한다. 다만 배우가 될 뿐이다. 그대는 아주 유능한 배우가 될지도 모른다. 너무나 유능해서 다른 사람들뿐만 아니라 자기 자신까지 속일 수도 있다.

심리학자들에게 물어 보면 해답을 들을 수 있다. 마음속에 확신이 없고 망설이는 사람일수록 밖으로는 확신에 찬 것처럼 행동한다는 것이다. 그는 마음속의 불확실성을 두려워한다. 그래서 확실하게 말하는 데 집착하는 것이다. 내면의 확신이 있는 사람은 이런 문제에 신경 쓰지 않는다. 그는 망설일 여유가 있다. 아무런 두려움도 없다. 그는 "아마도…"라고 말할 수 있다. 확실하게 말할 필요가 없다. 그는 "신은 여름이며 겨울이다. 신은 낮인 동시에 밤이다. 그는 풍요인 동시에 배고픔이며, 휴식인 동시에 긴장이다"라고 말할 수 있다. 이렇게 그는 역설적으로 말할 여유가 있다. 그가 역설을 사용하는 이유는 아무것도 주장하고 있지 않다는 느낌을 주기 위해서이다. 그는 단지 사실을 말할 뿐이다. 사실이 그렇게 복잡한 것이라면 그대로 복잡하게 표현된다. 사실이 모순된다면 말 또한 모순될 수밖에 없다. 그의 말은 모순을 있는 그대로 반영한다.

그러나 학식 있는 사람은 그렇게 역설적일 수 없다. 그는 신이 여름인 동시에 겨울이라고 말할 수 없다. 그는 신이 무엇인지 절대적으로 확신한다. 그에게 있어서 신은 낮이지 결코 밤이 아니다. 신은 빛이지 결코 어둠이 아니다. 신은 선이지 결코 악이 아니다. 신은 평화지 결코 전쟁이 아니다. 신이 전쟁인 동시에 평화라면 그대는 어느 편에 설 것인가? 그대는 불확실하게 된다. 망설이게 된다.

The Hidden Harmony

헤라클레이토스는 말한다.

나는 나 자신을 탐구했다.

이것이 그가 이토록 역설적으로 말하는 이유다. 항상 역설을 살펴보아라. 자기 자신을 탐구한 사람에게서 그대는 항상 역설을 발견할 것이다. 그가 무엇을 말할 수 있겠는가? 존재계 자체가 역설적이라면 그가 역설 외에 달리 무엇을 말할 수 있겠는가? 그는 존재계를 있는 그대로 표현해야 한다. 그러나 선교사들에게 가보라. 그들은 자기 자신을 탐구하지 않았다. 그들은 많은 것을 배웠으므로 경전을 인용할 수 있다. 사실, 그들은 경전을 인용하는 것 외에 아무것도 하지 못한다. 그런데 그대도 알다시피 경전을 인용하는 데에는 악마가 전문가다. 악마야말로 완벽한 선교사다.

몇 명의 방문객이 뜻하지 않게
헤라클레이토스를 찾아갔을 때
그는 불가에 앉아 불을 쬐고 있었다.
그가 사람들에게 말하기를,
"여기에도 신은 있다!"

그는 사원에 가지 않았다. 보는 눈을 갖고 있다면, 듣고 느낄 수 있다면 굳이 사원에 갈 필요가 있는가? 이 자리에도 신은 있다.
신은 하나의 인격체가 아니다. 신은 존재하는 모든 것이다. 존재계 자체가 신이다.
이 장면을 상상해 보라. 헤라클레이토스가 난로 옆에 앉아 불을 쬐고 있다. 장작 타는 소리, 하늘을 향해 치솟는 불길, 그 따스한 열기… 추운

Discourses On The Fragments Of Heraclitus

겨울밤이었을 것이다. 뜻하지 않게 몇 명의 방문객이 찾아와 "여기에서 무엇을 하고 있소?" 하고 묻자 헤라클레이토스는 "여기에도 신은 있다"고 말했다. 그는 "이것이 기도다" 하고 말하고 있다. 불이 신성한 현상이 된다면 불을 쬐는 것도 기도가 된다고 말하고 있다.

이큐(一休宗純, 1394-1481. 일본의 선사. 특이한 무애행으로 많은 일화를 남겼으며, 그의 문집인 《狂雲集》이 있다) 선사가 생각난다. 그가 방랑 중에 한 절에 들러 밤을 지내게 되었다. 추운 밤이어서 그는 불을 지피려고 했다. 그러나 장작을 찾을 수 없자 그는 절에 있는 목불(木佛)을 가져다가 불을 지폈다. 주지승이 잠을 자다가 여러 가지 소리에 잠을 깼다. 불이 타는 소리, 이큐가 이리저리 왔다갔다하는 소리. 주지승은 눈을 뜨고 상황을 살피다가 기절초풍했다. 자신의 눈을 믿을 수 없었다. 이 승려, 일반 승려도 아니고 스승으로 널리 이름난 이큐가 불상을 때고 있는 것이 아닌가! 주지가 밖으로 뛰쳐나오며 소리쳤다.

"무슨 짓이오? 불상을 때다니!"

이큐가 나뭇가지를 들고 재를 뒤적거리며 무엇인가를 찾았다. 불상은 이미 거의 타 버리고 아무것도 남아 있지 않았다.

주지가 말했다.

"무엇을 찾소? 불상은 이미 다 타 버렸는데."

이큐가 말했다.

"사리를 찾고 있소. 부처님이라면 틀림없이 사리가 있겠지."

주지가 말했다.

"이제 보니 완전히 미친 작자로군. 목불에 무슨 사리가 있단 말인가?"

이큐가 말했다.

"그렇다면 나머지 목불도 가져 오시오. 밤은 긴데 내 안의 부처님은 따스한 불이 필요하오. 이 불상은 그저 나뭇조각일 뿐이니 신경 쓰지 마시오. 내 안에 있는 진짜 부처님은 몸을 녹여야겠소. 이 나무 부처님은

The Hidden Harmony

별로 좋아 보이지 않는군. 사리도 없으니 말이오. 안 그렇소?'

주지가 이규를 절 밖으로 내쫓았다. 아주 추운 밤이었다. 그런데 목불을 섬기는 사람들이 진짜 부처님을 내쫓은 것이다. 다음 날 아침 주지가 나와 이규가 어떻게 되었나 살펴보았다. 이규는 절 밖에 있는 이정표에 절을 하고 있었다. 아름다운 아침이었다. 해가 막 솟아오르고 있었다. 이규는 근처에 있는 꽃 몇 송이를 꺾어다가 이정표 앞에 바치고 절을 하고 있었다.

주지가 말했다.

"이건 완전히 돈 작자로군. 간밤에는 불상을 태우더니 이제는 이정표에 절을 하다니!"

이규가 말했다.

"여기에도 부처님은 계시다네."

헤라클레이토스는 "여기에도 신은 있다"고 말한다. 이것을 느낄 수 있다면 매순간이 신성하고, 모든 것이 성스럽다. 존재하는 모든 것이 신성하다. 이것을 느끼지 못한다면 교회에 가고 절에 가도 아무것도 발견하지 못할 것이다. 변화가 필요한 것은 그대이지 상황이 아니다. 상황은 똑같다. 절 밖에도 절 안에도 신은 있다. 신은 어디에나 있다. 그런데 그대는 이것을 보지 못하고 장소를 바꾼다. 그대는 집을 떠나 사원에 가서 신을 찾는다.

내적인 변형이 필요하다. 상황을 바꾸는 것은 아무 도움이 안 된다. 심리적인 방향 전환이 필요하다. 사물을 보는 새로운 눈이 필요하다. 그러면 돌연 세상 전체가 사원이 된다. 사원 외에 아무것도 없다.

헤라클레이토스에게는 불이 상징이다. 불은 참으로 아름다운 상징이다. 헤라클레이토스는 불이 삶의 근본 실체라고 말한다. 맞는 말이다! 이젠 물리학자들도 헤라클레이토스에게 동의한다. 물리학자들은 전기

가 만물의 근본이라고 말한다. 세상 만물은 전기의 다양한 양태 외에 다른 것이 아니라고 말한다. 반면, 헤라클레이토스는 그것을 불이라고 말한다. 차이점이 무엇인가? 불은 전기보다 더 아름다운 상징이다. 불은 전기보다 더 생동감을 준다. 불은 전기보다 더 야성적이다. 만물의 근본이 전기라고 말하면 우주가 기계적으로 느껴진다. 전기는 기계와 연관되어 있기 때문이다. 이때 신은 엔지니어(engineer)처럼 보인다. 그러나 전기는 불이다.

힌두교에서는 이 근본 원소를 '프라나(prana)'로 부른다. 이 생명력은 불이다. 생명력으로 충만할 때 그대는 불꽃처럼 타오른다. 베르그송(Henri Bergson, 1849-1929. 프랑스 철학자. 19세기의 대표적인 생철학자로 저서에 ≪물질과 기억≫,≪창조적 진화≫ 등이 있다. 1927년 노벨상을 수상했다)은 만물의 근본을 '엘랑 비딸(elan vital, '생의 약동', '생명의 비약'이라는 뜻)'이라고 불렀다. '프라나'와 같은 것이다. 진리를 추구한 사람들은 누구나 어느 정도 불과 가까워진다. 깊은 곳에서 보면 이 존재계 전체가 불이다. 그리고 불은 생명이다. 짜라투스트라는 옳다. 그는 불을 최고의 신으로 선포했다. 그는 같은 시대 사람인 헤라클레이토스에게 동의했음에 틀림없다. 짜라투스트라를 따르는 사람들에게 불은 최고의 신이 되었다.

불은 많은 의미를 담고 있다. 이 불의 상징성을 이해해야 한다. 이 상징은 은유다. 헤라클레이토스는 불을 만물의 근본이라고 말함으로써 무엇인가 암시하려고 한다. 겨울밤에 불을 관찰해 보라. 불가에 앉아서 지켜 보라. 그 따스함을 느껴 보라. 차가움은 죽음이고 따스함은 삶이다. 시체는 차갑지만 살아 있는 몸은 따스하다. 인간은 이 온기를 계속 유지해야 한다. 우리 안에는 어느 한계 내에서 이 온기를 유지하려는 내적인 메커니즘이 있다. 특정한 온도를 유지해야만 생명이 가능하기 때문이다. 인간의 생명은 화씨 95도에서 110도 사이에 있다. 단 15도 사이에서 생명이 유지되는 것이다. 다른 생명체는 다른 온도를 유지하겠지

The Hidden Harmony

만 인간의 생명은 이 15도 사이에서 유지된다.

물라 나스루딘이 병에 걸려 열이 심하게 올랐다. 의사가 체온을 재고 "열이 무려 105도나 되는군요" 하고 말했다. 그러자 나스루딘이 눈을 번쩍 뜨고 말했다.
"세계 기록은 몇 도입니까?"

에고는 항상 최고 기록을 생각한다. 그는 이렇게 생각하고 있었다.
"내가 다른 방면에는 별 볼일 없지만 열에 관해서는 세계 최고 기록을 세울지도 모른다."

그러나 110도가 넘어가면 기록이고 자시고 할 것도 없다. 죽어 버리기 때문이다. 인간은 그렇게 많은 열을 견디어 내지 못한다. 95도 아래로 내려가도 마찬가지다. 그렇게 차가워지면 죽음이 찾아온다.

그러므로 우리는 "뜨거운 환영"이라고 하지 "차가운 환영"이라고 하지 않는다. 우리는 "따뜻한 사랑"이라고 말하지 "차가운 사랑"이라고 하지 않는다. 차가움은 죽음을 상징하고, 따뜻함은 삶을 상징한다. 태양 에너지는 불이다. 관찰해 보라. 저녁때가 되면 만물이 슬퍼진다. 나무와 새들도 완벽하게 침묵을 지킨다. 모든 노랫소리가 사라지고 꽃잎이 닫힌다. 지구 전체가 아침을 기다린다. 그리고 날이 밝기 시작하면 아직 해가 뜨지 않았는데도 지구 전체가 환영 준비를 한다. 해가 뜨기 전부터 새들이 지저귀기 시작한다. 이것은 환영의 노래다. 꽃이 다시 피어나기 시작한다. 모든 것이 생생하게 되살아난다.

불이라는 상징은 다른 면에서도 깊은 의미를 갖고 있다. 불은 항상 위로 향한다. 물은 아래로 흐르지만 불은 위로 흐른다. 그런 까닭에 힌두교에서는 "쿤달리니의 불"이라는 표현을 사용한다. 쿤달리니(Kundalini, 요가에서 말하는 인간의 생명 에너지. 흔히 뱀의 형상으로 묘사된다. 보통 때에는 잠

자고 있다가, 각성되면 신체의 일곱 개 에너지 센터(seven chakra)를 통과하면서 어떤 체험을 가져다준다) 에너지가 상승할 때 그대는 물이 아니라 불과 같다. 내적인 존재가 변화할 때 그대는 위로 솟구치는 불길을 느낀다.

물도 불과 만나면 위로 증발하기 시작한다. 고대 티벳의 경전에서는 "스승은 불이고 제자는 물이다"라고 말한다. 스승과 깊이 접촉한 제자는 불의 특성을 띠게 된다. 뜨거워진 물이 증발하는 것과 같다. 불이 없을 때 물은 아래로 움직인다. 그러나 불과 만나면 즉시 변화가 일어난다. 백도가 넘으면 물은 위로 움직일 준비를 한다. 차원의 변화가 일어난다.

불은 항상 위로 움직인다. 램프를 거꾸로 들어도 불길은 위를 향할 것이다. 불길은 아래로 향하지 않는다. 불은 최고의 정상, 오메가 포인트(omega point)에 도달하려는 노력을 상징한다.

불이 갖는 또 하나의 의미가 있다. 자세히 관찰해 보면 불꽃은 찰나지간, 몇 분의 1초 동안만 눈에 보이다가 사라져 버린다. 그대는 높은 차원으로 올라갈수록 사라져 가고, 낮은 차원으로 내려갈수록 더 견고해진다. 물을 보라. 물은 낮은 온도로 내려가 차가워지면 얼어붙어서 얼음이 된다. 돌처럼 딱딱해져서 모든 움직임이 멈춘다. 얼어붙은 물은 죽어 있다. 더 이상 살아 있지 않다. 이 얼음을 불을 통해 녹여야 한다. 그러면 다시 움직임이 시작될 것이다. 그리고 백도까지 열을 가하면 물은 위를 향해 움직이기 시작한다.

이렇게 세 가지 상태가 있다. 아무 움직임도 없는 상태, 이때 그대는 얼어붙어 있다. 그 다음에는 물처럼 아래로 향하는 상태가 있다. 첫 번째 상태는 얼음과 같고, 두 번째 상태는 물과 같다. 다음으로 세 번째 상태가 있다. 이때 그대는 수증기가 되어 증발하기 시작한다. 그대 안에는 이 세 가지 상태가 거의 동시에 존재한다. 그대의 일부는 불처럼 위로 움직인다. 그러나 아주 미세한 부분만이 위로 향한다. 이것이 그대가 나

The Hidden Harmony

를 찾아온 이유다. 그렇지 않았다면 나를 찾아올 필요가 없었을 것이다.

그대는 왜 내게 왔는가? 그대 안에서 극히 미세한 부분만이 위로 향하고 있음에 틀림없다. 그리고 그 미세한 부분마저 그대의 존재 전체에 의해 아래로 끌어당겨지는 느낌을 받는다. 이것이 고통을 가져 온다. 그대는 내면에서 무엇인가 신을 향해 나아가는 것을 안다. 이 순간에 그대는 새가 된 것 같은 느낌을 받는다. 금방이라도 날아오를 수 있을 것 같다. 그러나 이런 느낌은 순간에 불과하다. 또한 그 순간에도 몸의 대부분이 바위처럼 달라붙어 있다. 그대의 90퍼센트는 얼음과 같다. 그리고 9퍼센트는 물처럼 아래로 움직인다. 성(性) 안에서, 분노와 증오 안에서 그대는 아래로 움직인다. 그래도 전혀 움직이지 않는 것보다는 낫다. 그대 안에 얼어붙은 부분이 많다고 느껴질 때 내가 사랑을 권하고 성 쪽으로 움직여 가라고 말하는 이유가 여기에 있다. 성이 그대를 녹일 것이기 때문이다. 물론 그대는 위를 향해 날아오르지 못하고 아래로 흐를 것이다. 그러나 어쨌든 움직이는 것은 좋은 일이다. 일단 움직임이 시작되면 방향을 바꿀 가능성이 생긴다. 차원의 변화가 일어날 수 있다. 그러나 꽁꽁 얼어붙은 상태에서는….

얼어붙은 상태를 보여주는 완벽한 표본을 원한다면 수도원에 가보라. 카톨릭이나 자이나교의 수도원에 가보라. 그곳에서 그대는 인간이 아니라 완벽하게 얼어붙은 얼음 조각을 발견할 것이다. 그들은 성과 음식에 반대한다. 그들은 모든 것에 반대한다. 그들은 무조건 부정한다. 이렇게 부정하면 삶이 점차 불을 잃어버린다. 불은 긍정적인 힘이기 때문이다. 부정할 때 그대는 차가워진다. 부정은 자살의 방편이다. 그대는 서서히 죽어 간다. 조금씩 자신을 죽이는 것이다. 그대는 얼어붙는다. 이것은 성취가 아니다. 이것은 추락이며 실패다.

나는 사람들에게 말한다.

"만일 그대가 얼어붙어 있다면 성 쪽으로 움직여라. 그것이 도움이 될

Discourses On The Fragments Of Heraclitus

것이다."

　물론 이것이 그대를 궁극적인 경지로 이끌지는 못한다. 그러나 한 가지는 분명하다. 그대는 움직이기 시작할 것이다. 어떤 사람을 사랑할 때, 다른 사람의 존재를 느낄 때 그대의 생체 에너지가 움직이기 시작한다. 성 안에서 큰 흥분을 느끼는 이유가 그것이다. 불이 작용하기 시작한 것이다. 섹스를 할 때에는 체온이 상승한다. 사랑은 열이다. 마음에 의해 창조된 일시적인 열이다. 그래서 사랑을 나눈 후에 그대는 깊이 휴식한다. 흐름이 일어난다. 성적인 오르가슴에 도달하면 완벽한 흐름이 일어난다. 그대의 생체 에너지가 움직이고 있는 것이다. 깊은 오르가슴에 도달하지 못하는 사람들은 명상 또한 어렵다. 그들은 움직이지 못한다. 그러니 어떻게 위로 상승할 수 있겠는가?

　첫 번째는 움직임이요, 두 번째는 위를 향해 상승하는 것이다. 많은 사람들이 움직이지 못한다. 그들은 두려워서 얼어붙어 있다. 그들의 몸을 보면 얼어붙어 있는 것을 분명하게 알 수 있다. 그들을 만져 보면 몸이 차갑다는 것을 느낄 것이다. 그들과 악수를 하면 마치 죽은 나뭇가지를 붙들고 있는 것 같은 느낌이 든다. 그들의 손을 잡아 보라. 아무 에너지도 전달되지 않는다. 그들의 손은 죽은 나뭇가지처럼 매달려 있다. 주지도 않고 받지도 않는다. 전혀 교류가 없다. 사람들을 관찰해 보라. 그들의 걸음걸이, 얼굴, 움직임을 관찰하면 그들이 오르가슴을 느끼는지 못 느끼는지 알 수 있다.

　스승이 그대를 알기 위해 처음으로 하는 일은, 그대가 오르가슴을 느끼는지 아닌지 살펴보는 것이다. 만일 그대가 오르가슴을 느낀다면, 섹스 안에서 온몸이 전율하고 무아지경이 될 정도로 깊은 진동이 일어난다면, 이때 그대는 흐름이 된다. 머리에서 발끝까지 에너지가 홍수처럼 출렁거린다. 얼음의 장벽이 남아 있지 않다. 모든 것이 녹아 내린다. 사랑을 나눈 후에 그대는 어린아이처럼 깊은 잠에 빠진다. 에너지가 움직

The Hidden Harmony

였기 때문이다. 이것은 어린아이가 오랫동안 놀이를 하고 피곤해서 잠이 드는 것과 같다. 이 피곤함은 아주 좋은 것이다. 이 피곤함은 휴식이다. 이제 그대는 휴식할 수 있다. 몸이 다시 살아나는 것을 느낀다. 섹스가 매력을 갖는 이유가 그것이다. 그대의 몸이 오르가슴을 느끼는 길, 얼어붙지 않고 강처럼 흐를 수 있는 길을 찾는 것이다.

얼어붙어 있으면 아무하고도 관계를 가질 수 없다. 얼어붙은 상태에서 그대는 밀폐된다. 그대는 감옥을 만든다. 이렇게 갇힌 상태에서는 신으로 가는 길이 있을 수 없다. 그대가 녹아 내려야 한다. 신과 관계를 맺기 전에 이 세상에서 다른 사람들과 관계를 맺어야 한다. 다른 사람과 관계를 가질 때, 즉 사랑하고 관심을 기울일 때 그대의 몸이 녹는다. 흐르기 시작한다. 이렇게 몸이 흘러야만 다음 단계로 나아갈 수 있다.

에너지가 흐르는 상태에서는 내적인 방법으로 몸을 덥히는 것이 아주 쉽다. 모든 명상법은 섹스보다 더 많은 열을 주기 위한 방편이다. 특히 우리가 여기에서 하고 있는 명상법들은 모두 그대 안에 열을 만들기 위한 것이다. 빠르고 혼란된 호흡을 통해 열이 만들어진다. 호흡은 더 많은 산소를 가져다 준다. 그리고 산소가 많으면 더 많은 불이 일어난다. 산소가 없으면 불이 일어나지 않는다. 불꽃이 타오르는 것은 산소 덕분이다. 산소가 없다면 불은 자동적으로 꺼지고 말 것이다. 그대의 몸 안에 더 많은 산소를 흡입해야 한다(≪기적을 찾아서≫와 ≪명상, 처음이자 마지막 자유≫ 태일출판사 刊 참조). 그대는 너무 얼어붙어 있다. 충분히 살아 있지 못하다. 따스하지 않다.

사람들이 내게 찾아와 묻는다. 특히 얼어붙은 사람들은 "우리는 이 다이나믹 명상법을 좋아하지 않습니다" 하고 말한다. 그들이 이 명상법을 좋아하지 않는 것은 얼어붙어 있기 때문이다. 그리고 이들은 얼어붙은 상태에 많은 것을 투자했다. 그들은 사랑하지 않는다. 그들은 성을 초월한 브라흐마차리야(brahmachariya)의 경지에 올랐다고 생각한다. 그러나

그들은 얼음 조각처럼 얼어붙어 있을 뿐이다. 그들의 삶에는 움직임이 없다. 그들은 자신이 초연하다고 생각한다. 물론, 위로 향해 흐를 때 오는 초연함이 있다. 그러나 이 초연함은 전혀 다른 것이다. 전혀 흐르지 않고 있을 때에도 초연할 수 있다. 죽은 사람은 초연하다. 그는 성과 무관하다. 그는 완전히 죽어 있다. 그대는 죽은 사람처럼 초연해질 수 있다. 이것이 전세계의 수도원에서 일어나고 있는 일이다. 그러나 전혀 다른 식으로 초연해지는 것이 가능하다. 질적으로 전혀 다른 길, 변증법적으로 정반대 되는 길이 있다. 에너지로 충만해지면 그대 안의 불길이 어떤 지점에 도달한다. 그 지점에서는 물이 아래로 흐르는 것이 아니라 위로 상승하기 시작한다. 이때 진정한 초연함이 일어난다.

그대 안에 더 많은 불이 창조되어야 한다. 그대는 용광로가 되어야 한다. 더 많은 산소를 흡수하기 위해 노력하라. 몸이 가능한 한 많이 움직이도록 허용하라. 에너지를 불러일으켜라. 에너지가 고동치게 하라. 에너지는 이미 존재한다. 그대가 할 일은 그 에너지를 고동치게 하는 것뿐이다. 양쪽에서 타오르는 횃불처럼 살아라. 그러면 어느 날 갑자기 에너지가 상승하는 것을 느낄 것이다. 그대는 타오르는 불꽃이 된다. 이때 그대는 어느 정도까지만 자신을 볼 수 있다. 그 한계를 넘어서면 그대는 더 이상 존재하지 않는다. 돌연 그대는 우주 속으로 사라진다. 신과 하나가 된다. 이것이 불이 상징하는 의미다. 불은 몇 초 동안만 눈에 보이다가 사라진다.

붓다는 끊임없이 사라지고 있다. 나를 보아라. 보는 눈이 있다면 그대는 내가 끊임없이 사라지고 있음을 알 것이다. 그대는 어느 정도까지만 나를 볼 수 있다. 깨달은 사람의 주변에 오라(aura)가 나타나는 이유가 그것이다. 오라는 사라지는 불길, 끊임없이 사라지는 불길 외에 다른 것이 아니다. 그대는 어느 정도까지만 오라를 볼 수 있다. 이 오라를 넘어서면 아무것도 없다. 오라가 사라진다.

The Hidden Harmony

헤라클레이토스가 불을 상징으로 선택한 것은 아주 옳다. 그가 만물의 근본을 불이라고 한 것은 철학적 명제가 아니다. 그런데 그리스 철학사에서 헤라클레이토스는 탈레스(Thales), 아낙사고라스(Anaxagoras), 아낙시메네스(Anaximenes) 등의 철학자처럼 철학적 명제를 제시하고 있는 것처럼 취급된다.

지(地), 수(水), 화(火), 풍(風)의 네 가지 기본 요소가 있다. 그래서 어떤 철학자는 만물의 기본 요소로 흙을 내세웠고, 어떤 철학자는 물을, 어떤 철학자는 불을, 어떤 철학자는 공기를 내세웠다. 헤라클레이토스는 불을 만물의 근본으로 제시했다. 그러나 헤라클레이토스를 탈레스와 같은 맥락으로 이해해서는 안 된다. 그의 말은 철학적 주제에 관한 진술이 아니다. 그의 말은 이론이 아니다. 그는 어떤 학설을 제안하고 있는 것이 아니다. 그는 시인이지 결코 철학자가 아니다. 그는 상징을 제시하고 있다. 그리고 이 상징은 불이라는 단어가 갖고 있는 뜻보다 훨씬 많은 것을 의미한다.

외부의 불을 관찰하라. 그런 다음 내면의 불을 관찰하라. 가능한 한 강렬하게 타오르는 불꽃이 되어라.

> 몇 명의 방문객이 뜻하지 않게
> 헤라클레이토스를 찾아갔을 때
> 그는 불가에 앉아 불을 쬐고 있었다.
> 그가 사람들에게 말하기를,
> "여기에도 신은 있다."

나는 나 자신을 탐구했다.

나는 다른 사람들이 그렇게 말했다고 해서 그대로 반복하고 있는 것

이 아니다. 나는 나 자신을 알았다.

시간은 장기를 두는 아이와 같으니,
왕권이 그의 것이니라.

왕권은 아이의 것이며, 시간은 장기를 두는 어린아이와 같다. 헤라클레이토스는 이 짧막한 문장 속에 '릴라(leela)' 즉 유희라는 개념을 압축시켜 놓고 있다. 삶은 게임과 같다. 삶을 비즈니스로 만들지 말라. 그렇지 않으면 삶을 놓칠 것이다. 그대가 삶을 놓치는 것은 이 삶을 비즈니스로 만들기 때문이다. 삶은 놀이다. 놀이를 즐겨라. 무엇인가 달성하겠다는 생각을 버려라. 어린아이처럼 되어라. 그는 놀이를 통해 무엇을 성취할 것인지 걱정하지 않는다. 어린아이들은 게임에서 져도 팔짝팔짝 뛰면서 즐거워한다. 놀이에서는 실패해도 실패하는 것이 아니다. 삶이 놀이라면 져도 지는 것이 아니다. 반면, 삶이 비즈니스라면 승리해도 지는 것이다. 나폴레옹과 알렉산더를 보아라. 승리마저 패배다. 그들이 결국 무엇을 발견했는가? 아무리 이겨도 아무것도 성취되지 않는다. 간절하게 바라던 목적을 이룬 후에 느끼는 것은 좌절감뿐이다. 삶 전체를 잃은 것이다.

명심하라. 어떤 목적을 추구하면 삶 전체를 잃을 것이다. 삶에는 아무 목적도 없다. 삶은 목적 없는 놀이다. 삶은 아무 데로도 가지 않는다. 그저 삶 자체를 즐길 뿐이다.

이것은 가장 이해하기 어렵다. 인간의 마음은 수학적이기 때문이다. 마음은 이렇게 말한다.

"그렇다면 삶의 의미가 무엇인가? 삶의 목적이 무엇이란 말인가?"

그러나 삶에는 의미도 없고 목적도 없다. 마음은 즉각 "삶에 아무 의미도 없다면 왜 사는가? 왜 자살하지 않는가?" 하고 반문한다. 그러나 보

The Hidden Harmony

라. 의미가 있으면 모든 것이 추해진다. 삶이 사업처럼 된다. 목적이 있으면 삶 전체가 시(詩)를 잃어버린다.

삶에 시가 존재하는 것은 이 삶에 아무 목적도 없기 때문이다. 장미꽃은 왜 피어나는가? 장미꽃은 이렇게 말할 것이다.

"나도 모른다. 하지만 피어나는 것 자체가 아름답지 않은가? 왜 이유를 알아야 하는가? 피어나는 것 자체가 너무나 아름다운 일이다."

새들에게 왜 노래하는지 물어 보라. 새들은 이렇게 터무니없는 질문을 하는 그대를 보고 어리둥절해 할 것이다. 노래하는 것은 너무나 아름다운 일이다. 이것은 놀라운 축복이다. 왜 쓸데없는 질문을 하는가? 마음은 목적을 추구한다. 항상 무엇인가 성취하려고 한다. 마음은 단순하게 즐기지 못한다. 장래에 성취해야 할 무엇인가 있어야 한다. 도달할 목적지가 있어야 한다. 그래야만 마음이 편안함을 느낀다. 아무것도 성취할 것이 없을 때 마음은 제풀에 지쳐 쓰러진다. 바로 이것이 우리가 기울여야 하는 모든 노력이다. 마음이 쓰러지게 하라.

삶에는 아무런 목적도 없다. 도달할 목적지가 없다.

지금 이 순간에 존재계 전체가 즐거움의 축제를 벌이고 있다. 그대를 제외한 우주 만물이 축제를 벌이고 있다. 왜 여기에 동참하지 않는가? 왜 목적 없이 피어나는 꽃이 되지 않는가? 왜 의미 없이 흐르는 강처럼 되지 못하는가? 왜 포효하는 바다, 즐거움에 넘실대는 바다처럼 되지 못하는가?

시간은 장기를 두는 아이와 같으니,
왕권이 그의 것이니라.

모든 아이는 왕이다. 그들을 관찰해 보라. 그들 모두가 황제이며 왕이다. 그들의 행동을 관찰해 보라. 벌거벗은 아이도 황제보다 낫다. 세상

Discourses On The Fragments Of Heraclitus

의 어떤 황제도 아이에 비할 바가 못된다. 아이들이 그렇게 아름다운 이유는 무엇인가? 세상의 모든 아이는 예외 없이 아름답다. 이 아름다움은 어디에서 오는가? 아이는 아직 마음에 오염되지 않았다. 아이는 목적과 의미를 추구하는 마음에 물들지 않았다. 아이는 그저 놀이를 즐길 뿐이다. 내일에 대해 걱정하지 않는다.

어린아이가 학교에서 돌아왔다. 아이의 엄마가 크게 화가 나서 말했다.

"이웃집 아이들이 그러는데, 오늘 네가 여자아이의 입에 진흙을 집어 넣었다며? 그리고서 하루 종일 교실 밖에서 벌을 섰다고?"

"예"

"왜 그런 짓을 했지?"

아이가 어깨를 으쓱하며 말했다.

"그 여자애의 입이 열려 있었어요."

이유를 묻는 것은 무의미하다. 그가 진흙을 들고 있는데, 여자아이의 입이 벌어져 있었다. 그것뿐이다. 어떻게 하겠는가? 그냥 그런 일이 일어났을 뿐이다.

우리는 이유를 묻는다. 그러나 아이에게 "왜"라는 질문은 부적절하다. 그냥 그런 식으로 그 일이 일어났을 뿐이다. 여자아이가 입을 벌리고 있었으며, 그는 손에 진흙을 들고 있었다. 그가 그 일을 한 것이 아니다. 우리가 그를 벌하는 것은 잘못이다. 그는 그 일을 하지 않았다. 그냥 그런 식으로 일이 벌어졌을 뿐이다. 우연히도 여자아이가 입을 벌리고서 있었다. 남자아이는 아무 의도도 없었다. 해를 끼치거나 모욕을 주려고 한 것이 아니다. 단지 그는 이 절호의 기회를 받아들이고 즐겼을 뿐이다. 그런데 우리는 이유를 묻는다.

아이와 어른 사이에는 건널 수 없는 깊은 심연이 존재한다. 아이와 어른은 정반대의 극단이다. 아이는 어른의 말을 이해하지 못한다. 아이는

|203

전혀 다른 차원에 살기 때문이다. 그는 놀이의 차원에 산다. 어른 또한 아이의 행동을 이해할 수 없다. 어른은 비즈니스맨이기 때문이다. 어른은 이유와 동기의 세계에 산다. 아이와 어른은 결코 만나지 못한다. 어른이 다시 아이가 되지 않는 한 서로 간에 이해의 가능성은 전혀 없다. 오직 진정한 성자만이 아이를 이해할 수 있다. 그 또한 아이가 되었기 때문이다. 그는 아이들을 이해할 수 있다.

어린아이의 일기장을 읽은 적이 있다. 12월 25일, 일기장에는 이렇게 쓰여 있었다

"죠 삼촌이 공기총을 줬다. 죠 삼촌은 세상에서 제일 좋은 사람이다. 그렇게 좋은 사람은 옛날에도 없었고, 앞으로도 없을 것이다. 그런데 오늘은 비가 와서 밖에 나갈 수 없었다. 얼른 밖에 나가서 사냥을 하고 싶다."

12월 26일, "오늘도 비가 내린다. 조바심이 나 죽겠다."

12월 27일, "아직도 비가 내린다. 실망스럽고 신경질이 난다."

12월 28일, "오늘도 비. 죠 삼촌을 쏴 버렸다!"

이것이 아이들의 세상이다. 아이들은 아무 목적 없이 행동한다. 놀이 자체로 충분하다.

다시 아이가 될 수 있다면 그대는 모든 것을 이룬 것이다. 반면, 다시 아이가 될 수 없다면 그대는 모든 것을 놓친 것이다. 성자는 다시 태어난 어린아이이다. 처음으로 태어난 아이는 진짜 아이가 아니다. 그는 어른으로 성장해야 한다. 두 번째 탄생이 진정한 탄생이다. 두 번째로 태어나는 사람은 스스로를 탄생시킨다. 이것이 변형이다. 그는 다시 아이가 되었다. 그는 이유를 묻지 않는다. 그냥 살 뿐이다. 어떤 순간이 오건 그는 그 순간과 함께 움직인다. 그에게는 계획이 없다. 그는 아무것도 요구하지 않는다. 이것이 삶을 살 수 있는 유일한 길이다. 그렇지 않다면

Discourses On The Fragments Of Heraclitus

그대는 겉으로만 살아 있는 것처럼 보일 뿐, 진짜로 살아 있는 것이 아니다. 아이들에게는 선도 없고 악도 없다. 신도 없고 악마도 없다. 아이는 모든 것을 받아들인다. 성자 또한 모든 것을 받아들인다. 그러므로 성자는 "신은 여름이며 겨울이다. 신은 평화이며 전쟁이다. 신은 악이며 선이다"라고 말한다. 성자에게는 모든 도덕률이 사라진다. 모든 구별이 사라진다. 만물이 성스럽고 모든 장소가 신성하다.

나는 한 기독교인 가정에 머문 적이 있는데, 엄마가 아이를 야단치고 있었다.

"그렇게 큰소리로 기도할 필요는 없어. 너는 마치 외치는 것처럼 기도하는구나. 기도는 소리치는 게 아니야. 조용히 말해도 하나님은 다 알아들으니까 그렇게 소리치지 마."

아이가 말했다.

"하지만 성경에는 '당신의 이름을 소리 높여 외칩니다!'라고 쓰여 있잖아요(마태복음 6장 9절, "하늘에 계신 우리 아버지, 당신의 이름을 거룩하게 하옵시며…"에서 "hallowed be thy name"을 이 아이는 "hollered be thy name"으로 오해했다. 'hallow'는 "신성하게 하다. 신성한 것으로 숭배하다"라는 뜻이지만 'holler'는 "큰 소리로 외치다. 불평하다"라는 뜻이 있다)?"

아이들은 어딘가 다른 곳에서 산다.

아이의 엄마가 크게 화를 냈다. 그래서 내가 그녀에게 말했다.

"아이를 방해하지 마시오. 그를 말리기에는 너무 이릅니다. 그가 자기 방식대로 기도하게 내버려두시오. 그는 기도를 즐기고 있소. 이 즐거움은 형식이 아니라 진심에서 나온 것이오. 그가 신의 이름을 부르며 뛰노는 것을 보시오. 얼마나 아름답소! 왜 아이를 길들이려고 하시오? 기도는 이렇게 되어야 합니다. 자기 자신을 즐기면 그것은 기도가 됩니다. 그러나 그것을 즐기지 못하고 다른 사람에 의해 강요된 것이라면 그것은 속박이 됩니다. 아이가 소리치고 뛰놀게 놔두십시오. 내가 보장할 수

The Hidden Harmony

있습니다. 신은 그의 말을 듣습니다. 요점은 그가 소리치느냐 조용한 목소리로 기도하느냐에 있지 않습니다. 그가 즐기느냐 즐기지 못하느냐가 중요합니다."

기쁨에 넘치는 사람은 기도할 필요가 없다. 기도는 빈약한 대용품이다. 지복으로 충만한 사람은 명상할 필요가 없다. 그는 매순간을 기쁨으로 산다. 그는 해야 할 일을 다했다. 모든 것이 신성하고 성스럽다. 그런 식으로 음식을 먹으면 먹는 행위 자체가 기도가 된다. 그런 식으로 사랑하면 사랑 자체가 기도가 된다. 정원에 땅을 파는 일도 기도가 될 수 있다. 기도는 형식적인 것이 아니다. 기도는 행위에 깃든 특성을 말한다.

왕권이 그의 것이니라.

왜 그런가? 왕권은 순진무구함을 의미한다. 순진무구할 때 신이 그대를 찾아온다. 그러나 교활할 때에는 모든 문이 닫힌다. 어느 누구의 순진무구함도 파괴하지 말라. 순진무구한 사람에게 의심을 심어 주지 말라. 순진무구함이 왕권이다. 어느 누구에게도 의심을 심어 주지 말라. 일단 신뢰와 순진무구함이 파괴되면 일이 아주 어려워진다. 깨진 거울처럼 되어 버린다.

이것이 스승이 처한 문제다. 그대들은 모두 깨진 거울과 같다. 지금까지 살아오면서 어디에선가 신뢰가 무너졌다. 그대는 믿지 못한다. 의심에 익숙해져 있다. 그대는 의심하는 마음을 갖도록 교육받았다. 이것이 문제다. 다시 신뢰심을 회복하지 않는 한 그대에게는 아무 변형도 일어날 수 없다. 결코 신을 만날 수 없다. 그대는 깨진 거울과 같다. 그대는 이렇게 깨진 상태를 고수한다. 그러면서 의심을 대단하게 가치 있는 것으로 생각한다. 그러나 의심은 그대의 빈약함을 보여줄 뿐이다.

어린아이의 가슴은 신의 왕국이다. 순진 무구할 때 신의 왕국이 그대

를 찾아온다. 나뿐만 아니라 세상의 모든 스승들이 신뢰를 강조한다. 이 말은 순진 무구한 상태로 돌아가라는 뜻이다. 그대는 의심과 논쟁, 합리화를 고집한다. 먼저 확신을 가진 다음에 발을 들여놓겠다고 말한다. 이것이 문제다. 진짜 큰 문제다. 신뢰심 하나로 어둠 속에 발을 들여놓을 수 있다면 모든 것이 가능해진다. 그런데 그대는 한 걸음도 떼지 않는다. 그대가 의심을 통해 무엇을 성취했는지 돌이켜 보라. 이 깨진 거울을 갖고 어디에 도달했는가? 그대는 깨진 거울에 집착한다. 오랫동안 이 깨진 거울과 함께 살아왔기 때문이다.

물라 나스루딘이 아들에게 이 세상을 살아가는 법에 대해 가르치고 있었다. 아주 작고 귀여운 아이였다. 물라가 아이에게 사다리에 올라가라고 말했다. 아이는 놀랐다. 물라는 항상 "나무에 올라가지 마. 사다리에 올라가면 안 돼!" 하고 말했기 때문이다. 아이는 늘 사다리를 타고 싶어했다. 그래서 물라의 말을 듣고 얼른 시키는 대로 했다. 아이가 사다리 꼭대기까지 올라갔을 때 물라가 "이제 뛰어내려" 하고 말했다. 아이가 무서워서 망설이자 물라가 말했다.

"뭐가 걱정이니? 여기 아빠가 있는데. 안심하고 뛰어내려."

아이가 뛰어내렸다. 그러나 물라는 아이를 받지 않고 옆으로 비켜섰다. 땅에 곤두박질친 아이가 엉엉 울면서 말했다.

"무슨 일이에요, 아빠? 왜 받아 주지 않아요?"

물라가 말했다.

"이제 잘 들어라. 아무도 믿지 말라. 아버지도 믿어서는 안 된다. 이것이 세상을 살아가는 법이다. 나는 너를 준비시키고 있는 것이다. 아무도 믿지 말라. 아버지도 믿어서는 안 된다. 오늘 너는 아무도 믿어서는 안 된다는 좋은 교훈을 얻었다."

이것이 모든 부모, 선생, 학교, 대학에서 하는 일이다. 아무도 믿지 말라. 누가 그대를 속일지 모른다. 부정직한 사람이 그대에게 사기를 칠

The Hidden Harmony

수도 있다. 그러나 이것은 문제가 아니다. 세상 전체가 사기를 친다 해도 그대는 아무것도 잃지 않는다. 그러나 의심하면 그대는 모든 것을 잃을 것이다. 의심이 사기꾼이다. 의심하면 그대는 신을 놓칠 것이다. 신은 순진 무구함이라는 문을 통해서 온다. 그대는 삶의 모든 것을 믿는가? 자세히 살펴보면 그대는 아무것도 믿지 못한다. 어느 누구도 믿지 않는다.

위대한 신비주의자인 나가르주나(Nagarjuna)에게 한 남자가 찾아왔다. 나가르주나가 말했다.

"그대는 누군가를 믿고 사랑하는가?"

남자가 말했다.

"나는 아무도 사랑하거나 믿지 않습니다. 내 소를 제외하고는."

나가르주나가 말했다.

"그렇다면 좋다. 그대의 소를 신으로 섬겨라. 완벽하게 믿어라. 그를 사랑하고, 신뢰하고, 돌보아라. 그리고 석 달 후에 다시 와라."

남자가 말했다.

"그런다고 해서 무슨 일이 일어나겠습니까? 소를 사랑하고 믿는 것만으로?"

"그런 염려는 접어 두어라. 어쨌든 내 말대로 하고 석 달 후에 다시 와라."

석 달 후 남자가 완전히 다른 사람이 되어서 돌아왔다. 그가 말했다.

"무슨 기적을 일으킨 것입니까? 믿기 힘든 일이 일어났습니다. 소를 믿고, 사랑하고, 돌보면서 얻은 경험이 저를 완전히 다른 사람으로 바꾸어 놓았습니다. 저는 다시 태어났습니다. 그런데 어떻게 이런 일이 가능할까요? 소를 믿는 것만으로?"

나가르주나가 말했다.

"어떤 대상을 믿느냐는 문제가 아니다. 핵심은 믿음이다."

아주 사소한 것이라도 신뢰할 수 있다면 그 신뢰를 통해 문이 열린다. 그리고 신뢰의 맛을 보았을 때 그대는 더 신뢰할 수 있다. 신뢰의 깊은 맛을 보았을 때 그대는 점점 더 신뢰하게 된다. 그리고 이 신뢰를 통해 궁극적인 도약을 할 수 있다.

시간은 장기를 두는 아이와 같으니,
왕권이 그의 것이니라.

시간에 대해서도 헤라클레이토스는 수학적 이론을 전개하지 않는다. 그는 시간이 장기를 두는 아이와 같다고 말한다. 낮과 밤이 움직인다. 헤라클레이토스는 시간이 어떤 목적지를 향해 간다고 믿지 않는다. 시간은 원을 그리며 돌고 있다. 시간은 직선이 아니라 수레바퀴와 같다. 이것을 이해해야 한다. 과학자들은 시간이 직선적으로 움직인다고 생각한다. 그러나 내면의 세계를 아는 사람들은 시간이 수레바퀴와 같다고 말한다. 시간은 직선적으로 움직이는 것이 아니라 원을 그리며 돈다. 과학자들이 시간을 직선적인 것으로 보는 데에는 어떤 이유가 있다. 그들은 전체를 보지 못한다. 부분을 볼 뿐이다. 과학적인 마음은 모든 것을 분류하고 세분화시킨다. 그래서 과학자는 부분만을 본다. 그리고 이 부분마저 더 작은 부분으로 나눈다. 그는 계속해서 나눈다. 그는 전체를 볼 수 없다. 과학의 원리 자체가 그로 하여금 한 부분을 더 명확하게 볼 수 있도록 만든다. 그는 점점 더 분명히 보게 되는 반면 점점 더 부분에 국한된다. 그의 시각은 명확하고 치밀해지지만 대상물은 점점 더 작아진다. 그리하여 그는 가장 작은 부분인 원자에까지 도달한다. 그리고 시간에서는 가장 작은 부분인 '찰나'에 도달한다.

원의 극히 일부만 놓고 보면 직선처럼 보인다. 그러나 원은 광대하다. 이 지구와 같다. 땅 위에 선을 긋고 그 선을 직선으로 생각한다면 그대

는 잘못 생각한 것이다. 둥근 지구 위에서 어떻게 직선을 그을 수 있겠는가? 그 선을 계속 연장하면 곡선이 될 것이다. 지구 전체를 돌아 하나의 원이 될 것이다. 그러므로 모든 직선은 이 거대한 원의 일부에 지나지 않는다.

과학은 전체를 보지 못한다. 그래서 시간이 직선적인 것으로 보인다. 종교는 전체를 본다. 과학은 숲을 못 보고 나무를 보지만, 종교는 나무를 보지 않고 숲을 본다. 전체를 보면 모든 것이 원형(圓形)이다. 시간 또한 원을 그리며 움직인다. 시간은 게임이다. 아무 데로도 가지 않고 원을 그리며 움직이는 게임이다. 이것을 알면 마음의 긴장이 떨어져 나간다. 미래의 어딘가에 도달한다는 것이 무의미해진다. 이때 그대는 순간을 즐기기 시작한다.

삶은 무엇인가를 성취하고 달성하려는 노력이 아니다. 삶은 즐거운 축제다.

광신은 신격화된 질병이다.

이 말 또한 이론으로 만들지 말라. 이론을 만들고 "이것이 옳다"고 말하는 순간 그대는 사람들을 개종시키기 시작한다. "이것이 옳다"고 말하는 순간 에고가 달라붙는다. 이제 "이것이 옳다"는 것은 문제가 아니다. 그대는 "나는 옳다. 내가 어떻게 틀릴 수 있겠는가?" 하고 생각한다. 이때 신격화된 질병이 들어온다.

나에 대해서도 항상 이것을 명심하라. 내가 무슨 말을 하건 그것을 절대적인 명제로 만들지 말라. 그 말을 믿음으로 만들지 말라. 그 말에 달라붙지 말라. 내가 무슨 말을 하건 그 반대 또한 진실이라는 것을 잊지 말라. 반대되는 것을 틀리다고 말하는 것은 완고한 신앙이다. 이때 광신이 들어온다.

Discourses On The Fragments Of Heraclitus

내가 신은 겨울이라고 말한다면 신은 또한 여름이기도 하다. 내가 "신은 겨울이다"라고 말하는 것은 그것이 도움이 되기 때문이다. 또한 나는 "신은 여름이다"라고 말할 때도 있다. 그것이 도움이 되기 때문이다. 나는 어떤 사람에게는 "신은 겨울이다"라고 말하고, 어떤 사람에게는 "신은 여름이다"라고 말한다. 그러니 나의 말을 이론으로 만들지 말라. 나는 시인이다. 내 말을 믿을 필요가 없다. 다만 내가 말하는 '그것'이 되어야 한다. 내 말을 이론으로 만들지 말고 그대 안의 변형으로 삼아라. 내 말을 하나의 파(派)로 만들지 말라. 내 말을 통해 삶을 만들어라. 그것을 살아라! 그렇게 사는 순간 그대는 다른 사람들 또한 그렇게 살도록 도움을 줄 수 있을 것이다.

삶을 통해서만 다른 사람들에게 도움을 줄 수 있다. 말을 통해서, 개종시키려는 노력에 의해서, 사람들을 계몽시키려는 노력에 의해서는 아무 도움도 줄 수 없다. 이것은 아주 미묘한 해악이다. 그대 안에 불을 밝혀라. 그러면 사람들이 그 빛을 받아들일 것이다. 다른 데로 갈 필요가 없다. 자신의 길을 가는 사람을 그대의 길로 끌어들이지 말라. 누가 아는가? 그에게는 그 길이 맞을지도 모른다. 그대에게는 그 길이 틀리게 보일 수도 있다. 그러나 그대가 누구기에 그것을 결정하는가? 판단하지 말라. 광신은 신격화된 질병이다. 종교인이 될 때 이 병에 걸릴 소지가 많아진다. 종교인이 되면 이 병에 대해 아주 약해진다. 종교적인 동시에 광신적이지 않은 사람은 아주 드물다.

물라 나스루딘이 술집에서 술을 마시는 것을 보고 내가 물었다.
"어떻게 된 일인가? 어제 자네는 완전히 술을 끊고 절대 금주가가 되겠다고 맹세하지 않았나? 그런데 지금 여기서 무엇을 하는 것이지?"
나스루딘이 말했다.
"물론 나는 절대 금주가지. 하지만 광신자는 아니야."

The Hidden Harmony

그대가 어떤 사람이든간에 유동적으로 남아라. 자신의 주변에 고정된 틀을 형성하지 말라. 항상 움직임과 흐름을 유지하라. 때로는 규율에서 벗어나는 것도 필요하다. 삶은 그대의 규율보다 더 거대하다. 때로는 자신의 규율에 완전히 어긋날 필요가 있다. 신은 여름인 동시에 겨울이기 때문이다.

광신의 희생양이 되지 말라. 종교적인 사람이 되는 것은 좋으나 힌두교인, 모하메드교인, 기독교인이 되지는 말라. 지구 전체를 그대의 교회로 삼아라. 이 존재계 전체를 그대의 사원으로 삼아라. 신 전체가 열려 있는데 왜 조그만 부분에 만족하는가? 왜 기독교인이 되고, 왜 힌두교인이 되는가? 인간이 될 수 있는데 왜 스스로 상표를 붙이는가? 상표를 버려라. 모든 신앙(belief)을 버려라. 신뢰(trust)하라. 신뢰는 신앙과 전혀 다른 것이다. 삶이 그대를 어디로 안내하건 그 삶을 신뢰하라. 삶과 함께 움직여라. 다른 사람들은 그들 자신의 길을 가도록 내버려 두라. 그대는 그대의 일을 하고, 다른 사람들은 그들의 일을 하게 하라. 열려 있어라.

이렇게 열려 있을 때 다른 사람들을 강요하지 않고도 도움을 줄 수 있다. 이때 그대는 사람들이 그대의 존재를 마시고 도움받는 것을 알게 될 것이다. 그들에게 직접 봉사하려고 하지 말라. 봉사, 자비, 사랑, 보살핌, 이 모두가 간접적이어야 한다. 그들 위에 올라타지 말라. 그들을 강제로 천국으로 끌고 가려고 하지 말라. 그런 폭력 때문에 인류의 과거가 그토록 불행해진 것이다. 이 폭력 때문에 기독교인, 모하메드교인, 힌두교인들이 지금도 서로를 죽이고 있다. 이젠 됐다. 그만하면 충분하다.

이제 지구는 하나가 되었다. 지구 전체가 하나의 작은 마을처럼 되었다. 이제는 인류 또한 하나가 되게 하라. 믿음 안에서 하나가 되는 것이 아니라 탐구 안에서 하나가 되게 하라. 모든 것이 신성하다는 의미에서 하나가 되게 하라.

Discourses On The Fragments Of Heraclitus

헤라클레이토스의 이 말을 항상 잊지 말라.

여기에도 신은 있다.

나는 나 자신을 탐구했다.

왕권이 아이들의 것이다.

광신은 신격화된 질병이다.

일곱,
지혜로운 영혼은…

취한 사람은 어린아이에게 끌려간다.
그는 어디로 가는지도 모르면서 비틀거리며 따라간다.
그의 영혼은 젖어 있으므로.

영혼은 축축해짐으로써 쾌락을 얻는다.

건조한 영혼이 가장 지혜로우며 최상의 것이다.

A dry soul is wisest and best
― 지혜로운 영혼은…

　어제 나는 인간의 의식이 두 가지 길을 갈 수 있다고 말했다. 하나는 물처럼 아래로 흐르는 길이며, 다른 하나는 불처럼 위로 향하는 길이다. 이 물과 불이라는 상징은 아주 의미심장하다.
　아래로 향할 때 그대는 점점 더 무의식적이 된다. 그리고 위로 향할 때에는 점점 더 의식적이 된다. 상향로(上向路)는 의식의 길이며, 하향로(下向路)는 무의식의 길이다.
　헤라클레이토스는 하향로를 습(濕)한 상태라 부르고, 상향로를 건조한 상태라고 부른다. 습기와 건조함은 물과 불에 달렸다. 그는 인간의 마음이 습한 상태에서 쾌락(pleasure)에 젖어 든다고 말한다.
　모든 쾌락은 하향로에 속한다. 쾌락을 추구할 때마다 그대는 아래로 향한다. 쾌락은 무의식 상태를 의미하기 때문이다. 쾌락은 고뇌를 느끼지 못하는 상태다. 고뇌가 사라진 것이 아니라 무의식에 빠진 상태다. 세상은 변함이 없다. 고통은 여전히 그대를 기다리고 있다. 감소하는 것이 아니라 오히려 증가하고 있다. 시간이 지날수록 이 걱정거리는 더 커진다. 그대의 문제는 사라지지 않은 채 남아 있다. 오히려 점점 더 복잡

해지고 있다. 그대가 무의식적일 때에도 모든 것은 성장한다. 그대가 무의식 속에 빠져 있다고 해서 가만히 정지한 채 기다려 주지 않는다. 그대의 불행과 고통은 점점 커지면서 그대를 기다리고 있다. 그런데 그대는 무의식 속에 빠져 있기 때문에 이것을 자각하지 못한다. 다시 의식의 세계로 돌아올 때 그대는 회피했던 모든 문제에 직면해야 한다.

쾌락은 도피다. 그러므로 쾌락은 별 가치가 없다. 사실, 그것은 쾌락이 아니라 일종의 자살이다. 그대는 등을 돌리고 문제를 회피한다. 그러나 그런다고 해서 문제가 해결되지는 않는다. 언젠가는 다시 의식의 세계로 돌아와야 한다. 일단 의식적인 존재로 태어난 이상 영원히 무의식 상태에 있을 수는 없다. 무의식 속으로 다이빙해 들어갈 수는 있다. 그러나 물 속에 얼마나 오랫동안 잠수해 있겠는가? 그대는 다시 표면으로 올라와야 한다. 오랫동안 무의식적인 상태로 남아 있을 수는 없다. 술과 마약, 섹스 등을 통해 그대는 무의식적이 된다. 순간적으로나마 모든 근심 걱정을 잊는다. 그러나 이런 망각의 상태가 영원히 지속되지는 않는다.

이것은 아무 도움도 안 된다. 쾌락을 추구하는 것은 도움이 안 된다. 그대는 반복해서 의식의 표면으로 돌아와야 한다. 악순환의 연속이다. 본래 상태로 돌아왔을 때 그대는 불안과 고통 등 모든 문제가 기다리고 있는 것을 발견한다. 오히려 전보다 더 증가한 상태다. 그대는 두려움을 느끼고 안절부절 못하게 된다. 그대의 존재 전체가 두려움에 떤다. 그래서 그대는 다시 쾌락 속으로 도피한다. 이렇게 도피할 때마다 문제가 증가한다. 그리고 더 많은 문제에 직면할수록 더 많은 술이 필요해진다. 마취제의 양이 점점 더 늘어간다. 첫날에는 소량의 마약을 복용하고도 무의식 상태에 빠졌다. 그러나 며칠 후에는 무의식 상태에 빠지지 않는다. 여전히 의식이 있다. 수많은 근심 걱정이 문을 두드리는 소리가 들린다. 더 많은 양의 마약이 필요하다. 그러나 이 정도의 양도 조만간 충

The Hidden Harmony

분치 않게 된다.

　인도에서는 마약을 통한 실험이 행해져 왔다. 마약과 알코올, 마리화나와 메스칼린 같은 것들을 통해 실험하는 종파가 있다. 서양에서 마약은 새로 나타난 현상이다. 그들이 마약 문제에 대해 걱정하는 이유가 그것이다. 그러나 동양에서 마약은 가장 오래된 것 중의 하나다.

　특정한 분파의 탄트라 수행자들은 마약을 통해 의식을 얻을 수 있는 길을 발견했다. 그들은 마약을 계속 투입하다 보면 거기에 익숙해져서 아무것도 그들을 무의식적으로 만들 수 없는 지점에 도달한다는 것을 알았다. 마약 다음에 그들은 독뱀을 사용했다. 보통 사람들은 한 번만 물려도 즉사할 것이다. 마약이 아무 영향도 미치지 못하게 되자 그들은 독뱀으로 하여금 그들의 혀를 깨물게 했다. 보통 사람은 즉사할 것이다. 그들이 이런 실험을 하는 것은 극독을 통해서 무의식 상태에 빠지려는 것이다. 그러나 이 극독마저 그들에게 영향을 미치지 못하게 된다. 마약의 세계를 완전히 초월해 버리는 때가 온다. 이렇게 되면 그 사람을 무의식 상태에 빠뜨리는 것은 불가능하다. 아무것도 영향을 미치지 못한다. 그리고 이 사람이 그대를 물면 그대는 즉시 죽음을 면치 못할 것이다. 그의 몸 전체가 독약이다.

　인도의 고대사에는 특별히 훈련받은 여자 간첩에 대한 이야기가 나온다. 인도의 왕들은 특별히 훈련받은 아름다운 여자들을 거느리고 있었다. 이 여자들은 어린 시절부터 훈련을 받아 몸 전체가 독으로 변한 여자들이었다. 그들은 '비쉬카니야(vishkanya)'라는 이름으로 알려져 있다. 아름답지만 독을 품은 여자들이었다. 왕은 이 여자들을 적국의 왕에게 보냈다. 이 여자들이 너무나 아름다웠기 때문에 적국의 왕은 유혹을 뿌리칠 수 없었다. 그리고 이 여자들이 입을 맞추면 적국의 왕은 죽음을 면치 못했다. 그녀들은 극독으로 무장된 여자들이었다. 물어뜯을 필요도 없었다. 그저 입을 맞추는 것만으로도 충분했다.

마약이 아무 영향도 미치지 못하는 때가 온다. 이 탄트라 수행자들은 의식의 자각을 위해 마약을 사용했다. 마약이 아무 영향도 미치지 못하는 사람은 의식이 완전히 통합된 상태에 들어선 것이다. 이제 그는 추락의 두려움 없이 더 높은 경지로 나아갈 수 있다. 그를 무의식적으로 만드는 것은 불가능하다. 그의 의식은 완전히 응집되었다. 그러나 일반적으로 우리는 마약을 통해 의식을 추구하지 않는다. 이 길은 아주 위험하다. 일반적으로 우리는 마약을 통해 무의식을 추구한다. 근심과 걱정, 불안, 고민으로부터 벗어나려고 한다. 지옥 같은 이 세상을 잠시나마 잊으려고 한다. 우리는 망각을 원한다. 우리의 모든 쾌락은 망각 외에 다른 것이 아니다.

헤라클레이토스는 이것을 의식의 습(濕)한 상태라고 말한다. 이 표현은 아름답다. 그는 이 영혼을 축축한 영혼이라고 부른다. 그는 영혼이 쾌락을 즐긴다고 말한다. 쾌락은 부유하는 통나무와 같다. 아무 노력도 필요 없다. 아무것도 할 일이 없다. 그저 아래로 떠내려가기만 하면 된다. 이것은 언덕을 내려오는 것과 같다. 쉽게 달릴 수 있다. 노력이 필요 없다. 중력 자체가 그대를 아래로 끌어당긴다. 그러나 위로 올라가는 것은 어렵다. 이것이 그대가 쾌락(pleasure)을 구하는 이유다. 그대는 결코 지복(bliss)을 구하지 않는다.

지복은 위로 올라가는 움직임이며, 쾌락은 아래로 내려가는 움직임이다. 쾌락은 망각이지만 지복은 기억이다. 구제프(Gurdjieff)는 의식의 통합을 이루는 유일한 길은 '자기 기억(self-remembrance)'이라고 말한다. 세상의 모든 스승들이 더 의식적으로 깨어 있으라고 강조한다. 의식적일수록 그대 안에는 어떤 건조함이 생겨난다. 그대는 점점 더 건조해진다. 이 말은 더 의식적으로 깨어 있게 된다는 뜻이다. '깨어 있음(awareness)'은 불이다. 이 불로 인해 그대는 점점 더 건조해진다.

이 말들을 귀담아 듣고 이해하도록 노력하라. 이 말들이 그대가 가는

길에 큰 도움을 줄 것이다.

　　취한 사람은 어린아이에게 끌려간다.
　　그는 어디로 가는지도 모르면서 비틀거리며 따라간다.
　　그의 영혼은 젖어 있으므로.

　이 장면을 눈앞에 그려 보라.

　　취한 사람은 어린아이에게 끌려간다.
　　그는 어디로 가는지도 모르면서 비틀거리며 따라간다.
　　그의 영혼은 젖어 있으므로.

　매우 상징적인 표현이다. 취한 사람은 퇴보한다. 그는 퇴행하여 다시 어린아이가 된다. 이 퇴행은 성장이 아니다. 그대는 퇴행에 의해서가 아니라 앞으로 전진함으로써, 위로 성장함으로써 어린아이가 되어야 한다. 그대는 다시 어린아이가 되어야 하지만 이것은 퇴행이 아니라 진보에 의해 이루어져야 한다. 퇴행했을 때 그대는 유치해질 것이다. 무엇인가 얻기커녕 모든 것을 잃을 것이다. 퇴행했을 때 내적인 시스템 전부가 불구가 된다. 이렇게 되면 겉으로는 어른으로 보이겠지만 내적으로는 어린아이에 불과하다. 천진난만해지는 것이 아니라 유치해지는 것이다. 순진 무구한 것이 아니라 매우 교활해진다. 이 교활함이 너무도 깊기 때문에 그대는 다른 사람들에게 교활할 뿐만 아니라 스스로에게도 속임수를 쓴다. 그대 자신의 의식, 자신의 미래, 자신의 가능성에 대해서도 교활한 술수를 부린다. 이것이 퇴행이다.

　그대는 지금까지 거쳐온 모든 단계를 그대로 간직하고 있다. 한때 그대는 자궁 속에 있었다. 그대의 일부는 아직도 그런 상태를 벗어나지 못

했다. 과거의 모든 것은 성장의 기초가 된다. 그대 안에는 지금까지 겪은 모든 것이 존재한다. 이 삶뿐만 아니라 다른 생에서 겪은 모든 일이 그대로 존재한다. 인간의 삶뿐만 아니라 동물과 식물로 살았던 삶의 모든 것이 존재한다. 아무것도 없어지지 않았다. 그대는 과거의 모든 것을 간직하고 있다. 그대는 곧 그대의 과거다. 과거 전체가 그대 안에 있다. 그러므로 그대는 언제라도 퇴행할 수 있다. 이것은 사다리와 같다. 사다리를 타고 밑으로 내려갈 수 있다. 취했을 때 그대는 사다리 밑으로 내려간다. 어린아이 뿐만 아니라 식물이 될 수도 있다. 길 옆의 시궁창에 누워 있는 주정뱅이를 보라. 그는 인간처럼 보이지 않는다. 그는 저 밑바닥으로 퇴행했다. 식물 인간이 되었다. 그가 살아 있다고 말하기도 힘들다. 이 사람을 인간이라고 할 수 있는가? 그가 무슨 인간적인 면을 보여주는가? 그와 나무 사이에 무슨 차이점이 있는가? 유일한 차이점은 나무가 더 나은 상태에 있다는 것이다. 최소한 나무는 취하지는 않았다. 이 사람은 사다리에서 굴러 떨어졌다. 그는 나무처럼 되었다.

서양에서는 술이나 마약에 취한 상태를 가리켜 'stoned'라는 표현을 쓴다. 이것은 아주 훌륭한 표현이다. 마약에 취한 사람은 돌(stone)이 된다. 이것이 최악의 경우다. 그는 식물보다 못한 상태로 떨어졌다. 그는 바위 덩어리가 되었다. 모든 가능성이 사라졌다. 그는 사다리의 맨 밑바닥 칸으로 떨어졌다. 그는 수백만 년을 퇴행했다. 이런 일은 단 몇 초만에 일어날 수도 있다. 그는 무기력하고 우둔해졌다. 바보 천치가 되었다. 자신이 무엇을 하는지도 모른다. 그는 존재하지 않는다. 그의 현존이 사라졌다. 내면에 중심이 존재하지 않는다. 이것이 젖은 상태다. 그는 물이 되었다. 물이 사방으로 넘실대고 있다. 방향 감각도 없고 내적인 통합성도 없다. 중심이 없다. 이런 순간에 죽으면 자신이 죽는 것조차 의식하지 못할 것이다. 이 순간에 어떤 일이 일어나도 그는 인식하지 못할 것이다. 그는 존재하지 않는다. 정신이 결여된 상태이다. 그는 완

전히 퇴보했다. 밑바닥으로 굴러 떨어졌다.

　이것은 쉬운 일이다. 그리고 사람들은 쉬운 일이라면 무엇이든지 즐긴다. 아무 노력도 필요 없다. 길을 따라갈 필요도 없고, 그대 쪽에서 해야 할 일도 없다. 걱정할 필요도 없고, 생각할 필요도 없다. 그저 포기하기만 하면 된다. 이것이 '탈락'이라는 것이다. 그대는 진화의 과정에서 탈락했다. 이제 그대는 성장하는 존재계의 일부가 아니다. 끊임없이 진보하는 신성(神性)의 일부가 아니다. 그대는 모든 것을 잃었다. 이것이 최악의 경우다. 이런 일은 약물뿐만 아니라 다른 것을 통해서도 일어난다. 이것을 명심해야 한다. 그대는 어떤 약물도 사용하지 않을 수 있다. 그러나 미묘하게 약물처럼 작용하는 것들이 많다. 모든 것이 약물이 될 수 있다.

　끊임없이 만트라(mantra)를 외우는 사람들이 있다. 아무런 자각 없이 그저 만트라를 반복할 수 있다. 이렇게 자각 없이 만트라를 되뇌면 술처럼 중독이 된다. 이것이 그대에게 무의식을 가져다 준다. 그대는 상당한 쾌락을 느낄 것이다. 그러나 이것은 지복이 아니다. 그대는 퇴행하는 것이다. 인도에서는 수천 년 전부터 이 방법이 사용되었다. 수많은 사람들이 끊임없이 만트라를 외우고 있다. 그들을 관찰해 보라. 그들은 돌처럼 굳어 있다. 만트라를 통해 그들은 무의식적으로 되었다. 물론 그들은 근심 걱정이 없다. 걱정하기 위해서는 자각이 필요하기 때문이다. 그들은 행복하다. 그러나 그들의 행복은 죽음과 같다. 단단하게 굳어 있다. 그들의 행복은 피어나는 꽃과 같지 않다. 그들의 행복은 흐르는 강이 아니라 한 곳에 고여서 썩어가는 연못과 같다. 그들은 전혀 움직이지 않는다. 내면의 흐름이 완전히 멈추었다.

　나는 두 가지 움직임에 대해 말한 바 있다. 하나는 수직적 움직임이고, 다른 하나는 수평적 움직임이다. 그들은 수평적 움직임을 멈추었을 뿐, 수직적 움직임을 시작하지 않았다. 그들은 죽은 사람 같다. 육체 속에

Discourses On The Fragments Of Heraclitus

산 채로 매장되어 있다. 그들의 육체는 무덤이 되었다. 티벳 근처의 히말라야에 가면 이런 사람들이 많다. 그저 앉아서 만트라를 외는 사람들이 있다. 이렇게 만트라를 계속 되뇌면 권태가 일어나고 그들은 둔해진다. 그들은 감수성을 잃었다. 그들은 활발하게 살아 있지 않다. 너무나 둔해져서 바늘 침대 위에 누울 수도 있다. 몸에 감각이 없기 때문이다. 이것은 지금까지 발견된 어떤 마약보다도 강한 마취제다. 그들은 자신의 내부에서 스스로 마취제를 만들어 내는 데 있어서 전문가다.

특정한 단어를 끊임없이 되뇌면 그대는 퇴행한다. 만트라는 자각을 갖고 외워야 한다. 주시자로 남아야 한다. 만일 '옴'이라는 만트라를 외운다면 이 옴을 주시해야 한다. 만트라는 몸에 의해 행해지고, 그대는 주시자로 남아야 한다. 주시가 없으면 만트라는 마약처럼 중독이 된다. 마취제가 되어 버린다.

다른 종류의 마약도 있다. 정치가들 또한 마약에 중독되어 있다. 그들은 권력과 지위라는 마약에 중독되었다. 권력에 빠진 사람은 이미 제 정신이 아니다. 권력은 부패한다. 절대적으로 부패하게 되어 있다. 권력은 마약이기 때문이다. 권력에 빠져 들었을 때 그대는 더 이상 의식적이지 않다. 이때 그대는 평소에 상상도 할 수 없었던 일을 하기 시작한다. 자신도 믿기 힘든 일을 저지른다.

아돌프 히틀러(Adolf Hitler)를 보라. 그의 생애와 그가 한 짓을 보라. 그는 담배도 피우지 않았으며 술에 반대했다. 그는 완벽한 구도자였다! 그는 아침 일찍 일어나고, 밤에도 일찍 잠자리에 들었다. 술과 담배뿐만 아니라 고기도 입에 대지 않는 채식주의자였다. 그런데 그가 한 짓을 보라! 이렇게 완벽한 자이나교인은 찾아보기 힘들다. 그런데 그가 무슨 짓을 했던가? 그는 세상에서 가장 독한 마약에 중독되어 있었다. 그러므로 담배를 피울 필요가 없었다. 담배는 아무것도 아니다. 그는 술을 마실 필요가 없었다. 이미 권력에 흠뻑 취해 있었기 때문이다.

|223

The Hidden Harmony

히틀러를 지켜본 사람들은 이렇게 말한다. 그가 말을 하기 시작하면 완전히 다른 사람으로 변했다는 것이다. 모든 사람이 그것을 느낄 수 있었다. 말을 시작할 때 그는 히틀러였다. 그러나 그는 서서히 자기 최면에 걸린 것처럼 완벽한 무의식 상태로 빠져 들었다. 그의 눈에서 생기가 사라졌다. 그는 존재하지 않는 것 같았다. 다른 사람이 그를 사로잡고 있는 것 같았다. 그리고 이런 마취 상태, 그의 "습기"가 즉각 다른 사람들에게 영향을 미쳤다. 그는 아주 수월하게 집단적인 광기를 불러일으켰다. 그는 카리스마를 가진 미치광이였기 때문에 그의 주변에 있는 사람들까지 미치광이가 되어 갔다. 그는 자석처럼 끌어당기는 힘을 갖고 있었다. 그의 안에서 솟아나는 술은 밖으로 넘쳐흘러서 다른 사람들까지 취하게 만들었다. 이것이 그가 독일 국민을 집단 자살의 길로 이끈 비결이다.

권력은 마약이다. 지금까지 세상에 알려진 가장 강력한 마약이다. 정치가들은 마약에 반대한다. 그러나 그들은 가장 독한 마약에 중독된 사람들이다. 그들이야말로 가장 거대한 마약 집단이다. 그대 또한 그대만의 마약을 만들 수 있다. 재물의 경우를 예로 들어보자. 재물을 쫓고 있는 사람을 보라. 그는 그 자리에 존재하지 않는다. 완전히 정신이 나간 사람이다. 그는 열심히 일하지만 자신이 무엇을 하는지도 모른다. 그는 완전히 무의식적이다. 개인적인 마약으로는 여러 가지가 있다. 그대는 화가가 될 수도 있고, 시인이 될 수도 있다. 이것이 그대의 마약이 된다. 그대 자신을 망각하고서 하는 행위, 의식을 잃고 완전히 동일시가 되어 버리는 행위, 주시가 없는 행위는 무엇이든지 다 마약이다. 헤라클레이토스는 이것을 '습한 상태'라고 부른다.

영혼은 축축해짐으로써 쾌락을 얻는다.

노력이 필요 없다. 긴장할 필요도 없고, 실재와 직면할 필요도 없다. 그저 숨기만 하면 된다. 그대는 몸을 숨기고 도망친다. 타조처럼 눈을 감아 버린다. 눈을 감고 있을 때 그대는 아무것도 볼 수 없다. 그래서 행복을 느낀다. 이것이 그대가 행복이라고 부르는 것이다. 그러나 이런 행복이 영원히 지속되지는 않는다. 일시적인 현상이다.

어떤 사람과 사랑에 빠졌을 때 그대는 아주 행복하다. 이것이 마약이다. 육체가 그대 안에 호르몬을 분비한다. 이것은 생물학적인 마약이다. 자연은 이런 마약을 사용해야 한다. 그대를 믿기 힘들기 때문이다. 생각해 보라. 만일 사랑이라는 것이 없다면 세상은 더 이상 존재할 수 없을 것이다. 섹스가 너무나 우스꽝스럽게 보이기 때문이다. 사랑이 없다면 섹스는 그저 우스꽝스러운 행위에 불과하다. 도취하게 하는 요소가 없다면 누가 섹스를 하겠는가?

사랑은 고기를 낚는 미끼와 같다. 자연이 진짜로 의도하는 바는 재생산이다. 그런데 그대는 믿을 수 없는 존재다. 사랑에 빠지지 않는다면 그대는 재생산을 하지 않을 것이다. 그래서 자연은 속임수를 쓴다. 그대를 사랑에 빠지게 만드는 것이다. 자연은 그대에게 마약을 준다. 그대의 몸 안에 마약을 풀어놓는다. 육체 안에는 마약 성분이 발산되는 분비선이 있다. 이것은 생물학적인 마약, 호르몬 마약이다. 그러므로 사랑에 빠진 사람은 걸음걸이부터 달라진다. 그는 이 자리에 있지 않다. 그는 상상과 욕망, 꿈의 세계에 있다. 그는 현실 속에 살지 않는다. 그는 자신도 모르는 사이에 마약에 취했다. 그러나 어떤 마약도 영원히 지속될 수는 없다. 사랑이 가 버렸을 때, 허니문이 끝날 때쯤이면 이 마약의 효력도 떨어진다. 이때 그대는 현실에 직면해야 하고, 많은 문제가 발생한다. 그대가 한 모든 약속은 무의식 상태에서 한 것이다. 이제 그대는 축축한 상태에서 한 약속, 무의식 상태에서 한 약속을 이행해야 한다. 이제 그 약속은 무거운 짐이 된다. 모든 연애는 결국 추해진다. 모든 결혼

The Hidden Harmony

은 암초에 부딪친다. 왜 그런가? 의식적이지 않기 때문이다. 의식적으로 사랑한다면 그 사랑은 영원할 수 있다. 의식은 모든 것을 영원하게 만든다. 그러나 무의식적일 때에는 모든 것이 일시적이다.

의식적으로 사랑할 수 있다면, 생물학적 속임수나 자연의 희생양이 되지 않고 깨어 있는 의식으로 사랑할 수 있다면, 이때 그대는 사랑에 빠지는 것이(fall in love) 아니라 사랑 안에서 일어난다(rise in love). 이때에는 사랑 자체가 통합적인 힘이 된다. 사랑 자체가 깨어있음(awareness)이 된다. 관계 속에서 그대는 더욱 더 깨어 있게 된다. 그대는 다른 사람에게 관심을 갖고 보살필 뿐, 타인을 이용하지 않는다. 나누어 주기만 할 뿐 소유하려고 하지 않는다. 그대는 다른 사람을 자유롭게 한다. 그리고 다른 사람의 자유를 통해 그대 또한 자유로워진다. 두 사람은 궁극으로 가는 여행길에서 좋은 동반자가 된다. 그들은 서로를 돕는다. 이 길에는 함정이 많다. 길은 멀고 여행은 끝이 없다. 그러므로 고통과 번뇌, 행복, 침묵 등 모든 것을 나누어 가질 동반자가 있다면 더없이 좋은 일이다. 정신적으로 교류할 수 있는 사람, 그대에게 일어나는 일을 기탄없이 털어놓을 수 있는 사람, 무슨 일이 닥쳐도 그대를 도와줄 것이라고 신뢰할 수 있는 사람, 선할 때나 악할 때나, 화를 낼 때나 행복할 때나, 슬플 때나 즐거울 때나, 그대가 어떤 상황에 처해 있든 변함없이 그대를 사랑해 줄 것이라고 믿을 수 있는 사람, 이런 동반자를 갖는 것은 아주 좋은 일이다. 사랑하는 사람에게는 아무것도 감출 필요가 없다. 마음의 문을 활짝 열어 놓을 수 있다. 어떤 상황에서도 사랑은 조건을 달지 않는다. 사랑은 무조건적이다.

의식적인 사랑은 일반적인 사랑과 전혀 다른 현상이다. 의식적인 사랑은 아주 드물긴 하지만 이 세상에서 가장 아름다운 현상 중의 하나다.

그러나 일반적으로 그대의 사랑은 마약에 지나지 않는다. 나는 그런 경우를 날마다 목격한다. 한 커플이 내게 와서 서로가 깊이 사랑한다고

Discourses On The Fragments Of Heraclitus

말한다. 그리고 1주일 후에 다시 와서는 모든 게 끝났다고 말한다. 단 1주일 만에! 1주일 전에는 상상도 할 수 없던 일이다. 그들의 눈, 그들의 얼굴이 사랑으로 빛나고 있었다. 그들의 몸 전체가 알 수 없는 황홀경에 빠져 있었다. 그런데 단 1주일 만에 모든 것이 끝났다! 무슨 사랑이 이런 가? 이것은 사랑이 아니다. 자연의 마약에 취해 있었던 것이다. 자연이 속임수를 썼다.

자연은 그대가 섹스하기를 원한다. 그래서 자연은 섹스의 주변에 아름다운 꿈의 세계를 만들어 놓는다. 섹스 자체는 추하기 때문이다. 섹스는 참으로 터무니없는 것이다. 생각해 보라. 사랑도 없이 성적인 관계를 맺는 것은 추하다. 이것이 창녀가 추해 보이는 이유다. 아무리 아름다운 육체를 지녀도 그들은 아름다울 수가 없다. 사랑 없는 성행위 자체가 그들의 삶 전체를 추하고 지저분하게 만든다. 그대가 섹스를 용인하는 것은 사랑이 있을 때에 국한된다. 사랑으로 인해 섹스마저 아름답게 보인다. 그렇지 않으면 섹스의 몸짓 모두가 우스꽝스러운 것이다. 그러나 마약에 취해 있을 때 그대는 무슨 일이 벌어지고 있는지 자각하지 못한다. 그대 자신을 보지 않는다. 그대 자신만 빼고 세상 전체가 우스꽝스럽게 보인다.

물라 나스루딘이 정신 분석을 받고 있었다. 정신 분석가는 나스루딘이 어떤 유형의 사람인지 알아보기 위해 테스트를 했다. 그가 선을 하나 그어 놓고 물었다.

"이 선을 보니 무엇이 떠오릅니까?"

나스루딘이 말했다.

"오, 정말 멋진 여자군요!"

정신 분석가가 약간 당황했다. 이번에는 그가 원을 하나 그려 놓고 물었다.

"무엇이 떠오릅니까?"

나스루딘이 말했다.

"오, 멋진 여자가 벌거벗고 있군요!"

이번에는 정신 분석가가 삼각형을 그려 놓았다. 그러자 나스루딘이 눈을 질끈 감고 말했다.

"안 돼요. 그러지 말아요. 제발 그것만은…."

"무엇이 떠오릅니까?"

"이 여자가 음탕한 짓을 하고 있어요!"

정신 분석가가 말했다.

"아무래도 당신은 섹스에 너무 빠져 있는 것 같군요."

나스루딘이 말했다.

"뭐라고요? 내가 섹스에 빠져 있다고? 이렇게 음탕한 그림을 그린 사람이 누군데 그런 말을 하시오?"

그대는 세상을 볼 뿐 그대 자신을 보지 못한다. 이것이 헤라클레이토스가 말하는 '축축한 상태'다. 아무것도 자각하지 못하는 상태, 자신이 누구인지도 불분명한 상태, 무엇을 하는지, 왜 하는지도 모르는 상태다.

명상을 시작하는 초기에 그대는 큰 혼란을 느낀다. 생전 처음으로 의식이 깨어나기 때문이다. 내가 무엇을 하고 있지? 왜 이 일을 하고 있지? 무엇 때문에? 전에는 전혀 자각하지 못하던 일이었다. 그대는 큰 혼란을 느낀다. 난생 처음으로 현실을 보는 눈이 열린다. 이럴 때 도망치지 않으면 서서히 그대는 분열되는 것을 느낀다. 혼란스러운 정도가 아니라 미쳐 가는 것 같다. 그러나 그대는 항상 미친 상태였다. 다만 자각하지 못했을 뿐이다. 이제 그대는 자신의 광기를 자각하게 된다. 이 광기에 직면해야 한다. 그렇지 않으면 성장할 수 없다. 도피는 성장이 아니다. 온갖 종류의 마취제는 도피의 수단에 지나지 않는다. 무의식적인 상태에 있을 때 그대는 자신이 뭔가 의미 있는 일을 한다고 믿는다. 그러나 이것은 순전히 믿음일 뿐이다. 아무 근거도 없는 믿음이다. 의식이 깨어

Discourses On The Fragments Of Heraclitus

나야만 자신이 터무니없는 일을 해왔다는 걸 알게 된다. 그 모든 일은 그대를 아무 데로도 이끌지 못했다. 그대가 의미 있다고 믿었던 모든 일은 자기 기만에 불과했다.

물라 나스루딘이 새벽 세 시에 술집 문을 두드렸다. 이층 창문에서 술집 주인이 얼굴을 내밀더니 화난 목소리로 외쳤다.

"이 시간에 도대체 누구야? 문 닫았으니 당장 가시오!"

나스루딘이 말했다.

"술을 마시러 온 것이 아닙니다. 여기에 내 목발을 두고 갔어요. 온 세상이 알다시피 나는 목발이 없으면 걸을 수가 없는 사람입니다. 이제 집으로 돌아가야 하니 내 목발을 돌려주시오."

그는 목발이 없어도 걸을 수 있는 사람이다. 그러나 그는 이런 사실을 알지 못하고 항상 목발을 짚고 다녔다. 그는 술집에 목발을 두고 나와 밤새도록 시내를 쏘다녔다. 그러다가 목발을 두고 온 것을 알고는 술집에 돌아와 이렇게 말한다.

"온 세상이 알다시피 나는 목발이 없으면 걸을 수가 없는 사람입니다."

그대의 믿음은 목발이다. 그대는 목발이 없으면 걷지 못한다. 믿음이라는 목발이 없으면 살아갈 수 없다. 믿음이 없는 삶은 상상도 하지 못한다. 이 믿음이 그대의 목발이다. 그러나 의식이 깨어났을 때 그대는 놀랄 것이다. 오랫동안 그런 상태로 살아왔다는 것이 믿어지지 않을 것이다.

마음이 축축한 상태에서는 모든 일이 그대와 상관없이 일어난다. 그대는 아무런 통제 능력도 없다. 그냥 그런 일들이 일어나고, 그대는 거기에 반응할 뿐이다. 어떤 여자가 그대를 보고 미소 지으면 그대는 사랑에 빠진다. 그녀에게 말을 걸고 호감을 표시하기 시작한다. 그대가 호의를 표시하는 것을 보고 그녀 또한 사랑을 느끼기 시작한다. 이제 허니문

The Hidden Harmony

이 시작된다. 마약에 취한 것이다. 그러나 그대는 곧 이것을 자각하게 될 것이고, 이런 상태에서 벗어나야 할 것이다. 이것은 고통스러운 일이다. 참기 힘들 만큼 고통스러운 일이다. 그러므로 다시 마약에 취하기 위해, 자기 자신을 위로하기 위하여 그대는 다른 여자를 찾는다. 이런 식으로 악순환이 되풀이된다.

마약에 취한 사람은 무엇이든지 믿는다. 한 번은 내가 물라 나스루딘에게 이렇게 물었다.

"은행가 딸과의 관계에 좀 진전이 있나?"

내가 이렇게 물은 것은 그 은행가와 딸을 잘 알고 있었기 때문이다. 물라 나스루딘이 그녀의 사랑을 얻는 것은 거의 불가능해 보였다. 그러나 물라 나스루딘은 희색이 만연한 표정이었다. 그가 말했다.

"그래, 요즘 들어 좋은 징조가 있어. 잘 풀릴 것 같아."

내가 물었다.

"무슨 일이 있었나? 그녀가 자네에게 미소를 짓기 시작했어?"

그가 말했다.

"아니, 그렇게 노골적인 표현은 없었어. 그런데 지난밤에 그녀가 '내가 당신에게 'No' 라고 말하는 것은 이번이 마지막인 줄 아세요!' 하고 말하더군."

의식적이지 못할 때 그대는 '예스' 가 무슨 뜻이고 '노' 가 무슨 뜻인지도 모른다. 그대는 아무것도 모른다. 이리 저리 부유하는 통나무와 같다. 이렇게 표류하는 상태가 헤라클레이토스가 말하는 축축한 상태다.

취한 사람은 어린아이에게 끌려간다.
그는 어디로 가는지도 모르면서 비틀거리며 따라간다.
그의 영혼은 젖어 있으므로.

Discourses On The Fragments Of Heraclitus

영혼은 축축해짐으로써 쾌락을 얻는다.

사람들은 축축해지는 것에서 쾌락을 얻는다. 왜냐 하면 이것이 세상에서 가장 쉬운 일이기 때문이다. 가장 쉽다는 것, 이것이 그 일이 주는 유일한 쾌락이다. 이 쾌락을 위해서는 아무것도 할 필요가 없다. 그저 그대 자신을 버리고 이리 저리 떠다니면 된다. 그러면 중력이 그대를 아래로 끌어당긴다. 이때 그대는 행복을 느낀다. 긴장도 없고 노력도 필요 없기 때문이다. 아무것도 할 필요가 없다.

사람들은 내게 와서, 아침 일찍 일어나 명상하는 것이 힘들다고 말한다. 그들은 이 정도 노력도 벅차다고 생각한다. 아침에 일찍 일어나는 것도 못한다면 무슨 일을 할 수 있겠는가? 그대가 달리 무슨 일을 할 수 있을 것이라고 생각하는가? 그대는 아무 노력도 안하면서 바라는 것만 거창하다. 명상하기 위해 아침에 일찍 일어나는 것도 못하는 사람이 "어떻게 하면 마음의 평화를 얻을 수 있습니까?" 하고 묻는다. 이런 사람이 "어떻게 하면 신을 알 수 있습니까? 저를 도와주십시오. 저는 이 윤회의 사슬에서 벗어나고 싶습니다" 하고 말한다. 그러나 자의(自意)로 이 세상에 돌아오는 사람은 없다. 이렇게 표류하는 식으로 살면, 항상 추락하는 삶을 살면, 항상 쉬운 길을 선택하고, 저항과 도전이 가장 적은 길, 아무런 투쟁도 없이 중력의 법칙에 따라 추락하는 삶을 살면 이 세상으로 돌아오기 위해 노력할 필요도 없다. 그대는 자동적으로 이 세상에 돌아올 것이다. 모든 인간이 이런 식으로 돌아온다. 축축한 마음은 항상 이 세상 주변을 배회한다.

건조한 영혼만이 하늘로 날아오를 수 있다. 건조한 영혼은 중력의 영향을 받지 않는다. 아래로 끌어당기는 힘이 작용하지 못한다. '건조해진다'는 것은 무슨 뜻인가? 주의 깊게 깨어 있다는 뜻이다. 무엇을 하건 의식적으로 하라. 나는 "이 일을 하지 말라. 저 일을 하지 말라"고 말하지

|231

않는다. 무엇을 하건 상관없이 더 깨어 있어라. 그러면 모든 행동이 그대를 더 건조하게 만드는 데 도움을 준다. 이때 초연함이 찾아온다. 주의 깊게 깨어 있을 때 그대는 자동적으로 초연해진다.

이때 그대는 한 사람을 사랑하지만 집착하지 않는다. 그대는 관심을 갖고 그대의 존재를 나누어 가진다. 모든 것을 준다. 하지만 이것은 집착이 아니다. 그대는 아주 초연하다. 초연한 사랑보다 아름다운 것은 없다. 이것은 세상에서 가장 아름다운 꽃이다. 사랑하면서 초연하라. 이것은 양극단을 포괄하는 것을 뜻한다. 이것은 역설적인 현상이다. 흔히 사람들은 사랑이 없을 때 초연하고, 사랑할 때는 초연하지 못하다. 이렇게 초연함과 사랑 중에서 하나를 선택하는 것은 쉽다. 하나의 극단을 택하는 것은 쉬운 일이다. 그렇다면 초연함과 사랑이라는 양극단 모두를 택하는 것은 무엇을 의미하는가? 이것은 깨어 있음을 의미한다. 할 필요가 있는 모든 일을 하면서도 그대는 주의 깊게 깨어 있다. 초연한 상태를 유지한다. 이때 그대는 이 세상의 일부가 되지 않고도 세상 속에서 살아갈 수 있다. 그대는 세상 속에 있으면서도 세상에 물들지 않는다.

이런 건조함은 그대가 잠으로 가는 길을 차단했을 때, 쾌락 속으로 추락하는 문을 닫았을 때, 즉 쾌락을 추구하지 않을 때 점점 더 확연하게 다가온다. 명심하라, 행복은 쾌락이 아니다. 행복은 전혀 다른 현상이다. 행복은 존재의 상태다.

쾌락이 망각이라면 행복은 자각(remembrance)이다. 이 자각이 절대적으로 확실해졌을 때, 자각을 놓칠 가능성이 전혀 없어졌을 때 지복이 솟아난다. 이 지복(bliss)과 쾌락(pleasure) 사이에 행복(happiness)이 있다.

쾌락을 구하지 말라. 쾌락을 구하면 그대는 중력의 희생양이 된다. 아래쪽으로 표류하게 된다. 음식에 집착하는 사람을 보라. 그가 음식을 먹는 것을 관찰해 보라. 그는 완전히 무의식에 빠진다. 그는 많이 먹지 않겠다고 얼마나 여러 번 결심했던가! 그러나 음식을 앞에 놓으면 그는 모

든 것을 잊는다. "이번 한 번만 더… 다음부터는 절대로 많이 먹지 않겠다. 이번이 끝이다!' 하고 자신을 합리화시킨다.

물라 나스루딘이 다이어트를 하고 있었다. 의사가 말했다.

"이번이 마지막입니다. 내 말을 듣지 않으면 당신은 죽음을 면치 못할 것입니다. 그렇게 많은 음식을 먹으면 심장에 부담이 가서 더 이상 견딜 수가 없어요."

그는 이미 두 번이나 심장 발작을 겪은 터였다. 다음날 그가 음식을 먹고 있었다. 그런데 먹다 보니 장정 네 사람이 먹고도 남을 만큼의 분량을 해치웠다. 갑자기 그가 부인을 쏘아보며 말했다.

"거기 앉아서 뭘 하는 거요? 나를 말릴 능력도 없으면서!'

그런 것까지 아내에게 책임을 미룬다. 그녀에게 능력이 없다고 책망한다.

아무도 그대를 중단시킬 수 없다. 어떤 사람의 의지도 그대에게 도움이 되지 않는다. 오히려 파괴적인 영향을 미칠 수도 있다. 어떤 사람이 지나치게 그대를 중단시키려고 하면 그대는 그에 맞서 반발한다. 높은 차원으로 성장하도록 강요하는 것은 불가능하다. 이것은 아주 복잡하고 미묘한 현상이다. 그대를 선하게 만들려고 지나치게 노력하는 사람들은 그대를 아래로 끌어내리는 것과 같다. 그대의 에고가 저항할 것이기 때문이다. 이것은 아주 복잡한 현상이다. 그대를 높은 차원으로 끌어올리려고 하는 사람들은 그대에게 강요해서는 안 된다. 다만 설득이 가능할 뿐이다. 이것이 내가 하는 일이다. 나는 "저 일은 그만두는 것이 좋을 텐데" 하고 느낄 때에도 그대를 중단시키지 않는다. 나는 그대가 낮은 차원으로 발을 들여놓는 것을 본다. 나는 그대에게 말해서 일깨워 줄 수도 있다. "그만, 그쪽으로 가면 안 된다"고 말해 줄 수도 있다. 그러나 그런 말을 입 밖으로 낼 수는 없다. 지나친 개입은 그대가 아래의 차원으로 내려가는 데 도움을 준다. 내 말을 듣고 그대는 더 빨리 걸음을 옮

The Hidden Harmony

길 것이다. 그대의 에고가 반발하기 때문이다. 내가 할 수 있는 일이란 그대를 설득해서 마음을 돌려놓는 것뿐이다. 나는 그대에게 장난감을 주고, 이 장난감을 갖고 노는 사이에 그대는 자신도 모르게 올바른 쪽으로 걸음을 옮기게 된다. 그대의 마음이 바뀐다. 나는 "안 돼, 그쪽으로 가지 마!" 하고 말하지 않는다. 만일 내가 "안 돼!" 하고 말하면 그대는 그쪽으로 걸음을 옮길 것이 거의 확실하다.

이것이 문제다. 스승은 그대를 설득해야 한다. 그런데 현대에 들어서는 이것이 점점 더 어려워지고 있다. 옛날에는 더 쉬웠다. 옛날에는 사람들에게 잘 복종하도록 가르쳤다. 그러나 이제는 반항하라고 가르친다. 과거에 사람들은 복종하는 법을 배웠다. 옛날에 스승들은 간단하게 "안 돼"라고 말할 수 있었다. 이 "안 돼"라는 말의 효력에 의존할 수 있었다. "안 돼"라는 간단한 말 한마디를 통해 그대가 여러 생 동안 헤매는 것을 방지할 수 있다. 그러나 이제는 불가능하다. 아주 어려워졌다. 이제는 그대가 눈치채지 못하도록 교묘하게 설득해야 한다. 그대로 하여금 자신이 설득 당하고 있다는 것을 눈치채지 못하게 해야 한다. 그대를 이끌어 가면서도 그대가 그것을 눈치채지 못하도록 교묘한 방법을 써야 한다. 누군가 자신을 이끌어 가고 있다는 것을 알면 그대는 즉시 반항한다. 그대는 정반대 방향으로 나갈 것이다.

이런 상황은 세상에 새로운 현상을 빚어내고 있다. 현대에 들어 나타난 새로운 현상이다. 궁극적 경지에 도달하는 것이 더 어려워진 까닭이 여기에 있다. 교묘한 설득 작전을 펼치는 데 많은 에너지가 낭비되기 때문이다. 나는 그대가 어둠 속으로 발을 들여놓는 것을 안다. 그대가 추락하여 불구가 되리라는 것을 안다. 그러나 나는 "그쪽으로 가면 안 돼" 하고 말할 수 없다. 내 말을 듣지 않을 것이 뻔하기 때문이다. 내가 그렇게 말하면 그대는 그쪽에 더 매력을 느낄 것이다.

이것이 아담이 타락한 이유다. 신은 "이 나무 열매를 먹어서는 안 된

다"고 말했다. 이 말을 듣고 아담은 그 열매를 먹어야만 했다. 아담이 타락한 것은 신이 "안 돼"라고 말했기 때문이다. 만일 또 하나의 에덴 동산을 만든다면 신은 그같은 실수를 다시 범하지 않을 것이다. 신은 "이 나무 열매만 먹어라. 다른 열매는 먹어서는 안 된다"고 말할 것이다. 그러면 아담은 그 나무에 매력을 느끼지 못할 것이다. 그 나무 근처에도 가지 않을 것이다. 특히 현대의 아담들은 의식이 완전히 혼란된 상태에 있다. 너무나 축축해져서 주체할 수 없을 만큼 무거워졌다. 끊임없이 벼랑으로 추락하고 있다. 언제나 아래를 향해 흐르고 있다. 그러니 위로 올라가기 위해서는 당연히 노력이 필요하다.

영혼은 축축해짐으로써 쾌락을 얻는다.
건조한 영혼이 가장 지혜로우며 최상의 것이다.

지혜는 건조한 영혼이 됨으로써 얻어진다. 이것을 정확하게 이해하라. 건조함이란 무감각을 의미하지 않는다. 무관심해진다는 뜻이 아니다. 건조함은 냉담하고 싸늘해진다는 뜻이 아니다. 절대로 그런 뜻이 아니다. 건조해진다는 것은 자각을 의미한다. 관심을 기울이되 이 관심은 번뇌가 되지 않는다. 영혼이 건조한 사람은 타인을 위해 최선을 다한다. 아내, 친구, 아들, 딸, 남편, 아버지, 어머니 등을 위해 무엇을 하건 전체적으로 한다. 이것이 전부다. 그 다음에 무슨 일이 일어나건 그대로 받아들인다. 여기에 절망은 없다. 최선을 다한 다음에 무슨 절망이 있겠는가? "이렇게 했어야 했는데…" 하고 후회하는 일도 없다. 그대는 최선을 다했다. 그리고는 끝이다! 모든 관계가 깨끗해진다.

그러나 일반적으로 영혼이 축축하면 모든 관계를 통해 그대는 더러워진다. 관계를 통해 그대는 깨끗해지는 것이 아니라 더러워진다. 관계가 그대를 더럽히는 것이 아니다. 그대를 더럽히는 것은 그대의 축축한 영

The Hidden Harmony

혼이다. 이것은 젖은 옷을 입고 산책을 나가는 것과 같다. 집에 돌아왔을 때 그대는 아주 더러워져 있을 것이다. 온갖 먼지가 달라붙기 때문이다. 길이 더러웠던 것이 아니라 그대의 옷이 젖어 있었다. 이와 똑같은 일이 내면에도 일어난다. 영혼이 축축하면 무슨 일을 하던간에 그대는 그 일을 통해 더러워진다. 온갖 오물이 달라붙기 때문이다. 그러나 건조한 상태에서는 아무것도 달라붙지 못한다. 먼지가 불어와도 그대에게 달라붙지 못한다. 붓다와 그대는 똑같은 세상에 산다. 그대는 날마다 더러워지는 것을 느끼지만 붓다는 방금 목욕을 한 것처럼 언제나 깨끗하다. 이 깨끗함은 건조함에 달렸다. 더 깨어 있을수록 그대는 건조해진다.

깨어 있을 때 그대의 내면에는 불꽃이 타오르기 시작한다. 이 불꽃은 그대가 잠자는 중에도 꺼지지 않는다. 흔히 그대는 잠자지 않는 상태에서도 몽유병 환자와 같다. 그러나 내면의 불꽃이 타오를 때 그대는 주의 깊게 깨어 있다. 매순간, 주변에서 일어나는 모든 일에 대해 깨어 있다. 이 깨어 있음은 집중이 아니다. 한 곳에 집중하면 전체를 놓친다. 그대는 그저 깨어 있다. 모든 문이 열려 있다. 그대는 모든 차원을 향해 문을 열어 놓은 채 깨어 있다. 잠자는 중에도 문이 열려 있으며, 그 문을 통해 신선한 공기가 들어온다. 내면 깊은 곳에서 꺼지지 않는 불꽃이 타오른다. 이 불꽃이 모든 무의식, 모든 습기를 말려 버린다.

이것이 깨달음의 의미다. 깨달음은 어떤 신에게 도달하는 것이 아니다. 그런 신은 없다. 그대를 기다리는 신은 없다. 깨달음이란 그대 스스로 신이 되는 것이다. 깨어 있을 때 그대는 신이다. 완벽하게 깨어 있을 때 그대는 완벽한 신이다.

신이란 절대적으로 건조한 존재의 상태를 말한다.

건조한 영혼이 가장 지혜로우며 최상의 것이다.

Discourses On The Fragments Of Heraclitus

약간이라도 건조해지면 그때부터 그대는 더 지혜로워지기 시작한다. 어리석음이란 무의식적인 상태, 즉 습기로 이루어져 있기 때문이다.

물라 나스루딘이 법정에 섰다. 판사가 말했다.

"무슨 일로 또 오셨소? 이제는 안 올 줄 알았는데. 처음에는 주차 위반에 걸려서 오고, 그 다음에는 과속으로 오고, 그 다음에는 정지선 위반으로 오고, 야간에 라이트를 켜지 않아서 오고, 마지막으로 음주 운전으로 붙들려 왔었지요. 그런데 이번에는 무슨 일로 오셨소? 지난번에 내가 당신 운전 면허를 취소시켰는데!"

나스루딘이 부끄러운 듯 고개를 숙이고 말했다.

"보행 위반입니다."

자동차가 필요 없다. 그대가 "이것 때문에 내가 무의식적으로 행동했다"고 생각하는 모든 것을 그대로부터 빼앗는다 해도 별로 도움이 되지 않는다. 그대는 보행 위반이라는 구실을 발견할 것이다. 그대는 자동차와 관련되지 않은 다른 일을 할 것이다. 그대 자신이 변하지 않았기 때문이다. 사람들은 아내 때문에 어쩔 수 없이 세상에 묶여 있다고 생각한다. 그래서 그들은 아내를 버리고 히말라야로 들어간다. 그러나 이것은 면허증을 취소하는 것에 불과하다. 별로 도움이 안 된다. 그대 자신으로부터 탈출하는 것은 불가능하다. 그대는 히말라야에서도 똑같은 사람일 것이고, 다시 똑같은 상황을 만들어 낼 것이다. 그대는 다른 여자를 아내로 맞을 것이고, 그 밖의 여러 가지 일을 발견할 것이다. 다시 똑같은 문제가 발생할 것이다. 건조한 영혼이 있어야 한다. 이것이 진짜 히말라야다. 건조함, 주의 깊은 의식이 필요하다.

어떤 일을 하든 잠자듯이 하지 말라. 모든 행동, 생각, 느낌을 관찰하라. 관찰하고 행동하라. 매순간이 소중하다. 이 소중한 순간들을 잠으로 낭비하지 말라. 매순간을 의식적일 수 있는 기회로 활용하면 점점 더 의식이 성장한다. 어느 날 아침, 그대는 전혀 다른 사람이 되어 일어날 것

The Hidden Harmony

이다. 건조하고 초연한 사람이 될 것이다. 사랑하되 집착하지 않는 사람, 이 세상 속에 있으면서 언덕 위에서 지켜보는 사람이 될 것이다. 이 역설적인 경지를 이룩해야 한다. 이 세상 속에 있으면서도 언덕 위의 주시자로 남아야 한다. 이 세상 속에 존재하는 동시에 세상 속에 있지 말아야 한다. 이것이 가장 지혜로운 최고의 영혼이다. 그대는 잠재성을 갖고 있다. 모든 씨앗이 나무가 될 가능성을 갖고 있듯이, 그대는 붓다, 헤라클레이토스, 예수 같은 사람이 될 수 있다. 그러나 이를 위해서는 열심히 노력해야 한다. 미지근한 태도로는 안 된다. 펄펄 끓어야 한다. 백 도까지 끓어야만 증발 현상이 일어난다.

물은 축축하다. 아래로 흐른다. 그러나 열은 건조하다. 열을 가하면 물도 위로 올라가기 시작한다. 각성의 불꽃이 있을 때에는 지금까지 그대가 틀리다고 생각해 왔던 모든 것들이 옳게 변한다. 사랑은 구속이며 속박인 것처럼 보인다. 그러나 각성이 있을 때 사랑은 해방과 자유가 된다. 의식이 없는 분노는 자멸을 초래하는 파괴적인 힘이다. 그대를 다치게 하고 서서히 죽여 가는 독이다. 그러나 각성이 있을 때에는 똑같은 에너지가 자비로 변형된다. 그대의 얼굴에 분노의 빛이 아니라 자비의 빛이 나타난다. 혈액의 흐름과 몸의 화학적인 시스템은 똑같다. 그러나 새로운 요소가 들어오면서 화학 구조 전체가 변한다.

이런 식으로 비금속(卑金屬)이 황금으로 변형된다. 무의식적일 때 그대는 비금속이다. 그러나 의식이 들어오면 그대는 황금이 된다. 변형이 일어난다. 그대에게 필요한 것은 각성의 불이 전부다. 그 외에는 아무것도 결여된 것이 없다. 모든 것이 그대에게 있다. 각성의 불과 더불어 새로운 질서가 창조된다. 그대는 아무것도 부족한 것이 없다. 이것을 명심하라. 그대는 붓다가 되는 데 필요한 모든 것을 갖고 있다. 다만 한 가지가 빠져 있다. 이 한 가지 또한 그대 안에 깊이 잠들어 있다. 그것을 깨우기만 하면 된다. 깨어나려는 약간의 노력, 주의 깊게 의식하려는 약간의

노력만 있으면 된다.

 지금 당장은 노력이 필요하다. 헤라클레이토스는 노력을 강조한다. 선사들은 노력이 필요 없다고 말하지만 헤라클레이토스는 노력을 강조한다. 선사들이 말하는 '노력 없음(no effort)'도 깊은 곳에서 보면 노력이다. 노력 없는 단계에 도달하기 위해서는 노력이 필요하다.

 서양에서는 선사들을 크게 오해하고 있다. 선사들이 노력 없는 상태를 말하기 때문이다. 그러나 보라. 노력 없는 단계에 이르기 위해서는 스승 곁에 20년을 머물면서 각고의 노력을 기울여야 한다. 헤라클레이토스에게는 노력이 기본이다. 진정으로 노력하면 자동적으로 노력이 필요 없는 단계에 이르게 된다. 할 수 있는 모든 일을 한 다음에 그대는 완전히 숙달된다. 이렇게 숙달되면 인위적으로 행할 필요가 없다. 모든 일이 자연스럽게 일어난다. 자각을 이루려고 열심히 노력하면 서서히 아무것도 행할 필요가 없게 된다. 숨쉬는 것처럼 자연스럽게 자각이 일어난다. 그러나 지금은 선사들보다 헤라클레이토스가 더 도움이 된다. 선사들은 불교의 정점에 서 있는 사람들이다. 불교가 천년 동안 각고의 노력을 기울인 끝에 선사라는 꽃들이 피어났다. 선사들은 기나 긴 노력의 여정을 거쳐 막바지에 피어난 꽃이다. 나무가 완벽한 준비를 갖춘 다음에 비로소 꽃이 피어난다. 꽃이 피어나는 데에는 아무 노력도 필요 없다. 무엇을 할 수 있겠는가? 아무것도 필요 없다. 나무가 준비되면 꽃은 저절로 피어난다. 그러나 나무를 준비시키기 위해서는 긴 노력이 필요하다. 정원사에게 물어 보라. 그가 얼마나 열심히 일해 왔던가! 그런데 그대는 꽃만 보고 "아무 노력도 필요 없다. 꽃은 저절로 피어난다"고 생각한다.

 선은 붓다가 시작한 노력의 정점에 서 있다. 그러나 헤라클레이토스는 출발점에 서 있다. 그리스인들이 헤라클레이토스를 놓친 것은 불행한 일이다. 그들은 헤라클레이토스를 조금도 이해하지 못했다. 그래서

The Hidden Harmony

절정기가 오지 못했다. 꽃이 피어나지 못한 것이다. 그리스적인 마음은 전혀 다른 길을 갔다. 그들은 헤라클레이토스의 말에 귀기울이지 않았다. 꽃이 피어나지 못했다. 씨앗은 있었으나 싹이 트지 못했다. 이것이 내가 헤라클레이토스를 선택한 이유다. 헤라클레이토스가 있어야만 전체가 완성된다. 나는 선사들에 대해 말해 왔다. 이것은 그대를 잘못 인도할 수도 있다. 선사들은 막바지에 도달한 사람들이기 때문이다. 그러므로 나는 헤라클레이토스에 대해서 이야기해야 한다. 그래야만 그대가 출발점을 이해할 수 있다. 출발점과 종점이 있어야만 성장이 가능하다. 그대는 헤라클레이토스로부터 바쇼(Basho)에게로, 씨앗에서 꽃으로 나아가야 한다.

건조한 영혼이 되어라. 그러나 무감각해지지는 말아라. 무감각해지면 핵심을 놓친다. 이때 그대는 아무런 자각 없이 메마른 사람에 불과하다. 이때에는 불이 자각으로 변형되지 않는다. 불이 그대를 메마른 사람으로 만들어 버리는 데 그친다. 이것은 아무 도움도 안 된다. 인생은 이런 식으로 많은 사람들을 메마르게 만든다. 늙은 사람들을 보라. 그들은 메말라 있다. 아이들은 촉촉하지만 노인들은 말라 있다. 삶이 그들로부터 모든 수분을 말려 버리는 데 그친 것이다. 그들은 고된 인생 역정을 통해 무감각해졌다. 자신을 보호하기 위해 스스로 고립되었다. 이렇게 되어서는 안 된다. 그대는 생기발랄하고 활기찬 어린아이가 되는 한편, 노인처럼 건조해야 한다.

노자가 태어날 때부터 노인이었다고 하는 일화의 의미가 그것이다. 그는 여든두 살의 노인으로 태어났다. 엄마의 자궁 속에서 82년을 산 것이다. 그는 태어날 때부터 머리가 하얗게 세어 있었다고 한다. 아름다운 이야기다. 그는 아이인 동시에 아이가 아니었다. 아주 늙은 사람, 완벽하게 건조한 영혼이었다. 그는 어렸을 때부터 완벽하게 깨어 있었다.

붓다는 태어나자마자 일곱 걸음을 걸었다고 전해진다. 이것이 그가

Discourses On The Fragments Of Heraclitus

처음으로 한 일이었다. 그는 태어나자마자 두 발로 섰으며 일곱 걸음을 걸었다… 이것은 그가 완벽하게 깨어 있었다는 뜻이다. 그의 어머니는 이것을 믿을 수 없었다. 너무 터무니없는 일이라 그녀가 충격을 받아 죽었다는 말이 있다. 그 이후로 붓다가 태어날 때마다 그 어머니가 죽는다는 이야기가 전해진다. 이것은 믿기 힘든 이야기다. 그대는 도저히 납득할 수 없을 것이다.

그러나 이런 이야기들은 무엇인가 암시하고 있다. 문자 그대로 사실이 아니다. 상징적이고 은유적인 이야기다. 동양에 가면 역사를 묻지 말라. 동양인들은 역사를 믿지 않는다. 그들은 신화를 믿는다. 그들은 역사를 쓸모 없는 것으로 본다. 역사란 무엇인가? 낡은 신문을 묶어 둔 것에 불과하다. 그것이 전부다. 동양인들은 역사가 아니라 신화를 믿는다. 그들은 신화가 핵심이라고 말한다. 역사는 표면에 일어나는 파도일 뿐이다. 파도처럼 일어났다가 스러지는 사건들의 묶음에 불과하다. 그러나 신화는 모든 것의 중심에 존재하는 핵심이다.

어린아이가 되는 동시에 노인이 되어라. 모든 욕망을 경험하고 끝낸 노인, 온 세상을 돌아다니고 자기 자신에게 돌아온 노인, 마침내 집으로 돌아온 노인이 되어라. 어린아이처럼 예민하고, 노인처럼 건조해져라. 이것이 지혜의 모든 것이다. 이것이 지혜로워지는 비결이다.

여덟, 사물의 도리를 아는가?

이 로고스가 영원히 옳다 하여도
사람들은 그것을 이해하지 못한다.
듣기 전에도 이해하지 못하고
듣고 난 후에도 이해하지 못한다.

만물에 공통되는 것,
우리는 그것에 의해 인도되어야 한다.

로고스는 만물에 공통되는 것임에도 불구하고
대부분의 사람들은 자기만의 독자적인 지성을
갖고 있는 것처럼 살아간다.

인간의 본성은 진정한 이해가 없다.
신의 본성만이 그런 이해를 갖고 있다.

인간은 사물의 도리를 알지 못한다.
그를 에워싸고 있는 것만이 지성적이다.

인간은 신성한 것을 인식하지 못한다.
의심이 많기 때문이다.

인간은 로고스와 밀접하게
연결되어 있음에도 불구하고
제 스스로 로고스에 대항한다.

결코 없어지지 않는 것으로부터
어느 누가 자신을 숨길 수 있겠는가?

The Hidden Harmony

Man is not rational
― 사물의 도리를 아는가?

    로고스(logos)는 우주 전체, 이 존재계 자체의 논리다. 로고스는 궁극적인 법칙이다. 이것을 노자는 '도(道)'라고 했으며, 우파니샤드와 베다에서는 '리트(rit)'라고 불렀다. 이 우주적 조화 안에서는 서로 대립되는 것들이 만나 하나가 된다. 양극이 존재하지 않는다. 모든 역설과 모순이 용해되어 사라진다. 샹카라(Shankara)는 이것을 '브라흐만(brahman)'이라고 불렀으며, 헤라클레이토스는 '로고스'라고 불렀다.

    인간의 마음은 논리적이다. 논리는 양극(兩極)에 기초한다. 이것은 강의 한쪽 둑에 서서 건너 편 둑을 보지 못하는 것과 같다. 이쪽 둑에 서 있는 한, 그대가 둑에 대해 생각하는 것은 모두 이쪽 둑에 국한된 것이다. 그러나 강은 양쪽 둑 사이를 흐른다. 한쪽 둑만 있는 강은 있을 수 없다. 다른 쪽 둑은 안개에 가려 보이지 않을지도 모른다. 너무 멀리 있어서 눈에 보이지 않을 수도 있다. 그러나 건너편 둑은 존재한다. 그리고 이 건너편 둑은 이쪽 둑과 상반되지 않는다. 깊은 강 속에서 그들은 하나로 만난다. 둑은 하나의 땅으로 이어져 있다. 두 손, 또는 두 개의 날개처럼 강을 받쳐 주고 있다. 강은 양쪽 둑 사이를 흐른다. 강은 이 둘 간의 조화

다. 그런데 그대는 한쪽 둑에 서서 다른 쪽 둑을 보지 못한다. 그대는 이쪽 둑만을 믿는다. 그대는 이쪽 둑에 대한 앎을 근거로 지식 체계를 만든다. 그래서 어떤 사람이 저쪽 둑에 대해 이야기하면 그가 그대를 반대한다고 생각한다. 그가 비합리적이고 수수께끼 같은 말을 한다고 생각한다. 다른 쪽 둑은 대립될 수밖에 없다. 대립되는 것들 사이의 긴장을 통해서만 강이 유지될 수 있다. 그러나 이 대립은 적대 관계가 아니다. 이 대립은 깊은 우정이며 사랑의 절정이다.

이것이 해결해야 하는 문제다. 이 문제를 해결하면 헤라클레이토스뿐만 아니라 깨달음을 얻은 모든 사람들, 저쪽 강변에 대해 알고 있는 모든 사람들의 말을 이해할 수 있을 것이다. 그들의 말은 언제나 모순된다. 그들은 양자(兩者)를 포괄하기 때문이다. 여름과 겨울, 낮과 밤, 삶과 죽음, 사랑과 미움, 정상과 골짜기, 그들은 이렇게 양쪽 모두를 포괄한다.

골짜기를 언급하지 않고 정상에 대해서만 말하는 사람은 매우 합리적으로 보인다. 그를 이해하는 것은 쉽다. 그는 일관적이다. 또한 정상을 언급하지 않고 골짜기에 대해서만 말하는 사람도 합리적으로 보인다. 모든 철학자는 합리적이다. 그들을 이해하는 것은 아주 쉽다. 약간의 학식과 지적 훈련만 받으면 그들을 이해할 수 있다. 그러나 신비주의자를 이해하는 것은 어렵다. 이해하면 할수록 더 미궁에 빠진다. 그들은 정상과 골짜기를 함께 말하기 때문이다. 그들은 정상과 골짜기를 동시에 말하려고 한다.

우파니샤드에 "신은 멀고도 가깝다"라는 말이 있다. 무슨 말이 이런가? 멀거나 가깝거나 둘 중의 하나라야 한다. 그런데 우파니샤드의 선각자들은 "그는 멀다"고 말하는 즉시 "그는 가까이에 있다"는 말을 덧붙인다. 그는 가장 거대한 동시에 가장 작다. 그는 원자인 동시에 전체다. 그는 그대 안에 있는 동시에 밖에도 있다. 헤라클레이토스는 신을 여름

The Hidden Harmony

이며 겨울이라고 말한다. 만일 신이 여름이라면 이 말은 쉽게 이해할 수 있다. 신이 겨울이라는 말도 이해할 수 있다. 그런데 여름인 동시에 겨울이라고? 이때 그대는 어리둥절해진다. 그대의 마음이 "이 말은 모순이다!' 하고 말한다.

인간의 논리는 모순적이지 않은 명제를 추구한다. 그런데 로고스는 모순적이다. 이것은 건축가가 아치(arch)를 만들기 위해 벽돌을 엇걸리게 쌓는 것과 같다. 벽돌간의 대립은 긴장과 힘을 주고, 이 아치 위에 큰 빌딩을 지을 수 있다. 그러나 논리적인 일관성을 고수하면서 골짜기나 정상 중의 하나만을 선택한다면, 이쪽 강변이나 저쪽 강변 중의 하나만 선택한다면, 즉 벽돌을 엇갈리게 쌓지 않으면 빌딩은 무너질 것이다. 아치가 만들어질 수 없다. 그래서 남자와 여자가 있다. 남자와 여자는 삶이라는 건축물을 이루는 벽돌이다. 그들의 대립 관계가 삶이 존재할 수 있는 상황을 만들어 준다. 그들은 강물이 흐를 수 있게 해주는 양쪽 둑과 같다.

그러나 정상과 골짜기를 동시에 말하면 이해하기가 매우 어렵다. 인간의 논리는 일관적이다. 반면, 신성한 로고스는 모순적인 동시에 일관적이다. 인간의 논리는 부분적이다. 논리는 부분을 이해하려고 한다. 이렇게 한 부분을 이해하려고 하면서 그 부분과 모순되는 다른 모든 것들을 회피한다. 논리는 모순되는 모든 것들을 무시하려고 한다. 그러나 신은 모든 것이다. 신은 아무것도 선택하지 않는다. 모든 것이 포함된다. 신은 광대하다. 부분이 아니라 전체다.

이것이 종교와 철학의 차이점이다. 철학의 접근 방식은 논리적이다. 이 논리를 근거로 아리스토텔레스는 인간을 이성적인 존재라고 말한다. 그러나 헤라클레이토스는 인간을 비합리적인 존재라고 말한다. 우리의 이성 자체가 우리를 비합리적인 존재로 만든다. 부분을 선택하는 순간 그대는 전체와 어긋난다. 이 부분은 그대의 마음속에만 있는 것이

다. 존재계에서 모든 부분은 항상 대립되는 부분들과 함께 존재한다. 결코 혼자 존재하는 법이 없다.

인간의 논리는 신이 남성이라고 말한다. 또는 신을 여성으로 믿는 사람들도 있다. 그러나 로고스는 양자를 포괄한다. 힌두교에는 '아르드하나리쉬와르(ardhanarishwar)' 라고 하는 개념이 있다. 신은 남성과 여성 모두라는 것이다. 이것이 올바른 개념이다. 로고스에서 유래한 개념이다. 이 개념은 모순되는 것처럼 보인다. 반은 남성이고 반은 여성인 쉬바(Shiva)신의 상을 본 적이 있을 것이다. 가슴도 반은 여성이고 반은 남성이다. 이 상은 터무니없는 것처럼 보인다. 그러나 이것이 진실이다. 신을 남성 또는 여성으로 묘사하는 모든 신상은 틀렸다. 어떻게 신이 남자가 될 수 있는가? 신이 남자라면 여자는 어디에서 나왔는가? 여자가 존재하게 된 근원은 무엇인가?

우리는 신을 '그(he)' 로 묘사한다. 이것은 잘못이다. 신을 '그녀(she)' 로 묘사하는 사람들도 있다. 이것 또한 잘못이다. 신은 '그' 더하기 '그녀' 다. 그러나 마음은 이것을 이해하지 못한다. 지적인 이해는 결코 진정한 이해가 아니다. 마음이 아니라 그대 자신의 전체성을 통해 이해해야 한다. 그래야만 올바르게 이해할 수 있다. 그대 안에서도 대립되는 극단들이 만나고 있다. 그대 또한 '아르드하나리쉬와르(ardhanarishwar)' 다. 그대는 '그' 인 동시에 '그녀' 다. 그러므로 그대는 남자도 아니고 여자도 아니라고 할 수 있다.

그대 자신의 전체성을 이해할 때, 이 우주를 그대의 전체성을 통해 조망할 때 비로소 이것을 이해할 수 있을 것이다. 이것이 신비적인 비전(vision)이다. 이것이 로고스다.

흔히 우리는 남자 또는 여자가 되도록 훈련받았다. 아주 어린 시절부터 우리는 사내아이에게 "너는 남자다. 남자답게 행동하라"고 가르친다. 여자아이에게는 "너는 여자다. 여자답게 행동하라"고 가르친다. 이

것이 남녀간에 점점 더 깊은 구분을 만들어 놓는다. 양극이 분리된다. 더 나은 세상에서 우리는 아이들에게 "너는 양쪽 모두이다. 너는 여자도 아니고 남자도 아니다"라고 가르칠 것이다. 차이점은 어느 쪽이 강조되어 나타나느냐 하는 것뿐이다. 이렇게 되면 문명에 대한 개념 전체가 달라질 것이다. 남녀간에 적대 관계가 사라질 것이다. 누가 누구를 지배하느냐 하는 문제가 생기지 않을 것이며, 사람들은 자신의 전체성을 알게 될 것이다. 전체는 아름답고 부분은 추하다.

나무의 뿌리를 잘라 보라. 나무가 얼마나 오래 살 수 있겠는가? 나무는 눈에 보이지만 뿌리는 눈에 보이지 않는다. 그대는 눈에 보이는 부분만 취하고 보이지 않는 뿌리를 잘라 버린다. 나무는 위로 자라지만 뿌리는 아래로 뻗는다. 그런데 그대는 일관성을 강조하며 이렇게 말한다.

"안 된다! 이렇게 대립되는 차원이 어떻게 동시에 존재할 수 있는가? 나무는 위로 올라가야 하는데 뿌리는 아래로 내려간다. 나무와 뿌리는 별개다. 이 뿌리를 잘라라!'

이것이 우리에게 일어난 일이다. 남자는 눈에 보이는 나무이며 여자는 뿌리다. 예로부터 세상 어디에서나 "남자는 하늘, 여자는 땅"이라는 말이 전해지는 까닭이 여기에 있다. 남자와 여자는 공존한다. 남자는 여자 안에 뿌리 박고 있으며, 여자는 남자를 통해 더 높은 곳에 도달한다. 그들은 하나다.

천국과 지옥은 둘이 아니다. 똑같은 사다리에 속해 있다. 헤라클레이토스는 "올라가는 길과 내려가는 길이 똑같다"고 말한다. 그렇다면 천국과 지옥이 따로 떨어질 수 없다. 사다리 전체를 보는 것, 이것이 로고스다. 신과 악마는 둘이 아니다. 그러나 신학자들은 동의하지 않을 것이다. 그들은 "당신은 혼란을 조장하고 있다. 사람들이 혼란을 느껴 누가 누구인지도 모르게 될 것이다"라고 말할 것이다. 그러나 사람들은 이미 혼란스러워져 있다. 부분적인 인간의 마음이 빚어낸 거짓된 논리 때문

이다. 그러나 실제로는 모든 것이 서로 연결되어 있다.

물라 나스루딘이 지방의 개 전람회에서 심사를 맡고 있었다. 그런데 그는 사람들의 옷차림에 개탄을 금치 못했다.

"보시오, 세상이 어떻게 되려고 이 모양인지 원. 저기 강아지 두 마리를 안고 있는 청년을 보시오. 짧은 머리에 바지를 입고 담배를 물고 있는 청년 말야. 도대체 그가 여자인지 남자인지도 모르겠군."

바로 옆에 서 있던 사람이 말했다.

"저 애는 내 딸이오."

물라가 말했다.

"아, 실례했습니다. 저 애 어머니인 줄도 모르고 제가 말을 함부로 했군요. 죄송합니다."

"나는 저 애 엄마가 아니라 애비 되는 사람이오!"

양성(兩性) 간의 만남이 일어나고 있다. 옷차림에서, 살아가는 방식에서, 성적인 구별이 모호해지고 있다. 이것은 좋은 징조다. 사람들의 옷차림은 유니섹스(unisex)가 되어 간다. 이것은 좋은 현상이다. 남녀를 구분할 필요가 없다. 전체는 구별이 없다.

구분은 마음에 의해 만들어진 것이다. 이런 구분이 문제를 일으킨다. 그대는 양쪽 모두이기 때문이다. 만일 그대가 남성에 고정되어 있다면 그대 안의 여성은 어떻게 되는가? 그대 안에는 여성이 들어 있다. 때로는 그 여성이 눈물을 흘리며 울고 싶어한다. 그런데 그대는 그렇게 하지 못한다. 그대는 남자이며, 남자답게 행동해야 하기 때문이다. 그대는 자연에 귀를 기울이지 않는다. 인간이 만든 이론, "나는 남자다"라는 이론에 귀를 기울일 뿐이다. 자연은 그대의 눈에 눈물샘을 만들었다. 만일 남자는 절대로 울어서는 안 된다는 것이 자연의 뜻이라면 왜 눈물샘이

있겠는가? 남자는 가슴으로 느껴서는 안 된다는 것이 자연의 뜻이라면 애초부터 그대에게는 가슴이 없었을 것이다.

남자 또한 여자만큼이나 가슴으로 느낀다. 그런데 그는 자신의 여성적인 경향을 억압한다. 그는 내면의 여성을 계속 억누른다. 이것이 내적인 혼란을 일으킨다. 이 대립되는 양극을 강처럼 흐르는 데 사용해야 한다. 긴장을 활성화시키는 데 이용해야 한다. 이 긴장감이 삶에 활력을 준다. 그런데 그대는 이 양극성을 억압함으로써 스스로 죽어 간다. 그대의 감수성이 죽어 버린다. 남성인 동시에 여성이 되지 않은 사람, 남성에 고착되어 있는 사람은 반쪽 인간이다. 그는 불구자다. 그의 존재 중에 절반이 억눌려 있다. 이렇게 억압된 부분은 반드시 복수를 가할 것이다. 억눌린 부분이 지배적인 부분에 대항해 싸움을 일으키고, 그는 조만간 미쳐 버릴 것이다.

정치는 외부에만 있는 것이 아니다. 정치가들은 그대의 내부에도 정치를 심어 놓았다. 그들은 그대 안에 분열을 조장하고, 그대 자신과 싸우게 만들었다. 여자는 자신의 남성적인 부분을 계속해서 억누른다. 그러나 억눌린 부분은 자꾸 튀어 오른다. 사람들은 내면의 두 음계로 화음을 만들기는커녕 내분을 일으키고 있다. 싸움과 투쟁의 연속이다. 화음을 만들어 냈다면 상황은 훨씬 아름다워졌을 것이다. 그대 안에서 더 고차원적인 존재의 특성이 솟아났을 것이다.

명심하라. 모든 성장은 변증법적인 과정을 거쳐 이루어진다. 이 '변증법'이라는 단어를 이해해야 한다. 이 단어는 합리적이라는 말과 반대된다. 이성(理性)은 직선적인 과정이다. 한 단계에서 다른 단계로 나아가는 것이다. 그러나 차원은 변함이 없다. A에서 B로 옮겨간다 해도 속해 있는 차원은 똑같다. 그러므로 이성은 아주 지루하고 단조롭다. 대립되는 성질이 없기 때문이다.

이런 현상을 관찰해 보라. 스무 명의 남자가 앉아 있는데 갑자기 한 명

의 여자가 들어온다고 하자. 즉시 분위기가 바뀐다. 그 스무 명의 남자는 다소 따분함을 느끼고 있었다. 그들이 동성애자가 아닌 한 따분할 수밖에 없다. 그런데 한 명의 여자가 들어오자 즉각 분위기가 변한다. 그들의 얼굴부터 바뀐다. 얼굴에 미소가 떠오르고 더 점잖아진다. 상스러운 소리를 내뱉지 않는다. 여자 한 명이 들어와도 모든 것이 바뀐다. 그들의 내면에 미묘한 현상이 일어난다. 여자가 등장함과 아울러 그들 내부의 여성이 활동하기 시작하는 것이다. 그들은 전체가 된다. 잠시 동안 그들은 부분이 아니다. 스무 명의 여자가 앉아서 수다를 떨고 있을 때 한 명의 남자가 들어온다고 하자. 이때에도 즉시 변화가 일어난다.

남자와 여자 중 한쪽밖에 없을 때에는 똑같은 성질이 지속된다. 이것이 지루함을 가져온다. 변증법이란 대립을 통한 운동을 말한다. 정(正), 반(反), 합(合), 이것이 변증법이다. 하나가 다른 하나에 반대한다. 여기에 도전과 긴장이 있다. 그리고 이 긴장과 도전을 통해 제 삼의 실체가 생겨난다. 즉 종합이 이루어진다. 이 종합은 항상 전보다 낫다. 언제나 더 높은 차원으로 올라간다.

이성(理性)은 수평적 차원에서 움직이지만 변증법은 수직적인 차원에서 움직인다.

그대에게 아무 적(敵)도 없다고 하자. 그대에게 맞서는 것이 아무것도 없다면 그대의 삶은 김빠진 맥주가 될 것이다. 그대는 무미건조해질 것이고, 돌처럼 딱딱하게 굳을 것이다. 그대는 꽃처럼 살아 있지 못할 것이다. 대립을 통해 운동과 에너지, 도전이 나온다. 대립을 통해 성장이 이루어진다. 남자와 여자가 만날 때 변증법적 과정이 시작된다. 사랑은 말할 수 없이 아름답다. 사랑은 크게 성장할 수 있는 환경을 만들어 준다. 타인과 관계를 맺는 것은 도전적인 상황이다. 반면, 자기 자신과만 관계를 맺는 것은 지루하다. 그러나 자신의 내면에서 대립되는 것을 발견하면 상황이 달라진다. 이렇게 되면 그대는 혼자서도 성장할 수 있다.

The Hidden Harmony

　내부에서 전체가 된 남자는 더 이상 여자를 필요로 하지 않는다. 내부에서 전체가 된 여자는 남자가 필요 없다. 붓다와 마하비라처럼 혼자 움직일 수 있는 순간이 온다. 여자가 필요 없게 된다. 여자가 나쁘다는 말이 아니다. 그 자신의 내부에서 여성적인 부분을 발견했다는 말이다. 그의 내부에서 변증법적 과정이 시작되었다. 이제는 밖에서 찾을 필요가 없다. 내부에서 정, 반, 합의 변증법적 과정이 일어난다. 이제는 그 혼자서도 성장할 수 있다.

　삶 전체가 변증법적이다. 로고스는 변증법적이다. 그러나 이성(理性)은 직선적인 과정이다. 이것을 이런 식으로 생각해 보라. 변증법은 이성애(heterosexual)이고, 이성(理性)과 합리성은 동성애(homosexual)다. 서양에서 동성애가 성행하는 이유가 여기에 있다. 서양은 아리스토텔레스, 즉 이성(理性)을 받아들였기 때문이다. 그러나 헤라클레이토스는 이성(異性)애 주의자다. 그는 양자를 포괄한다. 논리적 이성(理性)의 말을 들으면 그대는 동성애자가 될 것이다. 대립과 긴장을 통해 오는 전체성이 사라질 것이다. 그리고 전체성이 사라지면 삶이 지루해진다. 삶은 향기와 열광, 희망, 가능성을 잃는다. 모든 것이 실종된다. 모든 가능성의 문은 대립되는 것들을 통해 열린다.

　난생 처음 사랑에 빠졌을 때 그대는 대립되는 것과 만난다. 그대는 날개를 얻은 것처럼 하늘로 날아오른다. 가슴속에서 시가 솟아난다. 무슨 일이 벌어진 것일까? 대립되는 것이 그대 안에서 무엇인가 창조한 것이다. 침묵 하나만으로는 아름답지 않다. 소리 하나만으로는 아름답지 않다. 그러나 소리와 침묵의 만남은 매우 아름답다. 이것이 음악이다. 음악은 소리와 침묵의 만남이다.

　시타르(sitar, 인도의 현악기)나 피아노, 또는 그 밖의 다른 악기를 연주하는 사람을 보라. 무슨 일이 벌어지는 것일까? 그는 무엇을 하는 것인가? 그는 변증법적 과정을 보여주고 있다. 그는 소리를 창조하고, 두 소리

Discourses On The Fragments Of Heraclitus

사이에 침묵의 골짜기를 만든다. 소리의 봉우리가 높을수록 침묵의 골짜기도 깊어진다. 그는 소리의 봉우리를 창조한다. 그는 점점 끌고 올라가 절정에 도달한다. 그 다음에 돌연… 침묵이 온다. 만일 소리만 듣고 두 소리 사이의 침묵을 놓친다면 그대에게는 음악을 들을 줄 아는 귀가 없는 것이다. 소리와 침묵, 정상과 골짜기를 동시에 들을 때 그대는 새로운 현상에 직면한다. 모든 봉우리가 골짜기를 만들고, 모든 골짜기가 봉우리를 만든다. 그들은 음양(陰陽)이다. 그들이 원을 이루며 움직인다. 거기에 음악이 있다. 거기에 숨은 조화가 있다.

로고스는 변증법적이다. 로고스는 이성(異性)애 주의자다. 신이 세상을 창조한 것은 타자(他者)가 필요했기 때문이다. 신 혼자서는 존재할 수 없다. 세상 또한 혼자서는 존재할 수 없다. 그러므로 이 세상에만 귀를 기울이는 사람은 존재계의 내적인 음악을 듣지 못한다. 세상에 싫증을 느낀 사람은 이 세상을 버리고 신에게만 귀를 기울인다. 그러나 이 사람 또한 조화를 놓친 것이다. 신과 세상에 동시에 귀기울일 때, 세상이 하나의 둑이 되고 신이 다른 둑이 될 때, 이때 삶의 강이 흐른다. 이 흐름은 말할 수 없이 아름답다. 이때 그대는 아름다운 화음을 듣는다.

이 세상과 신 사이의 화음을 듣는 사람, 이런 사람이 진정한 산야신(sannyasin, 인도에서 구도자를 일컫는 말)이다.

세상을 버린 사람은 다른 극단으로 옮겨가는 것에 불과하다. 그는 논리적이고 합리적이지만 변증법적이지 않다. 시장에 가서 사람들을 보라. 그들은 우둔하다. 이 세상에만 귀를 기울이기 때문이다. 그들도 나름대로 무엇인가 하기는 한다. 존재하는 한 무엇인가 할 수밖에 없다. 그래서 그들도 무엇인가 한다. 그러나 그들에게는 음악이 없다. 반대극이 없기 때문이다. 그들에게는 기도와 명상이 없다. 침묵이 없다. 시장에는 소리가 있을 뿐이다. 카오스(chaos) 상태다.

그 다음에 히말라야 수도원에 가보라. 그곳에도 사람들이 있다. 세

상을 등진 사람들이 그곳에 앉아 있다. 그들에게도 역시 삶이 없다. 그들 또한 생명력이 없고 둔하다. 먼지가 잔뜩 쌓여 있다. 시장에 죽은 사람들이 있는 것처럼, 사원과 수도원에도 죽은 사람들뿐이다. 그들은 똑같은 사람들이다. 다만 다른 쪽 극단으로 이동했을 뿐이다. 시장과 수도원에는 조화가 없다.

조화로운 사람은 복잡하다. 그는 단순하지만 이 단순성은 아주 복잡하다. 그의 단순함 안에는 대립되는 모든 것이 포함되어 있기 때문이다. 그는 깊은 자비심을 갖고 있는 동시에 불처럼 화를 낼 수 있다. 그는 절대적으로 초연한 동시에 극진하게 사랑할 수 있다. 그는 사랑하면서도 초연하다. 그의 내부에서 봉우리와 골짜기가 만난다. 소리와 침묵이 만난다. 그대에게 음악적인 귀와 가슴이 있다면 이 사람 안에서 아름다운 화음을 발견할 것이다. 그러나 이런 사람은 드물다. 그 자신이 로고스가 된 사람이다. 크리슈나, 노자, 붓다, 헤라클레이토스, 예수 같은 사람들이 여기에 속한다. 그들은 로고스 안에 산다. 그들은 로고스의 축소판이다. 그들의 존재는 존재계 자체와 같다. 그들 안에서 존재계 전체가 반영된다. 그들은 아무것도 거부하지 않는다. 모든 것을 받아들인다.

무엇인가 거부하는 사람은 자신이 무엇을 하는지도 모르는 사람이다. 소리를 거부하는 사람은 침묵 또한 거부하는 것과 같다. 소리와 침묵은 공존하기 때문이다. 소리 없는 침묵이 있는가? 침묵에는 고유의 소리가 있다. 밤이 깊어 정적에 잠겼을 때, 인적이 끊기고 모든 사람이 잠들었을 때 귀를 기울이고 잘 들어 보라. 밤에 고유의 소리가 있다는 것을 발견할 것이다. 아주 미묘하긴 하지만 밤에는 고유의 소리가 있다. 낮의 소음이 끊긴 내면의 밤으로 들어가면, 즉 자신의 내면으로 깊이 들어가면 들리는 소리가 있다. 힌두교에서는 이 소리를 '옴까르(aumkar)'라고 부른다. '옴'이 궁극적인 소리라는 것이다. 내면에서 '옴' 소리가 들린다. 옴이 거기에 있다. 궁극적인 침묵이 그대 위에 내려오면 궁극적인

Discourses On The Fragments Of Heraclitus

소리 또한 내려온다. 그들은 공존한다. 따로 떨어질 수 없다. 그들은 동전의 양면과 같다. 그렇다. 신은 소리인 동시에 침묵이다. 이것이 로고스다.

자, 이제 경문을 보자. 아주 의미심장한 말이다.

이 로고스가 영원히 옳다 하여도
사람들은 그것을 이해하지 못한다.
듣기 전에도 이해하지 못하고
듣고 난 후에도 이해하지 못한다.

이것은 듣고 안 듣고의 문제가 아니다. 이것은 내적인 성장의 문제다.
내가 로고스에 관해 설명해 주고, 그대는 지적으로 이해할 수 있다. 그러나 이것은 진정한 이해가 아니다. 이것은 어린아이에게 성(性)에 관해 말해 주는 것과 같다. 프로이드(Freud)와 빌헬름 라이히(Wilhelm Reich, 1897-1957. 독일의 심리학자. 프로이드의 충고에 힘입어 독자적인 길을 시작, 마침내 실험을 통해 인간의 성 에너지에 치유력이 있음을 증명하고, 이를 오르곤 에너지라고 불렀다. 그러나 의학계와 기독교, 정부의 탄압을 받아 2년 형을 선고받고 연방 교도소에서 사망했다) 같은 인물을 총동원하여 성에 관한 설명을 늘어놓는다 해도 아이가 그것을 이해할 수 있겠는가? 물론, 똑똑한 아이는 지적으로 이해할 수 있을 것이다. 그러나 진정으로 성을 이해하려면 생리적인 성장이 필요하다. 분비선과 호르몬이 어느 정도 성숙해야 한다. 섹스를 이해하려면 섹스를 욕구하는 단계에 도달해야 한다. 그래야만 이해할 수 있다. 그렇지 않으면 안 된다.

내가 길을 가는데 바로 앞에서 어린 꼬마 두 명이 걸어가고 있었다. 한 명은 일곱 살, 다른 한 명은 여덟 살쯤 되어 보였다. 더 어려 보이는 아이가 말했다.

The Hidden Harmony

"학교에 갈 때마다 그 여자애 하고 같이 다니는데, 지금까지 그 애 가방을 일곱 번 들어 주고, 아이스크림을 세 번 사주었어. 이제 뽀뽀를 해야 할까?"

다른 한 명이 곰곰이 생각하고 나서 말했다.

"지금까지 너는 그 애한테 할 만큼 했어. 이제는 더 이상 해줄 필요가 없어!"

아이들은 이런 식이다. 아이들에게 섹스에 대해 말해 봤자 아무 소용 없다. 먼저 성적인 욕망이 일어나야 한다. 먼저 아이가 성적인 단계까지 성장해야 한다. 종교도 똑같은 문제를 갖고 있다. 종교적 욕망이 일어나지 않은 사람에게는 종교에 대해 이야기해 봤자 아무 소용이 없다. 종교는 섹스와 같다. 섹스는 육체적 차원에서 반대극을 만나려는 욕망이며, 종교는 존재의 차원에서 반대극을 만나려는 욕망이다. 종교는 열망이며 갈증이다. 그러므로 먼저 종교적 열망이 일어나야만 종교에 관해 말해 줄 수 있다. 그대는 지적인 질문을 던질지도 모른다. 그런 질문은 아무 의미도 없다. 그대는 신이 존재하는지 물을 수 있다. 그러나 이 질문은 무의미하다. 그대는 진정 신에 대해 갈증을 느끼는가? 존재의 차원에서 반대극을 만나려는 열망이 일어나고 있는가? 몸이나 마음의 차원이 아니라 존재의 차원에서 그런 열망이 일어났는가? 그렇게 점프할 준비가 되어 있는가? 그래야만 이해가 가능하다.

그러므로 헤라클레이토스는 이렇게 말한다.

이 로고스가 영원히 옳다 하여도…

로고스는 모든 곳에 현존한다. 나무 안에, 돌 속에, 하늘에, 모든 곳에 로고스가 있다! 그대 안에, 그대 주변의 모든 것 안에 로고스가 현존한다. 삶은 대립을 통해 움직인다. 삶은 변증법적이다. 삶은 대립을 통해

풍성해진다. 삶은 대립을 통해 더 나은 종합으로 나아간다. 종합은 다시 정립 명제가 되고, 정(正)은 다시 반(反)이 되고, 반은 다시 더 높은 차원의 합(合)이 된다. 삶은 이런 식으로 계속 나아간다. 만물이 이런 식으로 존재한다. 이 변증법은 언제나 옳다. 이것은 주장이 아니다. 존재계가 존재하는 방식이다. 이것을 명심하라. 헤라클레이토스는 어떤 주장을 펼치고 있는 것이 아니다. 그는 사실을 있는 그대로 진술하고 있을 뿐이다. 나 또한 주장을 펼치는 것이 아니라 사실을 있는 그대로 말한다. 이것이 사물이 존재하는 방식이다! 헤라클레이토스는 "나는 스스로 탐구했다"고 말한다. 이런 탐구를 통해 발견한 것이 변증법이다. 그는 존재계의 변증법적인 전개 과정을 발견했다. 이것은 심오한 통찰력이다. 변증법은 타당하다. 이것은 논쟁의 문제가 아니다. 사물이 존재하는 방식이 그렇다.

> 이 로고스가 영원히 옳다 하여도
> 사람들은 그것을 이해하지 못한다.
> 듣기 전에도 이해하지 못하고
> 듣고 난 후에도 이해하지 못한다.

듣는 것만으로는 도움이 안 된다. 그대 자신이 변해야 한다. 내면의 문을 열어야 한다. 지적으로 이해하는 것이 아니라 느껴야 한다. 로고스를 통해 존재하고, 그것을 음식처럼 흡수하고 소화시켜야 한다. 그래서 그것이 그대의 피 속에 흐르고 그대 존재의 일부가 되어야 한다. 그렇지 않으면 이해가 불가능하다.

로고스는 이론이 아니다. 이것을 이해하려면 내적인 성장이 필요하다.

The Hidden Harmony

만물에 공통되는 것,
우리는 그것에 의해 인도되어야 한다.

듣기 전에도 이해하지 못하고, 들은 후에도 이해하지 못한다면 무엇을 해야 하는가? 헤라클레이토스는 아주 훌륭한 제안을 하고 있다. 이 제안이 그대에게 큰 도움이 될 것이다.

만물에 공통되는 것,
우리는 그것에 의해 인도되어야 한다.

로고스는 만물에 공통되는 것임에도 불구하고
대부분의 사람들은 자기만의 독자적인 지성을
갖고 있는 것처럼 살아간다.

로고스는 만물에 공통된다. 로고스는 만물의 공통된 기반이다. 로고스는 공통된 대류이다. 그런데 그대는 자신을 타인과 분리된 외딴 섬으로 생각한다. 그대는 자기만의 지성을 따른다. 이것이 모든 어리석음의 기본이다. 개인적인 지성은 어리석음이다. 세상에서 가장 큰 어리석음이다. 존재계는 전체다. 지성 또한 전체다. 지성은 전체에 속한다. 그러므로 공통된 것을 눈여겨 보아야 한다.

선사들은 말한다.

"평범해져라. 비범해지려고 하지 말아라."

평범해질수록 로고스를 더 잘 이해하게 된다. 비범해지려고 하지 말라. 특별난 사람이 되려고 하지 말라. 그렇게 노력하면 할수록 그대는 외딴 섬이 된다. 그대 자신 안에 갇혀 버린다. 이렇게 되면 그대는 존재계에서 정박할 곳을 잃어버린다. 그대의 뿌리를 스스로 자르는 격이다.

이것이 서양에서 일어난 일이다. 서양인들은 뿌리가 없다는 상실감을 느끼고 있다. 자신의 뿌리가 어디에 있는지 아무도 모른다. 이렇게 뿌리가 없다는 느낌이 들 때 그대는 에고이스트(egoist)가 된다. 혼자서 자급자족하려고 한다. 그러나 이런 식의 자급자족은 불가능하다!

존재계는 서로 연결되어 있다. 우리는 서로의 안으로 들어간다. 그대에게 말하면서 나는 무엇을 하는 것일까? 나는 그대 안으로 들어가고 있는 것이다. 내 말을 들으면서 그대는 나를 허용한다. 내가 들어갈 수 있도록 문을 열어 준다. 그대가 숨쉴 때 존재계가 그대 안으로 들어온다. 눈을 뜨면 태양이 그대 안으로 들어온다. 매순간 그대는 교차로와 같다. 그대 안에서 수많은 만남이 이루어지고 있다. 그대는 따로 분리되어 있지 않다. 생각해 보라. 그대는 따로 존재할 수 있는가? 완전히 고립되어 존재할 수 있는가? 그런 상태에서는 몇 초 만에 죽어 버릴 것이다. 그대는 다공성(多孔性) 물질과 같다. 수많은 구멍을 통해 존재계가 그대 안으로 드나든다. 그대는 방과 같다. 공기가 들어오고 햇볕이 비친다. 그래서 방이 쾌적하게 유지될 수 있다. 닫히면 그대는 죽어 버릴 것이다.

더 많이 열려 있으면 더 많은 존재가 그대를 통해 흐른다. 그리고 더 많은 존재가 흐를수록 그대는 로고스가 무엇인지 더 잘 이해할 수 있을 것이다.

그대는 존재하지 않는다. 전체가 존재할 뿐이다. 그대는 허구적 실체다. 그러므로 깨달은 사람들 모두가 귀의(歸依)를 강조한다. 존재계와 싸우지 말라. 그대는 자신이 무엇을 하는지, 누구와 싸우는지도 모른다. 어떻게 존재계와 싸울 수 있는가? 이것은 파도가 바다와 싸우고, 나뭇잎이 나무와 싸우는 격이다. 어리석은 짓이다! 흐름을 거슬러 올라가려고 하지 말라. 그대만 지칠 뿐이다. 그대는 지치고 절망할 것이다. 결코 성공할 수 없다.

존재계에 대항하는 한 절대로 성공하지 못한다. 이것이 그대를 비롯

The Hidden Harmony

한 모든 사람들이 실패하는 이유다. 성공한 것처럼 보이는 사람들에게 물어 보라. 그들 또한 실패자다. 깊은 곳에서 보면 그들 또한 실패했다. 나폴레옹, 히틀러, 로드쉴트(Rothschild, 1743-1812. 독일의 은행가로 국제적 금융 재벌의 창시자) 같은 사람들에게 물어 보라. 그들 역시 실패했다. 그들이 무엇을 얻었는가? 그들은 흐름을 거슬러 올라가려고 분투했다. 어떤 식으로든 비범해지려고 노력했다. 그러나 그 결과는 그들 자신을 파괴했을 뿐이다. 비범해지려고 애쓰는 것은 자살과 같다. 그것은 점진적인 자살이다. 서서히 독극물에 중독되어 가는 것이다. 존재계에 복종하라. 존재계가 어디로 가든 따라가라. 싫든 좋든(willy-nilly) 그대로 따라가라.

이 'willy-nilly' 라는 단어는 훌륭하다. 'willy' 는 "그대의 의지와 일치하든 아니든" 이라는 뜻이다. 'nilly' 는 "그대의 의지에 어긋나건 아니건" 이라는 뜻이다. 'willy' 는 의지를 뜻하고, 'nilly' 는 의지에 어긋나는 것을 뜻한다. 존재계가 어디로 가든 거기에 복종하라. 그와 함께 흘러가라. 헤엄칠 필요도 없다.

왜 그대만의 개인적인 목적을 갖는가? 왜 전체의 운명(destiny)과 함께 움직이지 않는가? 왜 그대만의 목적을 이루려고 노심초사하는가? 그것을 성취할 수 있는가? 절대 불가능하다. 오직 전체만이 운명을 갖고 있다. 그대의 개인적인 운명은 없다. 전체만이 어디론가 간다. 그대가 가는 것이 아니다. 전체에 복종하면 모든 것이 저절로 성취된다. 그대가 전체가 되면, 전체의 운명이 곧 그대의 운명이 된다. 전체의 목적지가 곧 그대의 목적지다. 그리고 목적지는 다른 곳에 있지 않다. 전체는 지금 이 순간에 행복하다. 지금 이 자리에서 지복으로 충만하다. 오직 그대만이 걱정하고 있다. 그대만이 불안해 하고 있다. 존재계의 강물과 함께 흐르지 않기 때문이다. 그대는 강의 일부를 잘라 자기 것으로 만들려고 한다. 그대가 누구길래? 그것이 가능하다고 생각하는가? 실패는 불을 보듯 뻔하다.

Discourses On The Fragments Of Heraclitus

인간은 항상 실패한다. 오직 신만이 성공한다.
들어 보라.

만물에 공통되는 것,
우리는 그것에 의해 인도되어야 한다.

만물의 공통성을 찾아라. 공통된 것을 발견하라. 공통된 것일수록 진실하다. 그리고 예외적인 것일수록 더 거짓이다. 평범해져라. 그러면 근본에, 진리에 더 가까워진다. 만일 절대적으로 평범해질 수 있다면 그 외에 무엇이 더 필요한가? 매순간이 은총으로 충만해진다. 절대적으로 평범할 때 무슨 문제가 있겠는가? 음식을 먹으면 먹는 행위 그 자체가 신성한 의식(儀式)이 된다. 잠을 잘 때에는 그 잠이 신성한 의식이 된다. 그대는 태양 아래 걷는다. 그 외에 무엇이 더 필요한가? 그대는 숨쉰다. 행복해지는 데 더 이상 무엇이 필요한가? 그대는 사랑한다. 더 이상 무엇을 요구하는가? 모든 것이 이미 주어졌다. 예외적인 인물이 되려고 하는 그대의 마음이 문제다. 법칙을 따르라. 만물에 공통된 것을 따르라. 특별한 인물이 되려고 하지 말라. 그렇지 않으면 불행해질 것이다.

지옥은 비범한 사람들을 위한 것이다. 그들이 정치가든, 예술가든, 문학가든, 그들이 어디에 있든간에 지옥은 비범한 사람들, 에고이스트(egoist)를 위한 것이다. 에고가 지옥이다. 에고가 고통을 준다. 그대는 불필요하게 모든 것과 싸운다. 그대는 결코 편안하지 못하다. 불편함이 그대 삶의 방식이 된다. 에고가 있을 때 그대는 항상 불편할 것이다. 에고는 불편하다. 그것은 구두 속에 삐죽 솟아나온 못과 같다. 끊임없이 그대를 찌르고 있다. 이것은 그대가 특별한 사람이 되기를 원하기 때문이다.

내가 물라 나스루딘과 함께 앉아 있는데, 나스루딘의 부인이 우리 앞

The Hidden Harmony

을 지나 문 밖으로 나갔다. 나스루딘이 말했다.
"봐, 참 대단한 여자야!"
내가 물었다.
"뭐가 그렇게 대단하다는 거야?"
그가 말했다.
"발 사이즈는 6인데 4호짜리 신발을 신고 있어. 참 대단한 여자야."

중국에서는 수많은 여자들에게 일어났던 일이다. 발을 작게 만들기 위해, 조금이라도 더 뛰어나 보이기 위해 그들은 쇠로 만든 신발을 신었다. 중국 여자들은 평생 동안 고통을 받아야 했다. 그들은 거의 불구자에 가까웠다. 그러나 큰 발은 노동자나 가난한 사람들을 상징한다는 인식이 팽배해 있었기 때문에 상류 계급의 여자들은 발을 작게 만들기 위해 온갖 고통을 감수했다. 그들은 발이 너무 작아 걸을 수도 없었다. 발은 몸의 크기에 비례하여 적당한 크기를 갖고 있다. 자연은 인간에게 적당한 크기의 발을 주었다. 자연은 그대보다 훨씬 더 많이 안다. 그런데 그들은 자연을 마음대로 바꾸려고 했다. 그들은 오랫동안 고통받았다. 인간의 모든 고통이 이런 식이다. 이런 현상을 통해 하나의 법칙을 도출할 수 있다. 예외적인 인물이 되려고 하면 고통받는다는 것이다. 이렇게 되면 아무것도 그대를 만족시킬 수 없다. 그대는 어디를 가나 못마땅한 점을 발견할 것이다.

물라 나스루딘이 몸이 아파 병원에 입원했다. 그런데 그는 끊임없이 불만을 토해냄으로써 주변 사람들을 지겹게 만들었다. 의사, 간호사 등 병원의 모든 사람들이 골치를 앓았다. 그래서 그들은 하루 빨리 나스루딘을 치료하여 퇴원시키려고 최선을 다했다. 마침내 그의 병이 다 나아서 퇴원을 하는 날이 왔다. 그런데 그가 또 불평을 늘어놓기 시작했다. 그가 떠드는 소리를 듣고 의사가 간호사에게 물었다.

Discourses On The Fragments Of Heraclitus

"그가 무엇 때문에 불평하는 겁니까? 병이 나아서 퇴원을 하게 되었으니 이젠 불평할 것이 없을 텐데."

간호원이 말했다.

"이제 그는 이렇게 떠들고 있어요. '약을 다 먹지도 않았는데 어떻게 내가 나을 수 있어. 틀림없이 뭔가 착오가 있을 거야.'"

이런 마음을 가진 사람은 자동적으로 에고이스트(egoist)가 된다. 그는 무엇인가 잘못된 것을 찾으려고 한다. 그렇게 찾으면 반드시 발견하게 되어 있다. 그대가 원하는 것보다 더 많이 발견할 것이다. 이것이 세상에 문제를 일으킨다. 무엇을 찾든 그대는 발견할 것이다. 만일 잘못된 것을 찾으려고 노력한다면… 에고는 항상 잘못된 것을 찾는다. 에고는 끊임없이 불편함을 필요로 하기 때문이다. 에고는 불편을 통해 존재한다. 모든 것이 아무 문제도 없을 때 에고는 사라진다. 장자는 이렇게 말한다.

"신발이 발에 맞으면 몸을 잊는다. 발이 있다는 것을 기억하지 못한다."

모든 것이 잊혀질 때 어떻게 에고에 매달릴 수 있겠는가? 에고가 존재하기 위해서는 신발이 끊임없이 발을 괴롭혀야 한다. 그래야 그대가 누구인지 기억할 수 있다. 에고이스트는 사랑할 수 없다. 그는 명상할 수도 없고, 기도할 수도 없다. 진정으로 기도할 때에는 모든 것이 온전하다. 이때 에고가 사라진다. 에고는 자의식(self-consciousness)을 뜻한다. 자의식은 무엇인가 잘못된 것이 있어야만 존재할 수 있다. 모든 것이 옳을 때 자의식은 존재하지 않는다.

공통된 것을 찾아라. 공통된 것에 주목하라. 특별해지려고 하지 말라. 우리는 특별한 것을 바란다. 나는 사람들에게 "그저 조용히 앉아 있어라. 기도와 명상 따위에 신경 쓰지 말고 그저 가만히 앉아 있어라. 그러

면 서서히 기도와 명상이 자라날 것이다" 하고 말한다. 그러나 사람들은 "가만히 앉아 있는 것만으로…?" 하고 의구심을 나타낸다. 그들은 특별한 것을 요구한다. 만일 내가 "물구나무서기를 하라"고 말하면 그들은 좋아하면서 받아들인다. 물구나무서기를 하라고 가르치는 선생들이 전 세계적으로 번창하고 있는 이유가 그것이다. 뭔가 어렵고 불편한 것이 호소력을 갖는다. 사람들은 이 우스꽝스러운 자세를 요가라는 이름으로 행한다. 우스운 짓이다. 사람들은 우스꽝스런 것일수록 더 낫다고 생각한다. 더 어려운 것일수록… 힘든 것에 부닥쳤을 때 에고는 도전해 보려고 한다. 그래서 사람들은 터무니없는 자세를 취하면서 뭔가 대단한 일을 하고 있다고 생각한다.

삶은 그 자체로 위대하다. 개선할 필요가 없다. 만일 자연이 그대가 물구나무 자세로 서는 것을 원했다면, 자연은 그대를 그런 식으로 창조했을 것이다. 자연에 귀를 기울여라. 자연을 따라가라. 자연과 싸우지 말라. 그저 따라가라. 그러면 곧 깊은 침묵에 도달할 것이다. 이 침묵은 평범해졌을 때 오는 것이다.

며칠 전에 한 청년이 내게 와서 물었다.

"꼭 결혼을 해야 할까요?"

인도에서 이것은 끊임없는 문젯거리다. 내가 그에게 말했다.

"그저 평범해져라. 왜 결혼을 피하는가?"

그는 결혼할 생각이 없었다. 결혼은 너무나 평범하다. 아이를 갖고 가장이 되는 것은 너무나 평범한 일이다. 반면, 결혼하지 않는 것은 무엇인가 특별한 점이 있는 것 같다. 그가 말했다.

"하지만 위대한 사람들은 모두 결혼하지 않았습니다."

내가 말했다.

"위대해지기를 원하거든 다른 데로 가라. 위대해지려는 욕망은 질병이다. 평범해지고 싶을 때에만 나를 찾아와라."

Discourses On The Fragments Of Heraclitus

그대의 본성과 내적인 느낌이 어떻든 간에… 내가 그에게 말했다.

"눈을 감고 그대의 내면을 들여다보라. 그대가 진정으로 무엇을 원하는지 내게 말해 보라."

그가 말했다.

"물론, 저도 결혼하고 싶습니다. 하지만 결혼은 너무 평범해 보입니다. 너무나 평범한 일로 인생을 허비하는 것 같습니다."

그러나 삶 전체가 평범한 일들로 이루어진다. 위대함이란 외형적인 것이 아니다. 위대함은 그대가 일상적인 삶 속에 불러들이는 특성이다. 위대함은 외형적인 것이 아니라 내적인 특성이다.

친구들과 함께 저녁을 먹고 있는 예수를 보라. 그는 보리수 밑에 앉아 있는 붓다보다 더 평범해 보인다. 평범한 존재로써 예수가 보여주는 행동은 아름답다. 친구들과 저녁을 먹고 있는 예수의 모습은 더할 나위 없이 아름답다. 보리수 밑에 앉아 있는 것만으로 그의 아름다움을 능가할 수는 없다. 예수는 지극히 평범한 존재로써의 특성을 갖고 있다.

붓다는 보리수 밑에 앉아 있을 때에도 왕이었다. 그는 태어날 때부터 비범했다. 그는 왕자로 태어나 왕자로 교육받았다. 이것이 그의 틀이 되었다. 보리수 밑에 앉아 있어도 그는 거지처럼 보이지 않는다. 가까이 다가가면 그것을 느낄 수 있다. 만일 길에서 예수를 만난다면 그대는 예수를 알아보지 못할 것이다. 반면, 붓다를 만난다면 그대는 금방 알아볼 것이다. 그러나 나는 말하노니, 예수가 로고스에 더 가깝다. 붓다는 왕자로 태어나 왕자로 자라났다. 그의 과거 전부가 그런 식이었다. 그러나 얼마나 많은 사람들이 왕자로 태어날 수 있겠는가? 얼마나 많은 사람들이 그런 식으로 교육받을 수 있겠는가? 예수가 더 인간적이다. 그의 인간미는 신성하다. 그의 평범함은 보편적인 것을 따른다.

자이나교인과 불교인들이 내게 와서 이렇게 말한다.

"이 예수라는 사람은 평범한 사람들과 함께 술을 마시고 음식을 먹었

습니다. 그는 평범한 사람들과 어울렸습니다. 이런 사람이 어떻게 붓다나 마하비라와 동격일 수 있습니까?'

그러나 모든 인간은 마땅히 그렇게 존재해야 한다. 예수가 표본이다. 마하비라와 붓다는 예외적인 경우다. 모든 인간이 예외적일 수는 없다. 그럴 필요가 없다. 그들에게는 그것이 자연스러웠다. 그들은 자신의 본성을 따랐다. 그러나 모든 인간이 아무것도 하지 않고 보리수 밑에 앉아 있을 수는 없다. 세상에 들어가 일을 해야 한다. 평범한 일들을 해야 한다.

만일 평범한 상태로 로고스에 도달할 수 없다면, 로고스는 선택된 극소수의 사람들만을 위한 것이 될 것이다. 이것은 공평하게 보이지 않는다. 존재계 전체가 소수의 사람들을 편애하는 것처럼 보인다. 그러나 이것을 명심하라. 만일 존재계가 소수의 사람들만 위한다면 왜 그대를 창조했겠는가? 아니다. 존재계는 아무도 편애하지 않는다. 존재계는 거기에 참여할 준비가 된 모든 사람들의 편이다. 지복은 모든 사람들의 것이다. 거기에 참여할 준비가 된 모든 사람들을 위해 있는 것이다. 예수는 목수의 아들이었다. 그는 가난했다. 수많은 사람들이 그렇게 태어난다. 어떤 이는 목수의 아들이고, 어떤 이는 대장장이의 아들이고, 어떤 이는 구두 만드는 사람의 아들이다. 이것이 삶이 존재하는 방식이다! 그런데 우리는 예외적인 사람들을 따라서 살려고 하는 경향이 지나치다. 이로 인해 쓸데없이 많은 불행을 만들어 낸다.

평범하게 살아라. 보편적인 것을 찾아라. 특별해지려고 애쓰지 말아라. 특별해지려는 노력 자체가 그대의 뿌리와 로고스를 갈라 놓는다. 로고스는 모두에게 공통된 것이다. 그런데 대부분의 인간은 마치 자기만의 독자적인 지성을 갖고 있는 것처럼 착각한다. 공통된 것에 일치하는 삶을 살 때, 특별한 개인이 되려고 하지 않을 때, 그대는 로고스에 더 가까워진다. 로고스를 이해하게 된다.

Discourses On The Fragments Of Heraclitus

이것이 역설이다. 특별한 개인이 되려고 하는 사람은 개체성(individuality)과 비범함을 잃는다. 반면, 평범한 사람, 아무것도 주장하지 않으며, 개인이 되려고 애쓰지 않는 사람은 이 존재계가 줄 수 있는 가장 위대한 개체성을 얻는다. 평범한 사람이 가장 비범해진다. 이 비범함은 선물로 오는 것이다. 그대의 노력에 의해 얻어지는 것이 아니다.

인간의 본성은 진정한 이해가 없다.
신의 본성만이 그런 이해를 갖고 있다.

그렇다. 마땅히 그렇게 되어야 한다. 우리는 전체(the whole)에서 왔다가 전체로 돌아간다. 우리는 알려지지 않은 곳에서 왔다가 알려지지 않은 곳으로 돌아간다. 우리는 자신이 어디에서 왔는지, 어디로 가는지 모른다. 이 과정 전체가 신비에 싸여 있다. 그러니 어떻게 그대만의 개인적인 지성을 가질 수 있겠는가?

이것은 다소 어려운 말이다. 이것을 깊이 이해하라. 이것이 헤라클레이토스가 말하는 가장 중요한 핵심 중의 하나다. 의식(consciousness) 또한 공통적인 것이다. 물고기들이 같은 바다에 살듯이, 우리는 공통된 의식 속에 존재한다. 그대의 의식과 내 의식은 둘이 아니다. 똑같은 의식의 두 센터(center)일 뿐이다. 그러므로 간혹 우리는 공통된 기반을 느낀다.

어떤 사람이 슬프다고 하자. 그는 그대에게 한마디 말도 건네지 않았다. 그러나 그의 곁에 앉는 것만으로 그대는 갑자기 슬픔이 밀려오는 것을 느낀다. 여기 행복한 사람이 있다고 하자. 그가 아무 말도 하지 않았음에도 그대는 갑자기 행복이 밀려 들어오는 것을 느낀다. 스무 명의 행복한 사람이 앉아 있는 곳에 슬픔에 잠긴 한 사람이 들어온다고 하자. 그는 수 분 내에 변화를 느낄 것이다. 그의 기분이 변하기 시작한다. 슬

픈 사람과 있을 때 그대는 슬퍼진다. 우울한 사람과 함께 있으면 그대 또한 우울해진다. 행복한 사람과 같이 있으면 그대 역시 행복해진다. 어린아이와 놀 때 그대는 다시 아이가 된다. 어린아이와 놀면서 그대는 세상의 모든 근심 걱정을 잊는다. 그대는 새로운 기분이 된다. 왜 이런 일이 일어나는 것일까? 의식은 공통된 현상이기 때문이다. 어린아이와 놀 때 그대는 아이가 될 수밖에 없다. 아이와 그대가 공통된 기반 위에서 만난다.

동양에서는 깨달은 스승 곁에 가까이 있는 것만도 대단히 가치 있는 일이라고 말한다. 깨달은 사람, 그의 현존 속에 있는 것은 아주 소중한 일이다. 서양인들은 이것을 이해하지 못한다. 그들은 "그의 현존 속에? 그게 무슨 말인가?" 하고 반문한다. 동양인들은 "우리는 다르샨(darshan)을 가질 것이다"라고 말한다. 다르샨은 스승을 친견하는 것을 의미한다. 아무것도 묻지 않고 그저 스승과 함께 앉아 있는 것이다. 이렇게 스승과 함께 존재하는 것을 '사트상(satsang)' 이라고 한다. 진리와 가깝게 있다는 뜻이다. 스승과 함께 조용히 앉아 있을 때 곧 그대와 스승은 서로 안으로 녹아든다. 의식이 만난다. 스승이 그대 안으로 들어가고, 그대가 스승 안으로 들어간다. 아무것도 하지 않고 스승 곁에 있는 것만으로도 깨달음을 얻을 수 있다. 아무 노력도 없이 깨달음을 얻을 수 있다. 그러나 먼저 그대가 활짝 열려 있어야 한다. 아무것도 하지 않고 조용히 앉아 있는 것만으로, 아무 장벽도 만들지 않고 편안하게 휴식하는 것만으로 그대는 깨달음을 얻을 수 있다. 많은 사람들이 이런 식으로 깨달음을 얻었다. 의식은 드넓은 바다이며, 우리는 그 안에 사는 물고기다. 모든 것이 서로 영향을 미친다.

이 존재계에 일어나는 일은 모든 사람에게 영향을 미친다. 지금 일어나는 일뿐만 아니라 과거에 일어났던 일, 미래에 일어날 일들이 모든 사람에게 영향을 준다. 바로 이 순간에 존재계 전체가 한데로 모이기 때문

이다. 과거, 현재, 미래가 이 순간에 집결되어 있다.

개인적인 지성은 불가능하다. 재능이 탁월한 사람들, 천재라고 불리는 사람들은 그것을 느낀다. 아인슈타인이나 큐리(Madame Curie) 부인에게 물어 보라. 그들은 그것을 느낀다. 아인슈타인은 자신이 존재하지 않는 순간에 발견이 이루어졌다고 말한다. 무엇인가 그를 사로잡고 있는 순간에 발견이 이루어졌다. 그 순간에 전체적인 의식이 그를 사로잡고 있었다. 시인들에게 물어 보라. 영감이 일어날 때마다 그들은 존재하지 않는다. 보편적 의식(the common consciousness)이 그들을 사로잡고, 그들은 단순히 매개체가 된다.

큐리 부인은 노벨상을 탔다. 그러나 이 노벨상은 보편적 기반(the common ground)에게 주어져야 한다. 그녀는 특정한 수학적 문제를 풀기 위해 노력하고 있었다. 2년여를 노심초사했지만 해결책을 찾을 수 없었다. 그러던 어느 날, 그녀가 연구에 지쳐서 잠이 들었다. 그리고 잠 속에서 무엇인가 일어났다. 잠 속에서 사람들은 더 열린다. 잠 속에서 그대는 에고이스트가 아니다. 그대는 아무것도 아니다. 잠 속에서 그대는 자기 정체성(identity)에 매달리지 않는다.

아침에 일어나면 생기와 활력을 느끼는 이유가 그 때문이다. 잠을 자는 동안 그대는 보편적 기반 안으로 들어가 있었다. 그대는 전체적인 의식의 바다에 들어가 있었다. 개인적 지성의 틀에 갇혀 있지 않았다. 잠시 동안 그대는 전체(the whole) 안에 들어가 있었으며, 이 전체가 그대를 소생시키고 생기를 불어넣었다.

밤중에 어떤 일이 일어났다. 큐리 부인은 자다가 일어나서 책상 앞으로 갔다. 그리고 수년 동안 고심하던 문제의 해결책을 노트에 적었다. 그 다음에 그녀는 다시 잠이 들었고, 아침에 일어났을 때에는 간밤에 무슨 일이 있었는지 전혀 기억하지 못했다. 그녀가 샤워를 하고 아침을 먹은 다음 책상 앞에 가 앉았다. 그녀는 깜짝 놀랐다. 그토록 찾던 해답이

The Hidden Harmony

거기에 있었던 것이다! 그녀는 "이것을 누가 써 놓았을까? 이곳엔 나밖에 없는데…"하고 의아해 했다. 간혹 하녀가 들락거리긴 했지만 그 하녀가 이런 일을 하는 것은 도저히 불가능했다. 큐리 부인이 어찌된 영문인지 알아보려고 노트를 자세히 들여다보았다. 놀랍게도 그것은 자신의 필체였다. 잠결에 쓴 것이기 때문에 약간 다르긴 했지만 자신의 필체가 틀림없었다. 그래서 그녀는 눈을 감고 간밤에 무슨 일이 있었는지 떠올려 보려고 했다. 그리곤 꿈처럼 일어난 사건의 전말을 알게 되었다. 그녀가 자다가 일어나서 노트에 무엇인가 적은 것이다.

보편적 의식이 존재한다. 그런데 그대는 이것을 그대의 것이라고 주장한다. 부질없는 짓이다. 이 의식은 결코 그대의 것이 될 수 없다. 이 의식은 항상 우주 공간을 떠다닌다. 그대 주변의 모든 곳에 존재한다. 더 열려 있어라. 모든 것을 내맡기고 수용하라. 전체가 되어야만 전체를 이해할 수 있다. 부분이 어떻게 전체를 이해하겠는가? 원자처럼 작은 부분이 어떻게 전체를 이해하겠는가? 그러나 전체는 부분을 통해 흐를 수 있다. 부분이 그것을 허용하기만 하면… 이것이 명상의 모든 것이다. 명상이란 전체가 그대를 통해 흐르도록 허용하는 것이다. 명상 속에서 그대는 사라진다. 문득 그대는 전체가 된다.

 인간의 본성에는 진정한 이해가 없다.
 오직 신성한 본성이 진정한 이해를 안다.

 인간은 사물의 도리를 알지 못한다.
 그를 에워싸고 있는 것만이 지성적이다.

그대는 지성적이지 않다. 그대를 에워싼 바다, 그대를 둘러싸고 있는 것, 그대의 내면에도 있고 밖에도 있는 그것이 지성적이다. 그러나 그대

는 아니다. 그대는 하나의 오류(誤謬)에 불과하다.

인간은 신성한 것을 인식하지 못한다.
의심이 많기 때문이다.

그대는 의심한다. 믿지 않는다. 그러므로 신성한 것이 그대의 주의를 끌지 못한다. 그대의 의심 때문에.

단 하나의 장애물이 있다면 그것은 의심이다. 그리고 단 하나의 문이 있다면 그것은 신뢰다. 자연을 믿을 때 모든 것이 제 자리를 찾아간다. 그러나 자연을 믿지 않으면 모든 것이 엉망이 된다.

자연적이 되는 것이 왜 그렇게 어려울까? 단 하나의 이유가 있다. 자연적이 되면 그대는 '나는 이러저러한 사람' 이라는 정체성을 확인할 수 없기 때문이다. 이 밖에 다른 어려움은 없다. 성욕이 일어날 때 그대로 따르라. 금욕주의는 자연에 대한 투쟁이다. 배가 고플 때는 먹어라. 단식은 자연에 어긋난다. 그대는 배가 고프지 않을 때에도 먹는다. 이 또한 자연에 어긋난다. 그대는 섹스를 원하지 않을 때에도 아내와 사회가 원한다는 이유만으로 섹스를 한다. 이것은 자연에 반하는 행동이다. '자연스럽다' 는 것은 그대의 내적인 존재를 따르는 걸 의미한다. 어떤 느낌이 오건 거기에 에고를 개입시키지 않고 그대로 따르는 것이 자연적인 길이다. 이 길을 가다 보면 그대의 에고는 산산이 부서질 것이다.

동물처럼 살아라. 단 하나 동물과 다른 점이 있다면 깨어 있으라는 것이다. 이것이 전부다. 동물처럼 살되 깨어 있어라.

자연과 싸우지 말라. 자연을 관조하면서 그대로 허용하라. 자연이 그대를 어디로 인도하건 좋다. 마음이 만들어 낸 목표는 모두 허구다. 그런 목적을 갖고 있는 한 그대는 무엇을 하건 성공할 수 없다. 결국은 자연이 이긴다. 오직 전체만이 성공할 수 있다. 그러니 처음부터 부질없는

The Hidden Harmony

싸움을 벌이지 말라. 나는 사람들이 수많은 방식으로 싸우고 있는 것을 본다. 그들은 이 극단에서 저 극단으로 옮겨갈 뿐, 싸우고 있다는 사실에는 변함이 없다.

과거에는 동양이나 서양이나 섹스에 반대해서 싸우고 있었다. 그들은 섹스를 무엇인가 잘못된 것으로 여겼다. 섹스 안에서 인간은 동물처럼 되기 때문이다. 모든 성직자들은 인간이 동물처럼 되어서는 안 된다고 가르친다. 그러나 동물처럼 되는 게 무엇이 나쁜가? 새들을 보아라. 야생 동물들을 보아라. 숲에 들어가서 그들을 보아라. 동물원에 가보라는 말이 아니다. 동물원에서는 진짜 동물을 볼 수 없다. 그들은 인간에 의해 오염되었다. 야생의 밀림에 가보라.

동물에게 무슨 잘못된 점이 있는가? 그들은 너무나 아름답게 보인다. 그들 주변의 어느 것도 추하지 않다. 그러나 도덕주의자들, 소위 종교인이라고 불리는 사람들은 "동물이 되지 말라!"고 가르친다. 그리고 그대의 에고는 이것을 훌륭한 목표로 받아들인다. 에고는 "나는 인간이다. 내가 어떻게 동물이 될 수 있단 말인가?" 하고 말한다. 그러나 섹스는 그대에게 동물성을 가져다 준다. 섹스 안에서 그대는 완전히 동물이 된 것을 느낀다. 다른 행위를 통해서는 이런 느낌을 가질 수 없다. 우리는 모든 것을 변질시키고 세련되게 만들었기 때문이다. 우리는 모든 것을 색칠하고 문명화시켰다. 모든 것을! 우리는 음식을 먹는 행위에도 특정한 식사 예절을 만들어 놓았다. 이제 그 행위는 배고픔과 아무 상관도 없는 것처럼 보인다. 우리는 영양분을 섭취하고 있지 않다. 그것은 하나의 쇼(show)이고 의식(儀式)이다. 모든 것이 허구가 되었다. 플라스틱 꽃처럼 인공적인 것이 되었다. 그러나 사랑 안으로 들어갈 때, 섹스를 할 때 그대는 완전히 동물이 된다.

우리는 이 또한 숨기려고 한다. 인간이 밤에 섹스를 하는 이유가 그것이다. 인간만이 밤에 섹스를 한다. 다른 동물들은 낮에 한다. 낮에 섹스

를 하면 더 깊은 차원으로 들어간다. 밝은 태양이 그대를 더 생동감 있게 만든다. 밤은 휴식을 위한 시간이다. 그런데 인간은 밤에 섹스를 한다. 낮에 섹스를 하는 동물들로부터 인간을 구별 짓고 싶은 것이다. 이얼마나 에고로 가득 찬 발상인가? 인간은 밤에, 그것도 불을 다 끈 상태에서 섹스를 한다. 그래야 자신이 동물처럼 행동하고 있다는 현실을 외면할 수 있기 때문이다. 그대는 섹스를 할 때에 아무 소리도 내지 않는다. 마치 해야 할 일을 가능한 한 빨리 끝내야 하는 것처럼 섹스를 한다. 순식간에 끝내 버린다. 그대는 섹스에 반대하도록 교육받았으며, 그대의 에고는 이것을 훌륭한 목표로 생각한다.

이제 서양은 완전히 반대극단으로 치달리고 있다. 프로이드와 빌헬름 라이히(Wilhelm Reich) 이래 서양인들은 섹스에 대해 점점 더 많은 것을 가르치고 있다. 이제 서양에서는 새로운 현상이 빚어지고 있다. 하루라도 섹스를 하지 않으면 죄책감을 느끼는 것이다. 어떤 경우에도 죄책감을 느끼는 것처럼 보인다. 예전에 그들은 섹스를 하면서 죄책감을 느꼈다. 그들은 이렇게 느꼈다.

"왜 섹스를 하는가? 왜 이렇게 동물적인 행위를 해야 하는가? 언제 이 짓을 그만둘 것인가? 섹스를 필요로 하지 않는 날이 언제 올 것인가?"

그런데 이제는 다른 상황이 벌어지고 있다. 이제는 하루라도 몸이 피곤하여 섹스를 할 마음이 생기지 않으면 뭔가 잘못되었다고 느낀다. 큰 잘못을 범하고 있는 것 같은 생각이 든다. 섹스를 해야 한다는 강박관념이 있다. 무엇인가 해야 한다는 생각에 사로잡혀 있다. 그대는 자연이 자신의 길을 가도록 내버려두지 않는다. 내가 보는 한, 예전이나 지금이나 달라진 것이 없다. 아무 차이점도 없다.

과거에 여자들은 오르가슴을 느끼는 것이 허용되지 않았다. 그토록 순수한 여자가 어떻게 오르가슴을 느낀단 말인가? 여자는 여신이다. 여자는 여신처럼 행동해야 한다. 이런 생각이 그들을 사로잡고 있었다. 그

래서 과거의 여자들은 섹스를 한 것이 아니라 견디고 있었을 뿐이다. 시체처럼 가만히 누워 있어야 했다. 설령 시체와 섹스를 한다 해도 시체가 조금은 움직일 것이다. 그러나 여자는 안 된다. 그녀는 여신이다! 여신은 너무나 순수하기 때문에 무슨 일이 일어나는지도 모른다. 그저 남자에게 끌려갈 뿐이다. 이런 생각 때문에 여자들은 눈을 감고 가만히 누워 있어야 했다. 눈을 뜨면 섹스에 관심이 있는 것처럼 보인다. 그래서 눈을 질끈 감고 있어야 했다. 그런데 이제 서양에서는 정반대의 상황이 벌어지고 있다. 이제는 여자가 오르가슴에 도달하지 못하는 것이 문제가된다. 무엇인가 잘못된 것으로 여겨진다. 예전에는 오르가슴에 도달하는 것이 죄악이었다. 그러나 이제는 오르가슴에 도달하지 못하는 것이 죄악이다.

과거의 서양이 그랬듯이, 동양의 여인들은 오르가슴에 도달할 수 있다는 것을 완전히 잊었다. 그들은 섹스를 통해 아름다운 엑스타시(ecstasy)가 가능하다는 것을 잊었다. 자연스럽게 허용한다면 섹스를 하는 중에 연인들은 완전히 야성의 상태로 돌아갈 것이다. 그들은 비명을 지르고 신음 소리를 낼 것이다. 완전히 미쳐 버릴 것이다. 그들은 강한 희열을 느낄 것이다. 이렇게 사랑 안에서 느끼는 희열은 더 차원 높은 희열의 문을 열어 준다. 이때 그대는 성을 초월한다. 이때 비로소 진정한 브라흐마차리야(brahmacharya, 성을 초월한 경지)가 일어난다. 브라흐마차리야는 그대가 자신을 강요해서 억지로 일으킬 수 있는 것이 아니다. 자연을 통해 저절로 일어나는 것이다.

자연을 허용하면 궁극의 목적지에 이른다. 인위적으로 해야 할 일은 없다. 자연은 이미 모든 것을 구비하고 있다. 그대는 한 알의 씨앗이다. 그대 안에 설계도 전부가 들어 있다. 우리는 땅에 씨앗을 뿌린다. 씨앗은 나무에 대한 모든 청사진을 갖고 있다. 나무의 골격, 앞으로 피어날 꽃과 이파리에 대한 모든 것이 들어 있다. 씨앗은 나무가 될 조감도를

갖고 있다. 자연이 허용되기만 하면 된다.

그대는 좋은 땅을 골라서 씨앗을 뿌리고 물을 주어야 한다. 잘 보살피고 거름을 주어야 한다. 이것이 전부다. 그 외에는 아무것도 할 필요가 없다. 씨앗에게 "이렇게 하라! 그렇지 않으면 너는 나무가 될 수 없다"고 가르칠 필요가 없다. 이런 식으로 씨앗을 가르치면 세상엔 한 그루의 나무도 존재하지 못할 것이다. 씨앗이 무엇을 할지 몰라 미쳐 버릴 것이다. 씨앗은 우주적인 의식에 의존한다. 씨앗은 개인적인 지성에 의존하지 않는다.

인간은 신이 될 청사진을 갖고 있다. 인간은 신의 씨앗이다. 인간의 의식은 출발점에 불과하다. 이 의식이 성장하고 성장하여 우주가 되는 지점까지 도달해야 한다. 그대 쪽에서 해야 할 일은 아무것도 없다. 수련도 필요 없고, 교리나 강령도 필요 없고, 종교도 필요 없다. 자연으로 충분하다! 이 자연을 허용하기만 하면 된다. 자연을 신뢰하고 받아들여야 한다. 이 신뢰를 통해서만 나아갈 수 있다.

만일 씨앗이 "내가 이 껍질을 깨고 나가면 나무가 될 것이라는 보장이 어디에 있는가? 누가 보장할 수 있는가? 그런 보장이 없는 한 나는 이 껍질 속에서 나가지 않을 것이다" 하고 말한다면 어떻게 되겠는가? 알 속에 있는 새가 "내가 왜 밖으로 나가야 하는가? 밖으로 나가면 지금보다 더 나은 세계가 열릴 것이라고 누가 보장할 수 있는가?" 하고 말한다면 어떤 일이 생기겠는가? 껍질은 안전한 보호막이다. 알 속에서 새는 안전하게 보호받고 있다. 그러나 이것은 삶이 아니다. 이것은 죽음과 같다. 완벽하게 보호받긴 하지만 무덤 속에서 보호받는 격이다. 누가 보장해 줄 수 있는가? 아무도 장담하지 못한다. 신뢰하는 수밖에 다른 도리가 없다.

씨앗은 자연을 신뢰한다. 그는 땅속에서 썩어 아름다운 꽃으로 피어난다. 그는 이 존재계를 즐기며 희열을 느낀다.

새가 알 밖으로 나온다. 이미 알려진 세계를 버리고 미지의 세계로 들어간다. 날개를 펴고 드넓은 하늘로 날아오른다. 앞으로 어떤 일이 일어날지 아무도 모른다. 눈에 보이는 목적지도 없고 계획도 없다. 새는 그저 날개를 펴고 날아오른다. 바람을 타고 날면서 희열을 느낀다. 까마득한 하늘, 미지의 세계로 들어간다.

이런 일이 그대에게도 일어나야 한다. 그대는 하나의 씨앗이며 알이다. 그대는 하나의 가능성일 뿐이다. 헤라클레이토스는 이 점을 지적하고 있다. 그대가 놓친 핵심을 정확하게 지적하고 있다.

인간은 신성한 것을 인식하지 못한다.
의심이 많기 때문이다.

의심하기 때문에 핵심을 놓친다. 신뢰하라. 그러면 얻을 것이다. 신뢰 외에는 아무것도 필요 없다. 신뢰하라. 그러면 자연이 스스로 알아서 한다.

인간은 로고스와 밀접하게
연결되어 있음에도 불구하고
제 스스로 로고스에 대항한다.

결코 없어지지 않는 것으로부터
어느 누가 자신을 숨길 수 있겠는가?

존재계는 항상 존재한다. 존재계는 결코 없어지지 않는다. 어떻게 존재계로부터 그대 자신을 숨길 수 있겠는가? 존재계는 영원하다. 어떻게 존재계와 대항해 싸울 수 있겠는가? 그것은 우습고 터무니없는 짓이다.

그것은 어리석은 짓이다! 지혜는 모든 것을 내맡기고 복종하는 데에 있다. 이것이 유일한 지혜다. 이때 아름다운 모든 일이 일어나기 시작한다. 이것은 그대의 행위에 의해 생기는 일이 아니다. 저절로 일어나는 것이다.

그대는 진리로 가는 길에 장애물을 만들 수는 있지만 진리를 불러들일 수는 없다. 눈을 감고 진리에서 도망갈 수는 있지만 진리를 창조할 수는 없다. 진리는 이미 존재한다. 진리는 엄연한 현실이다! 그대가 계속 진리를 놓치는 것은 눈을 감고 있기 때문이다. 의심이 그대의 눈을 멀게 하고, 의심이 그대의 가슴을 닫아 버린다. 그대는 의심이라는 깊은 잠에 빠져 있다. 의심에 중독되어 있다.

칼 마르크스(Karl Marx)는 "종교는 인민의 아편이다"라고 말했다. 그러나 진실은 그 정반대이다. 종교가 아니라 의심이 아편이다. 의심 때문에 그대는 진리를 놓친다. 그리고 신뢰를 통해 그대는 진리가 그대를 찾아오도록 허용한다. 그대 자신이 진리에 가 닿도록 허용한다.

신뢰에 대해 명상하라. 신뢰의 느낌을 내면 깊숙이 받아들여라. 신뢰하는 가슴의 고동 소리를 들어라. 신뢰하는 가슴으로 춤추고 노래하고 기도하라. 그러면 곧 신뢰만이 진리를 가져다 준다는 것을 알게 될 것이다.

의심이 모든 것을 죽인다. 의심은 부정적인 힘이다. 의심은 그대에게 삶을 가져다 주지 않는다. 의심은 죽음이다.

신뢰가 생명이다. 신뢰가 커질수록 더 풍요로운 삶이 그대 앞에 열릴 것이다.

아홉,
태양은 날마다
새롭다

만물에게 동일한 이 우주는
어떤 신이나 인간에 의해
만들어진 것이 아니다.
우주는 항상 존재해 왔으며,
지금도 존재하고, 앞으로도 존재할 것이다.
이 우주는 영원히 살아 있는 촛불이다.
정기적으로 스스로 점화하고
스스로 꺼지는 촛불.

불에는 갈망과 만족의 단계가 있다.

태양은 날마다 새롭다.

The Hidden Harmony

The sun is new each day
― 태양은 날마다 새롭다

　세상의 창조자로서 따로 존재하는 신은 없다. 그럴 수가 없다. 창조물과 창조자, 창조성이 하나다. 그들은 분리되어 있지 않다. 존재계는 하나다. 어떻게 창조자와 창조물이 따로 존재할 수 있겠는가? 존재계 자체가 신이다. 세상을 만든 창조자는 없다. 이 존재계 자체가 창조자다. 존재계 자체가 창조성이다.
　헤라클레이토스는 이원론자(二元論者)가 아니다. 진정한 앎에 도달한 모든 사람들은 이원성이 존재하지 않는다는 것을 알았다. 이원성이 존재하는 것은 마음 때문이다. 마음이 하나를 보지 못하기 때문에 이원성이 생긴다. 마음은 둘밖에 모른다. 마음은 어떤 것을 인식하는 순간 즉시 그것을 둘로 나눈다. 마음에게는 타자(他者)가 필수적이다. 마음은 창조물을 보는 순간 즉시 창조자를 떠올린다. 마음은 "창조자 없이 어떻게 창조물이 가능한가?" 하고 말한다. 그러나 이런 마음을 갖고 있으면 창조자와 만난다 해도 즉시 다른 창조자를 생각할 것이다. 마음은 "다른 창조자가 있음에 틀림없다. 그렇지 않으면 이 창조자가 어떻게 존재할 수 있는가?" 하고 말할 것이다.

마음은 무한하게 거슬러 올라간다. 마음은 계속해서 나눈다. 그러므로 마음은 아무 결론에도 도달하지 못한다. 철학은 마음을 믿는다. 철학이 아무 결론도 내리지 못하는 이유가 여기에 있다. 마음을 개입시키지 말고 전체를 보아야 한다. 마음은 이원적이다. 마음은 모든 것을 나눈다. 이 '나눔(division)'이 마음의 본질이다. 그대가 '낮'을 말하는 즉시 마음은 밤을 끌어들인다. 밤이 없다면 어떻게 낮이 존재할 수 있는가? 그대가 '사랑'을 말하는 즉시 마음은 미움을 끌어들인다. 미움이 없다면 어떻게 사랑이 있을 수 있는가? 그대가 삶을 말하는 즉시 마음은 죽음을 끌어들인다. 죽음이 없다면 어떻게 삶이 있을 수 있는가? 그러나 삶과 죽음은 하나다. 하나의 에너지다. 삶은 그 에너지의 발현(發顯)이며, 죽음은 그 에너지의 휴식이다. 삶은 형상의 차원으로 들어오고, 죽음은 무형의 차원으로 돌아간다. 처음과 끝이 만난다. 삶은 죽음과 분리되어 있지 않으며, 죽음은 삶과 떨어져 있지 않다. 그들이 만나 뒤섞여 있다. 사실, 이 '만남'이라는 표현도 옳지 않다. 이 단어를 듣는 즉시 마음은 "만남이 있다면 둘이 있음에 틀림없다"고 생각할 것이다. 그것은 만남이 아니다. 하나의 에너지다.

헤라클레이토스는 욕망과 만족에 대해 말한다. 그대는 배가 고플 때 밥을 먹고 포만감을 느낀다. 이 배고픔과 포만감이 하나라는 것을 관찰해 본 적이 있는가? 그들은 하나다. 음식이라는 하나의 사물이 양쪽 모두를 변화시킨다. 음식은 배고픔과 포만감, 욕망과 무욕 사이에 놓인 다리이다. 배고픔과 포만감이 진정 별개의 것이라면 그들은 연결될 수 없다. 그들이 진정 다른 것이라면 어떠한 연결의 가능성도 없다. 이때 배고픔은 배고픔이고, 포만감은 포만감이다. 전혀 별개의 것이 된다. 그들이 어디에서 만날 것인가? 어떻게 만나겠는가? 그러나 그들은 만난다. 마음은 배고픔과 포만감을 정반대 되는 것으로 생각한다. 그러나 이것을 이해해 보라. 조금 더 깊이 들여다보라. 마음은 배고픔과 포만감이

The Hidden Harmony

전혀 다른 것이라고 말한다. 그러나 그대가 포만감을 느끼는 순간 이미 배고픔이 시작된다. 그대가 배고픔을 느끼는 순간 이미 포만감이 시작된다. 하나의 원이 순환하는 것이다. 그들이 하나인가, 둘인가? 음식을 먹으면 배고픔이 사라진다. 그러나 포만감을 느끼는 순간 다시 배고픔으로 가는 새로운 원이 시작된다.

아침은 저녁의 시작이며, 탄생은 죽음의 시작이다. 그런데 우리는 그렇게 멀리 내다보지 못한다. 아침에 일어나 배가 고플 때 그대는 밥을 먹고 만족한다. 저녁때가 되면, 다시 배가 고파서 밥을 먹고 포만감을 느낀다. 그러나 그대는 이 배고픔과 포만감이 하나라는 것을 알지 못한다. 하나가 다른 하나를 불러들인다. 만일 배가 고프지 않다면 포만감을 느낄 수 있겠는가? 배고픔을 느끼지 않는다면 포만감을 느낄 가능성이 있을까? 배고픔이 없다면 영원히 포만감을 느끼는 상태에 머물 것이라고 생각하지 말라. 배고픔이 없으면 포만감은 올 수 없다. 아침이 없다면 항상 저녁이 있을 것이라고 생각하지 말라. 아침이 없다면 저녁은 결코 오지 않을 것이다. 죽음이 없다면 영원한 삶이 있을 것이라고 생각하는가? 아니다. 죽음이 없다면 삶도 있을 수 없다. 죽음은 에너지가 삶으로 발현될 수 있는 상황을 만들어 준다. 삶은 죽음을 가져 오고, 죽음은 다시 삶을 가져 온다.

마음에게는 이것이 둘로 보인다. 마음은 전체를 보지 못한다. 마음을 통해서 보지 말라. 논리적 관점으로 보지 말라. 현상을 있는 그대로 볼 때, 그 전체성을 볼 때 둘은 사라지고 오직 하나가 남는다.

이것은 창조자로서의 신과 창조물로서의 우주에 대해서도 마찬가지다. 보통 사람들만 마음에 속아넘어가는 것이 아니다. 소위 위대하다고 일컬어지는 신학자들도 마음의 속임수에 걸려든다. 그들은 신이 세상을 창조했다고 말한다. 이 말은 참으로 유치하다. 아무도 존재계를 창조하지 않았다. 존재계는 그저 그렇게 거기에 있을 뿐이다. 창조라는 개념

을 도입하는 즉시 수많은 문제가 야기된다. 신학이 계속해서 더 많은 문제를 일으킬 뿐 아무 해답도 제시하지 못하는 이유가 여기에 있다. 신학자들은 많은 문제를 풀기 위해 하나의 이론, 가설을 제시한다. 그러나 아무것도 해결되지 않는다. 오히려 이 가설을 둘러싸고 새로운 의문이 일어난다. 그들은 신을 끌어들여 문제를 해결하려고 했다. 신이 이 세상을 창조했다는 것이다. 그러나 그들은 아무 문제도 해결하지 못하고 오히려 더 많은 문제를 만들어 냈다. 일단 출발점이 틀리면 계속해서 빗나가기 마련이다. 하나의 오류가 다른 오류들을 끌고 들어온다. 하나의 명제가 잘못되면 또 하나의 잘못된 명제가 탄생한다. 처음부터 제대로 출발하지 못하는 한 결코 진리에 이를 수 없다. 시작이 끝이기 때문이다.

   신학은 몇 가지 문제를 해결하기 위해 신을 끌어들였다. "누가 세상을 창조했을까? 이 아름다운 세상을 누가 만들었을까?" 하는 호기심이 일어나고, 마음은 해답을 얻어야겠다는 강한 충동을 느낀다. 그러나 이보다 앞서 "이 질문이 옳은가?" 하는 의문이 제기되어야 한다. "이 질문이 합당한가?" 하고 묻기 전에는 아무 질문도 하지 말라. 그렇다면 합당한 질문을 가리는 기준은 무엇인가? 어떤 대답이 주어지든간에 다시 똑같은 의문이 일어난다면 그 질문은 합당한 질문이 아니다. 이것이 기준이다. 그 질문은 옳지 않다. "누가 세상을 창조했는가?"라는 질문에 어떤 사람은 "신이 창조했다!"고 말한다. 그러나 다시 똑같은 질문을 던질 수 있다. "그 신은 누가 창조했는가?" 하고 물을 수 있다. 질문은 조금도 바뀌지 않았다. 여전히 똑같은 질문이 나온다. 만일 "신 A가 세상을 창조했다"고 말한다면 "신 A는 누가 창조했는가?" 하고 물을 수 있다. "신 B가 신 A를 창조했다"고 말한다면 다시 "신 B는 누가 창조했는가?" 하는 의문이 생긴다. "신 C가 신 B를 창조했다"고 말한다면 다시 "신 C는 누가 만들었는가?" 하고 물을 수 있다. 질문은 조금도 달라지지 않는다. 그러므로 모든 대답은 거짓이다.

The Hidden Harmony

　이렇게 질문이 바뀌지 않는다면 그대는 진리를 향해 조금도 진보하지 못한 것이다. 질문에 대한 모든 답이 거짓이라면 그 질문 자체에 대해 다시 생각해 보라. 질문의 기반 자체가 잘못되었음에 틀림없다. 그렇지 않다면 어떻게 모든 답이 틀릴 수 있겠는가? 최소한 하나의 대답은 옳아야 한다. 그런데 아무 대답도 진실로 증명되지 못했다. 힌두교, 모하메드교, 기독교, 이들 모두가 해답을 제시하지만 질문은 그대로 남아 있다. "누가 세상을 창조했는가?" 하는 질문이 수천 년 동안 계속되었지만 단 하나의 시원한 대답도 나오지 못했다. 이것은 질문 자체가 잘못되었음을 의미한다. 처음부터 탐구의 방향이 잘못된 것이다.

　먼저 그 질문이 합당한지 아닌지를 물어라. "누가 세상을 창조했는가?"라는 질문은 옳지 않다. 여기엔 많은 이유가 있다.

　"그는 왜 세상을 창조했는가? 무엇이 필요해서? 그는 세상을 창조하지 않고 살 수는 없었을까? 어떤 욕망이 그를 사로잡았던 것일까? 만일 신이 이 우주를 창조했다면 왜 세상에는 이토록 많은 불행과 고통이 있는 것일까?"

　어린아이가 절름발이, 장님, 또는 병들어서 태어난다. 왜? 신이 창조자라면 그는 이 세상을 바로잡을 수 없는 것일까? 아니면 그는 인간의 고통을 즐기는 정신병자인가? 고문을 즐기는 새디스트(sadist)인가? 수많은 사람들이 전쟁터에서 죽어 간다. 수많은 사람들이 화형 당하고 가스실에서 죽어 간다. 그런데 창조자인 그는 신경도 쓰지 않는다! 그는 아무 이유도 없이 수백만 명의 유태인을 학살한 히틀러를 제지하지 못했다. 무슨 창조자가 이런가? 신이 이 세상을 창조했다면 그는 악마임에 틀림없다. 세상은 그렇게 선해 보이지 않는다. 신이 선하다면 그에게서 이런 세상이 나올 리 없다. 세상은 선과 일치하지 않는다. 신은 '선한 자'를 뜻한다. 그런데 이 세상은 어떠한 선의 징조도 보여주지 않는다. 착취와 폭력, 전쟁, 살인, 불행, 고통, 번뇌, 광기… 왜 이런 세상을 창조

했는가? 만일 신에게 그 책임이 있다고 한다면 그는 가장 흉악한 범죄자다.

　이렇게 여러 가지 문제가 떠오르지만 신학자들은 아무것도 해결하지 못한다. 그래서 그들은 더 거짓된 이론들을 만들어 내야 했다. 그들은 악마가 존재한다고 말한다. 이 악한 세상은 악마의 작품이라고 말한다. 그러나 그들의 말은 자가당착이다. 먼저 그들은 신을 만들어 냈다. 신이 세상을 창조했다고 말한다. 그 다음에 그들은 악마를 만들어 내야 했다. 선한 신을 통해서는 이 세상을 제대로 설명할 수 없기 때문이다. 세상은 너무나 악해 보인다. 그래서 그들은 악마를 만들어 낼 수밖에 없었다. 그렇다면 "악마는 누가 창조했는가?" 하는 문제가 떠오른다. 신학자들은 계속해서 이론을 만들어 내야 한다. 그들은 아무 결론도 나지 않을 부질없는 노력을 하고 있다. 아무도 그들의 방대한 신학 서적을 읽지 않는다. 아무도 읽지 않는다! 읽어 봤자 끝이 없기 때문이다. 똑같은 문제가 꼬리에 꼬리를 물고 이어진다. 이것은 망가진 레코드판을 돌리는 것과 같다. 그들은 똑같은 대답을 반복하고, 그대는 똑같은 질문을 되풀이한다. 그들은 핵심을 찌르지 못하고 주변을 빙빙 돈다. 덤불 주변을 툭툭 때리는 것, 이것이 신학의 모든 것이다. 단 하나의 문제도 해결되지 않았다. 신학은 지금까지 인간이 기울여 온 가장 부질없는 노력이다. 그리고 이 신학은 "신이 세상을 창조했다"는 전제에서 출발한다.

　헤라클레이토스, 고탐 붓다, 노자, 짜라투스트라 같은 사람들은 이런 문제에 대해 언급하지 않는다. 다만 그들은 이렇게 말한다.

　"존재계가 신이다. 아무도 존재계를 창조하지 않았다. 이 세상을 책임질 창조자는 존재하지 않는다. 그러니 불필요한 질문과 대답으로 시간을 낭비하지 말라."

　존재계는 엄연히 여기에 있다. 그리고 신은 존재계와 분리되어 있지 않다. 존재계 자체가 신이다. 신은 독립된 존재가 아니라 전체다. 하나

The Hidden Harmony

의 인격체가 아니라 전체다. 존재계는 스스로 나오고, 스스로 소멸한다. 이 원리를 헤라클레이토스는 '불' 이라고 말한다. 불은 아름다운 상징이다. 불은 역동적인 에너지를 준다. 불은 이 존재계가 역동적이고 변증법적인 에너지라는 것을 암시한다. 존재계는 스스로 움직여 간다. '에너지' 라는 말은 어떤 의미를 준다. 그러나 '신' 이라는 말은 아무런 의미도 없다.

에너지가 진리다. 지금 이 자리에서도 그것을 느낄 수 있다. 그대는 에너지다. 나뭇가지에 앉아 노래하는 새들은 에너지다. 하늘을 향해 뻗어가는 나무도 에너지다. 밤하늘을 수놓는 별들, 지평선 너머로 떠오르는 태양, 이 모두가 에너지다. 에너지는 선하지도 않고 악하지도 않다. 에너지는 중립적이다. 그러므로 악마를 창조할 필요가 없다. 아무것도 설명할 필요가 없다. 에너지는 중립적이다.

그대가 불행하다면 그것은 그대 때문이다. 신이나 악마 때문에 불행한 것이 아니다. 만일 불행하다면 그대는 에너지를 그릇된 방식으로 대하고 있는 것이다. 에너지와 보조를 맞추어 움직일 때 행복과 지복이 찾아온다. 에너지에 역행하여 움직인다면 모든 책임은 그대에게 있다. 이것을 명심하라. 신이 존재하지 않는다면 모든 일이 그대의 책임이다. 이렇게 그대에게 책임이 있을 때에만 그대 자신을 변형시키는 것이 가능하다. 만일 신에게 책임이 있다면 어떻게 그대 자신을 변형시킬 수 있겠는가? 책임을 다른 사람에게 떠넘기기 위해 마음이 빚어낸 속임수가 신이다. 마음은 항상 책임을 다른 사람에게 전가한다. 어떤 일이 일어나건 마음은 항상 모든 책임을 다른 사람 탓으로 돌린다. 화가 났을 때 그대는 다른 사람이 모욕을 주었기 때문에 화가 난 것이라고 말한다. 그가 화를 불러일으켰다고 말한다. 슬플 때 그대는 다른 사람이 그대를 슬프게 만들었다고 말한다. 좌절했을 때에는 다른 사람이 그대의 길을 가로막았기 때문이라고 말한다. 항상 다른 사람에게 책임을 미룬다. 이것이

마음의 속성이다. 마음은 항상 다른 사람에게 책임을 전가한다. 이렇게 남의 탓으로 돌림으로써 그대는 모든 책임을 면제받으려고 한다. 바로 이것이 그대가 불행해지는 원인이다.

모든 책임은 그대에게 있다. 자기 스스로 책임을 짊어질 때 그대는 무엇인가 할 수 있다. 그러나 모든 것이 다른 사람의 책임이라면 그대가 무엇을 할 수 있겠는가? 만일 그대의 슬픔을 다른 사람이 만든 것이라면 그대는 항상 슬플 수밖에 없다. 이 슬픔에 대해 손쓸 도리가 없다. 수많은 타인들이 그대를 둘러싸고 있다. 만일 그대의 절망을 타인이 만든 것이라면 그대는 이 절망을 어찌해 볼 도리가 없다. 그대는 절망을 벗어나지 못할 것이고, 이것이 그대의 운명이 될 것이다. 왜냐 하면 그대는 타인을 바꾸어 놓을 수 없기 때문이다. 그러나 스스로 책임지면 즉시 그대는 주인이 된다. 이제 그대는 무엇인가 할 수 있다. 자신의 태도를 변화시킬 수 있다. 그대는 세상을 대하는 여러 가지 태도들을 관찰할 수 있다. 만일 불행하다고 느낀다면 그대는 이 전체적인 에너지 시스템에 순응하지 않고 있는 것이다. 이것이 죄다. 이 전체적인 에너지 시스템 안에서 어떻게 움직여야 할지를 모르고 잘못 적응하는 것, 이것이 죄다. 이 에너지 시스템은 중립적이다. 이 시스템을 따르면 행복해질 것이요, 따르지 않으면 불행해질 것이다. 이것이 로고스다. 이것이 도(道)이며 리트(rit)다.

가령, 갈증을 느끼면서도 물을 마시지 않는다면 그대는 불행해질 것이다. 이 에너지 시스템 안에서 물은 그대의 갈증을 해소시키고 만족을 준다. 그대는 추위를 느낄 때 불 가까이 다가간다. 이 에너지 시스템 안에서 불은 온기와 열의 근원이다. 그러나 추위를 느끼면서도 불을 피한다면 그대는 불행해질 것이다. 아무에게도 책임이 없다. 갈증과 더위를 느끼면서 불 가까이 다가선다면 그대는 지옥에 있게 될 것이다

이런 이야기를 들었다.

The Hidden Harmony

한 남자가 죽었다. 그는 나쁜 죄를 많이 지은 사람이었다. 모든 사람이 그가 지옥으로 갈 것이라고 생각했다. 그것은 의심의 여지가 없었다. 그러나 이 악한 이 지도층 인사인 동시에 큰 부자였다. 죄는 이 세상에서 성공을 거두는 경우가 많다.

수많은 사람들이 장례 행렬을 따르고 있었으며, 모든 사람이 그가 지옥에 떨어질 것이라고 생각하고 있었다. 그러나 그가 워낙 막강한 사람이었기 때문에 아무도 그런 생각을 입 밖으로 발설하지 않았다. 장례 행렬이 묘지로 향하고 있는데 우연히 석탄을 실은 트럭이 행렬의 뒤에 따라오게 되었다. 이것을 보고 행렬에 참가하고 있던 물라 나스루딘이 외쳤다.

"이 자가 지옥에 가리라는 것은 확실히 알고 있었지만 자기 몫의 석탄까지 가져 가야 하는지는 미처 몰랐군!"

지옥은 뜨거운 불이다. 그러나 그곳에서 사용할 그대 몫의 석탄은 그대 스스로 준비하고 있다. 이것이 자연의 법칙이다. 자연을 거스르면 그대는 불행해질 것이다. 불행이란 자연에 역행하는 것을 의미한다. 그대가 이해하기만 한다면 불행은 훌륭한 암시가 될 수 있다. 불행은 그대가 어디론가 잘못 가고 있다는 것을 보여준다. 그것이 전부다. 다시 제 위치를 찾아라. 불행은 도움이 된다. 번뇌, 고통, 긴장은 무엇인가 잘못되어 가고 있다는 암시다. 그대는 전체와 함께 움직이지 않는다. 어딘가에서 그대만의 사적인 움직임을 시작했다. 이것이 불행으로 나타난다.

헤라클레이토스는 "개인적인 지성은 거짓이다"라고 말한다. 지성은 전체와 함께 존재한다. 지나치게 영리하게 굴지 말라. 그대 자신의 힘으로 지성적일 수는 없다. 존재계와 함께 움직일 때 지성이 찾아온다. 이때 그대는 명확한 인식을 얻을 것이고 지혜로워질 것이다. 전체와 조화를 이루지 못하고 그대만의 의지대로 움직인다면 어리석음을 면치 못

할 것이다.

바보는 자기 자신 안에 완전히 갇혀 있는 사람이다. 그는 전체적인 에너지 시스템과 연결되지 못했다. 이것이 어리석음이다. 현명한 자는 결코 닫혀 있지 않다. 우주가 그를 통해 흐른다. 그에게는 아무런 장애물도 없다. 모든 문이 활짝 열려 있다. 그는 사적인 영역을 고집하지 않는다. 그는 활짝 열려 있다. 불행하다고 느낄 때마다 그는 즉시 자신을 추스른다. 그는 불행이 주는 암시를 받아들인다. 불행이란 하나의 증상이다. 그것은 질병과 같다. 몸과 자연스럽게 어울리지 못할 때 병이 찾아온다. 이 병은 친구다. 병은 "너의 방식을 바꾸어라. 너는 어딘가에서 자연을 거스르고 있다"고 알려주는 전령이다. 3, 4일 동안 아무것도 먹지 않으면 현기증을 느낀다. 허기와 슬픔이 찾아온다. 몸 전체가 "당장 음식을 먹어라!" 하고 말한다. 몸은 에너지가 필요하다.

에너지는 중립적이다. 항상 이것을 잊지 말라. 에너지는 중립적이다. 그러므로 그대 존재의 질(質)은 전적으로 그대에게 달렸다. 그대는 행복할 수도 있고 불행할 수도 있다. 이것은 그대에게 달린 문제다. 그대 외에는 아무에게도 책임이 없다.

배가 고플 때에는 먹어라. 갈증을 느낄 때에는 마셔라. 졸음이 올 때에는 잠을 자라. 자연을 강요하지 말라. 잠시 동안 강요할 수는 있다. 인간에게 그 정도의 자유는 있다. 단식하고 싶다면 며칠 동안 굶을 수 있다. 그러나 날마다 그대는 더 허약해질 것이고, 더 불행해질 것이다. 숨을 쉬고 싶지 않다면 얼마 동안 숨을 참을 수도 있다. 그 정도의 자유는 허용된다. 그러나 그렇게 대단한 자유는 아니다. 곧 그대는 질식해서 죽을 것 같은 기분이 될 것이다.

모든 불행은 그대가 어디론가 잘못 가고 있다는 것을 암시하기 위해 존재한다. 불행은 그대가 궤도를 이탈했다는 것을 보여준다. 즉시 돌아오라. 몸의 소리, 자연의 소리, 내면의 소리에 귀를 기울여라. 그러면 더

행복해질 것이다. 자연의 소리를 귀담아 들어라. 로고스에 귀를 기울여라. 로고스를 깨달은 사람들의 말에 귀를 기울여라. 그러면 그들이 항상 자연스럽다는 것을 발견할 것이다. 그들은 아무것도 강요하지 않는다. 그들은 강물을 밀어내지 않는다. 다만 강물과 더불어 흐를 뿐이다. 이것이 그들에게 지복을 가져다 준다.

세상을 책임져 주는 신은 존재하지 않는다.

우리는 필요에 의해 신을 창조했다. 우리는 불행 속에서 절망을 느낀다. 고통 속에서 살면서도 어떻게 해볼 도리가 없다는 무력감을 느낀다. 이것은 두려운 일이다. 이런 두려움을 통해 우리는 신을 만들었다. "이 문제들을 거두어 주소서!" 하고 기도할 대상이 필요했던 것이다. 그리고 신을 찬양하면 그가 우리를 더 호의적으로 대할 것이라고 생각한다. 그대는 신이 편견을 가질 수 있다고 생각하는가? 열심히 기도하면 신이 그대 편에 설 것이라고 생각하는가? 그리고 기도하지 않으면 신이 그대 편에 서지 않을 것이라고 생각하는가?

한 어린아이가 부모에게 이런 말을 듣고 있었다.

"나쁜 짓을 하면 하나님이 너를 벌하실 거다."

전에는 이 말이 즉각 효력을 나타냈다. 이 말을 듣고 아이는 즉각 자신의 행실을 바로잡곤 했다. 아이의 행실이 좋지 않거나 마음에 들지 않는 행동을 할 때마다 그의 부모는 이 속임수를 썼다. "하나님이 너를 벌하실 거다. 그분이 몹시 화를 내실 거야" 하고 말하면 언제나 효과가 있었다. 그런데 이번에는 달랐다. 아이가 '흥' 하고 코웃음을 친 것이다. 아이가 말했다.

"이제는 하나님이 무섭지 않아요. 그는 나에 대해 아무것도 모르니까요."

부모가 말했다.

"전에는 이렇게 말한 적이 없는데 이번에는 웬일이니? 왜 하나님이 너

를 모른다고 생각하지?'

아이가 말했다.

"2주 동안 기도하지 않았는데 아무 일도 일어나지 않았어요. 그는 내가 죽었다고 생각하거나 아니면 나를 완전히 잊어버렸나봐요. 이제는 그 때문에 걱정할 필요가 없어요. 이제 나는 자유예요! 2주 동안 아무 징조도 없는 것을 보면…."

우리는 필요에 의해 신을 창조했다. 신이 우리를 창조한 것이 아니라, 우리가 신을 창조한 것이다. 그대는 무기력하다는 절망감 때문에 신을 만들었다. 그대는 자신에게 결여된 모든 것을 신에게 투사한다. 그대는 자신의 무능함을 느끼기 때문에 신을 전능하다고 말한다. 자신을 무지하다고 느낄 때 그대는 신이 모든 것을 안다고 말한다. 눈이 멀어서 어둠 속을 더듬고 있을 때 그대는 신이 전지(全知)하다고 말한다. 이것이 마음의 속임수다. 그대는 자신에게 결여된 모든 것을 신에게 투사한다. 그리고는 균형이 회복되었다고 생각한다.

"이제 나는 이 전지 전능하고 무소부재한 하나님에게 기도할 수 있다. 그가 나를 도와줄 것이다."

이것은 속임수다. 그대를 도울 사람은 그대 자신밖에 없다. 그대가 자연과 보조를 맞추면 자연도 그대와 보조를 맞춘다. 다른 기도는 아무 소용도 없다. 자연과 조화를 이루는 것이 유일한 기도다. 내게 있어서 기도란 자연과 호흡을 같이 하는 것, 자연과 함께 흐르는 것이다. 말하기를 원한다면 말하라. 그러나 그대의 말은 존재계에 아무 영향도 미치지 못한다는 것을 명심하라. 그 말은 그대에게 영향을 줄 것이다. 이것은 좋은 현상이다. 기도가 그대 자신을 변화시킬 수는 있지만 신의 마음을 바꾸어 놓지는 못한다. 만일 그대에게 아무 변화도 일어나지 않는다면 그 기도는 속임수에 불과하다. 몇 년 동안 기도해도 그대 자신에게 아무

The Hidden Harmony

변화가 없다면 당장 그만둬라. 그런 기도는 버려라. 그것은 쓰레기다. 더 이상 쓰레기를 짊어지고 다니지 말라. 기도는 신을 변화시키지 못한다. 그대는 항상 이렇게 생각한다.

"내가 열심히 기도하면 신의 마음이 바뀔 것이다. 그가 더 호의를 베풀고 내 편에 설 것이다."

그러나 그대의 기도를 듣는 신은 존재하지 않는다. 이 광대한 우주는 그대의 말에 귀기울이지 않는다. 그러나 그대가 우주와 보조를 맞춘다면 우주 또한 그대에게 협조한다. 그 외에 다른 기도는 없다.

나 또한 그대에게 기도를 권장한다. 그러나 기도는 헌신자와 신의 관계가 아니라, 하나의 에너지 현상이 되어야 한다. 침묵하라. 그대 자신을 활짝 열어제쳐라. 양손을 하늘을 향해 높이 들어라. 손바닥이 위로 향하게 하고 머리를 쳐들어라. 그리고 존재계가 그대 안에 흐르는 것을 느껴라. 에너지, 또는 프라나(prana)가 팔을 통해 아래로 내려올 때 부드러운 진동이 느껴질 것이다. 미풍에 하늘거리는 나뭇잎처럼 되어라. 이 진동을 허용하라. 그에 협조하라. 그 다음에는 몸 전체가 에너지로 진동하게 하라. 무슨 일이 일어나든 허용하라. 이제는 대지와 일치된 흐름을 느껴라. 하늘과 땅, 위와 아래, 음과 양, 남성과 여성… 이 흐름에 모든 것을 맡겨라. 그대 자신을 버려라. 그대는 존재하지 않는다. 그대는 존재계와 하나가 된다. 용해되어 사라진다. 2, 3분 후에, 또는 에너지로 완전히 충만해졌다고 느끼는 순간 땅 위에 엎드려 대지에 입을 맞추어라. 그대를 매개체로 하여 신적인 에너지와 대지의 에너지가 합쳐진다.

이 두 가지 단계를 여섯 번 이상 반복하라. 그러면 각 차크라(chakra)가 뚫리게 된다. 여섯 번 이상 행하라. 그 이하로 하면 불안해져서 잠을 잘 수가 없을 것이다. 이 명상법은 밤중에 어두운 방안에서 하는 것이 가장 좋다. 그리고 명상을 끝내는 즉시 잠자리에 들어라. 이것이 여의치 않으면 아침에 해도 무방하다. 그러나 아침에 할 경우에는, 명상을 끝낸 후

Discourses On The Fragments Of Heraclitus

반드시 15분 가량 휴식을 취해야 한다. 그렇지 않으면 술에 취한 것처럼 몽롱함을 느낄 것이다(본 시리즈 23권, ≪명상, 처음이자 마지막 자유≫의 '기도 명상' 편을 참고).

이 에너지와의 합일이 기도다. 이 기도가 그대를 변화시킨다. 그리고 그대가 변하면 존재계 전체가 변한다. 그대의 태도에 따라, 존재계 전체가 그대에 맞게 변한다. 이 말은 존재계가 실제로 변한다는 말이 아니다. 존재계는 똑같다. 그러나 이제 그대는 존재계와 더불어 흐른다. 적대 관계가 없다. 싸움도 없고 마찰도 없다. 그대는 존재계에 완전히 복종한다. 이렇게 되지 않는 한 모든 것은 속임수에 불과하다. 인간은 계속해서 이런 속임수를 발명해 낸다…

이런 이야기를 들었다. 한 랍비(rabbi, 유태교 성직자)가 말을 타고 마을에 들어섰다. 그는 다른 마을로 가는 길이었으나 너무 피곤해서 쉬어 가기를 원했다. 그가 나무 밑에 말을 묶어 두고 건초를 준 다음 여인숙에 들어갔다.

한편, 다른 나무 밑에는 물라 나스루딘이 술에 취해 앉아 있었다. 멀리서 보니 멋있는 말이 서 있는 게 보였다. 그가 가까이에서 말을 보려고 다가갔다. 진짜 멋진 말이었다. 그가 말을 보고 있는데 한 남자가 다가왔다. 이 남자는 말장수였다. 드물게 멋있는 말을 보고 말장수가 나스루딘에게 물었다.

"이 멋있는 말이 당신 말입니까?"

나스루딘은 술에 취한 데다 우쭐해져서 "그렇소, 내 말이오" 하고 대답했다.

그런데 이 말이 화근이 되었다. 즉시 말장수가 말했다.

"이 말을 사고 싶은데, 얼마나 주면 파시겠소?"

나스루딘은 난처한 상황에 빠졌다. 그래서 그는 턱도 없이 높은 가격을 부르면 이 곤경에서 빠져나갈 수 있을 것이라고 생각했다.

The Hidden Harmony

"2천 루피만 주시오!"

그 말은 기껏해야 5백 루피를 넘지 않았다. 2천 루피나 주고 말을 살 사람은 아무도 없을 것이며, 따라서 간단하게 문제가 해결될 것이라고 나스루딘은 기대했다. 그런데 문제가 터졌다. 말장수가 "좋소, 여기 2천 루피를 받으시오" 하고 돈을 건네 준 것이다.

이제 나스루딘은 진짜 큰 곤경에 처했다. 하지만 견물생심이라… 그래서 나스루딘이 생각했다.

'공돈 2천 루피가 굴러 들어올 판이다. 랍비는 여인숙에 들어갔기 때문에 아무것도 모른다. 게다가 보는 사람도 없다. 좋다, 까짓 것, 아무 문제도 없을 것이다.'

그가 "좋소" 하고 말하며 2천 루피를 받아 쥐었고, 말장수가 말을 끌고 갔다.

잠시 후 랍비가 밖으로 나왔다. 그가 나오는 것을 보고 나스루딘은 어떻게 해야 할지 당황했다. 너무 취해서 도망칠 수도 없었다. 이때 머리 속에 기발한 해결책이 떠올랐다. 그는 말처럼 네 발로 서서 입에 건초 더미를 물었다. 말은 온데간데없이 사라지고 웬 사내가 건초를 입에 물고 네 발로 서 있는 것을 보고 랍비는 어안이 벙벙했다. 그는 어찌된 영문인지 이해할 수 없었다. 랍비가 물었다.

"당신은 누구요? 내 말은 어디 갔소?"

나스루딘이 말했다.

"먼저, 제 말을 좀 들어보십시오."

이제 그의 머리가 재빨리 돌아가기 시작했다. 그는 신학자가 되었다. 이제 그는 해답을 발견한 다음 또 다른 문제가 생겨서 제가 파 놓은 함정에 걸려드는 신학자처럼 되었다. 그가 말했다.

"20년 전, 젊었을 때 제가 한 여자에게 몹쓸 죄를 지은 적이 있습니다. 이런 저를 하나님이 가만 놔둘 리 있겠습니까? 하나님은 크게 노해서 저

Discourses On The Fragments Of Heraclitus

를 말로 만들어 버렸지요. 당신의 말이 바로 저였습니다. 20년 동안 저는 당신을 위해 봉사했습니다. 그런데 하나님의 처벌이 끝났는지 이제 저는 다시 인간으로 돌아왔습니다."

랍비가 부들부들 떨기 시작했다. 누군들 죄인이 아니겠는가? 랍비 또한 여러 명의 여자에게 몹쓸 짓을 한 적이 있었다. 그런데 하나님이 진짜로 죄인을 벌한다는 것을 알게 되자 겁이 덜컥 난 것이다. 그가 무릎을 꿇고 부들부들 떨면서 기도했다. 그러나 기도를 끝낸 랍비에게는 현실적인 문제가 기다리고 있었다. 랍비가 말했다.

"다른 마을로 가야 되는데 말이 없으니 어떡하지?"

나스루딘이 말했다.

"멀지 않은 곳에 시장이 있습니다. 그곳에 가면 좋은 말을 살 수 있을 겁니다."

랍비가 시장에 갔다. 그런데 말장수 옆에 그 동안 자신이 타고 다니던 말이 서 있는 게 아닌가? 이 말을 보고 랍비가 부들부들 떨었다. 그가 말에게 다가가 귀에 대고 속삭였다.

"나스루딘, 그 사이를 못 참고 또 무슨 짓을 한 거요?"

마음은 계속해서 속임수를 쓴다. 신을 만들어 내고, 기도하고, 처벌받고, 천국과 지옥에 가고… 이 모든 것이 상상에 불과하다. 신은 없다. 천국도 없고 지옥도 없다. 단지 그대와 이 존재계가 있을 뿐이다. 무한한 에너지가 있을 뿐이다. 이 에너지와 동조할 때 에너지 또한 그대에게 동조한다. 이것이 붓다, 헤라클레이토스 같은 사람들의 상태이다. 그들은 전체(the total)와 완벽하게 동조한다. 이때에는 아무 문제도 없다. 문제를 일으킬 자가 존재하지 않기 때문이다. 여기에 지복이 있다. 그대가 존재하지 않을 때 지복이 찾아온다. 그러나 존재계에 대항해 싸운다면, 그대만의 의지와 개인적인 지성을 믿고 자의대로 행동한다면, 외딴 섬처럼

|295

The Hidden Harmony

독자적으로 행동한다면 그대는 곤경에 처할 것이다. 이렇게 되면 어떤 설명을 늘어놓건 모두 헛되다. 그 모두가 상상에 불과하다.

교회, 사원, 모스크(mosque)는 인간의 부질없는 상상에 기초해 세워졌다. 그대의 신과, 기도, 신상 등 모든 것이 상상의 산물이다. 그대는 불행을 잊기 위해 이런 것들을 만들었다. 이것은 도움이 안 된다. 사원과 교회는 도움이 안 된다. 교황, 사제, 랍비도 도움이 안 된다. 그들은 그대의 상상을 착취하며 먹고 산다. 성직은 아주 괜찮은 사업이다. 이 상상을 떨쳐 버려야 한다. 자연에서 이탈하면 불행해지고, 자연과 보조를 맞추면 행복이 온다는 것을 알아야 한다.

지옥이란 로고스에서 벗어난 상태를 뜻한다. 그리고 천국은 로고스와 조화를 이룬 상태다. 이것이 숨은 조화다. 이 조화를 발견하면 지복을 맛보게 된다. 그러나 이것을 발견하지 못하면 불행해진다. 그대가 아닌 다른 사람에게는 아무 책임도 없다.

그대 스스로 찾고 발견해야 한다. 신은 존재하지 않는다. 모든 인간이 신성하다. 존재계 전체가 신성하다. 따로 존재하는 신은 없다. 그러니 도움을 줄 누군가를 찾으면서 시간을 낭비하지 말라. 도움이 오기는 한다. 그러나 그 도움을 주는 자는 없다. 그대 스스로 도와야 한다. 이것은 아주 어려운 일처럼 보인다. 그대 자신을 변화시켜야 하기 때문이다. 자연과 조화를 이루기 위해서는 급진적인 변형이 필요하다. 이 급진적인 변형을 피하기 위해 그대는 그럴싸한 이론들을 만들어 낸다.

이제 이 아름다운 구절로 들어가 보자.

　　만물에게 동일한 이 우주는
　　어떤 신이나 인간에 의해
　　만들어진 것이 아니다.
　　우주는 항상 존재해 왔으며,

지금도 존재하고, 앞으로도 존재할 것이다.
이 우주는 영원히 살아 있는 촛불이다.
정기적으로 스스로 점화하고
스스로 꺼지는 촛불.

진화와 퇴보. 만물은 정상에 도달했다가 계곡으로 사라진다. 하늘에 닿을 것처럼 치솟던 파도가 깊은 바다 속으로 가라앉는다. 규칙적인 리듬을 타고.

헤라클레이토스는 세상은 에너지이며 존재계는 불이라고 말한다. 존재계는 정기적으로 자신을 나타냈다가 다시 모습을 감춘다. 이것은 낮과 밤에 비유될 수 있다. 그대는 낮에 일하다가 밤이 되면 휴식한다. 이와 마찬가지로 존재계에는 낮에 해당하는 시기와 밤에 해당하는 시기가 있다. 창조와 소멸, 진화와 퇴화, 낮과 밤, 여름과 겨울, 삶과 죽음.

지금은 창조의 시기다. 곧 소멸의 시기가 올 것이다. 힌두교에서는 이 소멸의 시기를 '프랄라야(pralaya)'라고 부른다. 모든 것이 사라지는 시기다. 힌두교는 이에 대해 아름다운 이론을 갖고 있다. 아마 헤라클레이토스도 이 이론에 동의하며 고개를 끄덕일 것이다. 힌두교에서는 창조주인 브라흐만(brahman)에게도 24시간을 주기로 하는 하루가 있다고 말한다. 열두 시간은 낮이고, 열두 시간은 밤이다. 그의 낮은 우리의 시간으로 보면 수억 년에 해당한다. 그 다음에 브라흐만의 밤이 오면 모든 것이 사라진다. 모든 것이 지쳐서 잠자리에 들고 휴식한다. 재충전을 위해, 다시 돌아오기 위해 만물이 비존재의 차원으로 들어간다. 존재는 낮이고 비존재는 밤이다. 정기적으로 존재가 사라진다. 에너지가 휴면 상태로 들어가는 것이다. 충분히 휴식을 취한 다음 다시 태양이 떠오르고 낮이 온다. 만물이 다시 나타난다. 이것이 하나의 원을 이룬다. 원의 반은 현현(顯現)의 차원이고 나머지 반은 비현현(非顯現)의 차원이다.

The Hidden Harmony

　이것은 나무가 성장하고 성장하다가 마침내 죽는 것과 같다. 그러나 나무는 완전히 죽지 않는다. 나무는 자신을 씨앗 속에 응집시켜서 비현현의 미묘한 차원으로 들어간다. 씨앗이 땅에 떨어지고 나무가 사라진다. 그러나 적당한 때가 오면 씨앗이 싹트고 나무가 다시 자라날 것이다. 이런 일이 일어나는 것은 어딘가에 주재자(主宰者)가 있기 때문이 아니다. 신이든 인간이든 누군가 통제자가 있는 것이 아니다. 그런 존재는 없다. 에너지 자체만으로도 충분하다. 통제할 필요가 없다. 누군가 거기에 있어야 할 이유가 없다. 에너지 자체가 고유의 질서를 갖고 있다. 이 질서는 정확하게 유지된다. 잘 관찰해 보면 어떻게 이런 일이 일어나는지 알 수 있다. 그대는 배가 고프면 밥을 먹는다. 배고픔이 사라진다. 이 배고픔은 어디로 갔는가? 그것은 비현현의 세계로 돌아갔다. 미묘한 씨앗의 차원으로 들어간 것이다. 이제 배고픔은 표면에 있지 않다. 다시 중심으로 돌아갔다. 그 다음에 몇 시간이 지나면 그대는 다시 배고픔을 느낀다. 배고픔이 돌아온다. 다시 밥을 먹으면 배고픔이 사라진다. 이 배고픔은 어디로 간 것일까? 만일 완전히 사라졌다면 다시 돌아오는 것은 불가능하다. 그런데 배고픔은 정기적으로 나타났다가 사라지기를 반복한다.

　낮에 그대는 깨어 있다. 이때 잠은 어디로 간 것일까? 잠은 씨앗의 차원으로 들어갔다. 잠은 그대 안에 숨어서 적당한 때를 기다리고 있다. 그러다가 밤이 되면 다시 모습을 나타낸다. 그렇다면 그대의 낮은 어디로 간 것일까? 이것을 관찰해 본 적이 있는가? 잠자는 동안에는 세상 전체가 어디로 간 것일까? 시장, 정치, 자아 등 모든 것이 사라진다. 잠자는 동안 그대는 씨앗의 차원으로 들어간다. 그러나 아침이 되어 해가 뜨면 그대는 다시 일어난다. 그대는 어디에서 돌아왔는가? 비현현의 차원에서 현현의 차원으로 돌아온 것이다. 이것은 원심력과 구심력의 운동이다. 연꽃이 잎을 닫고 열기를 반복한다. 정기적으로….

이것은 에너지 현상이다. 인격체와 무관하다. 이것은 비인격적인 현상이다. 비인격적이기 때문에 아름답다. 거기에 인격체가 개입되면 추해진다. 모든 종교가 추하게 변질된 것은 그들이 인격체를 끌어들였기 때문이다. 그들은 이 에너지 현상 속에 신이라는 인격체를 끌어들였다. 이 인격체는 우리가 만든 상상의 산물에 지나지 않는다. 세상에 잡다한 신이 존재하는 이유가 그것이다. 모든 인간이 신에 대해 저마다 다른 개념을 갖고 있다. 신에 대해 특정한 개념을 갖고 있으면 다른 사람의 개념이 틀리게 보인다. 그래서 마찰과 갈등이 일어난다. 그대가 신에 대해 갖고 있는 개념은 옳을 수가 없다. 그대 자신이 옳지 않기 때문이다.

진실로 옳은 사람에게는 신이 필요 없다. 붓다와 헤라클레이토스를 보라. 그들에겐 어떤 신도 필요 없다. 웰즈(H.G. Wells, 1866-1946. 영국의 비평가이며 역사가)는 붓다를 "가장 무신론적이면서(godless) 가장 신성한(godly) 사람"이라고 말했다. 붓다보다 더 신적인 사람을 발견할 수 있는가? 동시에 그보다 더 무신론적인 사람을 찾을 수 있는가? 그는 신에 관해 한마디도 하지 않았다. 그는 심리적인 투영을 하지 않았다. 그의 내면에는 두려움이 없었다. 그러므로 심리적 투영을 할 필요가 없었다. 이때 신이 사라진다. 신이 존재하는 것은 그대의 두려움 때문이다. 그대의 두려움이 신의 존재 기반이다. 신이 사라지면 이 존재계 전체가 그대를 위해 존재한다. 존재계 전체를 즐기고 찬양하게 된다.

에너지는 기쁨이다. 블레이크(William Blake, 1757-1827. 영국의 시인. 초기의 작품은 고전주의적인 경향을 띠었으나 나중에 신비주의에 심취, 인간 존재의 필수 조건으로 '대립'과 '애증'을 내세웠다. 영국 낭만주의의 선구자이며 화가로도 알려져 있다)는 "에너지는 기쁨이다"라고 말한다. 신이 존재하지 않을 때 그대는 자유롭다. 완전히 자유롭다. 그러나 신이 끼어들어 조작한다면 그대는 결코 자유로울 수 없다. 그대는 꼭두각시에 불과하다. 그대를 조종하는 끈이 신의 손에 있다. 모든 종교인은 꼭두각시가 된다. 모든 책임을

자신이 아닌 누군가에게 떠넘기기 때문이다.

진정으로 종교적인 사람은 완전히 자유롭다. 종교성과 자유는 동의어다.

신이 있다면 자유는 불가능하다. 창조자가 있다면 어떻게 자유가 있을 수 있겠는가? 그가 언제 마음을 바꿀지 모른다. 그는 다소 미친 것 같다. 언제 변덕을 부려서 "좋다, 이제 그만 사라져라!" 하고 말할지 모른다. 성경에는 "하나님이 '빛이 있으라!' 했더니 빛이 생겨났다"고 씌어 있다. 그렇다면 그가 언제 "빛이 없으라!" 하고 말할지 모른다. 그 다음에는 어떻게 되겠는가? 빛이 사라진다. 이런 형국이라면 그대는 꼭두각시가 될 수밖에 없다. 그가 장기를 두고, 그대는 장기판 위의 말에 불과하다. 그가 마음대로 그대를 주무른다. 이렇게 되면 모든 것이 추해진다.

자유가 없다면 의식 또한 있을 수 없다. 의식은 자유와 더불어 성장한다.

완전한 자유는 모든 것을 통제하고 조종하는 주재자가 없어야만 가능하다. 이 존재계에 두목이 없어야만 자유가 있을 수 있다. 그런데 그대는 자유를 두려워한다. 그대는 자유를 원하지 않는다. 그대는 노예가 되기를 원한다. 신을 창조한 까닭이 그것이다. 만일 신이 없다면… 예를 들어, 공산주의자들은 신 없는 종교를 시도했다. 그러나 인간은 너무나 겁이 많기 때문에 신이 없으면 살 수 없다. 그래서 공산주의자들은 그들만의 신을 만들었다. 레닌(Lenin)이 신이 되었다. 이제 그들은 레닌을 숭배한다. 레닌은 보통 인간이 아니다. 그는 신이다. 두려움이 있는 한 그대는 신으로부터 탈출할 수 없다.

전혀 두려움이 없는 사람, 존재계와 화합하는 사람, 존재계와 더불어 흐르는 것이 행복이라는 것을 이해한 사람, 이런 사람만이 신 없이도 살 수 있다. 이런 사람만이 존재계에 신이라는 인격체를 투영하지 않고도

살 수 있다. 이런 사람만이 상상에 의존하지 않고 진리와 더불어 살 수 있다. 진리와 더불어 사는 것은 어렵다. 그러나 거짓과 함께 사는 것은 아주 쉽다. 그대가 주변에 수많은 거짓을 만들어 내는 이유가 그것이다. 그대 주변에 있는 것들 중에 99퍼센트가 거짓이다. 그대는 거짓과 함께 있을 때 포근함을 느낀다. 거짓은 안락하다. 그러나 진리는 불편하다. 진리는 혁신적인 변화를 요구하기 때문이다. 그런데 인간에게 가능한 가장 혁신적인 변화는 신 없이 사는 것이다. 신 없이 살 수 있을 때 그대는 신이 된다. 신성해진다. 신을 상상하는 한 그대는 노예 신세를 면치 못한다. 그대의 머리 위에 두목이 버티고 있는 한 그대는 졸개가 될 수밖에 없다. 두목이 없을 때 그대 자신이 신이 된다.

나는 분명하게 말하노니, 신은 존재하지 않는다. 모든 사람이 신이다. 모든 것이 신성하다. 우주를 통제하는 주재자는 없다. 만일 그런 주재자가 있다면 존재계 전체가 추해졌을 것이다. 거대한 포로 수용소가 되었을 것이다. 이 세상 전체가 감옥이 되었을 것이다. 그러나 다행스럽게도 그런 신은 없다! 인간의 삶은 자유다. 그대는 선택할 수 있다. 불행을 원한다면 불행해져라. 이것은 그대의 선택에 달린 문제다. 행복을 원한다면 행복을 선택하라. 인간에게는 선택의 자유가 있다.

불행해짐으로써 큰 행복을 느끼는 사람들이 있다. 그들은 불행을 통해 다른 사람의 자비를 구한다. 그들은 불행을 내세워 동정을 구하고 사랑을 구걸한다. 그러나 어느 누가 불행한 사람을 사랑하겠는가? 붓다가 아닌 한 불가능한 일이다. 불행을 통해 행복을 느끼려는 것은 자멸(自滅)의 길이다. 약간의 동정은 얻겠지만 사랑을 얻지는 못할 것이다. 이 약간의 동정 또한 마지못해 베푸는 것이다. 불행한 사람을 누가 사랑하겠는가? 그 자신이 곤궁한 형편이다. 그 자신이 불행한 상태다. 사람들이 자신의 불행에 대해 많은 말을 하는 까닭이 여기에 있다. 사람들의 말을 자세히 들어 보라. 그들의 말 중에 99퍼센트가 불행에 대한 푸념이다.

The Hidden Harmony

그들은 자신의 불행을 과장한다. 가능한 한 크게 부풀려서 말한다. 사실, 그렇게 많은 불행을 안고 사는 것은 불가능하다. 그대처럼 미약한 존재가 그렇게 거대한 불행을 짊어지고 다닐 수는 없다. 그런데 그대는 동정을 구하기 위해 자신의 불행을 크게 과장한다.

　인간은 자유를 두려워한다. 자유에 대해 뿌리 깊은 공포감이 있다. 자유와 더불어 위험이 생기기 때문이다. 자유와 더불어 미지의 세계가 들어온다. 앞으로 무슨 일이 벌어질지 전혀 예측할 수 없다. 그러나 신이 있고 정해진 운명이 있을 때에는 모든 것이 확실하다. 점성가나 관상쟁이에게 가면 그대의 미래를 말해 준다. 신이 없다면 정해진 운명도 없다. 점쟁이는 아무 쓸모도 없다. 미래에 관해서는 아무 말도 할 수 없다. 미래는 활짝 열린 공간이다. 아무것도 고정되어 있지 않다. 모든 것이 유동적이다. 자유가 있을 때 그대는 유동적인 상황을 맞는다. 그러나 신이 있을 때 그대는 안전하다. 누군가 그대를 돌보아 주고 있으며, 그는 무엇을 하고 무엇을 하지 말아야 하는지 그대보다 더 잘 알고 있다.

　이런 맥락에서 헤라클레이토스의 통찰력은 예수보다 더 심오하다. 이런 의미에서 보면 헤라클레이토스는 예수나 모하메드보다 낫다. 그의 통찰력은 짜라투스트라, 붓다, 마하비라만큼 심오하다. 예수는 신, 창조, 아버지, 아들 따위의 개념으로 말한다. 어쩌면 유태인들의 유치한 태도, 주변 사람들의 낮은 수준 때문에 불가피하게 그런 용어를 사용했을지도 모른다. 그러나 헤라클레이토스는 청중에 신경 쓰지 않는다. 그는 무엇이 진리인지 정확하게 말한다. 그는 사람들의 이해 수준을 고려하지 않는다. 그는 진리를 있는 그대로 말한다. 그를 이해하고자 한다면 그대 스스로 성장해야 한다. 그는 그대의 수준으로 내려오지 않는다. 그대가 그의 수준으로 올라가야 한다.

　나의 태도 또한 이와 똑같다. 나는 내가 느끼는 바를 정확하게 말한다. 나를 이해하기를 원한다면 그대가 나를 향해 성장해야 한다.

Discourses On The Fragments Of Heraclitus

나는 그대의 수준에 맞추어 내려가지 않을 것이다. 그것은 도움이 안된다. 예수는 타협적인 태도로 인해 모든 것을 잃었다. 그리고 기독교가 태어났다. 기독교는 유태교의 변형판 외에 아무것도 아니다. 아무것도 새롭지 않다. 유태교를 여기저기 수정하고 뜯어고쳤을 뿐 새로운 것은 아무것도 없다. 이것은 예수가 유태교의 개념과 용어를 사용했기 때문이다. 어떻게 낡은 것을 통해 새로운 세계를 창조할 수 있겠는가? 그는 타협했다. 새로운 종교가 탄생할 것이라고는 꿈도 꾸지 못했기 때문이다. 그는 유태교인으로 살다가 유태교인으로 죽었다. 그는 절대로 기독교인이 아니었다. 그는 새로운 종교가 탄생할 것이라고는 상상하지 못했다. 그는 유태교인으로 살았다. 그는 낡고 진부한 용어들을 사용했다. 그래서 기독교라는 추한 얼굴이 탄생한 것이다.

헤라클레이토스는 절대적으로 새롭다. 그리스인들은 그를 전혀 이해하지 못했다. 그는 과거에 뿌리를 두고 있지 않았기 때문이다.

내가 죽은 다음에 그대는 나를 어디에 갖다 붙일 것인가? 인도에서는 나의 뿌리를 찾을 수 없을 것이다. 나는 자이나교 가정에서 태어났지만 그대는 자이나교에서 나의 뿌리를 찾을 수 없을 것이다. 간단히 말한다면, 그대는 어디에서도 나의 뿌리를 발견하지 못할 것이다. 자신이 이해하고 깨달은 바를 있는 그대로 정확하게 말하는 사람에게는 아무 뿌리도 없다. 진리는 사회에 뿌리가 없기 때문이다. 진리는 사회가 아니라 존재계에 뿌리 박고 있다.

헤라클레이토스 같은 사람이 수수께끼처럼 보이는 이유가 그것이다. 그래서 아리스토텔레스 같은 천재도 이렇게 말한다.

"이 헤라클레이토스는 참으로 터무니없다. 그는 수수께끼를 만들어낸다. 그러나 철학은 수수께끼를 내는 것이 아니라 무엇인가 해결하는 것이다."

그러나 헤라클레이토스는 수수께끼를 내고 있지 않다. 그렇게 보이는

The Hidden Harmony

이유는 그가 자신이 직면하고 깨우친 바를 그대로 말하기 때문이다. 그는 기존의 낡고 진부한 용어들을 사용하지 않는다.

그는 이렇게 말한다.

> 만물에게 동일한 이 우주는
> 어떤 신이나 인간에 의해
> 만들어진 것이 아니다.
> 우주는 항상 존재해 왔으며,
> 지금도 존재하고, 앞으로도 존재할 것이다.
> 이 우주는 영원히 살아 있는 촛불이다.
> 정기적으로 스스로 점화하고
> 스스로 꺼지는 촛불.

이 에너지는 고유의 시스템을 이루고 있다. 그것은 코스모스(cosmos) 지 카오스(chaos)가 아니다. 여기엔 모든 것을 관장하는 두목이 없다. 에너지와 자유가 함께 있다. 그럼에도 불구하고 질서가 존재한다. 이 질서는 내적인 조화, 숨은 조화다. 주재자가 없음에도 불구하고 카오스 상태가 되지 않는다. 통제하는 자가 없지만 모든 것이 너무나 아름답게 유지된다. 더 이상 나아질 수가 없다. 이것이 숨은 조화다. 만일 주재자가 있어서 모든 것을 통제한다면 여기 저기에 문제가 생길 것이다. 이 우주가 아름답고 조화롭게 유지되는 것은 통제자가 없기 때문이다.

이것은 다소 이해하기 어려울 것이다. 종교인들은 이렇게 말한다.

"통제하는 자가 없다면 어떻게 이 세상이 조화로운 코스모스(cosmos)가 될 수 있겠는가? 통제자가 없다면 모든 것이 엉망이 될 것이다!"

그러나 헤라클레이토스는 이렇게 반박한다.

"바로 통제자가 없다는 그 이유 때문에 만물이 엉망진창이 되지 않는

것이다!'

통제하는 것은 곧 잘못 인도하는 것이다. 주재자보다 더 큰 훼방꾼은 없다. 이것이 노자가 말하는 내용이다. 그는 이렇게 말한다.

"통치자가 없을 때에는 모든 것이 순조로웠다. 법이 없을 때에는 범죄도 없었다. 현자(賢者)가 없을 때에는 바보도 없었다. 모든 것이 순조롭게 운영되고 있었다. 그런데 통치자들이 생겨나 규율이 필요하다고 말했다. 규율이 생김과 동시에 무질서가 생겨났다. 만물엔 항상 대립되는 반대극이 존재하기 때문이다. 그 다음에 현자들이 나타났으며, 그들은 인간이 교육을 받아야 한다고 말했다. 그러자 인간은 반항적이 되었으며 모든 것이 엉망이 되었다. 그 다음에 법이 생겨났다. 더 많은 법이 생길수록 인간은 더 많은 죄를 짓게 되었다."

이것은 헤라클레이토스의 말과 일치한다. 그는 통제자가 없기 때문에 모든 것이 순조롭다고 말한다. 통제자가 없는데 어떻게 통제에서 벗어날 수 있겠는가? 에너지 자체가 내적인 안내자를 갖고 있다.

주의 깊게 들어라. 이것은 그대의 삶에도 적용된다. 내적인 통찰의 빛에 의해 안내받을 수 있다면, 가슴의 소리를 들을 수 있다면 어떠한 규율도 필요 없다. 완벽한 신뢰감으로 움직이면 모든 일이 잘될 것이다. 그러나 그대는 가슴의 소리를 듣지 못한다. 인간을 조종하려는 수많은 통제자들의 말을 듣기 때문이다. "이렇게 하라. 저렇게 하지 말라"고 말하는 자들이 너무 많기 때문에 그대는 무엇을 할지 몰라 허둥댄다. 어떤 종교가 이것을 가르치면 다른 종교는 다른 것을 가르친다. 하나의 도덕률은 이것을 도덕이라고 말하는데 다른 도덕률은 이것을 부도덕한 짓이라고 말한다. 이 와중에 그대는 혼란스럽다. 그대의 가슴속에는 매순간 자연스럽고 즉흥적인 가르침을 주는 안내자가 있다. 그런데 그대는 이 안내자를 발견하지 못한다. 지식을 습득하면 할수록 혼란만 가중된다.

The Hidden Harmony

헤라클레이토스는 만물이 내적인 조화에 따라 움직인다고 말한다. 이 나무들을 누가 통제하는가? 나무들에게 "이제 꽃을 피울 때가 되었다"고 말해 주는 자가 있는가? 누가 구름에게 "이제 낮은 곳으로 내려와 비를 뿌려 줄 때가 되었다"고 말해 주는가? 아무도 없다. 이렇게 통제하는 자가 있다면 만사가 잘못될 것이다. 이 광대한 우주, 엄청나게 큰 우주를 어떻게 다루겠는가? 어떻게 일일이 지시하겠는가? 신이 있었다 해도 그는 지쳐서 쓰러졌을 것이다. 오래전에 미쳐 버렸거나 아니면 줄행랑을 놓았을 것이다. 그렇지 않고 그가 계속 버티고 있었다면 세상은 오래전에 멸망했을 것이다. 세상이 코스모스(cosmos)로 유지될 수 있는 것은 이 조화가 위로부터 강요되는 것이 아니라 내부에서 성장하는 것이기 때문이다.

규율에는 두 가지가 있다. 하나는 외부에서 강요되는 규율이다. 누군가 "이렇게 하라!"고 지시하는 것이다. 다른 종류의 규율은 내부에서 온다. 그대는 무엇이 자연스러운 것인지 안다. 자신의 존재가 어디로 흘러가는지 느끼고 이 느낌에 동조한다. 이때 내적인 규율이 온다. 외적인 규율은 기만에 불과하다. 이것은 그대 안에 분열과 혼란을 조장한다. 이렇게 되면 내면과 외면이 대립하고 반목하게 된다.

며칠 전에 한 남자가 찾아왔다. 종교인들은 그의 말에 동의할 것이다. 그는 이렇게 말했다.

"저는 내적인 것을 잊고 자꾸만 외적인 것에 이끌립니다."

내가 물었다.

"그 말이 무슨 뜻인가? 구체적인 예를 들어 보라."

그가 말했다.

"예를 들자면, 저의 내면은 아내에게 충실해야 한다는 것을 압니다. 그러면서도 저는 자꾸 다른 여자들과 사랑에 빠집니다."

내가 말했다.

"그대는 뭔가 크게 혼동하고 있는 것 같다. 그대는 무엇이 내적인 것이고, 무엇이 외적인 것인지 모른다. 그대에게 있어서 아내는 외적인 것이다. 그런데 그대는 그것을 내적인 것으로 착각하고 있다. 아내를 사랑하는가?"

그가 말했다.

"아니오, 사랑하지 않습니다. 만일 그녀를 사랑한다면 왜 다른 여자들에게 한눈을 팔겠습니까?"

그렇다면 아내는 외적인 존재다. 사회와 그대의 에고에 의해 강요된 외면이다. 그대는 사회 속에서 훌륭한 남편이라는 이미지를 지키려고 가식적으로 행동하고 있는 것이다. 이것은 외면이다. 그런데 그는 이것을 내면으로 생각하고 있다. 다른 여자와 사랑에 빠졌을 때… 아무도 그것을 강요하지 않는다. 오히려 모든 사람이 그대의 사랑을 반대한다. 그러나 이것이 그대의 내면이다! 사회는 그대를 완전히 혼란시켰다. 사회는 그대로 하여금 뭐가 뭔지 갈피를 못 잡게 만들었다. 사회는 그대를 완전히 기만해 왔다. 사회는 외적인 것을 내면이라 말하고, 내적인 적을 외면이라고 말한다.

그대는 단식을 계속하면서 "이것이 내면의 음성이다"라고 생각한다. 그대의 종교, 경전, 성직자들이 그렇게 가르쳤다. 그러나 사실 그대의 내면은 "너는 배가 고프다. 어서 음식을 먹어라!" 하고 말한다. 그런데 그대는 이것을 외적인 것으로 생각한다. 악마가 유혹하는 것이라고 생각한다. 이 얼마나 어리석은가! 성직자들이 그대를 단식하도록 부추겼다. 악마는 존재하지 않는다! 만일 악마가 존재한다면 성직자들이 유일한 악마 집단이다. 배고픔이 밀려온다. 이것이 그대 내면의 음성이다. 몸 전체, 세포 하나하나가 "먹어라!" 하고 말한다. 그런데 그대는 "이것은 외부의 유혹이다. 사악한 세력이 나를 유혹하고 있다"고 생각한다. 또는 "이것은 욕망이다. 이것은 육체의 유혹이다. 육체는 나의 적이다. 내 영

The Hidden Harmony

혼은 지금 단식하고 있다"고 그대는 말한다. 영혼이 단식 중이라고? 이게 무슨 소리인가? 영혼은 음식을 필요로 하지 않는다. 그런데 어떻게 단식을 한단 말인가? 그대는 가엾은 육체를 고문하고 있는 것이다.

그러나 자연스러운 단식도 있다. 이것은 동물들에게서 볼 수 있는 현상이다. 설교가와 성직자의 강요도 없이 그들은 스스로 단식한다. 개를 관찰해 보라. 개는 기분이 좋지 않으면 먹지 않는다. 이것이 내면적인 것이다. 개의 단식은 내적인 현상이다. 그러나 인간의 단식은 얼마나 터무니없는 것인가! 거의 대부분의 경우 인간의 단식은 외적인 현상이다. 동물들만이 내적으로 단식을 할 수 있다. 동물들은 아직 자연과 접촉하고 있기 때문이다. 그러나 그대는 아니다.

동물들은 몸이 아플 때 음식을 먹지 않는다. 억지로 먹이면 그는 토해 버릴 것이다. 병이 들었을 때 몸은 음식을 필요로 하지 않는다. 에너지 전체가 병을 치료하는 데 필요하다. 그런데 음식을 먹으면 에너지가 분산된다. 음식을 소화시키는 데 에너지가 필요하기 때문이다. 이것은 큰 부담이 된다. 몸의 상태가 좋지 않을 때에는 몸을 치료하는 데 모든 에너지가 요구된다. 이때 음식을 집어넣으면 분열이 일어난다. 치료를 위해 활동하던 에너지가 방해받는다. 먼저 음식을 소화시켜야 하기 때문이다. 병이 들었을 때에는 내면의 소리에 귀를 기울이고 아무것도 먹지 말라. 이것은 아름다운 현상이다. 간혹 배가 고프지 않다고 느낄 때에는 먹지 말라. 그러나 "좋다. 이 참에 며칠간 단식해야겠다"고 맹세하지 말라. 누가 아는가? 저녁때가 되면 배가 고플지도 모른다. 자연과 함께 움직여라. 자연이 그대에게 단식을 원할 때에는 단식하고, 자연이 그대에게 먹기를 바랄 때에는 먹어라.

내면의 소리를 발견해야 한다. 사회는 그대를 완전히 혼란시켰다. 무엇이 내면이고 무엇이 외면인지 뒤죽박죽이 되었다. 대부분의 경우, 그대가 외면으로 생각하는 것은 내면이고, 그대가 내면으로 생각하는 것

Discourses On The Fragments Of Heraclitus

은 외면이다. 그런 경향이 짙다. 성직자들이 이렇게 만들었다. 성직자들은 파괴적인 집단이다.

　내게 있어서 단 하나의 종교는 내면의 음성을 발견하는 것이다. 내면의 안내자를 찾는 것이 유일한 종교다. 이 내면의 안내자를 찾도록 도움을 주는 것이 스승의 역할이다. 스승은 외적인 규율을 주는 것이 아니라 그대 스스로 내적인 조화를 발견하도록 돕는다. 이 내적인 조화가 규율을 가져다 준다. 이 규율은 아름답다. 외부에서 강요된 것이 아니다. 내적인 규율을 따를 때 그대는 길을 잃지 않는다. 이 규율은 거역할 수 없다. 이 규율은 그대 자신이다. 그대의 가장 내적인 핵심이다. 우주에서는 이와 똑같은 일이 더 방대한 규모로 일어난다.

　　불에는 갈망과 만족의 단계가 있다.

　불에는 두 가지 단계가 있다. 첫 번째는 '갈망'이다. 배가 고플 때… 힌두교에서는 이것을 '자트하라그니(jatharagni)'라고 부른다. 배고픔의 불이라는 뜻이다. 진짜로 배가 고플 때에는 위장이 타는 것처럼 느껴진다. 그러나 그대의 육체는 혼란되어 있기 때문에 진짜 배가 고픈 것인지 아닌지 모른다. 날마다 1시에 점심을 먹는다고 하자. 그러면 1시만 되면 어김없이 허기가 진다. 이 허기는 심리적인 것이다. 위장 속에 타는 듯한 느낌이 없다. 시계가 1시를 가리키면 마음이 "이제 배가 고플 시간이다" 하고 말한다. 그리고 그대는 즉시 허기를 느낀다. 이것은 진짜 배고픔이 아니라 심리적 투영이다. 이 허기는 가짜다. 30분 정도만 기다리면 이 배고픔은 저절로 사라진다. 만일 이 배고픔이 진짜였다면 그렇게 쉽게 사라지겠는가? 그것이 진짜 배고픔이었다면 점점 더 심해졌을 것이다. 위장 속에 타는 듯한 느낌이 더 강해졌을 것이다. 위장에 통증을 느꼈을 것이고, 온몸에 타는 듯한 감각이 느껴졌을 것이다. 몸이 포만감을

The Hidden Harmony

원한다. 몸이 에너지를 요구하고 있다. 그러나 가짜 배고픔은 저절로 없어진다. 시계 바늘이 2시로 이동하면 감쪽같이 사라진다.

관찰하라. 진짜로 배가 고픈 것을 느낀 다음에 먹어라. 진짜로 졸릴 때 잠을 자라. 이렇게 되기까지는 몇 달이 걸릴 것이다. 이 사회와 문명, 교육 전체가 협조하여 그대를 올바른 길에서 몰아냈다. 올바른 길은 항상 자연스럽다. 로고스가 정도(正道)다.

불에는 갈망과 만족의 단계가 있다.

이것이 불의 두 가지 단계다. 내적인 생명의 불, 바이오 에너지 (bioenergy)의 두 가지 단계가 이것이다. 그대는 배가 고플 때 밥을 먹고 만족감을 느낀다. 이 만족감 또한 불의 한 단계다. 불길이 가라앉는다. 이제 불꽃이 사라졌다. 이것이 프랄라야(pralaya), 즉 소멸이며 퇴화(退化)다. 그 다음에 다른 단계가 온다. 수레바퀴가 돌듯이 순환이 이루어진다. 다시 배고픔의 단계가 오고, 다시 포만의 단계가 온다. 성욕 다음에 만족의 단계가 온다. 사랑 다음에 포만감이 온다.

하루 스물네 시간 내내 사랑하는 것은 불가능하다. 불에는 두 가지 단계가 있기 때문이다. 세상의 부부들은 불가능한 일을 시도하고 있다. 그들은 하루 스물네 시간 내내 서로 사랑하기를 원한다. 이렇게 되면 모든 것이 어긋난다. 이것은 불가능하다. 하루 스물네 시간 내내 음식을 먹을 수는 없는 것과 같다. 사랑은 음식이다. 어떻게 하루 종일 먹을 수 있는가? 시간적인 간격이 있어야 한다. 그래야 음식이 소화되고 에너지가 소비된 다음 다시 배가 고파진다. 어떻게 하루 24시간을 사랑할 수 있는가? 이렇게 불가능한 일을 시도하면 그대는 곤경에 처할 것이다. 이런 식으로 밀어붙이면 모든 것이 거짓이 된다.

세상의 부부들은 사랑의 아름다움을 잃었다. 모든 것이 거짓이 되고

Discourses On The Fragments Of Heraclitus

강요가 되었다. 그들이 애인 사이였을 때에는 모든 것이 아름다웠다. 그들은 가끔씩 만났다. 갈망이 있었고 만족이 필요했다. 간혹 그들은 어서 빨리 낮이 지나가기를 기다려야 했다. 밤이 되어야 애인을 만날 수 있었다. 그들에게는 갈증이 있었다. 깊은 갈증이 있을 때에는 만족 또한 깊어진다.

그러나 하루 종일 그림자처럼 붙어 다니는 부부에게는 갈증이 있을 수 없다. 그러니 당연히 만족도 오지 않는다. 사랑의 아름다움이 사라진다. 이것을 명심하라. 만일 한 사람을 사랑한다면 갈증이 일어나도록 그를 혼자 놔둬라. 그렇지 않으면 사랑은 형식적인 것이 되고 만다.

하루는 물라 나스루딘이 집에 돌아왔다가 가장 절친한 친구가 자신의 아내와 키스하고 있는 것을 목격했다. 이것을 보고 나스루딘이 말했다.

"믿을 수 없는 일이군. 나야 어쩔 수 없이 해야 하지만 자네는 왜 이 짓을 하나?"

남편은 이것을 믿을 수 없다. 그에게는 사랑이 의무가 되어 버렸기 때문이다. 의무가 된 사랑은 이미 죽은 것이다. 그것은 외적인 강요에 불과하다. 내적인 요소는 이미 실종되었다. 사랑은 의무가 아니라 갈증이다. 갈증 다음에 만족의 단계가 온다. 사랑이 만족될 때 그대는 완벽한 행복을 느낀다. 모든 것이 순조롭다. 그대는 이 존재계 전체를 찬양한다. 이 존재계 전체가 그대를 축복해 주는 것 같다. 모든 것이 아름답다. 그러나 이런 만족은 갈증을 통해서 온다.

헤라클레이토스는 인간을 우주의 축소판이라고 말한다. 그러므로 위에서 말한 사실은 이 우주에도 적용된다. 이 우주 또한 두 가지 단계를 통과한다. 우주가 배고픔의 단계에 있을 때 많은 활동과 창조가 이루어진다. 만물이 성장하고 모습을 드러낸다. 나무가 꽃을 피우고, 사람들이

The Hidden Harmony

사랑하고, 아기가 태어난다. 모든 것이 다이나믹하게 활동한다. 그 다음에 우주가 만족의 단계로 들어서면 모든 것이 사라진다. 나무도 없고, 지구도 없고, 별도 없고, 태양도 없다. 불이 휴식한다.

　　태양은 날마다 새롭다.

　　이것은 헤라클레이토스의 가장 통찰력 있는 잠언 중의 하나다.

　　태양은 날마다 새롭다.

　　배고픔은 날마다 새롭다. 사랑은 날마다 새롭다. 삶은 날마다 새롭다. '날마다' 라는 말도 좋은 표현이 아니다. 매순간, 몸짓 하나하나, 움직임 하나하나가 새롭다. 모든 것이 새롭다. 그렇다면 낡은 것은 어디에서 오는가? 그대는 왜 권태를 느끼는 것일까? 모든 것이 새롭다면 같은 강물에 두 번 발을 담그는 것은 불가능하다. 똑같은 일출은 두 번 다시 볼 수 없다. 이렇게 모든 것이 새롭고 신선한데 그대는 왜 싫증이 나고 권태로워지는 것일까? 왜냐 하면 내적인 조화를 통해 살지 못하기 때문이다. 그대는 마음을 통해 살아간다. 그런데 마음은 낡은 것이다.
　　날마다 떠오르는 태양은 새롭다. 날마다 맞는 아침, 늘 찾아오는 배고픔과 포만감도 새롭다. 그러나 그대의 마음은 낡은 것이다. 마음은 축적된 과거다. 마음은 기억의 창고다. 마음은 모든 것을 낡고 죽은 것으로 만든다. 모든 것이 시시하고 더러워 보인다. 이것은 마음 때문이다. 마음을 버려라. 기억을 옆으로 밀어 놓아라. 그러면 그대의 아내가 날마다 새롭다. 그러나 지금 그대는 "나는 이 여자와 30년을 살았다. 나는 그녀에 대해 낱낱이 알고 있다" 고 생각한다. 이것은 기억 때문이다. 그러나 정녕 그대가 그녀를 아는가? 아무도 모른다. 우리는 서로 영원한 이방인

Discourses On The Fragments Of Heraclitus

이다. 어떻게 다른 사람을 알 수 있는가? 사물을 아는 것은 가능하다. 그러나 인간을 낱낱이 아는 것은 불가능하다. 이제 과학자들은 사물을 아는 것도 불가능하다고 말한다. 끝까지 파헤치는 것이 불가능하다.

어떻게 타인을 알 수 있는가? 인간은 자유다. 인간은 순간마다 변한다. 같은 강물에 두 번 발을 담글 수 없듯이, 똑같은 사람을 다시 만나는 것은 불가능하다. 강물이 그렇게 변하듯이 의식의 흐름도 변화한다. 마음을 옆으로 밀어 놓아라. 낡은 눈을 통해 보지 말라. 그러면 그대의 아내가 새롭게 보인다. 몸짓 하나하나가 새롭다. 이때 그대의 삶은 끊임없는 흥겨움과 활력으로 넘치게 된다.

오늘 그대는 허기를 느낄 것이다. 그 허기는 새로운 것이다. 오늘 음식을 먹는다면 그 음식 또한 새로운 것이다. 존재계에 낡은 것은 아무것도 없다. 존재계에는 과거가 없다. 과거는 마음속에나 있는 것이다. 존재계는 항상 현재에 있다. 항상 새롭고 신선하며 다이나믹하게 움직인다. 변증법적인 움직임이 계속된다. 존재계는 강물처럼 흐른다.

이런 통찰이 생기면 절대로 권태를 느끼지 않을 것이다. 권태는 가장 큰 질병이다. 권태는 서서히 그대를 독살시킨다. 그대는 점점 더 지겨워지고, 이 지겨움이 그대의 가슴을 짓누른다. 이렇게 되면 삶에서 시(詩)가 사라진다. 꽃이 피어나지 않고 새들이 노래하지 않는다. 이때 그대는 이미 무덤 속에 들어가 있는 것이다. "사람들은 서른 살 무렵에 죽어서 일흔 살 무렵에 매장된다"는 말이 있다. 이 서른 살이라는 나이도 길게 잡은 것이다. 이 속담은 옛날에 만들어진 것임에 틀림없다. 이제 이 속담은 맞지 않는다. 현대인은 스무 살 무렵에 죽는다. 이것도 너무 길게 잡은 것 같다. 간혹 열여덟 살이나 스무 살밖에 안 된 젊은이들이 내게 와서 "우리는 삶이 권태롭습니다" 하고 말한다. 그들은 이미 늙었다. 이미 죽어 가고 있다. 그들은 청춘을 누리기도 전에 죽어 가고 있다.

명심하라. 젊음은 나이와 상관없다. 젊음은 존재의 질(質)이다.

The Hidden Harmony

    마음을 통하지 않고 세상을 볼 수 있다면 그대는 영원히 젊음을 유지할 것이다. 죽는 순간에도 젊음을 잃지 않을 것이다. 죽음이 다가오고 있다는 기대감, 짜릿한 흥분, 삶의 절정을 맞는 짜릿함… 거대한 모험의 세계가 열리고 있다. 이제 무한(無限)으로 가는 문이 열린다. 배고픔이 지나가고 이제 포만의 시대가 오고 있다. 이제 그대는 휴식을 취하러 들어간다. 이제 그대는 씨앗이 될 것이다. 그 씨앗이 오랜 세월 동안 쉬면서 잠을 잘 것이다. 그 다음에 다시 싹이 돋아날 것이다. 다시 그대가 눈을 뜰 것이다. 이때의 그대는 과거와 똑같지 않다.

    아무것도 똑같은 상태로 머물지 않는다. 모든 것이 변화한다. 오직 마음만이 낡고 죽어 있다. 마음 없이 삶을 관조하는 것, 이것이 명상이다.

열,
본질은 숨기를
좋아한다

인간이 바라는 대로 되었다면
더 나빠졌을 것이다.

기대할 수 없는 것을 기대하지 않는 한
결코 진리를 발견할 수 없을 것이니,
그것은 발견하기도 어렵고
얻기도 어렵기 때문이다.

본질은 숨기를 좋아한다.

델피의 신탁은
말하지도 않고 숨기지도 않는다.
암시를 줄 뿐.

The Hidden Harmony

Nature loves to hide
— 본질은 숨기를 좋아한다

존재의 차원에는 언어가 없다. 언어에 의존하면 존재와 교류할 수 없다. 존재는 신비하다. 해석이 불가능하다. 해석을 시도하면 빗나간다. 이 존재계를 사는 것은 가능하지만 생각의 대상으로 삼을 수는 없다. 존재계는 철학이 아니라 시에 가깝다. 존재계는 하나의 암시(暗示)다. 무엇인가 보여주기는 하지만 아무 말도 하지 않는다.

그러므로 마음을 통해서는 존재에 접근할 수 없다. 그대는 존재에 대해 생각할 수 있다. 그러나 아무리 생각을 거듭하여도 존재의 차원에 도달하지 못할 것이다. 오히려 생각이 장애물이 된다.

보고 느껴라. 만져 보아라! 그러면 존재계와 더 가까워질 것이다. 생각하지 말라. 생각이 들어오는 순간 그대는 빗나간다. 이때 그대는 개인적인 세계에 갇히게 된다. 생각은 개인적인 세계다. 생각은 그대에게 속한다. 이때 그대는 자기 안에 갇혀 버린다. 그 안에 밀봉된다. 생각이 없을 때 그대는 존재하지 않는다. 더 이상 갇혀 있지 않다. 생각이 없을 때 그대는 활짝 열린다. 수용적인 상태가 된다. 존재계가 그대를 통해 흐르고, 그대가 존재계 안으로 흘러든다.

마음은 항상 해석하려는 경향이 있다. 어떤 것을 알기도 전에 그대는 이미 해석해 버린다. 지금 그대는 내 말을 듣고 있다. 내가 무엇이라고 말하기도 전에 그대는 이미 그것에 대해 생각하고 있다. 그래서 내 말을 듣는 것이 불가능해진다. 그대는 경청하는 법을 배워야 한다. 이 경청 (listening)은 활짝 열려 있는 상태, 모든 것을 수용할 준비가 되어 있는 상태를 의미한다. 경청할 때 그대는 아무 생각도 하지 않는다. 생각은 독단적이지만 경청은 수용적이다. 경청할 때 그대는 하나의 자궁이 되어서 모든 것을 받아들인다. 이렇게 귀를 기울이면 자연(nature)이 말을 하기 시작한다. 그러나 그것은 언어가 아니다. 자연은 단어를 사용하지 않는다. 그렇다면 자연은 무엇을 사용하는가? 헤라클레이토스는 자연이 암호(sign)를 사용한다고 말한다. 한 송이 꽃이 피어 있을 때 이 꽃에 깃든 암호는 무엇일까? 꽃은 아무 말도 하지 않는다. 그러나 정녕 꽃이 아무 말도 하지 않는다고 할 수 있을까? 꽃은 많은 것을 말해 준다. 다만 언어를 사용하지 않을 뿐이다. 꽃은 무언(無言)의 메시지를 전해 준다.

이 무언의 메시지를 듣기 위해서는 그대 또한 무언이 되어야 한다. 똑같은 것들끼리만 들을 수 있기 때문이다. 동일한 것들끼리만 관계를 가질 수 있다.

꽃 옆에 앉아 있을 때에는 인간이 되지 말고 꽃이 되어라. 나무 옆에 앉아 있을 때에는 인간이 되지 말고 나무가 되어라. 강에서 목욕을 할 때에는 인간이 되지 말고 강이 되어라. 이때 수많은 암시가 그대에게 주어진다. 이것은 언어적인 교제(communication)가 아니라 영적인 교섭(communion)이다. 자연이 수천 개의 혀로 말하지만 그것은 언어가 아니다. 자연은 수많은 경로를 통해 말하지만 그대는 사전(辭典)을 참고할 수 없다. 철학자에게 물어 볼 수도 없다. 그것이 무슨 뜻인지 생각하기 시작하는 순간 그대는 이미 길을 잘못 든 것이다.

어떤 사람이 피카소(Piccaso)를 방문했다. 그는 아주 박식한 비평가였

The Hidden Harmony

다. 그가 피카소의 그림을 보고 이렇게 말했다.

"참으로 아름다운 그림들입니다. 그런데 당신의 그림은 무엇을 의미합니까? 예를 들어, 앞에 있는 이 그림은 무슨 의미를 갖고 있습니까?"

피카소가 어깨를 으쓱해 보이고는 말했다.

"창 밖을 내다보시오. 저 나무가 무엇을 의미하고 있소? 노래하는 새들이 무엇을 의미하고 있소? 떠오르는 태양의 의미는 무엇이오? 그들 모두가 아무 의미도 없이 존재하고 있소. 그렇다면 내 그림도 아무 의미 없이 존재할 수 있지 않겠소?"

왜 의미를 묻는가? 그대는 해석을 원한다. 언어적으로 규정하고 싶어한다. 그대는 영적인 교섭(communion)이 아니라 언어적인 소통(communication)을 원한다. 그러나 존재계는 아무것도 의미하지 않는다. 존재계는 모든 영광을 간직한 채 거기에 있다. 존재계는 의미심장하지만 아무것도 의미하지 않는다. 존재계의 의미는 실존적이다. 보라. 관찰하고 느껴라. 그 안으로 들어가라. 존재계가 그대 안으로 들어오도록 허용하고 아무것도 묻지 말라. 묻는 즉시 그대는 대학(university)으로 가는 것이지 우주(universe)로 들어가는 것이 아니다. 우주 안으로 들어가기를 원한다면 아무것도 묻지 말라. 대답할 자가 없다. 그대 존재의 질이 완전히 바뀌어야 한다. 그래야만 우주와 연결될 수 있다.

어떤 선사(禪師)에 관한 이야기가 전해진다. 이것은 아주 보기 드문 일이다. 그가 왕궁에서 그림을 그리고 있었다. 왕은 거듭해서 "그림이 완성되었소?" 하고 물었다. 하지만 그때마다 선사는 "조금만 더 기다리십시오" 하고 말했다. 이렇게 몇 년이 흐른 후 왕이 말했다.

"시간이 너무 오래 걸리는 것 같소. 나는 자꾸 늙어 가는데 당신은 그 방에 들어가는 것도 허락하지 않는구려. 나는 당신이 방안에서 무엇을 그리고 있는지 궁금해 미칠 지경이오. 아직도 그림이 완성되지 않았소?"

Discourses On The Fragments Of Heraclitus

선사가 말했다.

"그림은 이미 완성되었습니다. 그런데 제가 지켜본 바로는 폐하께서 아직 준비가 되지 않았습니다. 그림은 오래전에 완성되었지요. 하지만 그것은 중요한 문제가 아닙니다. 폐하께서 준비되지 않았다면 누가 그림을 보겠습니까?"

존재계는 항상 거기에 있다. 언제나 만반의 준비를 갖춘 채 기다리고 있다. 매순간, 길모퉁이마다 존재계는 그대를 기다리고 있다. 무한한 인내심으로 기다리는 중이다. 그런데 그대가 아직 준비되지 않았다.

드디어 왕이 준비되었을 때 선사가 말했다.

"좋습니다. 이제 때가 왔습니다."

그들이 방으로 들어갔다. 선사의 그림은 실로 놀라웠다. 그림이라고 말하기도 어려울 정도였다. 너무나 실제처럼 보였다. 그림 속에는 언덕과 계곡이 그려져 있었는데, 마치 실제 풍경이 눈앞에 펼쳐져 있는 것처럼 사실적이었다. 언덕 옆에는 어디론가 안쪽으로 들어가는 조그만 오솔길이 나 있었다. 이제 이 이야기에서 가장 이해하기 어려운 부분이 전개된다. 왕이 물었다.

"이 길은 어디로 가는 길이오?"

선사가 말했다.

"저도 아직 가본 적이 없습니다. 기다립시오. 가서 알아보지요."

그가 그림 속으로 들어갔다. 그리고는 언덕 너머로 사라져 다시는 돌아오지 않았다고 한다.

이것이 신비의 의미다. 이 일화는 아무것도 말함이 없이 많은 것을 말해 준다. 자연이 어디로 가는지 알고 싶다면, 밖에 서서 묻지 말고 그 안으로 들어가라. 밖에서는 아무것도 할 수 없다. 그리고 안으로 들어가면 그대는 결코 돌아오지 않을 것이다. 존재의 차원으로 들어가는 순간 그대는 에고를 잃는다. 그대가 사라진다. 그대는 목적지에 도달하겠지만

The Hidden Harmony

그 이야기를 들려주기 위해 돌아오는 일은 없을 것이다. 선사는 그림 속으로 들어가 돌아오지 않았다. 아무도 돌아오지 않는다. 아무도 돌아올 수가 없다. 실존적인 차원으로 들어갈수록 그대는 점점 더 사라진다.

자연은 그대를 위해 수많은 문을 열어 놓았다. 그런데 그대는 밖에 서서 기웃거리며 자연을 알고 싶어한다. 자연에는 바깥이 없다. 이 말을 반복하겠다. 자연에 바깥은 없다. 모든 것이 안에 있다. 어떻게 자연의 바깥에 존재할 수 있겠는가? 전체가 안에 있다. 그런데 마음은 불가능한 것을 시도하려고 한다. 마음은 바깥에 서서 기웃거리며 관찰하려고 한다. 안 된다. 이런 식으로는 안 된다. 직접 자연에 참여해야 한다. 안으로 들어가 자연과 하나가 되고, 구름처럼 사라져야 한다. 자취도 없이 흩어지는 구름처럼….

자, 이제 헤라클레이토스의 말을 들어 보라.

   인간이 바라는 대로 되었다면
   더 나빠졌을 것이다.

왜? 왜 더 나빠질까? 그대가 바라는 것은 모두 잘못된 것이다. 그대 자신이 잘못되었기 때문이다. 어떻게 그대가 옳은 것을 바랄 수 있겠는가? 옳은 것을 바라기 위해서는 먼저 그대 자신이 옳아야 한다. 무지한 상태에서는 무엇을 바라건 그대를 더 깊은 지옥으로 빠뜨릴 것이다. 욕망은 그대의 일부다. 욕망은 그대로부터 나온 것이다. 어떻게 다른 것이 나올 수 있겠는가? 그대에게서 나온 모든 것은 '그대' 가 될 것이다. 그러므로 그대의 욕망은 더 많은 문제를 일으킨다. 욕망이 많을수록 더 많은 문제가 일어난다. 욕망을 이루면 이룰수록 그대는 더 곤경에 처한다. 그리고 이 욕망의 길에는 다시 돌아가는 길이 없다. 계속해서 앞으로 나아가야 한다. 그래서 깨달은 사람들 모두가 존재와 만나기 위해서는 먼저 무욕

Discourses On The Fragments Of Heraclitus

의 상태가 되어야 한다고 강조하는 것이다.

　욕망에는 아무 잘못도 없다. 욕망 자체는 아름답다. 붓다가 욕구 한다면 그 욕구는 아름답다. 그러나 그대의 욕망은… 어떻게 그것이 지복을 가져다 주겠는가? 절대 불가능하다. 그대의 욕망은 그대에게서 나온 것이다. 그 욕망은 그대의 일부다. 그것은 그대의 연장(延長)이다. 그대가 잘못되었다면 그대의 욕망도 잘못된 것이다. 그 욕망은 거듭해서 그대를 반복할 것이다. 다른 상황, 다른 세계, 다른 행성, 다른 생애가 온다 해도 그대는 변하지 않는다. 그대의 욕망은 계속해서 그대를 반복할 것이다. 그대의 욕망은 그대를 변형시킬 수 없다. 그러므로 나는 사람들에게 이렇게 말한다.

　"산야스(sannyas)를 받고 싶다면, 미지의 세계로 뛰어들고 싶다면 그 일에 대해 생각하지 말라. 모든 것을 내게 맡겨라!'

　이렇게 내게 맡기라고 강조하는 이유는 무엇인가? 그대로 하여금 그것을 욕구하지 못하게 하려는 것이다. 그것이 그대로부터 나오지 않은 것이 되게 하라. 그대로부터 나온 것은 무엇이든지 그대가 될 것이다. 아무리 수정하고 다른 색으로 칠해도 그것은 연장된 그대의 모습일 뿐이다.

　사업가가 해탈을 원한다면 그것은 사업이 될 것이다. 다른 것이 될 수 없다. 그는 어떤 이익을 구한다. 물론 다른 세계에서의 이익이긴 하지만 이익을 구한다는 사실에는 변함이 없다. 그대의 마음에서 나온 것은 무엇이든지 그대의 과거에서 나온 것이다. 이 연결 고리를 끊어야 한다. 완벽한 단절, 다리를 놓을 수 없는 완벽한 단절이 필요하다.

　스승을 찾아가 모든 것을 버리고 귀의한다는 의미가 여기에 있다. 그대는 스승 앞에서 무엇을 버리는가? 욕망을 버리는 것이다. 그 외에 무엇을 버릴 수 있겠는가? 그대가 가진 것은 욕망 외에 아무것도 없다. 스승 앞에서 그대는 "이제 저는 아무것도 바라지 않겠습니다. 당신이 뭐라

323

The Hidden Harmony

고 말씀하시든 그대로 따르겠습니다" 하고 말한다. 이것은 그대의 과거 안에 무엇인가 다른 것이 들어오도록 허용하는 것이다. 만일 그대가 "좋습니다, 저는 확신합니다. 이제 저는 산야스를 받을 준비가 되었습니다" 하고 말한다면 그 산야스는 부질없는 일이 될 것이다. 그대의 확신에 의존하는 산야스는 무의미하다. 이것이 문제다. 그대는 먼저 확신을 가질 수 있기를 원한다. 그대는 먼저 그것에 관해 논쟁하기를 원한다. 그대의 마음이 나서서 결정권을 행사하려고 한다.

사람들은 내게 와서 "도약하고자 하는 욕망이 없다면 어떻게 도약할 수가 있겠습니까?" 하고 말한다. 이것이 문제다. 그대는 수많은 생 동안 그대 자신으로부터 나온 욕망에 의해 살아왔다. 그리고 그 욕망은 그대를 아무 데로도 인도하지 못했다. 그럴 수가 없다. 이 말을 이해하겠는가? 그대가 잘못되었다면 그대의 욕망도 잘못될 수밖에 없다. 잘못된 그대가 믿는다. 그렇다면 이 믿음도 잘못될 수밖에 없다. 마이다스(Midas, 그리스 신화에 나오는 프리기아(Phrigia)의 왕. 디오니수스(Dionysus)로부터 손에 닿는 모든 것을 황금으로 바꾸는 능력을 부여받았다) 왕에 대해 들어 보았는가? 그가 만진 것은 무엇이든지 금으로 변했다. 이와 마찬가지로, 그대가 만진 것은 설령 그것이 금이라 해도 즉시 먼지가 된다. 욕망이 옳으냐 그르냐는 문제가 아니다. 문제는 존재가 옳으냐 그르냐 하는 것이다. 행동이 옳으냐 그르냐 하는 것은 문제가 안 된다. 옳은 행동도 없고 그릇된 행동도 없다. 옳은 욕망도 없고 그릇된 욕망도 없다. 다만 욕구하는 존재가 있을 뿐이다. 존재가 무지하다면 그로부터 무엇이 나오건 모두 그릇될 것이다.

존재가 무지하지 않을 때 무엇인가 전혀 새로운 것이 태어난다. 이것을 명심하라. 존재가 문제다. 존재가 문제지, 다른 것은 문제가 안 된다.

인간이 바라는 대로 되었다면

더 나빠졌을 것이다.

욕망을 버려라. 그대가 지옥 같은 삶을 사는 것은 욕망이 있기 때문이다. 욕망을 버려라. 그러면 문이 열린다. 욕망이 마음을 낳는다. 욕망의 본질을 이해하라. 욕망은 과거를 미래에 투사하는 것을 의미한다. 그런데 미래는 아직 알려지지 않았다. 그대가 원하는 것은 모두 과거에서 나온 것이다. 모든 욕망은 과거의 반복 외에 다른 것이 아니다. 미래는 아직 알려지지 않은 것이다. 어떻게 알지도 못하는 것을 바랄 수 있는가? 미래에 있는 것을 욕구하는 것이 가능한가? 그대는 미래에 대해 아무것도 모른다. 과거가 이미 알려진 세계라면 미래는 미지의 세계다. 그대가 미래에 대해 무엇을 바란다 해도 그것은 모두 과거에서 나온 것이다.

물라 나스루딘이 임종을 맞고 있었다. 누군가 그에게 물었다.
"만일 다시 태어난다면 어떤 삶을 살고 싶습니까? 이번 생과 다른 삶? 아니면 이번 생과 똑같은 삶?"
물라가 오랫동안 생각하더니 눈을 뜨고 말했다.
"한 가지 원하는 것이 있소. 나는 항상 중간 가르마를 타고 싶었소. 아마 그것이 유일하게 다른 점이 될 것이오. 나는 오른쪽 가르마를 타고 살았지만 항상 중간 가르마를 타고 싶어했소. 다시 한 번 태어난다면 반드시 중간 가르마를 타보고 싶소. 그 외에 다른 것은 지금 생과 똑같을 것이오."

으로 어리석은 생각이다. 그러나 이것이 인간들이 살아가는 방식이다. 만일 또 한 번의 기회가 주어진다면 그대는 무엇을 하고 싶은가? 그대가 원하는 변화는 물라 나스루딘이 바라는 것과 크게 다르지 않다. 그대의 바람은 중간 가르마를 타는 것에 불과하다. 그대는 다른 여자를 원할지

The Hidden Harmony

도 모른다. 하지만 무엇이 달라지겠는가? 그대는 다른 직업을 원할지도 모른다. 그렇다고 해서 무엇이 달라지겠는가? 그 모두가 중간 가르마를 타는 것 이상의 아무 의미도 없다.

미래는 아직 알려지지 않은 세계다. 그런데 그대의 욕망은 과거의 틀을 벗어나지 못한다. 그대는 계속 과거를 통해 무엇인가 바라고, 이것이 악순환을 낳는다. 이 악순환이 세상, 즉 '산사라(sansar)'다. 거듭 왔다가 가고, 거듭 태어났다가 죽고… 그대는 계속해서 똑같은 일을 하고 있다. 근본적으로 단 하나도 달라지지 않는다. 그럴 수가 없다. 그대가 무엇을 생각하건 그 모두가 이미 알고 있는 세계에서 나온 것이기 때문이다. 이미 알려진 세계가 그대의 과거다.

그렇다면 어떻게 해야 하는가? 욕망을 버려라. 그대의 욕망을 개입시키지 말고 미래가 오게 놔두라. 미래는 저절로 올 것이다. 미래는 그대의 욕망을 필요로 하지 않는다. 미래는 이미 오고 있다. 미래에 그대의 욕망을 투사할 필요가 없다. 수동적이 되어라. 미래에 관해 어떤 행동도 취하지 말라. 그냥 오게 놔두라. 미래에 관해 아무것도 요구하지 말라. 이것이 무욕(無慾)의 의미다. 무욕은 세상에서 도피하는 것이 아니다. 세상을 버리고 깊은 산 속으로 들어가는 것이 아니다. 이런 것은 성숙하지 못한 사람들이나 하는 짓이다.

버린다는 것, 포기한다는 것은 아무 욕망 없이 기다리는 것을 의미한다. 기다려라. 무슨 일이 일어나든 그저 지켜본다는 자세로 기다려라. 이렇게 아무 욕망 없이 기다릴 수 있다면 모든 일이 가능하다. 이 일은 우주 전체, 신 자체로부터 오는 것이다. 그러나 바라고 욕구 한다면 어떤 일이 일어나건 모두 그대를 통해 일어난 일이 될 것이다. 이때 그대는 자기 자신 안에 갇혀 버린다. 존재계가 그대 안으로 들어올 수 없다. 그대가 그것을 허용하지 않기 때문이다.

인간이 바라는 대로 되었다면
더 나빠졌을 것이다.

헤라클레이토스는 말한다.
"그대가 바라는 대로 되지 않은 것은 참 잘된 일이다."
그래야만 그대가 깨어날 가능성이 있다. 헤라클레이토스가 이렇게 말하는 데에는 이유가 있다. 만일 모든 욕망이 충족된다면 그대는 혼수 상태에 빠진 것처럼 둔해질 것이다. 아무런 자극도 없기 때문이다. 돈을 원하면 눈앞에 돈이 산처럼 쌓이고, 아름다운 여자를 원하면 즉시 선녀 같은 여자가 주어진다. 성공을 원하면 성공하고, 천국으로 올라가는 사다리를 원하면 즉시 사다리가 내려온다. 이렇게 된다면 그대는 멍청해질 것이다. 꿈속에 살게 될 것이다. 모든 것이 충족된다면 그대는 결코 진리를 추구하지 않을 것이다. 오직 불행과 고통, 그대 스스로 창조한 지옥, 이런 것들이 그대를 일깨운다. 이런 것들이 충격을 주어 그대를 깨어나게 한다.

힌두교 신화에서는 이렇게 말한다. 신들이 사는 천국에서는 모든 소원이 즉각 이루어진다고 한다. 천국에는 모든 소원을 들어주는 '칼프타루스(kalptarus)'라고 하는 나무가 있다. 그 나무 밑에 앉아 소원을 빌면 즉각 이루어진다. 조금도 기다릴 필요가 없다. 아름다운 여자를 원하면 그런 여자가 즉시 눈앞에 나타난다. 그렇다면 이 신들은 꿈속에 살고 있는 것이 틀림없다. 그들은 마약에 취한 것처럼 몽롱한 상태에 빠져 있음에 틀림없다.

힌두교에서 말하기를, 천국에는 진리로 가는 문이 없다고 한다. 신이 완전한 해탈을 원한다면 이 지상으로 내려와야 한다는 것이다. 왜 그런가? 천국에는 그들을 깨워 줄 불행과 고통이 없기 때문이다. 천국은 길고도 평화스러운 잠의 상태다. 이 잠 속에서는 모든 꿈이 성취된다. 이

The Hidden Harmony

렇게 모든 꿈이 이루어진다면 누가 눈을 뜨고 깨어나기를 원하겠는가?

신들도 지상으로 내려와야 한다. 그래야만 진정으로 해탈을 얻을 수 있다. 이것은 보기 드문 개념이다. 기독교에는 이런 개념이 없다. 기독교의 천국은 마지막 종착역이다. 그러나 힌두교에서는 천국이 종착지가 아니라고 말한다. 천국은 아름답고 달콤한 꿈이다. 이런 꿈이 수천 년 동안 유지될 수도 있다. 그러나 이것이 꿈이라는 사실에는 변함이 없다. 신들도 해탈을 위해서는 지상으로 돌아와야 한다. 지상에는 불행과 고통, 번뇌가 있다. 번뇌가 필요하다. 그것만이 그대에게 충격을 주어 잠에서 깨어나게 한다.

헤라클레이토스의 말은 옳다.

인간이 바라는 대로 되었다면
더 나빠졌을 것이다.

항상 무엇인가 잘못되어 있다. 이것은 아름다운 일이다. 만일 아무것도 잘못되어 있지 않다면, 모든 것이 그대가 원하는 대로 이루어진다면, 그렇다면 누가 진리를 원하겠는가? 누가 존재를 탐구하겠는가? 누가 자유를 원할 것이며, 누가 해탈을 원하겠는가? 아무도 원하지 않을 것이다.

인간은 힌두교의 천국에 사는 신들처럼 되려고 마약을 복용한다. 마리화나, 하시시(hashish, 인도산 대마초), LSD 같은 마약을 복용하고 꿈과 같은 상태로 들어간다. 아름다운 꿈속으로 들어간다. 이때 그대는 모든 소원을 들어주는 나무 밑에 앉아 있는 것이다. 마약은 진리와 거리가 멀다. 왜냐 하면 진리는 깨어남(awakening)을 필요로 하기 때문이다. 과거로부터의 깨어남, 꿈으로부터의 깨어남, 욕망으로부터의 깨어남. 깨어남이란 자신이 주변에 만들어 놓은 허구적인 세계를 깨닫고 그것을

Discourses On The Fragments Of Heraclitus

버리는 것이다. 아무 노력 없이 버린다. 그것이 잘못된 것임을 알고 간단하게 포기한다.

이것을 명심하라. 만일 그것을 버리기 위해 노력한다면, 그 노력 자체가 그대를 추하게 만든다. 진실로 필요한 것은 이해지 노력이 아니다. 그것의 실체를 보고 이해하라. 그리고 버려라. 그대가 불행한 것은 욕망 때문이다. 그것을 보지 못하는가? 여기에 무슨 논증과 설득이 필요한가? 그대가 욕망을 통해 지옥을 만들었다는 것은 너무나 분명한 사실이다. 여기에 무슨 노력이 필요한가? 이해하고 즉시 버리면 되는 것 아닌가? 이렇게 즉시 버릴 수 있을 때 그대는 아름다움과 우아함을 갖게 된다. 소위 승려(monk)라고 불리는 사람들에게서는 이런 우아함을 발견할 수 없다. 기독교 수도사, 힌두교와 자이나교의 승려, 이들에게서는 이런 아름다움을 찾아볼 수 없다. 왜냐 하면 그들은 버리려고 노력하기 때문이다. 버리려는 노력 자체가 그들이 여전히 집착하고 있다는 것을 보여준다. 그렇지 않으면 왜 노력이 필요하겠는가? 그들은 욕망을 버리기 원한다. 그러나 이 또한 욕망이다. 그래서 노력이 필요한 것이다. 그들은 집착하는 동시에 버리기를 원한다. 그들은 아직 이해의 차원에 도달하지 못했다.

내가 여기에서 이렇게 일하고 있는 이유는 그대에게 이해의 순간을 가져다 주려는 것이다. 이해의 순간에는 모든 노력이 무용하다. 이해는 강렬한 불길과 같아서 간단하게 모든 것을 태워 버린다. 일단 알면, 그 앎 자체가 즉각 '버림(dropping)' 과 연결된다.

이런 일이 가능하다. 이것이 내게 일어난 일이다. 그대에게도 이런 일이 일어날 수 있다. 나는 어떤 면에서도 특별한 사람이 아니다. 나는 평범한 사람이다. 이렇게 평범한 내게 그 일이 일어났다면 그대라고 안 되겠는가? 이해를 추구하라. 강렬하게 추구하라. 이해가 곧 변형이며 진리의 계시(啓示)다. 이해가 그대를 해방시킨다.

The Hidden Harmony

귀기울여 들어라.

인간이 바라는 대로 되었다면
더 나빠졌을 것이다.

기대할 수 없는 것을 기대하지 않는 한
결코 진리를 발견할 수 없을 것이니,
그것은 발견하기도 어렵고
얻기도 어렵기 때문이다.

이 말을 가슴 깊이 새겨라.

기대할 수 없는 것을 기대하지 않는 한
결코 진리를 발견할 수 없을 것이니…

　진리는 기대의 대상이 될 수 없다. 그대가 기대하는 것은 무엇이든지 거짓이 될 것이다. 그대가 기대하는 것은 모두 심리적 투영이다. 그것은 마음의 일부다. 그러나 진리는 기대의 대상이 아니다. 기대는 그대를 자각이 없는 상태로 몰아간다. 진리는 그대에게 기다림조차 없을 때 일어난다. 그것은 돌발적인 깨달음이다.
　기대란 그대가 이미 알고 있는 것을 아직 알려지지 않은 미래에 투영하고 있음을 의미한다. 그러므로 나는 그대가 기독교인, 힌두교인, 불교인이 되면 진리를 놓칠 것이라고 말한다. 기독교인이 된다는 것은 무엇을 뜻하는가? 그것은 기독교적인 기대를 갖는 것을 의미한다. 기독교적인 시작을 통해서 신을 보겠다는 뜻이다. 그것은 하나의 관념이며 철학일 뿐이다. 힌두교인이 된다는 것은 무엇을 의미하는가? 힌두교는 하나

의 신념 체계를 의미한다. 이것이 기대감을 준다. 그대는 신을 기대하고 진리를 기대한다. 진리가 이와 같을 것이며, 신이 이와 같을 것이라고 기대한다. 신의 얼굴, 모습, 형상, 심지어 신의 이름까지 기대한다.

그대의 기대가 장벽이다. 신은 기대의 대상이 아니다. 진리는 기대될 수 없는 것이다. 진리에 관해 이론을 만드는 것은 불가능하다. 언어의 영역으로 끌어들이는 것이 불가능하다. 진리를 말로 옮길 수는 없다. 지금까지 아무도 그렇게 할 수 없었으며, 앞으로도 그럴 것이다. 신은 언제나 기대의 대상이 아니다. 그는 이방인이다. 그가 문을 두드릴 때 그대는 익숙한 얼굴을 발견하지 못할 것이다. 신은 전혀 생소한 얼굴이다. 그대가 생각해 본 적도 없는 모습이다. 들어본 적도 없고 읽어본 적도 없는 전혀 낯선 얼굴이 나타날 것이다. 만일 이 낯선 얼굴을 거부하고 익숙한 얼굴을 원한다면 진리는 결코 그대의 것이 될 수 없다.

진리는 낯설다. 진리는 어떤 암시도 주지 않고 불쑥 찾아온다. 기대도 없고 기다림도 없을 때 진리가 불쑥 나타난다.

사람들은 명상하고 또 명상한다. 이것은 반드시 해야 할 일이다. 그러나 진리는 명상 안에서 일어나지 않는다. 이것을 명심하라. 진리는 명상 밖에서 일어난다. 물론, 명상은 도움을 준다. 명상은 그대를 깨어 있게 하고 주의 깊게 만든다. 명상은 그대의 의식을 깨어 있게 한다. 이때 돌연 어딘가에서… 예기치 않은 순간에 신이 찾아온다. 신이 왜 그렇게 뜻밖의 순간을 선택했는지 믿을 수 없을 것이다.

한 여승이 물을 나르고 있었다. 그런데 대나무로 만든 물지게가 부러지면서 물동이가 땅에 떨어졌다. 물동이가 깨지고 물이 사방으로 튀는 순간 문득 그녀가 깨달았다. 무슨 일이 일어난 것일까? 그녀는 4, 50년 동안 명상했지만 아무것도 찾아오지 않았다. 명상이란 어떤 일이 일어나기를 기대하고 있음을 의미한다. 아직 마음이 작용하고 있다. 알아채기 힘들만큼 은밀하게 마음이 작용하고 있다. 그대는 이 마음이 어디에

The Hidden Harmony

숨어 있는지 알아내기 힘들 것이다. 그대는 "이제 모든 것이 고요해졌다. 무념 무상의 상태가 되었다"고 생각할지도 모른다. 그러나 이 또한 생각이다. 그대는 절대적인 침묵을 느낀다. "이제 절대적인 침묵이 있을 뿐이다. 곧 문이 열릴 것이다"라는 느낌이 있다. 그러나 이 느낌 또한 생각이다. 진실로 절대적인 침묵에 도달했다면 "나는 침묵하고 있다"는 생각조차 일지 않는다. 이것은 그대가 명상하고 있지 않다는 것을 의미한다. 이것이 명상의 역설이다. 가능한 한 최선을 다해 명상하라. 그러면 명상 없는 명상의 순간이 온다.

이 여승에게 그런 일이 일어났다. 물을 나르면서 그녀는 깨달음에 대해 생각하고 있지 않았다. 나무 지게가 오래되었기 때문에 그것을 걱정하고 있었을 뿐이다. 그런데 결국 지게가 부러지면서 물동이가 깨졌다. 물이 사방으로 튀었다. 그것이 충격을 주었다. 잠깐 동안 지게에 대한 걱정조차 사라졌다. 이제 일어날 일이 일어난 것이다. 명상도 없는 순간 속으로 들어가자 거기에 신이 있었다. 깨달음이 일어났다.

깨달음은 항상 이런 식으로 일어난다. 아무 기대도 없는 순간에 깨달음이 일어난다. 기대하면 실패한다. 기대를 통해 그대가 거기에 존재하기 때문이다. 기대하지 않을 때 그 일이 일어난다. 그대가 존재하지 않을 때, 거기에 아무도 없을 때 깨달음이 일어난다. 그대의 집이 완전히 비어 있을 때 신이 찾아온다. '나는 텅 비었다'는 생각조차 없을 때… 이런 생각조차 큰 장애물이 된다. 텅 비었다는 생각조차 없을 때, 그 '비어 있음' 마저 떨어져 나갔을 때 신이 찾아온다.

기대할 수 없는 것을 기대하지 않는 한…

신에 대한 관념을 버려라. 모든 관념은 거짓이다. 힌두교인들은 기독교의 관념이 거짓이라고 말한다. 기독교인들은 힌두교의 관념이 거짓

이라고 말한다. 자이나교인들은 힌두교와 기독교의 관념이 거짓이라고 말한다. 불교인들은 힌두교, 기독교, 자이나교의 관념이 거짓이라고 말한다. 그러나 나는 모든 관념이 거짓이라고 말한다. 나의 관념만 옳다는 뜻이 아니다. 모든 관념이 거짓이다. 관념은 아직 알려지지 않은 세계에 대해 이론을 만든다. 모든 이론은 거짓이다. 여기에는 예외가 없다. 나의 이론까지 포함하여 모든 이론이 절대적으로 거짓이다. 기대의 대상이 아닌 것은 영원히 기대할 수 없는 상태로 남는다.

> 기대할 수 없는 것을 기대하지 않는 한
> 결코 진리를 발견할 수 없을 것이니,
> 그것은 발견하기도 어렵고
> 얻기도 어렵기 때문이다.

사실, 그것을 발견하는 것은 어렵지 않다. 그것을 얻는 것도 어렵지 않다. 그것이 어려워지는 이유는 그대 때문이다. 어떻게 하면 이 마음을 옆으로 밀어 놓을 것인가? 마음은 아주 미묘하다. 마음을 밀어 놓는 일에도 마음이 남아 있다. 마음은 "좋다! 나는 여기에 있지 않을 것이다" 하고 말한다. 그러나 이 또한 마음이다. 마음은 "이제 신이 문을 두드리게 하라. 나는 존재하지 않는다"고 말한다. 이 또한 마음이다. 마음은 "나는 명상할 것이다. 나는 모든 사념을 버릴 것이다" 하고 말한다. 마음은 "봐라. 나는 모든 생각을 버렸다. 나는 텅 비었다!"고 말한다. 그러나 이 또한 마음이다. 그대가 무엇을 하건 마음이 끼여든다. 이것이 문제다.

핵심을 보라. 노력은 도움이 안 된다. 그저 핵심을 보라. 마음은 주장을 통해 존재한다. 이 핵심을 보라! 왜 나는 핵심을 보라고 말하는가? 핵심을 볼 때에는 주장이 존재하지 않는다. 그대가 핵심을 보지 못할 때

The Hidden Harmony

마음이 "봐라. 나는 아무 주장도 하지 않는다"고 주장한다. 이 핵심을 보아라! "나는 비어 있다"는 주장이 아니라 '비어 있음(emptiness)'이 필요하다. 깨어 있음(awareness)이 필요한 것이지 "나는 깨어 있다"는 주장이 필요한 것이 아니다. '나'가 끼어든다면 그대는 아직도 칠흑 같은 마음 속을 헤매고 있는 것이다. '나'가 존재하지 않을 때 빛이 나타난다. 모든 것이 명백해진다. 투명한 인식이 자리잡는다. 이때 그대는 멀리까지 볼 수 있다. 전체를 볼 수 있다.

그대가 할 수 있는 단 하나의 일은 마음의 속임수를 관찰하는 것이다. 이때 마음과 반대되는 행동을 하지 말라. 예를 들어, 마음이 생각으로 가득 차 있다고 하자. 이때 그 생각들과 싸우지 말라. 싸우는 자가 곧 마음이다. 그대가 싸움을 시작하면 마음은 이렇게 주장한다.

"보아라. 나는 모든 생각을 버렸다! 이제 너의 신은 어디에 있는가? 깨달음이 어디에 있는가?"

싸움을 일으키지 말라. 싸움과 더불어 마음의 주장이 나온다. 그저 관찰하고 릴랙스(relax)하라. 마음의 속임수를 관찰하면서 즐겨라. 마음은 얼마나 속임수에 능한가! 얼마나 용의주도한가! 얼마나 끈질기게 끼어드는가! 힌두교에서는 마음을 개꼬리와 같다고 말한다. 12년 동안 개꼬리를 곧게 편 상태로 유지한다 해도 그대가 손을 떼는 순간 다시 구부러진다.

한 아이가 내게 말했다.

"우리는 한 친구의 생각을 고쳐 주려고 무진장 애를 쓰고 있어요. 그는 산타클로스를 믿지 않아요."

며칠이 지난 후 그가 다시 와서 말했다.

"1주일 동안 열심히 노력한 결과, 그 애가 드디어 생각을 고쳐 먹고 '좋아, 나도 산타클로스를 믿어.' 하고 말했어요."

그런데 다음 날 아이가 다시 와서 말했다.

Discourses On The Fragments Of Heraclitus

"아무래도 더 노력해야 될 것 같아요."

내가 물었다.

"무슨 일이 있었니? 어제는 그 애의 생각을 고쳐 놓는 데 성공했다고 했잖아. 그런데 또 뭐가 필요하니?"

아이가 말했다.

"그 애가 다시 산타클로스를 믿지 않기로 했어요. 우리가 아무리 바로 잡아도 그 애는 자꾸 비뚤어진다고요!"

이것이 마음의 본성이다. 이에 관해서는 아무것도 할 수 없다. 마음의 본성이 그러니 손 쓸 도리가 없다. 다만 마음의 본성이 그렇다는 것을 이해하라. 그것이 전부다. 이해만으로 충분하다. 그렇지 않으면 어렵다. 그대가 아무리 달려가도 마음은 그림자처럼 따라올 것이다. 그대가 무엇을 주장하건 그 모두가 마음의 주장이다. 그러므로 깨달은 사람들은 모두 이렇게 말한다.

"안다고 주장하는 사람들은 아무것도 모른다. 진리에 도달했다고 말하는 사람들은 결코 진리에 도달하지 못했다."

주장하는 것 자체가 위험하다.

　　기대할 수 없는 것을 기대하지 않는 한
　　결코 진리를 발견할 수 없을 것이니,
　　그것은 발견하기도 어렵고
　　얻기도 어렵기 때문이다.

　　본질은 숨기를 좋아한다.

이것은 숨바꼭질과 같다. 아름다운 현상이다! 본질은 표면에 있지 않다. 본질은 중심에 숨어 있다. 본질은 나무의 뿌리처럼 깊은 곳에 숨어

The Hidden Harmony

있다. 가장 핵심적인 것은 깊이 숨어 있다. 눈에 보이는 나무의 부분을 가장 핵심적인 것으로 생각하지 말라. 꽃이 피고 열매가 맺히는 부분은 표피에 불과하다. 진짜 나무는 깊은 땅속에 숨어 있다. 대지의 어두운 자궁 속에 숨어 있다. 나무를 잘라도 새 나무가 자라날 것이다. 그러나 뿌리를 자르면 모든 것이 사라진다.

그대의 본질은 피부 표면에 있지 않다. 그것은 표피일 뿐이다. 진짜 그대는 깊은 곳에 숨어 있다. 신은 표면에 존재하지 않는다. 과학은 표면에 대해 점점 더 많은 것을 밝혀 내고 있다. 피부의 차원에 대해 더 많은 것을 알아 가고 있다. 그러나 아무리 깊이 들어간다 해도 과학은 진짜 깊은 곳으로 들어가지 못한다. 과학은 외부에서 배우고 있기 때문이다. 외부에서는 피부밖에 알 수 없다. 진짜는 안에 숨어 있다. 그대의 본질 또한 내면 가장 깊은 곳의 사원에 숨어 있다. 그런데 그대는 표피적인 차원에 살기 때문에 그것을 놓친다. 존재에는 중심이 있으며, 그 중심은 숨어 있다.

　　　본질은 숨기를 좋아한다.

왜 그런가? 왜 본질은 숨기를 좋아하는 것일까? 이것은 하나의 게임이기 때문이다. 어린 시절에 그대는 숨바꼭질을 해보았을 것이다. 헤라클레이토스에게 있어서 존재계는 게임이다. 하나의 놀이이며 유희(leela)다. 본질은 숨는다. 이것은 아름다운 일이다! 그것을 발견해야 한다. 그대는 발견하려는 노력을 통해 성장한다.

세상에는 두 종류의 사람들이 있다. 하나는 내가 '비발견자(nondiscoverer)'라고 부르는 사람들이다. 그들은 표피적인 차원에 머문다. 그 다음에 '발견자(discoverer)'라고 불리는 사람들이 있다. 이들은 중심으로 들어간다. 세속적인 사람들은 표피의 차원에서 살아간다. 시

장, 정치, 성공, 출세, 이 모두가 표피적 차원이다. 이 차원에 머무는 사람들은 발견자도 아니고 모험가도 아니다. 그들이 달에 간다 해도 그것은 진정한 모험이 아니다. 그들은 항상 표피적인 차원에 머문다. 진정한 모험은 종교적이다. 종교적인 모험은 존재의 중심으로 들어간다. 먼저 그대는 그대 자신 속으로 들어가야 한다. 그대는 우주의 축소판이기 때문이다. 먼저 그대는 자신의 중심으로 들어가고, 그곳으로부터 난생 처음 우주의 법칙을 일별(一瞥)한다.

진짜는 숨어 있다. 표면에 있는 것은 파도에 지나지 않는다. 표면에 있는 것은 꿈이다. 그것은 쇼(show)에 불과하다. 내면 깊은 곳, 존재의 가장 깊은 곳에 숨어 있는 것이 있다. 바로 이것이 헤라클레이토스가 '숨은 조화'라고 부르는 것이다.

존재를 향해 나아가라. 중심, 근원적 기반을 향해 매진하라. 항상 뿌리를 찾아라. 이파리에 속지 말라. 그러나 그대는 이파리에 현혹된다. 표면적으로 아름다운 여자가 있을 때 그대는 사랑에 빠진다. 이것은 이파리를 사랑하는 것과 같다. 이 여자의 내면은 아름답지 않을 수도 있다. 내적으로 아주 추악한 여자일 수도 있다. 이때 그대는 함정에 빠진 것이다. 이와 다른 내적인 아름다움이 있다. 내면의 빛이 밖으로 뿜어져 나온다. 어딘지 모르는 곳에서 빛이 나오고 있다. 그대는 겉모습은 아름답지만 추하게 느껴지는 여자를 볼 수 있다. 이 반대의 경우도 볼 수 있다. 겉모습은 추한데 왠지 아름답게 느껴지는 여자가 있다. 이렇게 추한 여자가 아름답게 느껴질 때, 그대는 이 아름다움의 근원이 무엇인지 발견할 수 없을 것이다. 그녀의 겉모습, 생물학적 조건은 매력적이지 않다. 그런데 뭔가 내적인 것이 그대를 끌어당긴다. 외적으로 아름다울 뿐만 아니라 내적인 존재까지 아름다운 여자가 있을 때 그녀는 아주 신비스럽게 느껴진다. 이것이 카리스마(charisma)다. 간혹 그대는 어떤 사람에게서 카리스마를 느낀다. 이 카리스마는 그의 표면과 중심 사이에 숨은

The Hidden Harmony

조화가 있음을 뜻한다. 이런 사람은 자석처럼 끌어당기는 힘이 있다. 무엇인가 신성한 기운이 있다.

   중심과 표면의 만남, 이것이 숨은 조화다.

   본질은 숨기를 좋아한다.

   이유가 무엇일까? 숨어야만 놀이가 계속되기 때문이다. 그렇지 않으면 놀이가 중단될 것이다. 게임은 계속된다. 이것은 영원한 게임이다.

   설령 그대가 본질을 발견한다 해도 게임은 계속된다. 다만 게임의 질이 달라질 뿐이다. 내밀한 핵심을 발견하는 순간 게임이 중단된다고 생각하지 말라. 그렇지 않다. 게임은 계속된다. 중심을 발견한 다음에 그대는 의도적으로 중심에서 벗어난다. 그대는 본질에게 다시 숨을 수 있는 기회를 준다. 의도적으로 그렇게 하는 것이다. 이것은 두 명의 아이가 숨바꼭질을 하는 것과 같다. 술래가 된 아이는 친구가 어디에 숨었는지 안다. 그래서 그곳만 빼고 사방을 찾아다닌다. 게임을 계속하려는 것이다. 그는 친구가 어디에 숨어 있는지 안다. 마음만 먹으면 언제든지 잡을 수 있다. 그러나 그는 계속 여기 저기로 친구를 찾아다닌다.

   깨달은 사람들 또한 게임을 계속한다. 그러나 그들의 게임은 질이 다르다. 이제 그들은 진리를 안다. 이제는 번뇌도 없고 욕망도 없다. 성취할 것이 없다. 그것은 그저 게임일 뿐이다. 이 게임에는 아무 목적도 없다. 목적 없는 게임이 계속된다.

   두 가지 게임이 있을 수 있다. 하나는 무지한 게임이다. 이것이 그대에게 일어나는 일이다. 그대는 무지하기 때문에 게임을 무척 심각하게 생각한다. 심각함은 질병이다. 사람들은 내게 와서 말한다. 명상을 해도 아무것도 얻지 못했기 때문에 절망감을 느낀다는 것이다. 그들은 아주 심각하다. 나는 그들에게 절망하지 말라고 말한다. 그것은 게임이다! 이

Discourses On The Fragments Of Heraclitus

것이 그대가 이해해야 할 핵심이다. 빨리 끝내려고 서두를 필요가 없다. 이것은 사업이 아니다. 가능한 한 오래 끌어라. 왜 서두르는가? 왜 그렇게 긴장하고 초조해 하는가? 시간은 많다. 무궁무진한 시간이 있다. 그러니 서두를 이유가 없다. 그대는 항상 존재할 것이고, 게임 또한 항상 진행될 것이다. 이 게임은 지금까지 항상 존재해 왔으며, 앞으로도 그럴 것이다.

편하게 생각하라. 느긋하게 받아들여라.

길모퉁이만 돌아가면 언제라도 본질을 발견할 수 있다. 그런데 왜 서두르는가? 릴랙스하면 금방 본질에 도달한다. 그러나 서두르면 표면을 벗어나지 못한다. 서두르는 마음, 초조한 마음은 존재의 깊은 영역으로 들어갈 수 없다. 느긋한 인내심이 필요하다. 그것만이 존재의 가장 밑바닥에 정착하는 데 도움이 된다.

본질은 숨기를 좋아한다.

아름다운 일이다. 본질은 자신을 과시하지 않는다. 겉으로 드러나 보이는 이파리는 본질이 자신을 감추기 위한 방법일 뿐이다. 꽃 속에 신은 아주 은밀하게 숨어 있다. 건성으로 꽃을 본다면 그대는 신을 보지 못할 것이다.

영국의 시인인 테니슨(Tennyson)은 이렇게 말했다.

"만일 꽃을 완전히 이해한다면 나는 신을 이해할 수 있을 것이다."

맞는 말이다. 절대적으로 옳은 말이다. 해변가의 조약돌 하나만 완전히 이해해도 그대는 신을 알게 될 것이다. 눈에 보이는 형상 모두가 신이 숨어 있는 장소다. 꽃도 그렇고 조약돌도 그렇다. 신은 모든 곳에 숨어 있다. 수많은 형상 속에 신이 숨어 있다. 그대가 어디에 있건, 신은 그대 주변의 모든 형상 속에 존재한다. 어떤 형상이건 신으로 들어가는 문

The Hidden Harmony

이 된다. 들어갈 준비만 갖추면 된다. 아무런 기대와 욕망 없이, 아무것도 투영하지 않고 들어갈 준비를 하면 돌연 그대 앞에 문이 열린다.

델피의 신탁은
말하지도 않고 숨기지도 않는다.
암시를 줄 뿐.

델피(Delphi)에는 오래된 그리스 사원이 있다. 사람들은 델피의 신탁(信託)을 구하러 그곳에 가곤 했다. 그러나 델피의 신탁은 아무 말도 하지 않았다. 다만 암시를 줄 뿐이었다. 헤라클레이토스는 이것을 비유로써 사용하고 있다. 헤라클레이토스는 신, 즉 전체는 긍정과 부정의 개념으로 말하지 않는다고 한다. 신은 암시를 줄 뿐이다. 신은 시적이다. 그는 상징을 준다. 그 상징들을 해석하지 말라. 해석하면 핵심을 놓친다. 다만 주시하라. 그 암시가 그대 안으로 깊이 들어가 가슴속에 각인되도록 하라. 즉각 의미를 찾으려고 하지 말라. 누가 의미를 발견할 것인가? 만일 어떤 의미를 발견한다면 그것은 그대가 부여한 의미다. 암시와 상징이 그대의 가슴에 새겨지도록 놔두라. 그러면 어느 날엔가 삶이 그 의미를 드러낼 것이다. 그 암시와 함께 살아라. 그 암시가 거기에 있도록 가만 놔두어라.

예를 들어, 그대는 내게 와서 "제 명상이 잘되어 가고 있는 것일까요?" 하고 묻는다. 이때 나는 그저 미소 짓는다. 암시를 주는 것이다. 이제 그대는 이 암시에 대해 무엇을 할 것인가? 그대는 해석하기 시작한다. 이것이 마음의 첫째 가는 성향이다. 그대는 이렇게 생각한다.

"좋다. 그가 미소 지었다. 그 미소는 잘되어 가고 있다는 뜻이다. 그는 모든 것이 잘되어 가고 있다는 뜻으로 미소를 지은 것이다. 나는 올바른 길을 가고 있다."

Discourses On The Fragments Of Heraclitus

그대의 에고가 만족감을 느낀다. 긍정적인 기분일 때 그대는 이런 식으로 해석한다. 반면, 부정적인 기분일 때 그대는 이렇게 생각한다.

"그는 미소를 지었을 뿐 긍정적인 말을 하지 않았다. 그는 예의상 아무 말도 하지 않은 것이다. 나는 아무 데에도 이르지 못했다."

그러나 어떤 식으로 해석하든 그대는 빗나간다. 만일 긍정적으로 말해야 할 것이 있다면 나는 그렇게 말했을 것이다. 나는 그대로 하여금 해석을 하느라 골치를 썩게 하지 않았을 것이다. 만일 긍정할 것이 있었다면 나는 그대로 말했을 것이다. 그리고 만일 부정할 것이 있었다면 나는 그렇게 말했을 것이다. 그러나 나는 그저 미소를 지었다. 긍정도 부정도 하지 않았다. 나는 아무 말도 하지 않았다. 그저 암시를 주었을 뿐이다. 이 암시를 해석하지 말라. 나의 미소가 그대의 가슴속으로 깊이 들어가게 내버려 두라. 이 미소를 가만 놔두어라. 생각날 때마다 이 미소를 가슴에 새겨라. 나의 미소가 그대 안에서 용해되게 놔두고 아무 의미도 찾지 말라. 이것이 그대의 명상에 도움이 될 것이다. 어느 날 갑자기, 깊은 명상의 상태에서 그대는 나와 똑같이 미소 지을 것이다. 이해의 순간이 왔다. 이때 그대는 웃음을 터뜨릴 것이다. 내 미소의 의미가 무엇이었는지 알게 될 것이다.

삶은 참으로 미묘하기 때문에 긍정의 말도 부정의 말도 할 수 없다. 긍정의 말을 해도 거짓이고, 부정의 말을 해도 거짓이다. 언어는 아주 빈약하다. 언어는 긍정과 부정, 이 두 가지밖에 모른다. 그러나 삶은 매우 풍요롭다. 삶은 긍정과 부정 사이에 무한한 등급, 무한한 단계가 있다는 것을 안다. 삶은 수많은 색깔로 이루어진 스펙트럼(spectrum)이다. '예스'와 '노'는 너무 빈약하다. 이 긍정과 부정은 삶에 대해 아무것도 말해 주지 못한다. 긍정과 부정은 삶을 흑(黑)과 백(白)으로 나누는 것을 의미한다. 그러나 삶에는 무수한 색깔이 있다. 삶은 무지개다.

사실, 흑과 백은 색깔이 아니다. 흑과 백을 제외한 모든 색깔이 존재한

The Hidden Harmony

다. 이것을 이해해야 한다. 흑은 모든 색깔이 부재하는 상태다. 혹은 색깔이 아니다. 아무 색깔도 없을 때, 그 진공 상태가 흑이다. 흑 자체는 색깔이 아니다. 자연에서 흑을 발견하지 못하는 이유가 여기에 있다. 자연에 흑은 거의 존재하지 않는다. 백 또한 색깔이 아니다. 백은 모든 색깔의 혼합이다. 모든 색깔을 섞어 놓으면 백이 된다. 그것은 색깔이 아니다. 백이 하나의 극단이라면 흑은 다른 극단이다. 백은 모든 색깔이 현존하는 상태이며, 흑은 모든 색깔이 부재하는 상태이다. 이 두 극단 사이에 진짜 색깔들이 존재한다. 초록, 빨강, 노랑, 그리고 그 색깔들의 다양한 농도가 흑과 백이라는 두 극단 사이에 존재한다.

미소 지을 때 나는 흑이나 백을 말하고 있지 않다. 긍정이나 부정을 말하는 것이 아니다. 나는 스펙트럼 안에 있는 진짜 색깔들을 주고 있는 것이다. 해석하지 말라. 해석할 때 그대는 흑과 백 둘 중의 하나를 선택한다. 그러나 나의 미소는 둘 다 아니다. 나의 미소는 그 중간 어딘가에 있다. 너무나 미묘하기 때문에 언어로는 표현이 불가능하다. 만일 언어로 표현이 가능했다면 나는 그대에게 무엇인가 말했을 것이다. 그대를 쓸데없는 문제에 빠뜨리지 않았을 것이다.

그대가 나를 찾아와 어떤 말을 하는데 나는 아무 대답도 하지 않는다. 그대가 나를 보러 왔는데 나는 아무것도 묻지 않는다. 이런 일이 종종 있다. 나는 그대를 잊어버리고 다른 사람들에게 묻는다. 그대를 제외시켜 버린다. 이때 그대는 이것을 해석하기 시작할 것이다. 왜 해석하는가? 해석하지 말라. 그저 나의 행동이 그대 안에 깊이 자리잡게 하라. 어느 날엔가, 아주 깊은 명상의 순간에 그 의미가 저절로 피어날 것이다. 나는 그대 안에 씨앗을 심고 있는 것이지, 말과 이론을 주는 것이 아니다.

내가 세상을 떠난 다음에는 부디 나를 철학자가 아니라 시인으로 기억해 달라. 시는 다양한 각도로 이해되어야 한다. 시를 사랑해야지 해석

해서는 안 된다. 시를 수없이 되뇌어서 그대의 피와 살이 되게 해야 한다. 시를 수없이 반복해서 거기에 숨어 있는 미묘한 뉘앙스를 남김없이 이해해야 한다. 시가 그대 안으로 들어가서 생명의 힘이 되게 하라. 그 시를 완전히 소화하고 나서 잊어버려라. 시가 더 깊이 파고 들어가 그대를 변화시키게 하라.

부디 나를 시인으로 기억해 달라. 물론, 나는 종이 위에 시를 쓰지 않는다. 그러나 나는 살아 있는 매개체 안에 시를 쓰고 있다. 바로 그대들 안에 시를 쓰고 있다. 존재계 전체가 이와 똑같은 일을 하고 있다.

헤라클레이토스는 말한다.

델피의 신탁은
말하지도 않고 숨기지도 않는다.
암시를 줄 뿐.

암시는 해석되어야 하는 것이 아니다. 암시는 삶을 통해 경험되어야 하는 것이다. 그대의 마음은 해석하려는 경향이 있다. 마음에게 현혹되지 말라. 마음에게 이렇게 말하라.

"이것은 네 일이 아니다. 이 일은 너와 상관없다. 이 일은 내게 맡기고 너는 다른 데 가서 놀아라. 이 암시가 나의 존재 깊숙이 들어가도록 놔두라."

바로 이것이 내가 그대에게 말하는 동안 하고 있는 일이다. 나는 그대의 마음에게 말하고 있지 않다. 나는 빛나는 존재로서의 그대, 육화(肉化)된 신으로서의 그대, 무한한 가능성과 잠재력을 지닌 그대에게 말하고 있는 것이다. 나는 그대의 과거가 아니라 미래에게 말하고 있다. 그대의 과거는 쓰레기다. 그것을 버려라! 쓰레기를 갖고 다니지 말라. 나는 그대의 미래에게 말하고 있다. 기대의 대상이 될 수 없는 자, 아직 알려지

The Hidden Harmony

지 않은 자에게 말하고 있다. 서서히 그대는 알려지지 않은 세계의 음악을 듣게 될 것이다. 이 음악 속에서 모든 대립이 사라지고 숨은 조화가 나타난다.

그렇다, 본질은 숨기를 좋아한다. 본질은 하나의 신비다. 그것은 해결해야 할 문제나 수수께끼가 아니다. 살고, 즐기고, 누려야 할 신비인 것이다.

열하나,
만물은 변화한다

우리는 같은 강물 속에 발을 담그지만
같은 강물에 발을 담그는 것이 아니다.

같은 강물에 두 번 발을 담그는 것은 불가능하다.

모든 것은 흘러간다. 아무것도 머물지 않는다.
모든 것이 사라진다. 아무것도 고정되어 있지 않다.

차가움은 따스함이 되고, 따스함은 차가움이 된다.
젖은 것은 마르고, 마른 것은 젖게 된다.

병이 있기에 건강이 유쾌하고,
악이 있기에 선이 유쾌하다.
배고픔이 있기에 포만감이 유쾌하고,
피곤함이 있기에 휴식이 유쾌하다.

살아 있음과 죽음, 깨어 있음과 잠, 젊음과 늙음,
이것은 하나이며 똑같은 것이다.
상황에 따라 전자가 후자가 되고,
후자가 다시 전자가 된다.
뜻밖의 돌연한 반전(反轉)에 의해서.

그것은 헤어졌다가
다시 하나로 합쳐진다.

모든 것은 적당한 때가 있는 법이다.

The Hidden Harmony

You cannot step twice into the same river
— 만물은 변화한다

우리는 같은 강물 속에 발을 담그지만
같은 강물에 발을 담그는 것이 아니다.

이것을 명심하라. 외형적으로는 모든 것이 똑같은 상태를 유지하는 것 같지만 사실은 그렇지 않다. 모든 것이 변화하며 흐른다. 이것이 일반적인 종교와 진정한 종교간의 기본적인 차이점이다. 힌두교에서는 변화하는 것은 외형, 즉 마야(maya)일 뿐이며, 결코 변하지 않는 브라흐만(brahman)이 있다고 말한다. 그러나 헤라클레이토스는 정반대로 말한다. 그는 영원한 것처럼 보이는 것은 외형일 뿐이고, 변하는 것이 브라흐만이라고 말한다. 붓다의 이해도 이와 같다. 붓다에 의하면, 변화만이 영원하다. 변화가 단 하나의 영원한 현상이다. 오직 변화라는 현상만이 변하지 않는다. 그 외에 다른 것은 모두 변화한다. 나의 이해 또한 이와 같다.

영원한 진리를 추구하는 것은 그대 자신의 에고를 추구하는 것에 다름 아니다. 영원한 신을 추구할 때 그대는 무엇을 바라고 있는 것일까?

그대는 어떤 식으로든 영원히 존재하기를 원하는 것이다. 그대는 영원히 존재하고 싶어한다. 그래야 이 세상이 바뀌어도 걱정할 것이 없기 때문이다. 그대의 마음은 이렇게 말한다.

"신의 왕국을 찾아라. 거기엔 아무 변화도 없을 것이다. 너는 영원히 살게 될 것이다."

힌두교, 유태교, 기독교 등의 일반 종교는 기본적으로 에고의 여행(ego-trip)이다. 그대는 왜 변화가 외형적인 현상일 뿐이라고 말하는가? 그대는 변화를 두려워하기 때문이다. 변화는 죽음처럼 보인다. 그대는 무엇인가 영구적인 것에 의존하고 싶어한다. 그대는 영원한 안식처를 원한다. 그러나 이 세상에서는 그런 안식처를 찾을 수 없다. 이 세상에서는 영원한 관계를 발견할 수 없다. 그래서 그대는 신과의 관계에 이런 생각을 투영한다. 신은 영원하기 때문에 그와 함께 있으면 그대 또한 영원할 것이라고 생각한다. 이런 식의 추구, 영원히 머물고 싶어하는 이 욕망이 문제다. 왜 그대는 존재하기를 원하는가? 존재하지 않으면 안 되는가? 왜 그대는 비존재를 두려워하는가? 비존재, 무(無), 공(空), 죽음, 이런 것들을 두려워하는 한 진리를 아는 것은 요원한 일이다. 자기 자신을 완전히 버릴 준비가 되어야만 진리를 알 수 있다.

그러므로 붓다는 이렇게 말한다.

"영혼은 없다. 그대는 자아가 아니다. 그대는 아트마(atma)가 아니라 아나트마(anatma)다. 그대는 무아(無我)다. 그대 안에는 영원한 것도 없고, 고정불변의 실체도 없다. 그대는 그저 하나의 흐름일 뿐이다."

왜 붓다는 무아(無我)를 설파하는가? 비존재와 무를 받아들이면 죽음에 대한 공포가 사라지기 때문이다. 이때 그대는 자기 자신을 완벽하게 버릴 수 있다. 그리고 자기 자신을 완벽하게 버렸을 때 진리를 보는 눈이 생긴다. 이때 그대는 진리를 알 수 있다. 그러나 에고가 있으면 진리를 아는 것은 불가능하다. 에고가 부재하는 무아의 심연 속으로 들어가

야만 진리에 대한 인식이 생긴다. 이때 그대는 투명한 거울이 된다. 에고가 있을 때 그대는 언제나 해석을 가한다. 이런 식으로는 진리를 알 수 없다. 에고가 있을 때 그대는 해석자의 위치를 지키며 교묘하게 숨어 있다. 그런데 그대의 해석은 진리가 아니다. 그대는 모든 거짓의 매개체다. 그대를 통과하면서 모든 것이 거짓이 된다. 그대가 존재하지 않을 때 진리가 드러난다.

그대는 어떻게든지 이해에 도달해야 한다. 무아에 대한 이해, 변함없는 흐름에 대한 이해, 고정된 실체는 없고 흐름만 있을 뿐이라는 것을 이해해야 한다. 이때 그대는 투명한 거울이 된다. 이때에는 동요할 자도 없고 해석할 자도 없다. 왜곡할 자가 없다. 그대 안에서 존재계가 있는 그대로 반영된다. 이렇게 존재계가 있는 그대로 비치는 것, 이것이 진리다.

영원히 존재하기를 원한다는 것은 그대가 주어진 순간을 살지 못했다는 것을 보여준다. 자신의 삶을 충실하게 산 사람, 삶을 맘껏 즐긴 사람은 언제든지 죽을 준비가 되어 있다. 그는 언제나 떠날 준비가 되어 있다. 그러나 삶을 즐기지 못한 사람, 주어진 순간을 제대로 살지 못한 사람은 두려워한다. 아직 이루지 못한 일이 많은데 떠날 시간이 다가오기 때문이다. 죽음에 대한 공포는 죽음 자체에 대한 것이 아니다. 그것은 아직 미완성으로 남아 있는 일에 대한 두려움이다. 죽음이 다가오는데 그대는 삶을 통해 아무것도 경험하지 못했다. 성숙하지도 못했으며, 꽃처럼 피어나지도 못했다. 그대는 빈손으로 왔다가 빈손으로 간다. 이것이 두려움의 정체다.

삶을 완전히 산 사람은 항상 죽을 준비가 되어 있다. 이 준비된 자세는 강요된 것이 아니다. 그의 준비성은 꽃에 비유될 수 있다. 꽃이 피어나 사방에 향기를 날린다. 매순간을 즐기며 산들바람에 춤춘다. 바람을 견디고 서서 하늘을 쳐다보고 일출을 감상한다. 저녁때가 되면 완전한 만

족이 오고, 꽃은 대지로 돌아가 휴식할 준비를 한다. 삶을 완전히 누리고 난 다음의 휴식은 아름답다. 이것이 자연의 이법(理法)이다. 꽃은 대지로 돌아가 잠을 잔다. 긴장도 없고 번뇌도 없다. 울면서 매달릴 일도 없다.

그대가 삶에 매달리는 것은 제대로 살지 못했기 때문이다. 그대는 강한 바람을 견디며 꿋꿋하게 살지 못했다. 저녁이 다가오고 있는데 그대는 아직 아침이 무엇인지도 모른다. 아직 젊음도 누리지 못했는데 늙음이 문을 두드리고 있다. 아직 사랑도 해보지 못했는데 죽음이 오고 있다. 이렇게 충족되지 못한 상태에서 죽음이 올 때 두려움이 일어난다. 붓다는 삶을 충분히 누린 사람은 언제나 죽을 준비가 되어 있다고 말한다. 이 준비성은 강요된 것이 아니다. 자연적으로 그렇게 된 것이다. 태어난 사람은 반드시 죽는다. 이 세상에 온 사람은 떠나야 한다. 이것이 존재계의 수레바퀴다. 이 삶을 통해 그대는 '존재' 라는 부분을 살았다. 이제 그대는 '비존재' 라는 부분을 살 것이다. 그대는 존재했었지만 이제 존재하지 않게 될 것이다. 그대는 이 세상에 모습을 드러냈었다. 이제 현현(顯現)되지 않은 차원으로 들어가야 한다. 그대는 육체를 갖고 가시적인 세계에 살았다. 이제는 육체가 없는 비가시적인 차원으로 들어갈 것이다. 그대는 낮을 즐겼다. 이제는 한밤의 휴식을 즐길 때가 되었다. 여기에 무슨 문제가 있는가? 무엇이 잘못되었는가?

영원을 추구한다는 것은 그대가 아직 충족되지 못했음을 보여준다. 영원한 자아를 추구하는 것은 일종의 집착이다. 그대는 죽음이 다가오는 것을 안다. 이제 어떻게 할 것인가? 몸은 먼지가 되어 사라질 것이다. 이제 그대는 소멸하지 않는 영원한 자아가 있을 것이라고 기대한다. 소멸을 두려워하는 사람들은 영원한 영혼을 믿는다.

이 나라를 보라. 인도 전체가 영혼이 영원하다고 믿는다. 그러나 세상에 이 나라보다 겁이 많은 나라가 없다. 이것은 우연한 일이 아니다. 왜

The Hidden Harmony

인도인들은 그렇게 겁이 많은가? 만일 그들이 진정으로 영혼이 죽지 않는다는 것을 안다면 세상에서 가장 용감한 사람이 되어야 한다. 그들에게는 죽음이 존재하지 않기 때문이다. 인도인들은 불사(不死)에 대해 끊임없이 말한다. 그러나 그들의 삶을 관찰해 보면 그들보다 더 죽음을 무서워하는 사람들이 없다. 그렇지 않다면 이 나라가 천년 동안이나 노예 상태로 지낸 것을 어떻게 설명하겠는가? 영국은 인도의 주(州) 하나보다도 작다. 고작 3천만 명밖에 안 되는 영국이 5억 인구의 인도를 지배할 수 있었다. 이렇게 불가능해 보이는 일이 어떻게 가능했던 것일까? 인도인들이 겁쟁이기 때문이다. 그들은 불사(不死)에 대해 말하지만 침략에 맞서 싸우지 못한다. 죽음이 무섭기 때문이다. 이것은 우연한 일이 아니다. 여기엔 어떤 이유가 숨어 있다.

어떤 사람이 불사에 대해 지나치게 많은 말을 한다는 것은 그가 죽음을 무서워한다는 것이다. 그는 겁쟁이다. 인도는 성직자들 때문에 삶을 제대로 살지도 못했다. 이 성직자들은 사람들에게 세상을 포기하라고 가르친다. 인도인들은 삶을 살기도 전에 포기할 준비를 한다. 이때 두려움이 들어온다. 삶을 충분히 누린 사람, 삶 속에서 자신의 능력을 최대한으로 발휘한 사람은 죽음을 두려워하지 않는다. 오직 이런 경우에만 죽음에 대한 공포가 사라진다. 그 전에는 절대로 안 된다. 사랑하지도 못하고 제대로 먹지도 못한 사람, 삶을 즐기지도 못하고 춤춰 본 적도 없는 사람이 세상을 포기한다. 그가 세상을 비난하며 "이 세상은 너무 물질적이다. 나는 물질주의를 반대한다!'고 말한다. 반대한다고 말하는 이 '나'는 누구인가? 이 '나'가 에고다.

소위 정신주의자(spiritualist)로 불리는 사람들보다 더한 에고이스트(egoist)는 없다. 그들은 항상 물질주의를 반대한다. 그들은 언제나 이렇게 말한다.

"너는 인생을 낭비하고 있다. 먹고 마시고 즐기는 것, 이것이 너의 종

교다. 너는 아무짝에도 쓸모 없는 인간이다. 너 같은 인간은 지옥에 던져 버려야 한다!'

그러나 감히 누가 이렇게 비난할 수 있는가? "먹고 마시고 즐기는 것"에 무슨 문제가 있는가? 무엇이 잘못되었는가? 그것이 삶의 첫 번째 영역이다. 당연히 그렇게 되어야 한다. 먹고 마시고 즐겨야 한다. 이 삶을 누리고 찬양해야 한다. 이렇게 삶을 최대한으로 즐겼을 때 비로소 미련 없이 떠날 수 있다. 아무 불만 없이 떠날 수 있다. 그대는 낮을 살았고 이제 밤이 왔다. 그대의 낮은 너무나 아름다웠다. 그대는 파도처럼 굽이치는 삶을 살았으며, 순간이 요구하는 일이면 무엇이든지 했다. 그 다음에 휴식할 시간이 오고, 그대는 다시 대지의 품으로 돌아간다. 이것은 참으로 아름다운 일이다.

인도는 삶을 포기했다. 이렇게 삶을 등지도록 가르치는 종교는 사이비 종교다. 이 삶을 최대한으로 즐기도록 가르치는 종교가 진정한 종교다. 이것이 삶의 아름다움이다. 삶을 최대한으로 살면 포기는 저절로 온다. 이것이 자연의 법칙이다. 잘 먹은 다음에는 포만감이 온다. 충분히 마신 다음에는 갈증이 사라진다. 그대가 잘 살았다면 삶에 대한 집착이 사라진다. 이것은 당연한 귀결이다. 이것이 자연의 법칙이다. 이것이 로고스다.

잘 살지 못했을 때 항상 미련이 남는다. 그리고 어떻게 살 것인지에 대해 꿈을 꾸게 된다. 제대로 살아보지도 않고 이 삶을 포기했을 때, 그대는 다른 삶을 상상할 수밖에 없다. 그대는 영원한 자아를 꿈꾼다. 그렇지 않으면 무엇을 할 것인가? 이 삶을 놓쳤는데 다른 삶마저 없다면? 정말 큰일이다. 그래서 그대는 영원한 자아를 필요로 한다. "몸은 죽지만 자아는 죽지 않는다. 자아는 영원하다"고 믿으면서 자신을 위로해야 한다.

붓다, 헤라클레이토스, 그리고 나의 말에 귀를 기울이면 육체가 죽기

The Hidden Harmony

전에 자아가 먼저 죽는다. 자아는 육체보다 더 허구적인 것이다. 육체가 더 실제적이다. 육체가 죽기 위해서는 70년이라는 시간이 걸린다. 그러나 자아는 매순간 죽는다. 잘 관찰해 보라. 그대는 아침에 어떤 자아를 갖고 있었는데 오후가 되면 다른 자아를 갖고 있다. 아침에 그대는 행복했었다. 그것은 다른 자아였다. 그런데 오후가 되면 그 자아가 가 버린다. 그렇다. 헤라클레이토스의 말은 옳다.

우리는 같은 강물 속에 발을 담그지만
같은 강물에 발을 담그는 것이 아니다.

그대는 오후에도 똑같은 자아를 갖고 있는 것처럼 보인다. 그러나 그렇게 보일 뿐이다. 아침에 행복에 겨워하던 그 자아는 어디로 갔는가? 새들과 함께 노래하고, 떠오르는 태양과 더불어 춤추던 그 자아는 어디로 갔는가? 오후가 되면 그대는 이미 서글퍼진다. 이미 저녁이 찾아온다. 오후가 한창인데도 그대의 에고는 이미 밤을 맞는다. 서글퍼진다는 말이다. 그것이 똑같은 자아인가? 미워할 때와 사랑할 때, 그것이 똑같은 자아인가? 우울할 때와 한껏 즐거워할 때, 그것이 똑같은 자아인가? 아니다. 다만 똑같은 것처럼 보일 뿐이다. 갠지스 강에 가보라. 갠지스 강은 하루 종일 똑같은 것처럼 보인다. 그러나 그렇지 않다. 갠지스 강은 끊임없이 흐르고 있다.

헤라클레이토스는 강이라는 상징을 좋아하지만 붓다는 불꽃을 상징으로 선호한다. 이 불꽃이라는 상징은 더 미묘하다. 불꽃은 똑같은 것처럼 보이지만 그렇지 않다. 불꽃은 매순간 사라지고 있다. 낡은 불꽃이 가고 새로운 불꽃이 나타난다. 저녁에 촛불을 켜 놓고 다음날 아침 끈다고 할 때, 이 촛불을 똑같은 것으로 생각하지 말라고 붓다는 말한다. 똑같을 수가 없다. 불꽃은 밤새도록 타오르고 있었다. 밤새도록 불꽃이 사

Discourses On The Fragments Of Heraclitus

라지고 또 사라졌으며, 새로운 불꽃이 끊임없이 태어나고 있었다. 그러나 이렇게 사라지는 불꽃과 태어나는 불꽃 사이의 간격이 너무나 미묘하기 때문에 그대는 차이점을 알지 못한다.

붓다는 이렇게 말한다.

"그대가 태어날 때 갖고 있던 자아는 죽지 않을 것이다. 그것은 이미 오래전에 죽었다! 태어날 때의 그대와 죽을 때의 그대가 똑같은 사람이 아니다."

붓다는 또 이렇게 말한다.

"그것은 하나의 연속체이긴 하지만 똑같은 것은 아니다."

저녁때의 불꽃과 다음날 아침의 불꽃은 하나의 연속체(連續體)다. 그러나 똑같은 불꽃은 아니다. 갠지스 강은 똑같아 보이지만 똑같지 않다. 모든 것이 변화한다.

변화가 만물의 본질이다. 영원은 환상에 지나지 않는다. 이런 안목은 힌두교의 시각보다 더 심오하다. 이것은 지금까지 인간이 얻은 가장 심오한 통찰이다. 인간은 영원한 집을 갖고 싶어한다. 인간은 영원한 기반, 영원한 뿌리를 원한다. 그러나 영원은 허구(虛構)다. 외양의 동일함 때문에 영원이 있는 것처럼 보이는 것이다. 예를 들어, 그대의 얼굴은 아침이나 저녁이나 똑같다. 그래서 우리는 그대를 보고 똑같은 사람으로 생각한다. 그대는 어제도 있었고, 그저께도 있었다. 그대의 얼굴이 똑같아 보인다. 그러나 정녕 그대가 똑같은 사람인가? 오늘 아침, 나를 보러 찾아왔을 때 그대는 다른 사람이었다. 그대는 이미 변화했다. 그리고 이 자리에서 일어날 때에도 그대는 똑같은 사람이 아닐 것이다. 내 말에 귀를 기울이는 동안 무엇인가 그대 안으로 들어갔다. 그대의 자아가 변했다. 갠지스 강에 새로운 시냇물이 흘러들었다. 내가 그대 안으로 들어갔다. 그대가 어떻게 다시 똑같은 사람이 될 수 있겠는가? 절대로 똑같은 사람이 될 수 없다. 그럴 방법이 없다. 매순간 수많은 여울이 그

|355

대의 의식 안으로 흘러든다. 길을 가는데 꽃이 그대를 보고 미소 짓는다. 이 꽃이 그대를 변화시킨다. 서늘한 바람이 불어와 그대의 몸을 훑고 지나간다. 이 바람이 그대를 변화시킨다. 태양이 떠오르면서 그대에게 따스한 기운을 선사한다. 이 태양이 그대를 변화시킨다.

매순간, 모든 것이 변하고 있다. 영원한 것은 없다.

이것을 이해하면 무슨 일이 일어나는가? 이것을 이해하면 에고가 떨어져 나갈 수 있는 최고의 상황이 조성된다. 모든 것이 변화한다고 할 때, 왜 집착하겠는가? 아무리 집착해도 변화를 중단시킬 수는 없다. 강물의 흐름을 중단시킬 수는 없다. 강물은 끊임없이 흐른다. 그것을 중단시키는 것은 불가능하다. 그런데 우리는 사물을 고정시키려고 한다. 그것을 영원한 것으로 만들려고 한다. 이렇게 함으로써 우리는 스스로 지옥을 만들어 놓는다. 아무것도 고정시킬 수 없다. 이 아침에 나는 그대를 사랑한다. 그러나 내일 아침에 어떻게 될지 누가 아는가? 그대는 사랑마저 고정시키려고 한다. 오늘 아침과 똑같은 사랑을 내일 아침에도 붙잡아 두려고 한다. 이렇게 모든 것을 고정시키려 하고 집착한다면 그대는 이미 죽은 사람이다. 내일 아침에 대해서는 아무도 모른다. 내일 아침은 미지의 세계다. 아무것도 기대할 수 없다.

기대는 사물이 영원할 때에만 가능하다. 영원한 것이 아무것도 없을 때 기대는 저절로 떨어져 나간다. 모든 것이 계속 변하기 때문에 아무것도 기대할 수 없다. 그리고 기대가 없다면 좌절도 있을 수 없다. 그대가 좌절을 겪는 것은 기대가 있기 때문이다. 기대하지 않으면 좌절도 없다. 그대가 기대감을 갖는 것은 사물이 영원하다고 생각하기 때문이다. 그러나 영원한 것은 없다.

우리는 같은 강물 속에 발을 담그지만
같은 강물에 발을 담그는 것이 아니다.

겉으로만 똑같아 보일 뿐이다. 강만 그런 것이 아니라 그대 또한 그렇다.

같은 강물에 두 번 발을 담그는 것은 불가능하다.

강물도 똑같지 않을 것이며, 그대도 똑같지 않을 것이다. 각각의 순간이 새롭고 독특하다. 비교가 불가능하다. 이 순간은 전에도 없었고, 앞으로도 없을 것이다. 참으로 아름다운 현상이다! 이 순간은 과거의 반복이 아니다. 절대적으로 새롭다. 그러나 집착과 소유욕을 갖고 영원한 것을 추구한다면 그대는 이 새로움을 놓칠 것이다. 생각해 보라. 만일 영원한 자아를 갖게 된다면 그 자아는 바윗돌처럼 딱딱할 것이다. 아니, 바윗돌도 변화한다. 영원한 자아는 꽃처럼 될 수 없다. 만일 그대가 영원한 자아를 갖는다면, 사물이 영구적인 자아를 갖고 있다면, 이 존재계는 지겨운 것이 될 것이다. 즐거운 축제가 될 수 없을 것이다.

매순간이 새로운 것을 가져다 주어야만 축제가 가능하다. 매순간 미지의 세계에서 새로운 것이 올 때, 순간마다 미지의 것이 뚫고 들어올 때, 이때 삶은 짜릿한 전율이 된다. 기대가 있을 수 없다. 이때 삶은 끊임없이 미지의 영역으로 들어간다. 이렇게 되면 아무것도 그대를 좌절시킬 수 없다. 처음부터 그대가 영원히 똑같은 것을 기대하지 않기 때문이다.

세상에 이토록 절망이 많은 것은 사람들이 영원한 것을 기대하기 때문이다. 영원함은 사물의 본질이 아니다. 이것은 바꿀 수 없는 사실이다. 그대는 영원이라는 개념을 버리고 성장해야 한다. 성장해서 하나의 흐름이 되어야 한다. 견고한 바위가 되지 말라. 연약한 꽃이 되어라. 그대의 브라흐마(brahma)는 견고한 바윗돌이다. 헤겔(Hegel, 1770-1831. 독일 관념론 철학의 대성자. 변증법과 로고스를 주장했다)과 상카라(Shankara)가 말하

The Hidden Harmony

는 절대자는 딱딱한 바윗돌이다. 그러나 붓다가 말하는 열반(涅槃), 헤라클레이토스의 이해는 연약한 꽃처럼 항시 변한다. 꽃이 살아 있는 동안 즐겨라. 그 이상을 요구하지 말라.

사랑을 할 때에는 그 사랑이 존재하는 동안 즐겨라. 그 사랑을 영원한 것으로 만들려고 애쓰지 말라. 그렇게 애쓰는 동안 그대는 사랑의 순간을 놓쳐 버린다. 그대가 노력해서 준비를 마칠 때쯤이면 사랑의 꽃은 이미 시들어 버린다. 즐길 준비가 되었을 때 사랑의 순간은 이미 지나갔다. 아무도 그 순간을 돌이킬 수 없다. 그럴 방법이 없다. 강물은 계속해서 흘러간다. 그대는 매순간 새로운 기슭으로 밀려간다.

그런데 마음은 이미 지나간 기슭에 대해 생각한다. 이것이 문제다. 이것이 고민과 번뇌의 원인이다. 매순간 강물은 새로운 기슭에 가 닿는다. 미지의 세계로 흘러간다. 이것은 참으로 아름다운 일이다. 그런데 마음은 이미 지나간 기슭, 더 이상 존재하지 않는 기슭을 미래에 투영하려고 한다. 만일 그대가 원하는 대로 되었더라면 삶 전체가 추해졌을 것이다.

힌두교와 자이나교에는 '모크샤(moksha)'라는 개념이 있다. 아무것도 변하지 않는 의식의 상태가 모크샤다. 힌두교와 자이나교에 따르면, 깨달은 사람들은 절대적으로 영원한 모크샤의 상태에 머문다. 아무런 변화도 일어나지 않는다. 이런 상황을 생각해 보라. 그것은 완벽한 지루함이 될 것이다. 어떻게 손써 볼 도리가 없다. 너무나 완벽한 지루함이다. 이보다 더 지겨운 상황은 상상할 수도 없다. 거기에 신과 그대가 앉아 있다. 아무 변화도 없으며, 할 말조차 없다. 한순간조차 영원으로 느껴질 만큼 지루하다.

잘못된 개념이다. 붓다와 노자, 헤라클레이토스에게 있어서 변화는 존재의 본질이다. 이 변화가 모든 것을 아름답게 만든다.

젊은 여자… 그대는 그녀가 항상 젊은 여자로 남아 있기를 원한다. 그러나 실제로 그런 일이 일어난다면 그대는 지겨워질 것이다. 생물학적

Discourses On The Fragments Of Heraclitus

장치나 과학 기술에 의해 그런 일이 현실화된다면… 그런 일은 가능하다! 조만간 몸에 호르몬 주사를 놓는다든지, 이런 저런 생물학적 방법에 의해 인간이 나이를 먹지 않는 날이 올 것이다. 인간은 이렇게 어리석다. 스무 살의 여자가 영원히 스무 살로 남을 것이다. 그대는 이런 여자를 사랑할 수 있는가? 그녀는 마네킹 같은 여자가 될 것이다. 아무것도 변하지 않고 언제나 똑같은 여자가 된다. 여름도 없고, 겨울도 없고, 봄도 없고, 가을도 없다. 그녀는 죽은 것이나 다름없다. 이런 여자를 사랑할 수 있는가? 그녀와 함께 있는 것은 끔찍한 악몽이 될 것이다. 그대는 이 여자를 피해 멀리 도망칠 것이다.

계절의 변화는 아름답다. 이 변화를 통해 그대는 매순간 새로워진다. 순간마다 새로운 기분, 새로운 존재의 뉘앙스가 있다. 순간마다 새로운 눈과 새로운 얼굴이 있다.

누가 늙은 여자를 추하다고 말하는가? 늙은 여자가 추해지는 것은 젊게 보이려고 노력하기 때문이다. 이때 그녀는 추해진다. 얼굴에 립스틱이나 이런 저런 화장품을 덕지덕지 발랐을 때 그녀는 추해진다. 그러나 나이를 자연스러운 것으로 받아들이면 늙은 얼굴보다 아름다운 얼굴이 없다. 인생 역정을 거치면서 주름진 그 얼굴이 아름답다. 그 얼굴에서 많은 경험과 성숙함이 배어 나온다.

전체적으로 산 사람은 늙어서 아름다워진다. 그러나 삶을 제대로 살지 못한 사람은 지나간 과거에 집착한다. 이런 사람은 추하다. 이미 젊은 시절이 지나갔는데도 그는 젊음을 과시하려고 한다. 이미 성(性)적으로 쇠퇴했는데도… 그가 전체적으로 살았다면 성은 벌써 지나갔을 것이다. 그는 삶의 특정한 순간에 아름다웠던 것들을 아직도 버리지 못하고 있다. 늙은 사람이 사랑에 빠지는 것은 우스꽝스럽다. 이것은 젊은 사람이 사랑에 빠지지 않는 것처럼 우스운 일이다. 이것은 삶의 계절 변화에 어긋난 일이다. 삶과 보조를 맞추지 못하는 일이다.

| 359

늙으면 추해진다는 말이 있는 것도 그 때문이다. 늙은 사람이 섹스에 대해 생각하는 것은 추하다. 이것은 그가 아직 성장하지 못했음을 보여준다. 성적인 단계에서 성은 아름다웠다. 그러나 이제 늙은 사람은 떠날 준비를 해야 한다. 죽을 준비를 해야 한다. 곧 그를 데리고 갈 배가 올 것이고, 그는 미지의 기슭으로 떠날 것이다. 이제는 떠날 준비를 할 시간이다. 그런데 그는 아직도 젊은 사람이나 어린애처럼 행동한다. 이보다 추한 것은 없다. 그는 미쳤다. 이미 지나간 것에 미련을 갖고 아등바등하는 것, 과거에 매달려 사는 것만큼 추한 것은 없다.

모든 것은 아름다운 때가 있는 법이다. 저마다 적당한 때가 있다. 그것을 어기려고 하지 말라. 자연의 흐름을 거스르지 않는 것, 나는 이것을 종교적이라고 부른다. 그대가 처한 순간에 진실하라. 젊을 때에는 젊은이답게 행동하라. 늙었을 때에는 늙은이답게 행동하라. 이것을 혼동하지 말라. 그렇지 않으면 그대의 삶은 뒤죽박죽 될 것이며, 뒤죽박죽 된 것은 추하다. 그대 쪽에서 특별히 해야 할 일은 아무것도 없다. 그저 자연의 흐름을 따라가면 된다. 무엇을 행하건 그대가 행하는 것은 모두 틀렸다. 행위 자체가 틀렸다. 그저 자연에 맡기고 흘러가라.

우리는 같은 강물 속에 발을 담그지만
같은 강물에 발을 담그는 것이 아니다.
같은 강물에 두 번 발을 담그는 것은 불가능하다.

늙은 사람이 다시 젊어질 수는 없다. 젊은 사람이 다시 어린애가 될 수도 없다. 젊은 사람이 어린애로 돌아가려고 한다면 그는 정신 박약이다. 이것은 그가 어린 시절을 제대로 살지 못했음을 보여준다. 그래서 미련이 남는 것이다. 심지어는 늙은 사람들까지 어린 시절로 돌아가기를 원한다. 그들은 첫걸음부터 잘못 딛었기 때문에 삶 전체를 놓쳤다. 어린아

이였을 때 그들은 어른이 되고 싶어했을 것이다. 어서 빨리 어른이 되어서 아버지나 아저씨들처럼 크고 힘센 사람이 되고 싶었을 것이다. 어린 아이였을 때 그들은 이렇게 생각했음에 틀림없다. 이런 식으로 어린 시절을 헛되이 보내고 인생의 막바지에 이르러 그들은 다시 어린 시절로 돌아가기를 원한다. 그들은 어린 시절을 아름다운 낙원과 같았다고 말하면서 시를 쓴다.

이들은 삶을 놓친 사람들이다. 낙원을 놓친 사람만이 낙원에 대해 떠든다. 실제로 낙원에서 산 사람은 낙원에 대해 말하지 않는다. 만일 그대가 낙원 같은 어린 시절을 살았다면 젊은 시절 또한 아름다웠을 것이다. 젊은 시절은 그대가 어린 시절에 살았던 낙원에 기초하기 때문이다. 그대의 젊은 시절이 아름다움으로 빛날 것이다. 또한 젊은 시절을 전체적으로 살았다면 그대의 노년은 삶의 최정상이 된다. 에베레스트 봉우리가 된다. 이때 노인의 흰머리는 정상에 쌓인 흰 눈과 같다. 그는 인생의 모든 강을 여행하며 수많은 변화를 겪었다. 모든 기슭을 탐험했다. 이제 그는 편히 쉴 수 있다. 난생 처음으로 휴식이 찾아온다. 이때 그는 그 자신이 될 수 있다. 더 이상 갈 곳도 없고 해야 할 일도 없다. 그는 완전히 릴랙스한다.

늙은 사람이 릴랙스하지 못한다면, 이것은 그가 삶을 제대로 살지 못했음을 증명한다. 그리고 편히 쉴 수 없다면 어떻게 죽음을 받아들일 수 있겠는가? 죽음을 받아들이지 못하는 사람들이 영원한 자아, 영원한 신을 꿈꾼다.

이것을 명심하라. 변화가 유일한 신이다. 변화만이 영원하다. 변화를 제외한 다른 모든 것은 변한다. 오직 변화만이 변하지 않는다.

모든 것은 흘러간다. 아무것도 머물지 않는다.
모든 것이 사라진다. 아무것도 고정되어 있지 않다.

준비를 해야 한다. 준비하는 것, 이것이 내가 명상이라고 부르는 것이다. 어떤 것이 갈 때에는 준비를 해야 한다. 그것이 가도록 내버려두어야 한다. 불평할 필요도 없고, 소란을 떨 필요도 없다. 어떤 것이 사라질 때에는 그냥 사라지게 놔두어야 한다.

한 사람을 사랑한다 해도 이별의 순간은 온다. 이 이별의 순간이 그대의 진짜 모습을 보여준다. 만일 불평하고, 매달리고, 화를 내고, 폭력을 휘두르고, 파괴적이 된다면 그대는 그 사람을 사랑한 것이 아니다. 진실로 사랑했다면 헤어짐마저 아름다운 경험이 된다. 그대는 그 사람에게 감사할 것이다. 이제 헤어질 때가 왔다. 진실로 그를 사랑했다면 가슴 전체로 그에게 '안녕' 이라고 말할 수 있다. 그에게 크게 감사할 것이다. 그러나 그대는 결코 사랑하지 않았다. 사랑에 대해 생각만 하고 있었을 뿐이다. 그대는 모든 일을 했지만 사랑만은 하지 않았다. 이럴 때 이별의 순간이 오면 그대는 아름다운 작별의 인사를 건넬 수 없다. 이제 그대는 핵심을 놓쳤음을 깨닫는다. 사랑하지도 못했는데 그가 떠나고 있다. 그래서 그대는 화를 내고, 폭력적이 된다. 공격적이 된다. 이별의 순간은 그대의 모든 것을 보여준다. 그것이 절정의 순간이기 때문이다. 이렇게 헤어지고 난 후 그대는 평생 동안 그녀에 대해 못마땅하게 생각할 것이다. 그녀가 그대의 인생을 망쳤다고 푸념할 것이다. 평생 동안 상처를 안고 살아갈 것이다. 사랑은 그대를 꽃처럼 피어나게 해야 한다. 그런데 현실은 그렇지 않다. 세상 곳곳에서 사랑은 상처를 줄 뿐이다. 나는 도처에서 이런 일들을 목격한다.

연인과 같이 있는 동안에 그를 사랑하라. 다음 순간에 어떻게 될지 아무도 모른다. 언제 이별의 시간이 올지 모른다. 진실로 그를 사랑했다면 이별 또한 아름다울 것이다. 삶을 사랑했다면 삶과의 이별 또한 아름다울 것이다. 그대는 삶에 대해 감사할 것이다. 다른 쪽 기슭으로 떠나면서 그대는 감사의 말을 남길 것이다. 삶이 준 수많은 경험, 그대는 그 선

물에 감사할 것이다. 그대가 어떤 사람이건 삶이 지금의 그대를 만들었다. 불행한 순간이 있었지만 행복한 순간도 있었다. 고통만 있었던 것이 아니라 기쁨도 있었다. 이렇게 양쪽 모두를 전체적으로 산 사람은 고통이 행복을 위해 존재한다는 것을 안다. 밤은 그대에게 새로운 낮을 주기 위해 존재한다. 이것이 게쉬탈트(gestalt)다. 고통이 없으면 기쁨이 존재할 수 없다. 그래서 고통이 있는 것이다. 그대는 기쁨의 순간뿐만 아니라 고통의 순간에 대해서도 감사할 것이다. 고통의 순간이 없으면 기쁨의 순간도 존재할 수 없다. 그대는 이 삶 전체에 대해 감사할 것이다. 좋고 나쁜 것을 선택하지 않을 것이다. 이 삶을 통해 성장한 사람, 삶의 고통과 기쁨을 아는 사람은 헤라클레이토스의 말을 이해한다.

"신은 여름이며 겨울이다. 신은 삶이며 죽음이다. 신은 낮이며 밤이다. 신은 고통이며 기쁨이다. 신은 양쪽 모두이다."

이것을 이해하는 사람은 고통을 나쁜 것으로 보지 않는다. 고통을 나쁘다고 말하는 사람은 아직 성숙하지 못한 사람이다. 이것을 이해했을 때 그대는 "나는 기쁨의 순간만을 택하겠다. 나는 고통의 순간을 피하겠다. 고통은 나쁘다"고 말하지 않을 것이다. 이렇게 말하는 사람은 유치하다. 아직 철이 들지 않은 사람이다. 그는 불가능한 것을 요구하고 있다. 그는 골짜기 없는 봉우리를 원한다. 이것은 어리석은 짓이다. 불가능한 일이다. 이것은 자연의 법칙이 아니다. 봉우리가 존재하기 위해서는 골짜기가 있어야 한다. 봉우리가 높을수록 골짜기도 그만큼 깊어진다. 이것을 이해하는 사람은 골짜기에 있을 때나 봉우리에 있을 때나 행복하다. 때로는 골짜기로 내려오고 싶은 순간이 있다. 골짜기는 휴식을 준다. 정상에 있는 것은 좋은 일이다. 그것은 짜릿한 희열이며 기쁨의 절정이다. 그러나 이런 절정 뒤에는 피곤함을 느낀다. 이럴 때를 위해 골짜기가 존재한다. 그대는 어두운 골짜기로 들어가 휴식한다. 자기 자신을 완전히 잊고 휴식한다. 마치 존재하지도 않는 것처럼. 고통과 행

The Hidden Harmony

복, 이 둘 다 아름답다. 만일 어떤 사람이 "나는 행복만 선택하겠다. 나는 고통을 택하지 않겠다"고 말한다면 그는 아직 성숙하지 못한 사람이다. 그는 삶의 실체가 무엇인지 모른다.

모든 것은 흘러간다. 아무것도 머물지 않는다.
모든 것이 사라진다. 아무것도 고정되어 있지 않다.

차가움은 따스함이 되고, 따스함은 차가움이 된다.
젖은 것은 마르고, 마른 것은 젖게 된다.

병이 있기에 건강이 유쾌하고,
악이 있기에 선이 유쾌하다.
배고픔이 있기에 포만감이 유쾌하고,
피곤함이 있기에 휴식이 유쾌하다.

선택하지 말라! 선택하는 순간 함정에 빠진다. 삶이 전체적으로 흘러가게 놔두어라. 반쪽은 불가능하다. 반쪽에 집착하는 것은 터무니없는 일이다. 마음은 항상 반쪽을 원한다. 그대는 사랑받기를 원할 뿐, 미움받는 것을 원하지 않는다. 그러나 사랑하는 사람들은 미워하기도 한다. 사랑과 더불어 미움이 들어온다. 미워할 줄 모르는 사람은 사랑할 수 없다. 사랑은 결합을 의미하며, 미움은 분리를 의미한다. 이것은 하나의 리듬이다. 연인과 함께 있을 때 그대는 봉우리에 있다. 그 다음에 서로 헤어져서 각자의 개인적인 영역으로 들어간다. 이것이 미움의 의미다. 다시 결합이 일어나도록 미움이 그대를 준비시킨다.

삶은 하나의 리듬이다. 삶은 구심력과 원심력의 리듬을 타고 진행된다. 모든 것이 분리되었다가 합쳐지고, 다시 분리되었다가 합쳐진다.

이슬람교 국가에서 일어났던 일이다. 그 나라의 왕이 한 여자를 사랑하게 되었다. 그런데 그 여자는 다른 남자를 사랑하고 있었다. 바로 왕의 노예를 사랑하고 있었던 것이다. 왕으로서는 이해하기 힘든 일이었다. 일국의 왕인 자기에게는 조금의 관심도 주지 않고 아무것도 아닌 노예를 연모하다니? 왕은 이 노예를 당장 죽일 수도 있었다. 그러나 삶은 신비하다. 삶은 수학 공식이 아니다. 삶이 어디로 갈지 아무도 모른다. 왕이라 해도 사랑을 강요할 수는 없다. 그리고 노예라 해도 사랑은 그를 왕으로 만든다. 삶은 너무나 신비하다. 삶은 경제학이나 수학이 아니다.

왕은 그녀의 환심을 사려고 열심히 노력했지만 아무런 소득이 없었다. 결국 그는 매우 화가 났다. 하지만 여자를 진심으로 사랑했기 때문에 그 노예를 죽이기도 망설여졌다. 물론, 그는 노예를 죽일 수도 있었다. 명령 한마디만 내리면 끝나는 일이었다. 그러나 그는 여자가 상처를 입을까봐 두려웠다. 그녀가 자살을 하거나 미칠지도 모른다. 그래서 그가 현자(賢者)에게 조언을 구했다. 이 현자는 헤라클레이토스와 같은 사람이었음에 틀림없다. 모든 현자는 헤라클레이토스와 같다. 헤라클레이토스는 최고의 현자다.

현자가 말했다.

"폐하께서는 크게 잘못하고 계십니다."

왕은 그 두 사람을 갈라 놓으려고 온갖 방법을 동원하고 있었다. 이에 대해 현자가 말했다.

"그것은 잘못입니다. 그들을 갈라 놓으려고 하면 할수록 그들은 더 같이 있고 싶어할 것입니다. 그들을 함께 지내게 하십시오. 그러면 그들의 관계는 곧 끝날 것입니다. 그들이 절대로 떨어질 수 없게 하십시오."

왕이 물었다.

"어떻게 하면 되겠소?"

현자가 말했다.

The Hidden Harmony

"그들을 불러다 함께 묶어 두십시오. 함께 사랑을 나누게 하십시오. 그리고 그들이 떨어지는 것을 절대로 허락하지 마십시오."

그래서 현자의 조언대로 실행되었다. 두 사람이 불려 와 기둥에 묶였고, 발가벗은 채 사랑을 나누게 했다. 그러나 여자와 함께 묶여 있다면 그녀를 얼마나 오래 사랑할 수 있겠는가? 결혼 생활에서 사랑이 없어지는 이유가 그것이다. 그들은 묶여 있다. 도망칠 수가 없다.

이 두 사람에게 바로 그런 실험이 행해졌다. 얼마 후 그들은 서로를 미워하기 시작했다. 그리고 몇 시간이 지나자 그들은 서로의 몸을 더럽혔다. 창자는 대변을 밀어내고, 방광은 소변을 배출해야 한다. 이것을 어떻게 막겠는가? 몇 시간 동안은 참을 수 있었다. 그러나 참는 데도 한계가 있다. 결국 대변과 소변이 배출되었고, 그들은 서로의 몸을 더럽혔다. 이제 그들은 서로를 더 미워하게 되었다. 그들은 눈을 감고 상대방을 보지도 않으려고 했다. 그들은 이런 식으로 스물네 시간을 묶여 있다가 풀려났다. 이 이야기에 의하면 그들은 다시는 서로의 얼굴을 보지 못했다고 한다. 그들은 풀려나자 마자 반대 방향으로 도망쳤다. 그리고 다시는 만나지 않았다. 모든 것이 추해졌다. 결혼 관계는 추해진다. 결혼한 사람들은 이 현자가 제시한 원리를 따르기 때문이다.

삶에는 리듬이 있어야 한다. 합쳐질 때가 있으면 떨어질 때가 있어야 하고, 함께 있을 때가 있으면 홀로 있을 때도 있어야 한다. 자유롭게 합쳐졌다가 다시 헤어지는 리듬이 있어야 한다. 이런 식으로 배고픔과 포만감이 창조된다. 만일 하루 24시간 내내 먹기만 한다면 배고픔도 없고 포만감도 없을 것이다. 먹은 다음에는 굶어라. 아침 식사를 뜻하는 영어 단어 'breakfast' 는 의미심장하다. 'breakfast' 는 '단식을 그만둔다 (breaking the fast)' 는 뜻이다. 그대는 밤새도록 굶었다. 음식을 즐기고 싶다면 굶어야 한다. 이것이 대립되는 것들 사이에 존재하는 숨은 조화다.

Discourses On The Fragments Of Heraclitus

차가움은 따스함이 되고, 따스함은 차가움이 된다.
젖은 것은 마르고, 마른 것은 젖게 된다.

병이 있기에 건강이 유쾌하고…

간혹 몸이 아픈 것은 아주 좋은 일이다. 여기엔 아무 문제도 없다. 건강한 사람은 가끔씩 앓게 되어 있다. 그런데 그대는 이와 다르게 생각한다. 그대는 건강한 사람은 절대로 병에 걸려서는 안 된다고 생각한다. 이것은 어리석은 생각이다. 불가능한 일이다. 죽은 사람만이 병에 걸리지 않는다. 건강한 사람은 가끔씩 아플 수밖에 없다. 병을 통해 그는 다시 건강을 얻는다. 이때 그의 건강은 생기를 찾는다. 병을 통과하면서 새로운 건강을 얻는다. 이런 현상을 관찰해 보았는가? 열병을 앓은 후에 회복되면 그대는 몸이 더 가볍고 산뜻해진 것을 느낀다. 다시 젊어진 것 같은 느낌이 든다.

만일 70년 동안 아무 이상 없이 건강한 상태로만 지낸다면 그대의 건강은 일종의 질병이다. 다시 젊어진 적도 없고, 신선해진 적도 없기 때문이다. 대립되는 것은 항상 신선함을 준다. 한 번도 병에 걸린 적이 없다면 그 건강은 부패한 건강이다. 그런 건강은 부담스러운 짐이 된다. 간혹 병에 걸려 앓는 것은 좋은 일이다. 내 말은 영원히 침대에 누워서 앓는 것이 좋다는 뜻이 아니다. 항상 앓는 것은 나쁘다. 무엇이든지 영구적인 것은 나쁘다. 다른 극단으로 움직이고 흐르는 것이 좋다. 그것은 살아 있다는 증거다.

이런 말들 때문에 아리스토텔레스는 헤라클레이토스를 다소 결함이 있는 사람으로 보았다. 그는 헤라클레이토스를 인격적으로, 심리적으로, 생물학적으로 결함이 있는 사람이라고 했다. 병을 좋다고 말하는 사람이 제정신인가? 아리스토텔레스는 논리적이다. 그는 건강은 좋은 것

The Hidden Harmony

이며 질병은 나쁜 것이라고 말한다. 그에 의하면 질병은 피해야 하는 것이다. 완벽하게 병을 피할 수 있다면 그것은 최고로 좋은 것이다. 이것이 세상 도처에서 과학이 하는 일이다. 과학은 질병을 완전히 없애려고 노력한다. 과학은 아리스토텔레스의 논리를 따른다. 그러나 과학이 질병을 없애려고 노력하면 할수록 새로운 질병이 생겨난다.

예전에는 없었던 새로운 질병이 많이 생겨난다. 질병이 들어오는 하나의 문을 닫으면 즉각 다른 문이 열리기 때문이다. 이것이 자연의 섭리다. 질병이 없으면 건강도 불가능하다. 사람들은 어리석은 짓을 하고 있다. 우리는 질병이 들어오는 문을 닫는다. 이젠 말라리아도 없고 페스트도 없다. 그러나 어디선가 두 개의 문이 열리게 되어 있다. 과학은 모든 문을 닫아걸고 있다. 이렇게 문을 닫는 데 혈안이 되어 있다면 더 위험한 질병들이 생겨날 것이다. 만일 우리가 질병이 들어오는 백만 개의 문을 닫는다면 자연은 백만 개의 문과 버금가는 아주 거대한 문을 열어 놓는다. 이런 식으로 암이 생겨났다. 우리는 질병을 치료하는 동시에 불치병을 만들어 낸다. 암은 새로운 병이다. 과거에는 암이 없었다. 그리고 암은 치료가 불가능하다. 왜 그럴까? 자연은 자신의 법칙을 지켜야 하기 때문이다. 인간은 수많은 병을 치료하고 있다. 그래서 자연은 치료가 불가능한 병을 만들어 낸다. 그렇지 않으면 인간은 죽고 말 것이다. 질병이 없다면 아무도 건강할 수 없다. 언젠가 암 또한 고칠 수 있는 날이 올 것이다. 그렇게 되면 자연은 즉시 더 고치기 어려운 병을 만들어 낼 것이다.

명심하라. 이 싸움에서 과학은 결코 이길 수 없다. 이겨서도 안 된다. 언제나 자연이 승리해야 한다. 자연은 이 세상의 모든 과학자를 모아 놓은 것보다 더 지혜롭다.

약도 없고, 의사도 없고, 의학도 없는 원시 부족에 가보라. 그들은 우리보다 더 건강하고 질병도 그렇게 많지 않다. 병이 있기는 하지만 고칠

수 없는 병은 아니다. 약을 믿지 않는 몇몇 원시 부족이 아직도 생존하고 있다. 그들은 질병에 대해 아무것도 하지 않는다. 그들이 하는 것이라곤 환자를 위로하는 것뿐이다. 만트라(mantra)와 마술은 약이 아니다. 환자가 시간을 보내는 데 도움을 줄 뿐이다. 치료는 자연이 알아서 한다. 감기에 걸렸을 때 약을 먹으면 7일 만에 낫고, 약을 먹지 않으면 일주일 만에 낫는다는 말이 있듯이.

자연이 스스로 치료한다. 시간적 여유만 주면 된다. 인내심이 필요하다. 환자를 뜻하는 영어 단어 'patient'는 아름다운 말이다. 이 단어는 인내심(patience)이 필요하다는 것을 의미한다. 기다려야 한다. 의사의 역할은 환자가 인내심을 가질 수 있도록 돕는 것이다. 환자는 약을 먹음으로써 위안을 받는다. 그는 "약을 먹었으니 곧 낫겠지" 하고 생각한다. 약은 그가 기다리는 데 도움을 준다. 의사는 그 외에 아무것도 할 수 없다. 동종 요법(同種療法, homeopathy. 건강체에 투여하면 그 질병과 비슷한 증상을 일으키는 약품을 환자에게 소량 투여하여 치료하는 방법), 대증 요법(對症療法, allopathy. 역증(逆症) 요법이라고도 한다. 치료 중인 질환과 다른 증상을 일으키게 하는 약제를 써서 그 질환을 치료하는 방법), 아유르베다(ayurveda, 베다 서(書)에 기초한 인도 전통 의학) 등 수많은 요법이 효과를 거두는 이유가 여기에 있다. 심지어 자연 요법까지 효과를 거둔다. 자연 요법은 아무것도 하지 않는다. 또는 무엇인가 하기는 하되, 실제로는 아무것도 아닌 것을 한다. 사티야 사이 바바(Satya Sai Baba, 현대 인도의 성자로 널리 알려져 있다. 인도에서 가장 폭넓게 존경받는 성자인 '쉬르디 사이 바바'의 화신으로 주장하고 있으며, 마술을 부리는 것으로도 유명하다) 같은 사람까지 성공을 거둔 이유가 여기에 있다. 환자에게는 위로가 필요하다. 치료는 자연에 의해 행해진다.

헤라클레이토스에게는 아무 결점도 없다. 결점이 있는 사람은 아리스토텔레스다. 아리스토텔레스는 심리적으로 보나 생리적으로 보나 무엇인가 결여된 사람이다. 그런데 서양 전체가 아리스토텔레스를 따른다.

The Hidden Harmony

만일 인간의 몸이 어떤 질병도 없이 완벽하게 건강해야 한다는 논리를 끝까지 밀고 나간다면 어떻게 되겠는가? 그 논리적 결말은 플라스틱 장기(臟器)에 이를 것이다. 인간의 가슴은 가끔씩 아프게 되어 있다. 피곤하고 지치면 휴식이 필요하다. 그러나 플라스틱 심장은 휴식이 필요 없다. 지치는 법이 없다. 무엇인가 이상이 생기면 간단하게 갈아 넣기만 하면 된다. 창고에 가서 다른 플라스틱 심장으로 바꿀 수 있다. 또는 여분의 장기를 갖고 다닐 수도 있다. 인류가 헤라클레이토스의 말을 무시하고 끝까지 아리스토텔레스의 논리를 따른다면, 헤라클레이토스가 인류의 의식 속으로 돌아오지 않는다면, 조만간 몸 전체가 플라스틱으로 바뀔 것이다. 혈관 속에는 피가 아니라 간단하게 교체할 수 있는 화학 물질이 흐르게 될 것이다.

어떤 종류의 인간이 존재하게 될 것인가? 질병은 사라지겠지만 그와 더불어 건강도 사라질 것이다. 그대가 이런 종류의 인간이 되었다고 상상해 보라. 모든 것이 플라스틱으로 된 인간, 플라스틱 신장, 플라스틱 심장, 플라스틱 피부… 그대가 건강하겠는가? 행복을 느낄 수 있겠는가? 아니다. 그대는 병에 걸리지 않을 것이다. 이것이 전부다. 모기가 물지 못할 테니 방해받지 않고 명상할 수 있을 것이다. 그러나 그대는 플라스틱 껍데기 속에 갇혀서 자연과 완전히 단절될 것이다. 숨쉴 필요도 없다. 모든 것이 배터리의 힘으로 돌아간다. 이렇게 기계 속에 갇힌 그대를 상상해 보라. 그대가 건강하다고 할 수 있는가? 그대는 병에 걸리지 않을 것이다. 그것은 좋다. 하지만 이와 동시에 그대는 건강할 수도 없을 것이다. 사랑에 빠졌을 때에도 자신의 손을 가슴 위에 대지 않을 것이다. 그곳엔 플라스틱 외에 아무것도 없다. 헤라클레이토스의 말을 듣지 않는다면 이런 일이 일어날 것이다. 결함이 있는 사람은 아리스토텔레스이지 헤라클레이토스가 아니다. 틀린 사람은 헤라클레이토스가 아니라 아리스토텔레스다.

Discourses On The Fragments Of Heraclitus

　　병이 있기에 건강이 유쾌하고,
　　악이 있기에 선이 유쾌하다.

　그의 말은 점점 더 어려워진다. 병이 없으면 건강도 없을 것이라는 말에는 그런대로 동의할 수 있다. 그런데 이제 그는 악이 있기에 선이 좋은 것이며, 악마가 있기 때문에 신이 좋은 것이며, 죄인이 있기 때문에 성자가 아름다운 것이라고 말한다.

　죄인이 사라지면 성자도 사라진다. 진정한 성자는 또한 죄인이기도 하다. 여기엔 두 가지 가능성밖에 없다. 하나는, 내가 성자가 되고 그대가 죄인이 되는 것이다. 이것이 지금까지 종교가 해온 일이다. 맡은 역할을 분명하게 구분해 놓는 것이다. 나는 성자의 역할을 하고 그대는 죄인의 역할을 한다. 그러나 더 나은 세계, 논리가 아니라 로고스를 지향하는 세상이 있다고 한다면, 다른 사람을 죄인으로 몰아붙이고 나를 성자로 만드는 것이 옳은 일이겠는가? 다른 사람의 희생을 발판으로 삼아 내가 성자가 되는 것이 옳은 일이겠는가? 그렇지 않다. 더 나은 세계에서 성자는 동시에 죄인이 될 것이다. 물론, 그는 성자다운 방식으로 죄를 지을 것이다. 이것은 옳다. 하지만 더 이해하기 어려운 부분이다. 그런 성자는 구제프(gurdjieff)처럼 될 것이다. 성자인 동시에 죄인인 사람이 될 것이다.

　구제프는 의식의 역사에 있어서 획기적인 전환점이다. 구제프 이후 성자에 대한 개념이 완전히 달라졌다. 구제프 이후의 성자는 과거의 성자와 같아질 수가 없다. 구제프는 새로운 성자가 탄생하는 중대한 분기점에 서 있다. 이런 까닭에 구제프는 크게 오해받았다. 성자는 성자여야 한다는 것이 과거의 개념이었다. 그런데 구제프는 성자인 동시에 죄인이었다. 이것은 이해하기 어려운 문제였다.

　"어떻게 한 사람이 성자인 동시에 죄인이 될 수 있단 말인가? 그는 성

자이거나 죄인이거나 둘 중의 하나다."

그래서 구제프를 둘러싸고 많은 소문이 난무했다. 어떤 사람들은 구제프를 가장 사악한 인물, 악마의 대리인으로 생각했으며, 다른 사람들은 그를 역사상 가장 위대한 성자로 생각했다. 그는 양쪽 모두였다. 그를 둘러싼 두 가지 소문은 모두 옳다. 그러나 한편으로 보면 두 가지 다 틀렸다. 구제프의 추종자들은 그를 위대한 성자로 떠받들면서 그의 죄인 같은 면을 감추려고 한다. 그들은 구제프가 양쪽 모두였다는 것을 이해하지 못한다. 그래서 그들은 구제프를 비난하는 사람들에 대해 "그것은 소문일 뿐이다. 이 사람들은 아무것도 모르면서 헛소문을 퍼뜨린다"고 말한다. 한편, 구제프를 반대하는 사람들은 그가 성자였다는 것을 믿지 않는다. 그들은 "만일 그가 성자였다면 어떻게 그런 죄인이 될 수 있었는가? 그것은 불가능하다. 한 사람 안에 죄인과 성자가 같이 있을 수는 없다"고 말한다. 그러나 한 사람 속에 양자가 존재한다. 이것이 전체적인 핵심이다.

그대는 오직 한 가지밖에 하지 못한다. 그대는 죄인을 억누르고 성자 행세를 한다. 죄인을 무의식 속으로 밀어 넣고, 성자를 표면으로 나타내 보인다. 그러나 이때 그대의 성자는 피부처럼 얄팍한 것이고, 그대의 죄인은 아주 깊은 곳에 뿌리를 내릴 것이다. 이 반대의 경우도 있을 수 있다. 죄인을 표면으로 끌어내고 성자를 억압할 수 있다. 이것이 범죄자들이 하는 일이다. 만일 내가 내 안의 죄인을 억누른다면, 그 죄인은 어딘가에서 다른 사람에게 영향을 줄 것이다. 우리는 하나이기 때문이다.

헤라클레이토스는 "개인적인 지성은 거짓이다"라고 말한다. 우리는 하나다. 의식은 하나의 공동체다. 우리는 거미줄처럼 얽혀 있다. 만일 내가 내 안의 죄인을 억누르면, 어딘가 약한 연결 고리에서 이 죄인이 튀어나올 것이다. 람(Ram, 고대 인도 서사시 ≪라마야나≫의 주인공. 용사, 남편, 아들의 이상적 인격으로 묘사된다. 인도 민족의 이상적 표본으로 후에 산스크리트 문

인들의 희곡 재료가 되었다)은 성자다. 이때 라바나(Ravana, 《라마야나》에서 람과 대적하여 싸우는 마왕(魔王)) 안에서 죄인이 튀어나온다. 그들은 공존한다. 그들은 하나다. 예수는 성자다. 이때 그를 가장 사랑했던 유다가 죄인이 된다.

 죄인들에 대한 책임은 성자들에게 있다. 죄인들은 성자가 성자일 수 있도록 돕는다. 내가 의식 속에서 어떤 것을 깊이 억누르면 그것은 집단 무의식 속으로 들어간다. 이것이 마음의 방식이다. 의식은 마음의 첫 번째 층이다. 이 첫 번째 층은 개인적인 것으로 보인다. 그 다음에 더 깊은 무의식의 층이 있다. 이 또한 어느 정도 개인적인 측면이 있다. 의식적인 마음과 가깝기 때문이다. 그 다음에 세 번째 층인 집단 무의식이 있다. 집단 무의식은 결코 개인적인 것이 아니다. 이 층은 집단적이며 우주적인 것이다.

 그러므로 내가 무엇인가 억압하면 먼저 그것은 무의식 속으로 들어가 내게 문제를 일으킨다. 여기서 내가 온갖 속임수와 방법을 동원하여 그것을 더 강하게 억누르면 그것은 무의식으로부터 떨어져 나와 집단 무의식 속으로 들어간다. 그리고 어딘가에서 허약한 연결 고리를 이루고 있는 사람을 통해 그것이 튀어 오를 것이다. 내가 지나치게 억누르면 그것은 어딘가에서 표면으로 튀어나오게 되어 있다. 내가 람(Ram)이라면 누군가 라바나(Ravana)가 된다. 내가 그리스도가 되면 누군가 유다가 된다.

 바로 어제, 여기에 있는 한 산야신(sannyasin)이 내게 편지를 썼다. 그는 편지를 통해 "당신은 그리스도이고 저는 유다입니다" 하고 말했다. 그러나 이것은 불가능한 일이다. 나는 유다인 동시에 그리스도다. 예수에게는 그런 말이 통용되었을지 모르지만 나는 아니다. 나는 그런 가능성을 허용하지 않는다.

 그렇다면 내 마음속에 있는 성자는 어떤 사람인가? 그는 대립되는 것

The Hidden Harmony

을 억누르는 것이 아니라 그것을 이용한다. 그는 아무것에도 반대하지 않고 모든 것을 새롭게 배열한다. 이런 그의 조화를 통해 악마도 신이 된다. 이 조화 속에서 그는 버려진 부분들까지 이용한다. 이렇게 동시에 양자(兩者)가 되는 것은 훌륭한 기술이다. 이것은 세상에서 가장 훌륭한 기술이다. 대립되는 것 사이에서 숨은 조화를 찾아내야 한다. 이때 그대는 이것도 아니고 저것도 아니다. 그대는 둘 다. 독약도 만병통치약으로 이용될 수 있다. 그러나 아주 신중해야 한다. 독약을 만병통치약으로 이용하기 위해서는 아주 주의 깊은 각성이 필요하다. 악을 선으로 이용하고, 악마를 신으로 이용하려면 투명하게 깨어 있는 의식이 필요하다. 이것이 헤라클레이토스가 말하는 숨은 조화의 의미다. 그는 이렇게 말한다.

병이 있기에 건강이 유쾌하고,
악이 있기에 선이 유쾌하다.
배고픔이 있기에 포만감이 유쾌하고,
피곤함이 있기에 휴식이 유쾌하다.

좋은 것과 나쁜 것, 질병과 건강, 죄인과 성자, 이들은 하나이며 똑같은 것이다.

살아 있음과 죽음, 깨어 있음과 잠, 젊음과 늙음,
이것은 하나이며 똑같은 것이다.
상황에 따라 전자가 후자가 되고,
후자가 다시 전자가 된다.
뜻밖의 돌연한 반전(反轉)에 의해서.

Discourses On The Fragments Of Heraclitus

이것은 수레바퀴와 같다. 음과 양, 선과 악, 남성과 여성, 낮과 밤, 여름과 겨울. 이것은 바퀴처럼 회전한다. 모든 것이 반대되는 것으로 변했다가 다시 자신으로 돌아온다. 이런 식으로 영원한 순환이 이루어진다.

그것은 헤어졌다가
다시 하나로 합쳐진다.

모든 것은 적당한 때가 있는 법이다.

이것이 헤라클레이토스가 보여주는 의식의 최정상이다. 이 말을 가슴 깊이 새겨라. 이 말이 그대의 심장과 혈관 속에 흐르게 하라. 이 말이 심장의 고동 소리처럼 내면에서 울려 퍼지게 하라.

모든 것은 적당한 때가 있는 법이다.

이 말에는 많은 의미가 들어 있다. 그중의 하나는, 많은 노력을 할 필요가 없다는 것이다. 지나친 노력은 장애물이 될 수도 있다. 적당한 때가 아니면 아무것도 오지 않는다. 모든 것이 제 철이 되어야 온다. 지나친 노력은 해가 될 수도 있다. 지나친 노력은 때가 되지도 않았는데 억지를 쓰는 것과 같다. 이 말은 노력을 하지 말라는 뜻이 아니다. 아무 노력도 하지 않으면 알맞은 계절이 와도 아무 일도 일어나지 않을 것이다. 적당한 노력이 필요하다. 농부가 하는 일을 보라. 그는 계절의 변화를 살핀다. 그는 씨를 뿌릴 때가 되어야만 씨를 뿌린다. 그 전도 아니고 그 후도 아니다. 농부는 적당한 시기를 기다리다가 때가 오면 씨를 뿌린다. 그 다음에 그는 기다린다. 해야 할 일은 다 하지만 서두르지 않는다.

오랫동안 농사를 지어 온 나라들은 결코 서두르지 않는다. 그런데 공

The Hidden Harmony

업 기술이 발달한 나라는 항상 서두른다. 공업은 계절과 관계없이 생산품을 만들어 내기 때문이다. 수천 년 동안 농업에 종사해 온 나라들은 서두르는 법이 없다. 그들은 시간을 의식하지 않는다. 그래서 인도 사람들은 "다섯 시에 오겠습니다" 하고 말해 놓고는 아예 나타나지도 않는 경우가 많다. 또는 "오후 다섯 시 정각에 오겠습니다" 하고 말한 사람이 밤 열 시가 되어야 오는 경우도 있다. "무슨 사람들이 이런 식인가?" 하고 믿을 수 없을 정도다. 그들에게는 시간 감각이 없다.

농부는 시간을 나누지 않는다. 그는 "저녁때 오겠습니다" 하고 말한다. 이 '저녁' 이라는 말은 오후 네 시가 될 수도 있고, 여섯 시가 될 수도 있고, 여덟 시가 될 수도 있다. 그는 "아침에 오겠습니다" 하고 말한다. 그가 말하는 아침은 아무 시간이나 될 수 있다. 그는 새벽 네 시에 올 수도 있고, 아침 열 시에 올 수도 있다. 그는 시간을 구분하지 않는다. 그럴 수가 없다. 농부는 계절에 맞춰 살아야 하기 때문이다. 그에 의하면, 일 년은 달이 아니라 계절로 구분된다. 그는 알맞은 계절을 기다려야 한다. 서둘러서 되는 일이 아니다. 씨앗에 대해 무엇을 할 수 있겠는가? 씨앗은 그대의 말을 듣지 않는다. 씨앗을 학교에 보내 가르칠 수도 없다. 씨앗은 그대의 말에 신경 쓰지 않는다. 씨앗은 서두르지 않는다. 땅속에서 가만히 기다릴 뿐이다. 그러다가 알맞은 때가 오면 싹이 트고 저절로 자라나기 시작한다. 씨앗은 그대에게 신경 쓰지 않는다. 그대가 서두르건 말건 관심 밖이다. 씨앗을 설득하는 것은 불가능하다. 그들에게는 그들만의 시간이 있다. 농부는 기다리는 수밖에 다른 도리가 없다.

농부처럼 되어라. 만일 그대가 깨달음의 씨앗을 뿌리고 있다면, 이해의 씨앗, 명상의 씨앗을 뿌리고 있다면 농부처럼 되어라. 공업 기술자처럼 되지 말라. 서두르지 말라. 억지로 되는 일이 아니다. 할 일을 다한 다음에는 그저 기다려라. 너무 지나치게 하지 말라. 지나친 것은 안하는 것과 같다. 그대의 노력 자체가 장애물이 될 수도 있다.

모든 것은 적당한 때가 있는 법이다.

성급하게 결과를 바라지 말라. 때가 되면 저절로 오기 마련이다. 오늘 그 일이 일어난다면 좋다. 그러나 오늘 그 일이 일어나지 않아도 상관없다. 삶을 이해하는 사람, 투명한 지성을 가진 사람은 아직 때가 무르익지 않았다는 것을 안다. 때가 무르익으면 저절로 일어날 것이다. 그는 기다린다. 그는 유치하게 서두르지 않는다.

아이처럼 유치한 사람은 무엇을 바라건 즉시 그것을 요구한다. 그는 한밤중에도 당장 장난감을 사 달라고 떼를 쓴다. 상점이 문을 닫았기 때문에 아침까지 기다려야 한다는 것을 그는 이해하지 못한다. 그는 이 말을 핑계로 생각한다. 자신의 마음을 돌리려는 속임수로 생각한다. 밤이 되어서 가게가 문을 닫았다고? 밤과 가게가 무슨 관련성이 있는가? 왜 밤에는 가게가 문을 열지 않는단 말인가? 밤에 무슨 문제가 있는가? 아이는 아침이 되면 모든 것을 잊어버릴 것이다. 아이는 그것을 잘 알고 있다. 아이는 이렇게 생각한다.

"그래서 이 사람들이 속임수를 쓰는 것이다. 그들은 내가 잠이 들면 아침에 아무것도 기억하지 못한다는 것을 안다."

아이는 당장 장난감을 원한다. 국가도 마찬가지다. 유치한 문명을 가진 나라는 모든 것을 즉시 원한다. 인스턴트 커피, 인스턴트 사랑, 인스턴트 명상. 이것이 마하리시 마헤쉬 요기(Maharishi Mahesh Yogi, 인도에서 출생. 만트라(mantra)를 이용한 초월 명상법(TM)을 창안함. 그의 센터가 각국에 퍼져 있다)가 하는 일이다. 인스턴트 명상… 하루에 십 분만 명상하면 보름 안에 깨달을 것이다… 얼마나 어리석은 말인가?

자연은 그대의 요구를 따르지 않는다. 자연은 자신의 법칙을 따른다. 이것이 "모든 것은 적당한 때가 있는 법이다"라는 말의 의미다. 기다려라. 최선을 다한 다음에는 기다려라. 지금 당장 결과를 바라지 말라. 그

The Hidden Harmony

런 바람 자체가 결과를 더 늦춘다. 인내심을 갖고 기다려라. 농부처럼 수동적으로 관찰하면서, 깨어 있는 의식으로 기다려라. 그러면 원하는 바를 얻을 것이다. 그러나 서두르면 놓칠 것이다. 시간을 너무 의식하면 명상으로 들어갈 수 없다. 명상은 시간이 없는 차원이기 때문이다. 항상 이것을 명심하라. 그대만 준비되면 모든 일이 저절로 일어난다.

젊은 사람이 내게 와서 "저는 너무 긴장되어 있습니다. 초연해지고 싶습니다" 하고 말한다. 그러나 젊은 사람은 긴장되어야 한다. 이것은 때에 맞지 않는 요구다. 젊은 사람은 집착해야 한다. 집착의 고통을 모르고서는 초연함을 향해 성장할 수 없다. 억지로 초연해지려고 하면 삶은 엉망진창이 될 것이다. 집착하기에 적당한 때를 놓쳤기 때문이다. 이때 그대는 억지로 초연해지려고 한다. 초연함을 가장한다. 이렇게 되면 나이를 먹어 초연해져야 할 때가 되어도 초연해지지 못한다. 내면에 억압된 부분이 아지랑이처럼 그대를 둘러싸고 있다. 그런데 죽음은 시시각각 다가온다. 이때 그대는 두려워진다. 억압된 부분이 이렇게 말한다.

"내 시간은 어디에 있는가? 나는 사랑하기를 원했다. 나는 열정에 불타는 관계를 맺고 거기에 푹 빠지고 싶었다. 그런데 이제 시간이 없다!'

이때 억압된 부분이 솟구쳐 오르고, 노인은 어리석어진다. 그는 이성(異性)과 관계를 맺고 싶어한다. 그는 모든 것을 놓쳤다. 그는 적당한 계절을 놓쳤다.

계절과 보조를 맞추어라. 이것을 명심하라. 긴장할 시간에는 긴장하라! 거기에 무슨 잘못이 있는가? 긴장을 모른다면 어떻게 쉬겠는가? 화를 낼 줄 모른다면 어떻게 자비를 알겠는가? 사랑에 빠진 적도 없는 사람이 어떻게 사랑을 통해 성장하겠는가? 모든 것은 알맞은 때가 있는 법이다. 때가 되면 저절로 온다. 지금까지 항상 그런 식이었으며, 앞으로도 그럴 것이다. 이 드넓은 존재계에 그대의 길을 강요하지 말라. 존재계가 어디로 가는지 잘 관찰하고 거기에 순응하라.

Discourses On The Fragments Of Heraclitus

이것이 무지한 사람과 지혜로운 사람의 차이점이다. 무지한 사람은 언제나 자신의 의지대로 강물을 떠밀려고 한다. 그러나 지혜로운 사람은 자기만의 생각이 없다. 그는 자연이 어디로 가는지 관찰하고 거기에 따른다. 그에게는 자연을 떠미는 에고가 없다. 그는 자연과 마찰을 일으키지 않는다. 그는 자연을 정복하려고 하지 않는다. 그는 그것이 어리석다는 것을 안다. 자연은 정복되지 않는다. 어떻게 부분이 전체를 정복한단 말인가? 불가능하다. 지혜로운 사람은 자연에 복종한다. 그는 자연이 어디로 가든 그림자처럼 따라간다. 그는 하늘에 떠다니는 흰 구름과 같다. 구름은 자신이 어디로 가는지 모르지만 걱정하지 않는다. 바람 가는 곳이 그의 목적지다. 목적지는 고정되어 있지 않다. 모든 것을 맡기고 자연이 이끄는 대로 따라가면 그곳에 지복이 있다.

모든 곳이 목적지다. 그대가 할 일은 자연에 자신을 맡기는 것뿐이다. 매순간이 삶의 최절정이다. 그것을 허용하라. 모든 것을 내맡기고 순응하라. 그러면 안심하고 휴식할 수 있다. 모든 것에는 제철이 있는 법이다.

오쇼에 대하여

오쇼의 가르침은 어떠한 틀로도 규정하기 힘들 만큼 다양한 주제를 다루고 있다. 그의 강의는 삶의 의미를 묻는 개인적인 문제에서부터 현대사회가 안고 있는 시급한 정치·사회적인 문제에 이르기까지 거의 모든 주제를 망라한다. 오쇼의 책은 그가 직접 저술한 것이 아니라, 다양한 국적의 청중들에게 들려준 즉흥적인 강의들을 오디오와 비디오로 기록하여 책으로 펴낸 것이다. 그는 자신의 강의에 대해 이렇게 말했다. "내가 무슨 말을 하건 그 말은 지금 이 시대의 당신들을 위한 것일 뿐만 아니라 다가오는 미래 세대를 위한 말이기도 하다."

런던의 『선데이 타임스Sunday Times』는 20세기를 빛낸 천 명의 위인들 중 한 사람으로 오쇼를 선정했으며, 미국의 작가 탐 로빈스(Tom Robbins)는 오쇼를 '예수 이후로 가장 위험한 인물'로 평하기도 했다. 인도의 『선데이 미드데이Sunday Mid-Day』는 인도의 운명을 바꾼 열 명의 인물을 선정했는데, 그중에는 간디, 네루, 붓다 등의 인물과 더불어 오쇼가 포함되어 있었다.

오쇼는 자신의 일에 대해 새로운 인간이 탄생하도록 기반을 닦는 것이라고 했으며, 이 새로운 인간을 '조르바 붓다(Zorba the Buddha)'로 부르곤 했다. 조르바 붓다란 니코스 카잔차키스의 소설 속 주인공인 그리스인 조르바처럼 세속의 즐거움을 누리는 동시에, 붓다와 같은 내면의 평화를 겸비한 존재를 일컫는다. 오쇼의 가르침에 일관되게 흐르는 정신은, 과거로부터 계승되어온 시대를 초월한 지혜와 오늘날의 과학문명이 지닌 궁극적인 가능성을 한데 아울러 통합하는 것이다.

또한 오쇼는 점점 가속화되는 현대인들의 생활환경에 맞는 명상법을 도입하여 인간의 내면을 변화시키는 데 혁명적인 공헌을 했다. 그의 독창적인 '역동 명상법'들은 심신에 쌓인 스트레스를 풀어줌으로써 일상생활 속에서 더 수월하게 평화와 고요함을 경험할 수 있게 해준다.

아래의 두 책을 참고하여 오쇼의 생애에 대해 더 자세하게 알아볼 수 있다.
- 『Autobiography of a Spiritually Incorrect Mystic』
- 『Glimpses of a Golden Childhood』

오쇼 국제 명상 리조트
Osho International Meditation Resort | www.osho.com/meditationresort

위치
인도 뭄바이(Mumbai)에서 남동쪽으로 160킬로 떨어진 뿌네(Pune)에 위치하고 있는 오쇼 국제 명상 리조트는 휴가를 즐기기에 매우 적합한 곳으로, 우람한 나무들이 주거지역을 둘러싸며 40에이커에 달하는 아름다운 정원을 형성하고 있습니다.

특징
매년 100개국이 넘는 나라로부터 수많은 방문객들이 오쇼 국제 명상 리조트를 찾아오고 있습니다. 이 독창적인 명상 리조트는 축제를 즐기듯 즐거운 분위기 속에서 더 평온하며 더 깨어있는 창조적인 방식으로, 새로운 삶의 길을 경험할 수 있는 기회를 제공합니다. 몇 시간의 단기 프로그램에서부터 해를 넘기는 장기 프로그램에 이르기까지, 선택의 폭이 매우 다양합니다. 아무것도 하지 않고 그저 휴식을 취하는 것도 오쇼 국제 명상 리조트에서 제공하는 프로그램 중의 하나입니다.

모든 프로그램은 '조르바 붓다(Zorba the Buddha)' 라는 오쇼의 비전에 바탕을 두고 있습니다. 조르바 붓다는 날마다의 일상생활에 창조적으로 임하며 침묵과 명상 속에서 고요하게 휴식하는 새로운 유형의 인간을 뜻합니다.

명상 프로그램
활동적인 명상, 정적인 명상, 전통적인 명상법, 혁신적인 방편들, 오쇼의 역동 명상법에 이르기까지 각 개인에 맞는 명상 프로그램이 하루 종일 진행됩니다. 이 명상 프로그램들은 세계에서 가장 큰 규모의 명상홀인 '오쇼 오디토리엄(Osho Auditorium)' 에서 진행됩니다.

멀티버시티 Multiversity
오쇼 멀티버시티가 제공하는 다양한 종류의 개인 세션, 수련 코스와 그룹 워크숍은 창조적인 예술, 건강 요법, 인간관계 개선, 개인의 변형, 작업 명상, 비의적인 학문과 선(禪)적인 접근방식이 도입되었고, 프로그램의 범위 또한 스포츠와 레크리에이션 등을 망라하고 있습니다. 이처럼 다양한 프로그램들은 명상과 결합되어 성공적인 효과를 내고 있는데, 이것은 오쇼 멀티버시티가 인간을 여러 부분들의 조합으로 보는 것에서 그치지 않고, 그를 훨씬 뛰어넘는 존재로 인식하는 명상적 이해에 기반하기 때문입니다.

바쇼 스파 Basho Spa
고품격의 바쇼 스파에는 울창한 나무와 열대식물에 둘러싸인 야외 수영장, 독창적 스타일의 넉넉한 자꾸지(Jacuzzi), 사우나, 테니스장을 비롯한 여러 체육 시설 등이 아름답게 배치되어 있습니다.

먹거리
리조트 내의 여러 식당에서는 서양식, 아시아식, 인도식 채식 요리가 제공되며, 대부분의 식재료는 명상 리조트의 방문객을 위해 유기농법으로 생산된 것들입니다. 빵과 케이크 역시 리조트 내에서 자체적으로 만들고 있습니다.

야간 행사
야간에도 다양한 종류의 행사가 벌어집니다. 그중 최고로 꼽히는 댄스파티를 비롯해 별빛 아래서 행해지는 보름날 명상 프로그램, 각양각색의 쇼와 음악 공연, 그리고 여러 가지 명상법들이 진행됩니다. 이 밖에도 플라자 카페(Plaza Cafe)에서 친구들을 만나 즐기거나, 정적에 잠긴 아름다운 정원을 산책하는 것도 좋습니다.

편의 시설
리조트 내에는 은행, 여행사, 피시방이 준비되어 있습니다. 기본적인 생필품은 갤러리아(Galleria)에서 구입이 가능하며, 멀티미디어 갤러리(Multimedia Gallery)에서는 오쇼의 미디어 저작물을 구입할 수 있습니다. 그 밖에 더욱 다양한 쇼핑을 즐기고 싶은 분들은 뿌네 시내에서 인도의 전통 상품을 비롯한 다국적 브랜드의 여러 가지 물건들을 구입할 수 있습니다.

숙박 시설
리조트 내에서는 오쇼 게스트하우스(Osho Guesthouse)의 품격 있는 객실을 이용할 수 있습니다. 더 오랜 기간의 체류를 원하는 방문객은 '리빙 인(Living In)' 이라는 패키지 프로그램을 이용하거나, 리조트 밖에 있는 다양한 종류의 호텔과 아파트를 이용할 수도 있습니다.

더 많은 정보를 보시려면 아래의 웹사이트를 참고하시기 바랍니다.

www.OSHO.com

오쇼 닷컴에서 제공하는 내용

인터넷 매거진, 오쇼 서적, 오디오와 비디오, 영어와 힌디어로 된 오쇼 저작물들,
오쇼 명상법에 대한 정보, 오쇼 멀티버시티의 프로그램 스케줄,
오쇼 국제 명상 리조트에 관한 정보

관련 웹사이트

http://OSHO.com/resort
http://OSHO.com/magazine
http://OSHO.com/shop
http://www.youtube.com/OSHO
http://www.oshobytes.blogspot.com
http://www.Twitter.com/OSHOtimes
http://www.facebook.com/pages/OSHO.International
http://www.flickr.com/photos/oshointernational

아래의 주소를 통해 오쇼 국제 재단에 접촉할 수 있습니다.
www.osho.com/oshointernational
oshointernational@oshointernational.com